KB193682

신구약 성경은 영원한 하나님의 말씀을 특정한 시대의 상황 속에 표현한 것인 만큼, 특정 시대의 역사나 과학을 반영하기 마련이다. 이를 고려하면 과학적 발견과 진보는 성경이 말하는 신앙과 대립하는 것이 아니라 그 신앙이 우리 시대에 어떤 의미이며 또 어떻게 표현할 수 있는지 고민하며 모색하게 한다. 특히 타락-원죄라는 심각한 주제와 진화는 양립할 수 없는 것처럼 여겨졌지만, 이 역시 간단히 치부될 문제가 아니다. 이 책은 이 주제에 대한 진지하면서도 흥미진진한 고려를 여럿 담고 있으며, 우리의 고민과 토론을 위한 핵심적인 재료를 제공한다. 두려움에서 비롯된 방어적 신앙에서 한 걸음 앞으로 더 나아가볼 일이다.

김근주 | 기독연구원 느헤미야 전임연구위원

오늘날 과학자들은 인간이 약 5백만 년 전 영장류에서 갈라져 나왔다는 사실에 충분한 의견 일치를 보이고, 이것은 창세기 2장과 3장에 기록된 아담과 하와 이야기를 최초 인간의 역사적 타락 이야기로 보는 전통적인 관점을 폐기하는 것처럼 보인다. 이 때문에 과학을 존중하는 일군의 사람들은 인류의 기원에 관한 기독교 전통의 관점을 현대 과학의 관점으로 대체하려고 하지만, 이것은 단순히 역사적 차원으로 환원될 수 없는 기독교 전통의 심오한 진리 차원을 간과하는 우를 범하는 것이다. 다른 한편, 이제까지 한국교회는 전반적으로 전통적인 관점을 고수하기 위해 과학자들 사이의 일치된 견해를 맹목적으로 배척하고 정죄했다. 하지만 이러한 전략은 과학 시대를 살아가는 다음 세대의 신앙을 북돋우기보다는 오히려 위축시킨다. 이 점에서 이 책은 인류의 기원에 관한 과학적 탐구가 제기하는 도전에 대응하는 보다 설득력 있는 전략을 제시한다. 이 책의 저자들은 과학자들의 일치된 견해를 거부하거나 기독교의 신앙고백적 전통을 폐기하는 대신, 과학자들의 목소리에 귀를 기울이면서 "전통의 충실한 확장"을 모색하는 매우 도전적이고 흥미로운 과업을 탁월하게 수행하고 있다. 한국교회가 이 책의 논의를 통해 또한 그것을 뛰어넘어 신학적으로 한 단계 도약하게 되길 소망한다.

김정형 | 장로회신학대학교 교수

이 책은 매우 흥미로울 뿐 아니라 유익하다. 특히 진화론과 신앙의 양립 가능성을 모색하는 이들에겐 필수적이다. 이 책은 기독교 신앙과 신학이 오늘날 진화 생물학의 연구 결과들을 수용할 때, 불가피하게 마주칠 수밖에 없는 질문 중 인간론과 관련된 문제에 대해 다양한 학자들을 통해 해답의 실마리를 제공해주기 때문이다. 논의 주제가 진화론과 관련하여 원죄, 아담과 하와의 역사성, 타락의 의미 등이 어떻게 재구성될 수 있을지에 주로 집중되어 있지만, 이와 더불어 진화론이 제기하는 신학적 도전과 함의는 무엇이며, 현대 과학과의 바람직한 관계 설정은 무엇인지도 함께 생각해볼 수 있다. 진화 생물학의 도전 앞에서 낯선 땅으로 사유의 모험을 떠나고자 하는 신앙의 사유자들은 이 여행에서 이 책을 반드시 지참해야 할 것이다. 이 책이 안내서 역할을 충분히 수행할 것이기 때문이다.

박영식 | 서울신학대학교 조직신학 교수

신학과 과학의 조화에 대한 많은 책들이 현대 과학을 통해 밝혀낸 우주와 생명의 이해를 바탕으로 기독교 근본주의 신학의 맹점을 지적하는 역할을 해왔다면, 이 책은 인류의 진화와 관련하여 기독교의 교리적 고백인 타락 및 원죄 그리고 구속에 대한 깊이 있는 논의를 촉구한다. 과학은 신학의 바탕이 되는 세계관 자체를 갱신함으로써 신학을 하는 사고에 영향을 미치는 방식으로 작동해왔다. 그렇다면 이러한 과학적 세계관과 기독교 전통 가운데 있는 기독교의 전통 교리들은 어떻게 조화를 이룰 것인가? 우리는 이 책을 통해 과학적 발견과 그 진술들이 그동안 고백해온 기독교 교리에 어떤 논리적 함의를 갖는지 살펴보게 될 것이다. 부디 저자들의 제안을 길라잡이 삼아 우리 고백이 갖는 너비와 길이와 높이와 깊이가 더해지는 경험을 하게 되기를 바란다.

장승순 | 미국 조지아 공과대학교 재료공학과 교수

제임스 패커의 말을 빌리자면 신학은 "하나님의 진리를 향한 인간의 지혜"다. 그렇다면 신학이 다양한 이유로 발전하고 확장되는 것은 자연스럽다. 그럴수록 하나님의 진리에 더 가까이 나아갈 수 있을 것이기 때문이다. 우리는 이 책에서 제임스 스미스의 말대로 신학적 상상력을 통해 전통을 충실히 확장하는 창조적이고 건설적인 신학적 작업을 경험한다. 더불어 교회의 영적 훈련과 예전을 그러한 작업의 토양으로 삼았다는 편집자들의 설명은 매력적이다 못해 매혹적이기까지 하다. 전통은 죽은 사람들의 살아 있는 신앙이며, 전통주의는 살아 있는 사람들의 죽은 신앙이라는 말이 있다. 이 책은 진화와 타락이라는 쉽지 않고 논쟁과 오해도 많은 주제를 전통주의 함정에 빠지지 않으면서 창조적으로 계승된 전통 안에서 논의하는 시도를 만나게 한다. 그 시도가 성공했는지 여부를 판단하는 것은 독자들의 몫이겠지만, 그러한 시도를 제임스 스미스, 리처드 미들턴, 조엘 그린 등의 일급 복음주의 학자들의 글을 통해 접하는 것은 매우 특별한 일이다.

전성민 | 밴쿠버기독교세계관대학원 원장

나는 이 책으로 인해 긴장했고 때로는 이 책과 논쟁을 벌이며 때로는 열정적으로 이 책에 찬성했다. 우리는 과학, 전통, 신학, 성경에 대한 보다 창의적인 사고를 할 필요가 있다. 이 책의 저자들이 주장하는 것처럼 그런 창의적인 일이 잘 이루어졌을 때 언제나 그러했듯이, 곧 신실한 해석자가 되고자 하는 하나님 백성의 공동체로서 창의적인 사고를 해야 한다. 평가절하하거나 무시하지 말아야 할 근본적인 것들에 대해서는 보수적인 태도를 유지하지만, 우리는 이 책의 저자와 편집자들처럼 위험을 감수해야 할 것이다. 이 책은 새로운 개념들로 나의 사고에 자극제가 되었고 내가 알지 못하는 미지의 영역으로 나를 안내해주었다. 지성을 자극하고 믿음을 확증해주는 이런 기고문들은 우리가 협력하여 우리의 관심이 무척이나 절실히 필요한 주제들을 다룰 때 면밀한 조사를 위해 환영해야 할 글들이다.

존 H. 월튼 | 휘튼 대학 구약학 교수

Evolution and the Fall

Edited by William T. Cavanaugh, James K. A. Smith

인간의 타락과 진화

현대 과학과 기독교 신앙의 대화

윌리엄 T. 카바노프, 제임스 K. A. 스미스 편집 | 이용중 옮김

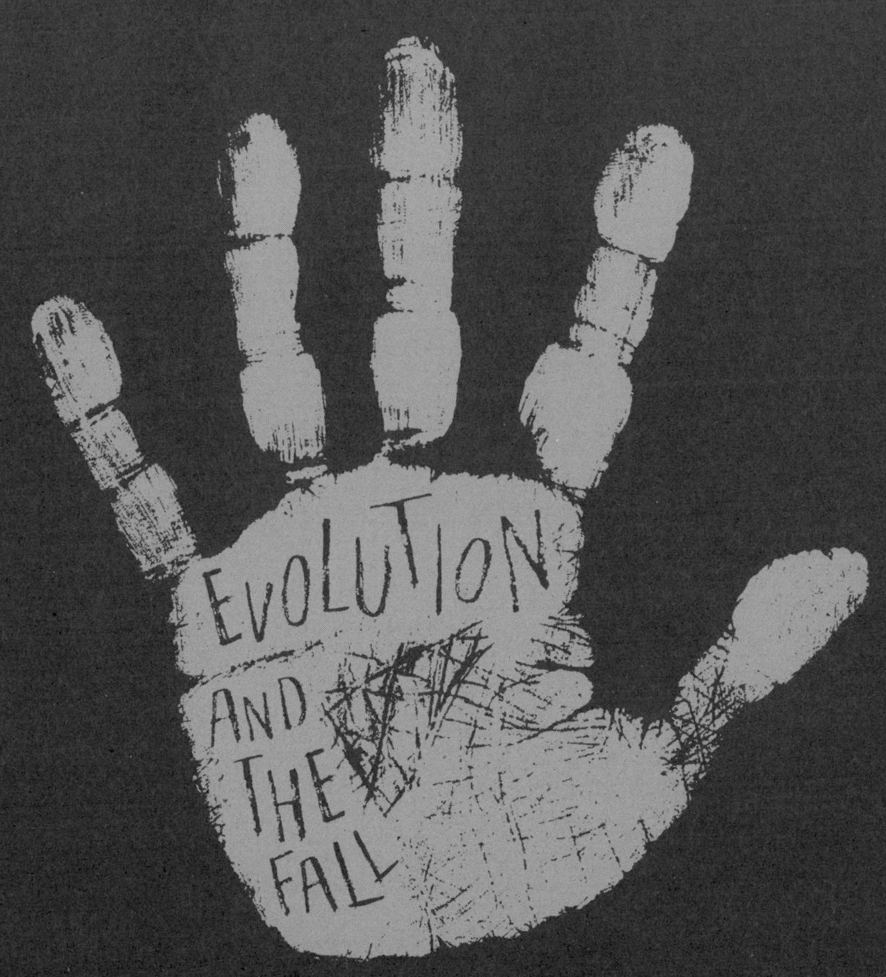

새물결플러스

목차

머리말 11
감사의 글 13
서론 | 갈릴레이를 넘어 칼케돈으로 15

1부 문제 설정 39

1장 인간의 기원 41
과학의 이야기

2장 아담 안에서 모두가 죽는다? 73
틈새 환경 조성, 공동체 진화, 원죄의 경계선에서 던지는 질문들

3장 타락에 기반을 두고 있는 것은 무엇인가? 113
철학적 탐구

2부 성경 연구와 신학적 함의 139

4장 인간의 진화를 고려한 창세기 3장 읽기 141
일치설과 "겹치지 않는 고유 영역" 이론을 넘어

5장 "아담이여 당신은 무슨 일을 한 것입니까?" 191
죄의 기원에 대한 신약의 목소리

6장 아담의 신비 223
전통적 교리에 대한 시적 변명

3부 "기원"을 넘어: 문화적 함의 255

7장 인간의 본래적인 모습의 회복을 넘어서 257
타락과 완전에 대한 추구

8장 타락한 동시에 번성하는 창조세계를 인식하는 법 287
세상을 바라보는 대안적인 방식들

4부 대화를 다시 상상하며: 믿음의 진로 321

9장 초기 근대 정치 이론에서의 타락의 타락 323
과학의 정치학

10장 과학과 종교의 갈등은 항상 나쁜 것인가? 363
기독교와 진화에 관한 아우구스티누스적인 고찰

마이클 걸커(Michael Gulker) 미시간주 그랜드래피즈에 소재한 "골로새 포럼"의 의장이다. 마이클은 신앙과 문화의 교차, 그리고 이 두 가지가 예배에 뿌리를 두고 있을 때 어떻게 두 가지가 모두 잘 성장하는지에 대해 오랫동안 관심을 가져왔다. 미시간주 서부 토박이인 그는 칼빈 대학에서 철학과 신학을 공부했고 듀크 신학대학원에서 신학 학위를 받았으며 메노파 교단에 속한 목사다. 마이클은 "골로새 포럼"에 오기 전에 아이오와주 디모인에서 크라이스트 공동체 교회 목사로 섬겼다. 그와 그의 아내 조디는 슬하에 어린 두 자녀를 두고 있다.

다음 한 가지 사실은 분명하다. 문화적으로 우리는 더 이상 어려운 문제와 질문을 놓고 씨름하는 데 필요한 여지나 인내심이 없다. 오늘날의 시급한 문제들을 고찰하고 토론하며 그 답을 즉시, 또는 쉽게 찾을 수 없는 질문들을 탐구하려면 어디로 가야 하는가?

"골로새 포럼"(Colossian Forum)에서 활동하는 우리는 이 책에서 논의하는 문제와 같은 어려운 문제들이 교회라는 공동체에 속한(따라서 그 안에 속한) 문제라고 믿는다. 우리는 교회와 교회 교육 속에 전통을 충실하게 확대하는 동시에 인간의 번영을 촉진하는 방식으로 분열을 초래하는 문화적인 문제들에 관여할 필요가 있는 모든 것이 이미 주어져 있다고 고백한다.

더구나 우리는 교회의 예배 의식에서 이런 어려운 문제들을 다룰 수 있는 공통의 공간을 부여받았다. 우리는 쉬운 해답을 서둘러 찾을 필요 없이 예배 시간에 기초해서, 모든 성도와 더불어 이 문제들을 하나님과 이웃에 대한 사랑을 나타낼 수 있는 기회로 다룰 수 있다.

"골로새 포럼"은 문화적 갈등을 영적 성장과 복음 전도의 기회로 바꾸도록 지도자들을 준비시키기 위해 존재한다. 이 책은 우리가 염두에 두고 있는 종류의 대화를 보여주는 한 예다. 지난 3년 동안 다양한 분야에 속한 열 명의 학자들이 다음과 같은 매우 어려운 한 가지 질문을 숙고하고 다루기 위해 "골로새 포럼"과 더불어 모였다. 만일 인간이(유전적·생물학적·고고학적 증거가 암시하는 것처럼 보이는 대로) 인간이 아닌 영장류로부터 출현했다면 이는 인간의 기원과 죄의 기원을 포함한 기독교 신학의 기원에 관한 전통적 설명과 관련해서 어떤 함의를 갖는가?

우리가 이 질문을 함께 숙고할 때, 우리는 세속 학문의 관행에서 이 작업을 수행하는 게 아니라 기독교 신앙이라는 공통된 고백과 실천에서 이 작업을 수행했다. 그리고 최근의 연구뿐만 아니라 신자들의 의식과 지역 교회 목회자들이 느끼는 압박감도 함께 고려했다. 우리는 그리스도께 영광을 돌리고 그분의 말씀을 받을 수 있는 능력을 진리에 대한 핵심적인 평가 기준으로 간주했다. 따라서 이 질문이 우리로 하여금 유전학과 고인류학의 발전에 신선한 시각과 새로운 소망을 가지고 참여하도록 준비시킨다고 생각했다.

이 책은 단순히 케케묵은 오래된 옛 땅을 기경하는 논문집이 아니라 진리와 사랑으로 교회를 든든히 세우려 애쓰는 오늘날의 가장 명석한 기독교 지성인들과 나눈 획기적인 대화를 보여준다. 이 책은 독자들을 바로 이런 종류의 대화에 참여하도록 초대한다.

이토록 다양한 일군의 학자들을 이러한 특별한 기획에 참여하도록 유도하고 다양한 맥락의 사고를 이 대화의 미래에 대한 설득력 있는 비전으로 종합한 편집자 빌 카바노프와 제임스 스미스에게 감사의 뜻을 표한다. 그들의 지혜와 교회를 향한 마음, 그리고 아마도 가장 중요하게는 유머 감각과 이 경험에서 느낀 기쁨으로 인해 지금까지 내내 그들과 더불어 이 팀과 함께한 것은 내게 영광스러운 일이었다.

마이클 걸커

"골로새 포럼" 의장

2016년 9월

우리는 이 책이 과학과 신학의 관계의 미래에 기여할 것을 바라며, 또한 이 책에 참여한 우리들에게 우리가 친구, 공동 연구자, 동료 순례자로서 함께 보낸 시절을 상기해주길 바란다. 이 일은 모두 "골로새 포럼"의 친절한 환대로 인해 가능했고 "골로새 포럼"의 비전과 사명은 이 기획의 특징을 이루었으며 이 기획에 참여한 우리 모두는 "골로새 포럼"의 덕과 실재를 경험했다. 우리는 의장 마이클 걸커, 포럼 및 학예책임자 롭 바렛, 설명할 수 없을 만큼 친절하고 다재다능한 앤디 사우어의 지원과 격려, 및 인내와 자극에 깊이 감사한다.

또한 우리는 바쁜 가운데서도 이 기획의 일부를 담당하는 데 동의해준 학자들에게 감사한다. 우리는 그들에게 많은 것을 요구했다. 무엇보다도 중요한 것은 우리가 그들에게 많은 시간을 함께 보내는 데 할애할 것을 요구했다는 점이다. 다른 일로도 많은 시간의 할애를 요구했음에도 불구하고 말이다. 우리는 이 협업의 경험이 우리에게 그러했듯이 그들에게도 생기를 불어넣는 경험이었기를 바란다.

이 기획에 따른 비용은 바이오로고스 재단 "진화와 기독교 신앙" 보조금 프로그램(이 프로그램은 존 템플턴 재단에서 자금을 지원했다)의 관대한 지원으로 충당되었다. 우리는 데보라 하스마와 캐스린 애플게이트의 지원과 지혜와 융통성에 대해 감사한 마음을 표현하고 싶다.

윌리엄 T. **카바노프**(William T. Cavanaugh)　드폴 대학교 가톨릭 연구 교수 겸 세계 가톨릭 및 다문화 신학 연구소 소장이다. 그는 노트르담, 케임브리지, 듀크 대학에서 학위를 취득했고 여러 논문과 일곱 권의 책을 출간했으며 가장 최근 저서는 *Field Hospital: The Church's Engagement with a Wounded World* (Eerdmans, 2016)이다. 다른 저서로는 *Torture and Eucharist: Theology, Politics, and the Body of Christ* (Blackwell, 1999), *The Myth of Religious Violence: Secular Ideology and the Roots of Modern Conflict* (Oxford, 2009) 등이 있다. 그의 책들은 프랑스어, 스페인어, 폴란드어, 노르웨이어, 아랍어, 스웨덴어로 출간되었다.

제임스 K. A. **스미스**(James K. A. Smith)　칼빈 대학 철학 교수이며, 응용 개혁 신학 및 세계관 분야에서 게리 바이커 부부 석좌 교수를 맡고 있다. 그는 『누가 포스트모더니즘을 두려워하는가?』(*Who's Afraid of Postmodernism?*, 살림출판사, 2009)와 『하나님 나라를 욕망하라』(*Desiring the Kingdom*, IVP, 2016)로 각각 2007, 2010 「크리스채너티 투데이」 Book Award를 수상했고, 그의 최근 저서들로는 『하나님 나라를 상상하라』(*Imagining the Kingdom*, IVP, 2018), 『습관이 영성이다』(*You Are What You Love*, 비아토르, 2018), *Who's Afraid of Relativism?* (2014), *How (Not) to Be Secular: Reading Charles Taylor* (2014), *Discipleship in the Present Tense* (2013), 『칼빈주의와 사랑에 빠진 젊은이에게 보내는 편지』(*Letters to a Young Calvinist: An Invitation to the Reformed Tradition*, 새물결플러스, 2011) 등이 있다. 그의 대중적인 글들은 「크리스채너티 투데이」, 「북스앤드컬쳐」, 「퍼스트 띵스」 등과 같은 잡지와 「뉴욕 타임스」, 「월스트리트 저널」, 「유에스에이 투데이」 등과 같은 신문에도 실렸다. 스미스는 또한 Cardus 선임 연구원이며 「코멘트」지의 편집자로 섬기고 있다.

서론

갈릴레이를 넘어 칼케돈으로

진화, 인간의 기원, 타락에 대해 다시 생각하기 위한 자료들

이 책은 전통적인 성경적 관점이 인간의 기원을 설명하는 점과 현대의 과학 이론이 인류의 기원을 설명하는 점이 서로 마주하면서 발생하는 일단의 문제들을 다룬다. 물론 과학 이론들은 움직이는 대상물이다. 새로운 증거가 발굴되고, 다양한 이론이 자주 제안되며 공격을 받고, 옹호되며 폐기된다. 그럼에도 성경적 전통과 수월하지 않게 부합하고, 신학자들과 더 광범위한 교회가 무시할 수 없는 몇 가지 핵심적인 문제에 대해 충분한 과학적 의견 일치가 존재한다. 과학적 의견 일치는 인간이 영장류에서 진화했음을 시사한다. 이는 인간이 최초의 한 쌍의 부부가 아니라 어떤 집단에서 출현했음을 암시한다. 인간이 영장류에서 출현했다면, 인간이 "타락"을 경험한 원래의 순결한 역사적 상태가 존재할 여지가 없어 보인다. 그렇다면 인간의 기원에 대한 성경의 설명 및 타락과 원죄에 대한 기독교 전통의 교리적 사고는 어떻게 되는가? 우리는 성경의 설명을 "신화"의 범주로 격하시키거나 아니면 진화에 관한 과학을 무시해야 하는가? 이 책을 구성하는 각각의 장들은 인간의 기원에 대한 질문들을 자세히 다룬다. 서론에서는 그리스도인들이 기독교의 교리적 전통과 그러한 전통 밖에 있는 지식들이 교차하는 것과 관련해서 어떻게 접근해야 하는가라는 더 폭넓고 우선적인 질문을 다룰 것이다.

갈릴레이부터 칼케돈까지

기독교적인 확신은 "좋은" 문제를 제기할 수 있다. 예를 들어 창조의 선함과 하나님이 만드신 세상에 대해 과학적 탐구를 촉진시키는 것, 곧 과학을 창조자에게 영광 돌릴 수 있는 또 다른 소명으로 올바르게 보게끔 하는 것이 명확한 성경적 확신이다. 하지만 이러한 성경적 확신에 뿌리박고 있는 소명을 추구할 때, 우리는 도전에 봉착한다. 때로는 "자연의 책"이 우리가 성경에서 읽은 것과 다른 이야기를 들려주는 것처럼 보인다. 그래서 우리는 철학자 찰스 테일러가 "이중으로 압력을 받는"(cross-pressured) 상황이라고 부르는 상황에 처한다. 다시 말해 우리는 성경의 권위와 과학의 주장에 이중으로 몰두함으로 인해 인간의 기원을 서로 다르게 설명하는, 곧 경쟁하는 두 가지 설명 중 하나를 선택해야 하는 진퇴양난의 지경에 처한다.

어떤 이들은 이를 또 다른 "갈릴레이적인" 순간, 즉 마치 갈릴레이가 제안한 지동설이 그 시대 교회의 기성 체제를 뒤흔든 것처럼 자연과학에서의 새로운 발견이 근본적인 기독교적 신조를 전복시키려고 위협하는 역사상의 결정적 순간으로 묘사한다. 이러한 상응 관계는 보통 인간의 기원에 대한 전통적인 기독교적 이해에 압박을 가하는 인간의 기원과 발전에 대한 유전학적·진화론적·고고학적 증거에 직면했을 때 언급된다. 오늘날 우리는 갈릴레이에 대한 교회의 반응을 잘못되고 반동적이며 퇴행적인 것으로 간주하는 경향이 있으므로 기원에 관한 새로운 논쟁을 둘러싼 "갈릴레이적인" 구도 설정은 다음 두 가지 역할을 한다. 첫째, 그러한 구도 설정은 과학자들—그리고 그런 과학을 옹호하는 기독교 학자들—을 진보와 계몽을 기꺼이 받아들이는 영웅이자 순교자로 묘사한다. 둘째, 그 결과 이러한 논쟁 구도 설정은 기독교의 정통 신앙에 대한 관심을 퇴행적이고 소심하며 근본주의적인 것으로 치부한다.

이러한 갈릴레이적인 유비에는 숨은 저의가 있다. 이것은 다음과 같은 인식, 곧 과학은 "사물의 존재 방식"에 대한 중립적인 "서술자"로 여겨지고, 반면에 신학은 일종의 편향, 즉 자연과학과 역사 연구가 우리에게 드러낸 냉엄하고 확고한 사실을 직시해야 할 세상에 대한 "안이한" **견해**라는 사고 체계를 가정한다. (아마도 자기도 모르게) 이러한 사고 체계를 신봉하는 기독교 학자와 신학자들은 흔히 "과학이 말하는 것"을 존중하는 특징을 보이고, 과학적 "진보"를 그다지 열렬히 받아들이지 않는 신학적 전통과 신자들의 공동체는 그것에 점점 더 당황한다. 그 결과 기독교 신학 전통은 그리스도인 공동체로 하여금 그러한 도전과 질문을 충분히 숙고할 수 있게 하는 선물이라기보다는 일종의 짐으로 보인다.

이 책은 우리가 처한 상황에 대한 이러한 해석에 의문을 제기한다. 우리는 교회가 기독교 사상사에서 중대한 기로에 서 있다는 데—아담의 역사성을 둘러싼 쟁점들(과 그와 관련된 원죄에 관한 쟁점들)은 교회가 직시해야 할 중대하고 어려운 문제라는 데—동의한다. 그러나 우리는 인간의 기원과 관련해서 성경과 과학이 교차하는 지점에서 발생한 긴장을 "해결"하기 전에 말하자면 우선 "정지 버튼을 누르고", 기독교 공동체가 이런 쟁점들을 도대체 어떻게 해결할 수 있는지 생각해볼 필요가 있다고 생각한다. 그리고 우리는 "갈릴레이"의 비유가 이런 면에서 도움이 되지 않고 비생산적이라고 생각한다. 그 비유가 이미 이 대화에 도움이 되지 않는 선입견을 불어넣었기 때문이다. 이러한 접근 방식은 신학적 상상력을 촉진하는 대신에 쟁점은 해결되었으니, 우리는 그저 "태도를 바꿔 새로운 것을 받아"들이지 않으면 안 된다고 생각하게 하는 경향이 있다. 이것은 우리에게 보통 몇 가지 핵심적인 신학적 신념을 버릴 것을 요구한다.

우리는 쟁점들에 대한 "갈릴레이적인" 구도 설정과 다르게 기독교 학자들이 고대 칼케돈의 자산에서 더 오래된 모델과 사고 체계를 찾을 수 있다고 믿는다. 마크 놀(Mark Noll)이 『그리스도와 지성』(*Jesus Christ and the Life of the Mind*)에서 주장한 것처럼 기독교 학문은 단순히 "유신론적" 주장에만 뿌리를 두고 있지 않다. 그리고 그것은 분명 기능적 이신론(functional deism)에 뿌리를 두어선 안 된다. 오히려 그리스도인들이 진지한 지적 수고를 시작하는 데 적합한 지점은 "우리가 다른 모든 진지한 인간적 기획을 시작하는 바로 그 지점"이다. "그 지점이 우리 종교의 핵심이고, 우리의 종교는 그리스도 안에서의 하나님의 계시다."[1] 마크 놀의 요점은 단지 예수에게 경건한 기도를 하는 게 아니다. 오히려 그가 계속해서 보여주듯이 칼케돈에서 흥미로운 것은 교회가 핵심적인 기독론의 확신을 유지하면서도 당대의 "과학"(자연 철학)을 진지하게 수용할 수 있었던 신학적 상상력으로 당대의 도전을 헤

---

1 Mark Noll, *Jesus Christ and the Life of the Mind* (Grand Rapids: Eerdmans, 2011), xii. 『그리스도와 지성』(한국 IVP 역간).

쳐나간 방식이다. "갈릴레이적인" 접근 방식은 단순히 이렇게 말했을 것이다. "보라. 우리가 현재 가진 철학적 지식에 기초해서 누군가가 인간인 동시에 신이라고 주장하는 것은 불가능하다. 그러니 당신은 이 긴장 관계를 어느 한 방향으로 해결해야 한다. 곧 예수는 인간이거나 혹은 신이다. 그는 인간이면서 동시에 신이 될 수는 없다." 그러나 칼케돈에서는 당연히 그런 접근 방식을 거부했다. 그 대신 칼케돈 공의회는 그러한 긴장과 도전을 느끼면서 주목할 만한 신학적 상상력을 보여주었고 현재 교회의 유산 중 한 부분이 된 교리, 즉 그리스도의 한 인격 안에 신성과 인성이라는 두 본성이 존재한다는 위격적 연합의 교리를 낳았다. 이는 교회가 이 쟁점들을 해결하기 전에는 예상할 수 없었을 신학적 발전이다.

우리가 우리의 문제를 "갈릴레이의" 순간이 아니라 "칼케돈적인" 기회로 생각한다면 어떨까? 어떤 이들—흔히 "갈릴레이적인" 관점에서 문제를 제기하는 이들—에게는 선택지가 분명해 보인다. 인류가 인간의 진화의 결과로 출현했다면, 아담은 존재했을 리가 없다. 그리고 아마도 이보다 훨씬 더 중요한 점은, 만일 인류가 영장류에서부터 출현했다면 "선한" 창조나 "원의"는 결코 존재할 수 없었다고 보인다는 점이다. 이는 이전의 순수함으로부터의 "타락"도 없었음을 의미할 것이다. 우리가 인간의 기원에 대한 진화론의 설명을 인정한다면, 그것은 우리가 죄의 기원과 원죄에 대한 교리도 포기해야 할 것처럼 보일 것이다.

그렇지만 상황이 그렇게 분명한가? 우리가 벌써 이런 주제들에 대해 칼케돈 공의회에서 했던 것처럼 우리의 신학적 상상력을 발휘할 공간을 창출했는가? 이런 질문들에 성패가 달린 것이 무엇인지—정통 기독교 신학의 실타래가 서로 어떻게 얽혀 있는지, 느슨한 실을 잡아당

기면 주단 전체가 어떻게 망가질 수 있는지—제대로 인식했는가? 이런 "이중으로 압력을 받는" 상황을 칼케돈과 같이 정통 신앙의 요소들을 긍정하면서 당대의 도전을 진지하게 받아들이며 헤쳐나가는 사고의 방법이 있을 수 있는가? 목표는 단순히 (적절한 과학이든 전통적인 기독교 교리든) 이 난제의 한 요소를 제거하는 전략을 통해 긴장과 이중 압력을 해결하거나 회피하는 데 있지 않다. 그와 달리 우리는 이 이중 압력을 참되고도 충실한 신학적 발전을 위한 원동력으로 받아들인다.

상상력에는 (예전적인) 연습이 필요하다

창조적이고 건설적인 신학적 작업은 신실한 상상력을 필요로 한다. 그러나 거기에는 두 가지, 즉 시간과 예배가 필요하다. 우리의 상상력의 근육을 훈련시키고 늘리려면 시간, 즉 쟁점과 기회들에 대해 심사숙고할 시간, 경청하고 묵상할 시간, 그리고 무엇보다도 기도할 시간이 필요하다. 그러므로 신실한 상상력을 기르는 데는 성경 이야기의 운율로 상상력에 세례를 베푸는 일이 필요하며 이것이 바로 기독교 예배의 목표다. 따라서 건설적인 신학적 상상력의 배양은 예배의 발달과 함께 시작한다.

이 책의 배경에는 일단의 신학적 확신만 있는 게 아니다. 이 기획의 바탕에는 우리가 다르게 상상하도록 시간과 훈련을 제공해준 기도, 예배, 우정의 공동체도 있었다. 이 책은 이 시대의 가장 긴급한 질문 중 하나를 다루는 진화, 타락, 원죄에 관한 공동 연구 프로그램을 수행하기 위해 선도적인 학자들로 이루어진 학제적이고 초교파적인 팀을 소집한—"신앙, 과학, 문화에 관한 골로새 포럼"에서 후원한—3년간의 실험이 맺은 학문적 열매다. 인간이—유전적·생물학적·고고학적 증거가 암시하는 것처럼—인간이 아닌 영장류에서 출현했다면 이는 인간의 기원과 죄의 기원을 포함하는 기원에 관한 기독교 신학의 전통적 설명과 관련해서 어떤 함의를 갖는가? 교회의 증언에 필요한 성실성은 우리에게 이 어려운 질문에 건설적으로 답할 것을 요구한다.

그러나 방법론도 주제만큼이나 우리의 기획에 핵심적이다. 우리는 마크 놀이 『그리스도와 지성』에서 제안한 것을 따라서 칼케돈 공의회에서 보여준 교회의 오래된 지혜를 오늘날의 난제와 신실하게 씨름할 수 있는 방법에 대한 모델과 본보기로 받아들인다. 초기 교회에서 출현한 기독론적인 정통 신앙—사도신경, 니케아, 칼케돈—에서, 우리는 그리스도의 몸이 당대의 ("자연 철학", 즉 과학의) 도전을 진지하게 받아들이면서 그와 동시에 기독론의 요소들을 유지하는 (실로 형성하는) 모습을 본다. 이것의 결과는 우리가 오늘날까지 고백하는 신조를 우리에게 제공하는 성령이 인도하는 상상력이라는 위업이다.

또한 우리는 그러한 신학적 상상력의 자원이 교회의 예전적인 유산 속에—성경의 이야기를 우리의 상상력 속에 스며들게 하는 방식으로 규정하는 예배 의식과 영적 훈련 속에—담겨 있다고 믿는다. 우리는 이런 문제들의 최전선에서 연구하는 학자들이 창조적인 이론 제시를 위한 "상상력의 근거지"로서 이런 의식들에 몰두하는 것이 중요하다고 생각한다. 그래서 우리의 연구 프로그램에서는 사색하며 칩거하는 시간을 갖기 위해 우리 팀을 소집했다. 이런 의식들은 단지 우리의 지적인 수고를 위한 경건한 장식품이 아니라 신실한 기독교적 연구를 위한 저수지였다. 교회는 인간의 기원과 죄의 기원이라는 문제를 직시하기 위해 앞에서와 비슷한 성령이 인도하는 상상력의 위업을 필요로 한다.

기독론의 실제

"골로새 포럼"의 생기를 불어넣는 확신을 상기시키는 이 연구 프로젝트는 다음과 같은 서로 다르지만 관련된 두 가지 확신에 기초한다.

첫째, 우리는 기독교의 지적 전통이 기독교의 예배 의식에 독특하게 "담겨 있다"고 생각한다. 따라서 예전, 예배, 일반적인 기도 습관을 그리스도인으로서 잘 생각하기 위한 핵심적이고 형태를 부여하는 수단으로 여긴다. 우리가 하나님의 말씀에 몰입하고 우리의 창의성이 하나님의 이야기 속에 나타나는 것은 기도와 교회에서 예배를 드리는 중에 일어난다. 우리에게 어려운 문제들을 극복하기 위한 신학적 창의성이 필요하다면, 기독교의 예배 의식(과 관련된 영적 훈련)은 그러한 창의성과 창의적인 신학적 작업에 필요한 연료다. 따라서 우리는 의식적인 예배의 형성을 엄격한 기독교 학문을 위한 필수 요소로 간주한다.[2]

둘째, 우리는 하나님의 말씀에 근거하고 교회의 신조와 신앙고백으로 표현된 기독교의 신학적 유산은 선물이지 골칫거리가 아니라고 생각한다. 정통 신학의 유산은 단지 되풀이하고 원상 복구해야 할 보증금을 의미하지 않는다. 오히려 신학적 유산은 자연세계에 대한 우리의 늘어난 지식을 다루는 새로운 신학적 모델을 만들기 위한 소중한 기초를 제공한다. 어떤 이들은 우리의 상황을 명백히 "현대적인" 상황—갈

---

2 이러한 주장과 확신은 다음 책들에서 훨씬 더 자세히 분석한다. James K. A. Smith, *Desiring the Kingdom: Worship, Worldview, and Cultural Formation* (Grand Rapids: Baker Academic, 2009); *Imagining the Kingdom: How Worship Works* (Grand Rapids: Baker Academic, 2013). 다음 글도 함께 보라. Nicholas Wolterstoff, "Christology, Christian Learning, and Christian Formation," *Books and Culture* 18, no. 5 (September/October 2012): 22-23.

릴레이가 맞이한 순간의 재현—으로 표현하지만, 우리는 교회가 갈릴레이보다 훨씬 이전부터 "여기에 있었다"고 확신한다. 실로 우리는 갈릴레이를 넘어 칼케돈과 교부들 그리고 중세의 교회 박사들이 남겨놓은 다른 자원들을 찾아보면서 발견할 수 있는 많은 지혜가 있다고 생각한다. 우리의 감수성은 "오래된 미래"의 감수성이라고 말해도 무방할 것이다. 우리는 교회가 옛 그리스도인들의 지혜를 되찾아옴으로써 현대의 난제들을 철저히 숙고하면서 해결하는 데 도움이 될 선물들을 발견할 것이라고 생각한다. 목표는 단순히 이런 난제들과 관련해서 머리를 모래 속에 파묻고 고대의 신조들을 반복하는 데 있지 않다. 오히려 우리는 오늘날의 교회—그리고 오늘날의 기독교 학자들—가 아타나시오스나 아우구스티누스 같은 옛 학자들의 특징을 나타내주는 "지성의 습관"에서 많은 것을 배울 수 있다고 생각한다.[3]

따라서 우리의 연구 프로젝트는 기독론적인 신념뿐만 아니라 기독론적인 **의식**, 곧 교회의 영적 훈련과 예배 의식에서 우리의 신학적 창의성의 인큐베이터로 우리의 지적 작업의 중심을 이루는 기독론적인 **의식**이라고 할 수 있는 것을 지향한다. 우리가 그리스도 안에 만물이 결합되어 있다는 핵심적인 신념(골 1:17)을 뼛속 깊이 흡수하는 것은 바로 이런 의식들 속에서 이루어진다. 덕이 훈련의 결과라면 지적인 덕도 훈련과 연습의 열매다. 따라서 우리 연구팀은 지적인 교류뿐만 아니라 공동의 지적 발전을 위해서도 모였다. 이것은 시간이 우리의 기획에서 그토록 핵심적인 역할을 한 이유이기도 하다. 우리는 3년이 넘

---

3 이와 일맥상통하는 제안을 보려면 다음 책들을 보라. Peter J. Leithart, *Athanasius* (Grand Rapids: Baker Academic, 2011); Timothy George, ed. *Evangelicals and Nicene Faith: Reclaiming Apostolic Witness* (Grand Rapids: Baker Academic, 2011).

게 모였고, 모이면 한 주를 함께 보냈다. 우리가 함께 발전을 도모하려면 시간을 함께 보낼 필요가 있었고, 인간의 기원과 기독교 신앙의 교차 지점에 있는 어려운 문제들에 직면하여 우리의 신학적 창의성이 확산되는 데는 시간이 필요했기 때문이다.

그 결과 우리는 이 책이 우리의 기획이 지닌 독특하게 공동체적이고 교회적인 측면을 반영한 책이 되었기를 희망한다. 이어지는 여러 장들은 단순히 별개의 연구 의제들이 아니라 공동체의 기도와 고대의 지혜라는 공통의 "규범"에서 솟아나온 깊은 공동체성과 통일성을 반영한다. 이 책의 공통된 목소리는 그 목소리에 자양분을 공급한 공통의 기도를 반영한다. 또한 우리는 이 연구의 열매가 공동체적이고 구체화된 협업이라는 공유된 선물을 반영하는 성숙함을 드러내고, 공통된 확신을 만들어내며, 각자 다양한 분야의 전문가가 제공하는 지식의 선물들을 상 위에 올려놓고, 그런 관점들이 서로를 관대하게 보완해주기를 소망한다. 우리는 그렇게 우정을 실천하는 것이 진리에 이르는 길이라고 생각한다.[4]

항구적 개혁: 신앙고백 전통의 신학적 발전

신앙고백적 정통 신앙의 주장들과 신학 발전에 대한 인정은 상호 배타

4 David Burrell, *Friendship and Ways to Truth* (Notre Dame: University of Notre Dame Press, 2000). 그가 이 요점을 잘 요약한 다음 글도 함께 보라. "Friendship in Virtue Ethics," 〈http://www.colossianforum.org/2012/07/12/glossary-friendship-in-virtue-ethics/〉.

적이지 않다. 따라서 우리는 신앙고백적인 정통 신앙의 모든 주장이 그저 역사적 신조와 신앙고백을 원상 복구하려는 퇴행적이고 방어적인 입장에서 필연적으로 유래한다고 너무 성급하게 가정해서는 안 된다. 또는 이를 다른 식으로 표현하자면, 특정한 제안이나 결론이 신앙고백적인 정통 신앙의 규정을 벗어난다는 주장은 신앙고백 전통에서는 타당한 신학적 발전이 있을 수 없다고 가정하는 게 **아니다**. 인간의 기원과 타락에 관한 논쟁은 신앙고백 전통의 **경계를 표시하는** 기능을 버리지 않은 채 그러한 발전의 **역동적인** 성격을 존중하는 신앙고백 전통 안에서 신학적 발전에 대한 일종의 "초월적"(meta) 설명을 필요로 한다. 우리는 이를 간단히 설명하기 위해 전통의 실천들이 어떻게 수정되고 확대되는지에 대한 알래스데어 매킨타이어(Alasdair MacIntyre)의 설명을 근거로 추론하고자 한다.

매킨타이어가 다음과 같이 말하는 의미에서 기독교 전통을 "전통"으로 가정해보자. "전통은 특정한 근본적 동의가 정의되고 재정의되는 주장으로 시간이 지나면서 확장되는 주장이다."[5] 우리가 말하는 "기독교 전통"은 성경에 의해 촉진되고 기독교 예배 의식 속에 담겨 있으며 초교파적 신조(사도신경, 니케아 신조 등)로 표현된 보편 교회의 신학적 유산을 가리킨다. 이는 이미 전통 내부에 표현, 확장, 수정이라는 확대되고 있는 층위들을 지닌 살아 있는 전통이다.

이제 매킨타이어가 "전통"이라고 말하는 의미에서 기독교 전통은

5 Alasdair MacIntyre, *Whose Justice? Which Rationality?* (Notre Dame: University of Notre Dame Press, 1988), 12. 우리는 이어지는 본문에서 "실천"(practice)과 "전통"(tradition)을 대체로 동의어로 다룰 것이다. 그렇지만 MacIntyre의 글에서는 사정이 꼭 그렇지는 않다. 전통은 실천의 공동체 속에 담겨 있다. 그러나 그 둘 사이에는 그 둘을 대체로 동의어로 다루는 것을 허용하는 공생 관계가 있다.

실천의 공동체 속에 "담겨 있고" 이 공동체는 거칠게 말하면 (학계가 아닌) 교회다. 그리고 그런 실천을 특징짓는 것은 매킨타이어에 따르면 바로 실천의 공동체에 의한 전통의 창조적 확대다. 다시 말해 전통은 단순한 원상 복구보다는 창조적 반복의 역동성을 필요로 한다. 매킨타이어는 그 점을 이렇게 표현한다.

> 우리는 여기서 보수적인 정치적 이론가들이 전통의 개념을 표현한 이데올로기적인 용법에 호도되기 쉽다. 그런 이론가들은 특징적으로 영국의 정치철학자이자 연설가인 에드먼드 버크(Edmund Burke)를 따라 전통과 이성을 대조하고, 전통이 지닌 안정성을 갈등과 대조해왔다. 그러나 두 가지 대조 모두 판단을 흐리게 만든다. 모든 추론은 비판과 창의력을 통해 지금까지 그 전통에서 추론해온 것의 한계를 넘어서기 때문에 어떤 전통적인 사고방식의 맥락 안에서 이루어진다. 이는 중세 논리학뿐만 아니라 현대 물리학에 있어서도 마찬가지다. 더구나 어떤 전통에 아무 이상이 없을 때, 그 전통은 항상 부분적으로 자신이 추구하는 산물, 곧 그 전통에 특별한 주안점과 목적을 제공하는 산물에 대한 논증으로 구성된다.
>
> 따라서 어떤 기관—가령 대학교나 농장이나 병원—이 관례나 관례들의 전통을 지녔을 경우에, 그 기관의 일반적인 역사는 부분적으로 그러나 핵심적으로 중요한 방식으로 다음과 같은 주장, 곧 대학의 본질이란 무엇이며 무엇이어야 하는가, 또는 좋은 농사란 무엇인가, 또는 좋은 약이란 무엇인가에 관한 지속적인 주장으로 구성될 것이다. 전통이 필수적일 때 그것은 지속되는 대립을 포함한다. 실로 전통이 버크식으로 변할

때, 그것은 언제나 죽어가고 있거나 죽은 전통이다.[6]

전통은 새로운 과학적 증거와 이론에 일관된 반응을 명확히 표현하지 못하는 것과 같은 그 나름의 한계에 때때로 직면하지 않을 수 없다. 전통은 실천의 공동체가 전통을 **창조적으로** 그리고 또한 **충실하게** 다시 자기 것으로 만드는 한에 있어서만 "지속"되고, 그리고 이 두 가지 역동성은 상호 배타적이지 않다. 그러므로 전통은 단지 과거의 공식화된 표현을 다시 진술하는 게 아니다. 하나의 전통**으로서**의—특히 실천의 공동체에 활기를 불어넣는 전통으로서의—새로운 "행위"는 전통을 "확장"하는 것을 목표로 한다. 이러한 (반복하는) 행위(들)는 전통을 발전시키고 정의하고 개선하며 확장한다. 그리고 그러한 확장 중 일부는 내적 비판을 포함할 것이다. 다시 말해 "전통"을 구성하는 것이 무엇인지에 대한 논의, 특히 무엇이 전통의 "충실한" 확장을 구성하는지에 대한 논의는 전통의 본질 그 자체에 속한다.

그러나 재즈 연주자들이 흔히 하는 즉흥 연주처럼 그러한 논의와 내적 비판은 전통의 규범에 따른다.[7] 이러한 확장의 과정에서 힘을 행사하는 권위의 역학 관계가 존재한다. 실제로 매킨타이어는 다음과 같은 것을 강조한다. 곧 "실천에 옮기는 것은 당대의 실천가들뿐만 아니라 실천에서 우리보다 앞선 이들, 특히 그들의 업적을 통해 현 시점까지 그 실천의 범위를 확장한 이들과 관계를 맺는 것이다. 따라서

6 Alasdair MacIntyre, *After Virtue*, 2nd ed. (Notre Dame: University of Notre Dame Press, 1984), 221. 『덕의 상실』(문예출판사 역간).

7 다음 책을 보라. Samuel Wells, *Improvisation: The Drama of Christian Ethics* (Grand Rapids: Brazos, 2004).

내가 당시에 직면하고 거기서부터 배우는 것은 어떤 전통의 업적과 **더 확실하게는** 전통의 권위다."[8] 그러므로 전통의 일부가 되고 확장과 개혁의 역동적 관계에 참여하는 일은 입장료를 지불하는 것, 즉 전통의 권위에 대한 복종을 수반한다.

전통은 나머지 세상과 절연된 것이 아니다. 전통은 끊임없이 다른 전통과 대화하고, 어떤 전통이 그 전통에 속하지 않은 사람들에게서 배우는 것은 그 전통을 생기 있게 만드는 데 꼭 필요하다. 예를 들어 그리스도인들은 생물학과 같은 과학이 우리에게 준 선물에 대해 고마워해야 한다. 전통은 언제나 그 전통 밖에 있는 이들에게서 겸허하게 배울 준비가 되어 있어야 하지만, 그 전통의 "충실한" 확장으로 **간주하는** 것에 대한 그 나름의 내적인 기준을 산출하는 것이 바로 그 전통이다. 다시 말해 [전통을 확장하는] 이런 게임에서 근거나 보증 또는 증거 혹은 "좋은 움직임"(good move)으로 "간주되는" 것은 그 전통의 유산에 달려 있다.[9] 이것은 혁신이나 창조적 확대의 여지는 존재하지 않는다는 의미가 아니라, 어떤 "움직임"이 확장으로 간주되려면 그 전통에 충실하다고 평가되어야 한다는 의미다.[10] 그리고 이는 본질적으로 사회적·

---

8 Wells, *Improvisation*, 194. 다음 글도 함께 보라. MacIntyre, "Epistemological Crises, Dramatic Narrative, and the Philosophy of Science," in *Paradigms and Revolutions: Applications and Appraisals of Thomas Kuhn's Philosophy of Science*, ed. Gary Gutting (Notre Dame: University Of Notre Dame Press, 1980), 54-74.

9 추론의 "화용론"에 대한 Robert Brandom의 설명과 합리적 담론을 "이유 주고받기"로 표현하는 그의 거의 민족지학적인 설명과 비교해보라. 이에 대한 논의로는 다음 책을 보라. James K. A. Smith, *Who's Afraid of Relativism? Community, Contingency, Creaturehood* (Grand Rapids: Baker Academic, 2014), 115-49.

10 그래서 예컨대 전통 안에서의 새로운 움직임은 일차적으로 그 움직임의 "타당성"이나 다른 지배적인 패러다임과의 "양립 가능성"에 기초한 것이 아니다.

공동체적 분별의 과제이며 그 공동체는 실천하는 이들의 공동체, 즉 전통에 따라온 이들, 곧 "새로운" 움직임이 전통의 창조적 확대인지 아니면 그러한 움직임이 규칙을 깨뜨렸고 사실상 새로운 게임을 하고 있는 것인지 판단하는 이들의 공동체다.[11] "예언하는 자들의 영은 예언하는 자들에게 제재를 받나니"(고전 14:32).

이는 신앙고백적 전통이 "개혁되었으나 항상 개혁하면서"[12] 그 전통을 충실하게 확장하는 방법을 보여주는 적절한 묘사로 보인다. 한 가지 중요한 의미에서 "충실한 확장"에 대한 분별은 (말이 안 될 정도로) 하나님의 백성, 곧 모든 신자의 제사장 직분에 맡겨져 있으며 하나님의 백성은 많은 그리스도인 공동체에서 감독의 권위의 인도를 받지만 전체적으로 평신도를 포함한다. 거기에는 "신실한 이들의 의식"(Newman) 및 공동체를 진리로 인도하는 성령의 역사에 대한 깊은 긍정과 신뢰가 있다.[13] 이는 원상회복이나 고집스런 반복을 위한 비법이 아니라 오히려 전통의 "충실한 확대"로 여겨지는 것을 분별하기 위한 역동적 과정이다.

이러한 역동적 과정을 인식하는 것이 중요하다. 이것이 오늘날의 논쟁의 특징을 이루는 "인식론들의 충돌"이 지닌 일면 내지 매우 다른

---

11 축구 경기가 선수에게 공을 허리 이하의 신체 부위로만 접촉하도록 요구하는 경기로 발전하는 상황을 상상해보라. 그런데 나중에는 여전히 같은 경기를 하면서도 공을 배나 심지어 머리로 건드릴 수도 있다는 판단이 내려진다. 하지만 어떤 이유에서인지 선수들 사이에서 손이나 팔꿈치로 공을 건드리는 것은 반칙이라는 판단도 내려진다.

12 이를 가톨릭적인 자세로 보는 인식에 대해서는 다음 책을 보라. *George Weigel, Evangelical Catholicism: Deep Reform in the 21st Century Church* (New York: Basic Books, 2014).

13 분별에 관여하는 그러한 실천의 공동체에도 이 일을 해내기 위한 필수적인 덕이 필요할 것이라는 점 또한 주목해야 한다.

지식들(*epistemes*)의 긴장을 최소한 부각시키기 때문이다. 우리가 속한 학계는 지식의 진보를 일직선상의 진보와 발전으로 이해하고, 여기서 새로운 지식은 지식의 진보라는 지적 발전의 승리를 축하하는 가두행렬에서 옛 지식을 대체하는 "백과사전적인"[14] 접근 방식을 취하는 경향이 있다.[15] 이 모델에 따르면, 모든 이야기는 찰스 테일러가 말하는 것처럼 "뺄셈 이야기"다. 즉 옛 개념들은 새로운 개념들로 **대체**될 때 폐기된다. 이 이야기는 근대성에 속한 학문 분야들이 스스로에 대해 말하기 좋아하는 이야기다. 그러나 매킨타이어에 따르면, 지식은 사실 각각의 학문이 전통으로 기능할 때 발전하고, 여기서 지식과 이해의 진보는 그 전통의 유산이 유기적으로 발전한 것을 의미한다. 기독교 전통과 같은 전통의 관점에서, "이성"과 "진보"는 다르게 이해된다. 전통**으로서의** 전통에 부여되는 중요성이 있기 때문이다. 달리 말해 그런 전통에서 일어나는 진보는 전통의 확장으로 이해되어야 하고, 전통의 파괴로 이해되지 않아야 하는 필요조건이 있다. 사람들은 전통에서 일어나는 새로움에 상을 주지는 않는다.

이러한 모든 "초월적인" 구도 설정의 결과는 무엇인가? 그것은 두 가지 상반된 결과를 보여준다. 한편으로 그것은 우리에게 다음과 같은 사실, 곧 존경 받을 만한 전통도 "단순하게 그저 자신의 전통을 반복하거나 그것을 다른 표현으로 표현하는" 것을 목표하지 않는다는 사실

---

14 여기서 또다시 우리는 다음 책에 대해 생각하고 있다. MacIntyre, *Three Rival Versions of Moral Enquiry: Encyclopaedia, Genealogy, Tradition* (Notre Dame: University of Notre Dame Press, 1991).

15 우리는 학계의 "백과사전적인" 지식을 "전통에 기초한" 교회의 추론과 대조하고 있지만, "백과사전적인" 것이 어떻게 과학의 "전통"인지도 지적할 수 있어야 한다. 그러나 여기서 그 점을 상세히 논하지는 않을 것이다.

을 상기시켜준다.[16] 확장, 개정, 발전, 그리고 진보는 전통으로서의 전통에 이미 내재해 있다. 우리는 어떤 전통 유산 전체에 어떤 "수정들"이 생길 수 있음을 예상할 수 있어야 하고, "재형성된" 가르침이 있더라도 그것에 놀라지 말아야 한다.[17] 다른 한편으로 이러한 설명은 우리에게 다음과 같은 두 가지 사실을 깨닫도록 도움을 준다. 곧 어떤 수정, 개정 및 재공식화는 (a) 어떻게 그것들이 전통의 **충실한 확장**인지를 설명해야 하고, (b) 충실한 확장으로 간주할 수 있는 통찰은 그저 "전문 지식"의 영역에 의해서만 결정되는 게 아니라, [그 전통을] **실천하는 공동체**에 의해서 결정된다는 사실을 인정해야만 한다. 따라서 우리는 실제로 [전통의] 재공식화가 전통의 "핵심적인"[18] 표지 또는 "본질적인" 표지를 침해했는지에 대한 문제를 분별해야 할 것이다. 우리는 이런 문제에 대한 분별이 하나님의 백성에게 맡겨져 있음을 인정해야만 한다. 그리고 하나님의 백성은 교수, 학자, 과학자의 영역보다 폭이 넓다(비록 이 실천 공동체의 일부를 이루는 학자와 과학자들도 분별 과정에 참여하지만 말이다).

이것은 모든 것이 공정한 게임이라는 사실을 의미하는가? 누구나 공정한 기회를 가질 수 있는가? 우리가 마음대로 수정할 수 있는가? 아니다. 분명 그렇지 않다. 게다가 교회는 무엇이 전통의 충실한 확장인지를 집단적으로 분별해야 할 것이다. 아마도 우리는 한 역사적인 부

---

16 Daniel C. Harlow, "After Adam: Reading Genesis in an Age of Evolutionary Science," *Perspectives of Science and Christian Faith* 62, no. 3 (September 2010): 192.

17 Harlow, "After Adam," 191-192.

18 John R. Schneider, "Recent Genetic Science and Christian Theology on Human Origins: An 'Aesthetic Supralapsarianism,'" *Perspectives on Science and Christian Faith* 62, no. 3 (September 2010): 197.

부가 단 하나의 사건에서 실수를 저지르는 모습은 본질적인 것이 아니라는 점을 알아낼지도 모른다. 하지만 [인간의] 타락을 [인간의] 유한함과 동의어로 만드는 일이 전통적인 교리의 "핵심"을 위배한다고 분별할 수도 있다.

이 책의 구조

인간의 기원에 관한 과학 이론들이 기독교 전통에 제기한 문제들은 생물학, 신학, 역사학, 성서학, 철학, 정치학 분야 전 영역에 걸쳐 있다. 이 모든 학문 분야는 이 책의 여러 장에서 제시된다.

1부에서는 쟁점과 과제의 영역을 보여주고, 인간의 기원 및 타락과 관련해서 과학과 기독교 신학이 합류하는 "상황"을 살펴볼 것이다. 먼저 생물학자 대럴 포크는 과학에서 제기되는 "문제의 상황"에 대한 포괄적인 개관을 제시한다. 그는 먼저 "호모 사피엔스"의 출현에 대한 고고학적 기록과 공통 조상의 증거에 대해 분명하고 간결하며 포괄적인 설명을 제시한다. 이것은 유전학자들이 어떻게 그런 결론을 내리는지에 대한 유익한 설명을 포함하면서 초기의 인간 개체군의 유전적 증거에 관한 놀랍도록 명쾌한 설명을 부연한다. 그러나 포크는 이후에 대화를 두 방향으로 이어나간다. 한편으로는 그리스도인들이 그러한 증거들을 진지하게 받아들여야 하는 이유를 강조하고 우리에게 그렇게 하는 법을 충실하게 보여준다. 다른 한편으로는 너무나 성급하게 유전적 증거가 유신론을 반대한다는 함의를 가졌다고 결론 내리는 자연주의적 설명을 배격한다.

2장에서는 신학자이며 생태학자인 셀리아 딘-드러먼드가 로마 가톨릭의 가르침을 고려하여 과학과 신학의 대화를 전개한다. 딘-드러먼드는 교황의 진술들과 신학적 제안에 담긴 다양한 입장을 살펴보면서 신학과 과학의 관계가 과학이 지시하는 조건을 신학이 무조건 받아들여야 하는 일방통행로의 관계가 될 필요는 없다고 주장한다. 그녀는 신학도 진화론에 대해 새로운 질문을 제기할 수 있다고 주장한다. 딘-드러먼드는 인간의 기원과 원죄에 대한 전통적인 정통 신학의 믿음이 진화론과 어떻게 조화를 이루며 심지어 사회 행동과 "틈새 환경 조성"(niche construction)에 대한 최근의 진화론적 설명을—비록 전통적 교리에 (원죄의 생물학적 전파와 같은) 재고할 필요가 있는 측면이 존재하더라도—어떻게 더 쉽게 이해시켜주는지를 보여줌으로써 그러한 본보기를 제시한다.

다음으로 철학자 제임스 스미스는 포크가 요약한 일종의 진화론적 증거들을 고려하여 타락에 대한 "전통적인" 교리의 존립 가능성에 대한 논쟁이 왜 중요한지를 분석적으로 설명한다. 스미스는 타락에 대한—로마 가톨릭과 개신교 전통에서 모두 인정하는—아우구스티누스의 설명에 담긴 직관을 파악하고자 애쓰면서 원죄 교리가 단지 인간의 죄악성과 구속의 필요성에 대한 설명에만 그치지 않는다고 주장한다. 더 정확히 말해서 타락 교리는 전적으로 죄의 기원 내지 시작에 대한 설명이며 그 설명은 하나님의 선하심을 주장하는 데 결정적이다. 따라서 사실 신학적 인간학의 문제뿐만 아니라 하나님에 대한 교리도 타락을 "기초로 삼고" 있다. 그러므로 타락의 "역사적인" 성격 또는 "사건적인" 성격은 타락 교리에 결정적이다. 마지막 사유 과제로 그는 어떻게 원죄에 대한 사건적인 이해가 인간의 기원에 대한 진화론적 설명과 조화를 이룬다고 생각할 수 있는지 고찰한다.

다음으로 이 책의 2부에서는 성경의 자료들과 전통적인 신학적 설명 속으로 깊이 들어가 이를 신학적 상상력의 원천으로 삼아 거기서 광맥을 캐낸다. 4장에서 구약 학자 리처드 미들턴은 진화론을 고려하여—창세기 저자에게 진화론적인 의도를 가정하는 것이 아니라 상호 이해의 만남을 연출하면서—창세기의 이야기에 대한 면밀한 해석을 제시한다. 본문에 담긴 암시와 각본에 대한 그의 거의 성서 주해적인 관심은 악과 죄에 관한 전통적 설명에 대한 우리의 이해를 심화시키면서 동시에 우리에게 창세기를 새롭게 읽을 것을 권한다.

그다음 장에서 조엘 그린은 신약이 원죄와 죄의 기원에 대한 기독교의 교리들에 기여하는 바를 자세히 살핀다. 그린은 먼저 제2성전 시대에 나온 아담에 대한 유대교 문헌들을 살펴본 다음 죄의 성격에 대한 바울과 야고보의 글들을 분석한다. 그린은 두 종류의 문헌 모두 "타락"을 하나의 사건으로 언급하지 않으며 둘 다 인간의 죄악성이 아담의 죄로 인해 결정되었음을 암시하지 않는다는 사실을 발견한다. 그린은 바울과 야고보의 글을 면밀히 읽어보면 과학적 증거와 양립 가능할 만한 타락에 대한 설명과, 타락을 죄가 인간의 경험에 만연한 하나의 특성으로 점진적으로 출현했다고 보는 설명을 기꺼이 받아들이게 될 것이라고 주장한다.

다음으로 신학자 애런 리치스는 죄가 어떤 구체적인 인물이 저지른 역사적 사건에서 비롯되었다고 보는 전통적 관점에 대해 "시적 변명"을 시작한다. 리치스는 이 입장을 진화론은 아담을 단순히 신화나 비유로 전락시키는 확실한 이론이라는 관점뿐만 아니라 성경은 과학의 자료와 같은 수준으로 기능하는 자료들로 구성되어 있다는 그와 반대되는 관점과도 멀리 떼어놓으려 한다. 리치스는 그 대신 아담은 성경 전체의 예표 안에서만 이해할 수 있으며 이 예표는 그리스도의 예표로 통합된다고 주장한다. 옛 아담은 새 아담인 예수 그리스도에 비추어보아야만 이해할 수 있다. 그리스도가 어떤 추상적인 개념이나 비유가 아닌 한 사람이듯이 아담도 신비에 싸인 인물이긴 하지만 한 구체적인 인물, 즉 예수 그리스도의 역사적 사건 속에서 그 해답을 얻게 되는, 죄로 인해 망가진 역사의 최초의 주인공이다.

3부에서 우리는 "기원"에 대한 좁은 고찰을 넘어 타락의 몇 가지 문화적 함의를 고찰한다. 윤리학자 브렌트 워터스는 타락에 대한 기독교적 성찰의 핵심에서 인간의 삶이 올바른 모습을 잃어버렸다는 의식과 우리 자신의 노력을 통해 우리 생각대로 타락을 극복하려는 인간적 충동에 대한 비판을 발견한다. 다음으로 워터스는 트랜스휴머니즘—과학기술을 통해 노화나 죽음 같은 인간의 한계를 극복하려는 시도—을 오직 인간의 능력만으로 인간을 완성하려는 가장 최근의 골치 아픈 시도로 분석한다. 순수하게 비종교적인 사상이라는 스스로의 주장에도 불구하고 트랜스휴머니즘은 일종의 종교이며 기독교적 종말론의 이단적 돌연변이라고 워터스는 주장한다. 그는 사회적 격변의 가능성과 트랜스휴머니즘의 "진보"를 막아서는 이들의 주변화를 비판하며 우리의 타락한 상태와 용서하고 용서받아야 할 필요성에 대한 기독교의 인식을 추천한다.

노먼 워즈바는 창조물로서의 세상에 대한 기독교적 묘사에는 우리가 세상을 이해하는 방식과 우리가 세상에서 가져야 할 책임과 관련한 중요한 함의가 있다고 주장한다. 그러한 설명이 없으면 세상의 타락과 번영은 이해할 수 없는 것이 되어버린다. 더 구체적으로 워즈바는 창조에 대한 기독론적인 진술—분명히 성경에서 시작되었지만 그 후에는 이레나이우스, 아타나시오스, 고백자 막시무스와 같은 신학자들이 강력하게 발전시킨 진술—이 자연을 (누가 설명하느냐에 따라 때로는 아름답고 때로는 무의미한) 끊임없는 투쟁과 경쟁의 영역으로 보는 오늘날의 자연관에 대한 심오한 도전을 표현하고 있음을 보여준다. 창조에 대한 가르침은 단순히 세상의 기원에 대한 대체로 과학적인 가르침이 아니다. 그것은 모든 피조물과 세상의 구원 및 하나님과의 화해에 대한 가르침이기도 하다. 이런 식으로 이해하면 창조 교리는 그 안에 우리로 하여금 죄의 본질, 교회의 사명, 인간 생명의 의미와 목적 같은 문제들을 다룰 수 있게 하는 중요한 통찰을 담고 있다. 또한 창조를 종말론적 관점에서 이해할 때 우리는 타락을 창조가 하나님 안에서 성취되지 못한 것(또는 인간의 경우에는 거부한 것)으로 묘사할 수 있다.

이 책의 마지막 부분에는 오늘날의 압력과 문제를 재고할 수 있는 장기적 전망을 제시하는 두 가지 역사 연구가 있다. 윌리엄 카바노프가 쓴 9장에서는 현대 사상에서 타락 이야기의 퇴조는 과학적인 이유가 아닌 정치적인 이유로 먼저 발생한다고 주장한다. 타락은 중세 정치사상에서 세상이 실제로 존재하는 방식과 세상의 원래 목적에 부합하는 존재 방식 사이의 차이를 나타내는 데 결정적이었고 권력에 대한 어떤 인간적인 주장도 위태롭게 하는 종말론적 관점이었다. 타락은 초기 근대 정치 이론에서 사라지고 정치권력을 있는 그대로의 현 상황에 대한 응답으로 정당화하는 탈종말론화된 "자연 상태"로 대체된다. 카바노프는 홉스, 필머, 로크 등의 인물들을 통해 타락의 "자연화"가 초기 근대 정치 이론에서 어떻게 근대 국가의 출현과 신학과 정치학 및 신학과 자연과학의 분리에 기여하는지를 보여준다. 자연과학과 정치학은 둘 다 목적론적·종말론적인 준거를 상실했지만 카바노프는 꼭 그럴 필요는 없다고 주장한다. 우리가 서구에서 신학과 과학의 분리는 비과학적·정치적 요인들에 의해 촉진되었다는 사실을 깨닫는다면 아마도 과학과 신학 사이의 대립은 결코 불가피하지 않다는 점을 깨달을 수 있을 것이다.

피터 해리슨이 기고한 10장에서는 종교와 과학의 갈등에 대한 우리의 사고방식을 살펴본다. 우리는 과학과 종교 사이의—갈릴레이 재판이나 일부 기독교인들의 진화에 대한 무조건적인 거부 등과 같은—"나쁜" 갈등의 예에 너무 익숙해져 있어서 종교와 과학의 갈등은 언제나 피해야 한다고 가정한다. 그러나 그는 과학과 종교 사이에 "좋은" 또는 "정당한" 갈등의 예도 있으며 기독교인들은 지배적인 과학적 패러다임이 무엇이든 기독교 교리가 그 패러다임에 맞도록 즉시 수정되어야 한다고 너무 성급하게 가정해선 안 된다고 주장한다. 해리슨은 과학과 종교의 갈등은 결코 불가피한 것이 아니라 현재 각자의 주장이 무엇이냐에 따라 언제나 발생할 수 있는 것이라고 주장한다. 과학과 종교의 잠재적인 갈등은 각기 사안별로 고려할 필요가 있으며 과학 이론의 전반적인 주장은—진화, 변이를 동반한 유전의 경우에—그보다 훨씬 덜 확실한 경향이 있는 이론의 구체적인 구조 및 의미와는 구별할 필요가 있다. 해리슨은 올바른 기독교적 접근 방식의 예를 보여주기 위해 아우구스티누스의 사상을 언급하며 기독교적 관점에서 갈등이 정당화된 몇 가지 역사적 사례들을 살펴본다.

우리는 이 기고문들이 이러한 대화의 이해관계와 한계에 대해 주의 깊게 생각하는 데 도움이 되면서도 "만물이" 그리스도 안에 "함께" 서 있음을 확인시켜주는 방법의 모델을 제시하기를 바란다.

1부

문제 설정

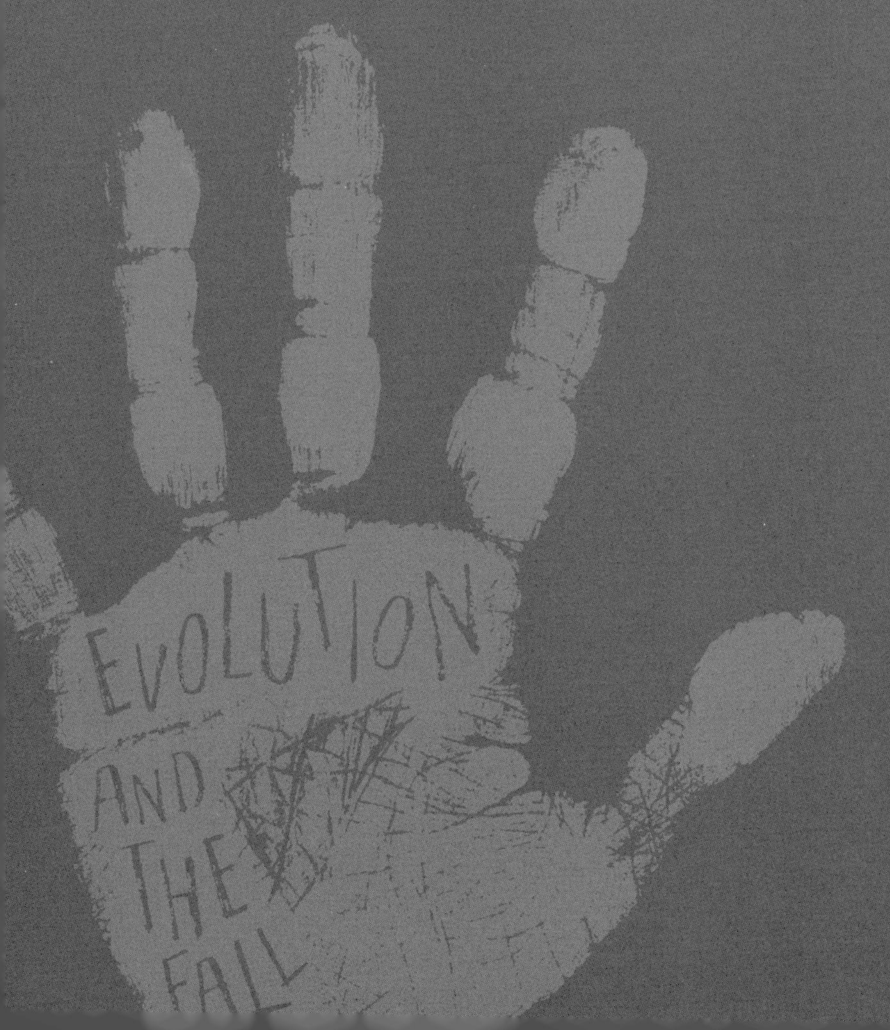

대럴 R. **포크**(Darrel R. Falk) 캘리포니아주 샌디에이고에 소재한 포인트로마 나사렛 대학교 생물학 (명예) 교수로 1988년부터 그곳에서 가르쳤다. 그는 바이오로고스 재단 전 이사장(2009–2012)이며 현재 바이오로고스 재단의 수석 고문으로 봉직하고 있다. 앨버타 대학에서 유전학 박사 학위를 취득했고 브리티시콜롬비아 대학교와 캘리포니아 대학교 어바인 분교에서 박사 후 과정 연구를 수행한 뒤 시라큐스 대학교에서 교수 생활을 시작했다. 그는 과학과 신앙의 관계에 대한 많은 강연을 했고 *Coming to Peace with Science: Bridging the Worlds Between Faith and Biology* (IVP, 2004)의 저자다.

1장

인간의 기원

과학의 이야기

■ 대럴 R. 포크

과학 연구에서는 인간의 기원을 순간적인 일이 아니라 점진적인 일로, 과학 전문가들이 흔히 무신론적 과정으로 묘사하는 진화 과정을 통해 일어나는 일로 묘사한다. 그러나 기독교인들은 후자의 견해에는 만장일치로 동의하지 않지만 그것에 동의하지 않는 이유를 다양하게 표현한다. 어떤 이들은 자신들이 동의하지 않는 이유가 과학은 근본적으로 결함이 있기 때문이라고 표현한다. 이런 기독교인들은 인간의 기원에 관한 전적으로 새로운 방식의 과학 연구를 추구한다. 이런 접근 방식은 그것이 방대한 양의 널리 검증된 과학적 자료와 기독교를 대립시키고, 아마도 그렇게 과학적으로 탐구하는 게 신학적으로 쓸데없는 일이라는 이유로 그렇게 할 가능성이 높다는 데 문제점이 있다. 인간을 진화적 기원으로 설명하는 과학적 패러다임이 정확하다면, 이는 분명 이 책에서 다룰 주제인 타락의 본질과 죄의 기원에 대한 매우 중요한 문제를 제기한다. 하지만 우리는 그런 문제들을 낙관적인 태도로 다룰 수 있다. 창조가 순간적 과정이 아닌 점진적 과정을 통해 발생했다면, 그리고 기독교의 근본적 명제가 참되다면, 신학적 가르침에 대한 전통적인 이해는 이러한 새로운 관점으로 탐구될 때 오히려 더 풍부해질 것이기 때문이다. 그런데 그 새로운 관점이란 무엇인가? 과학적 자료는 우리가 어떻게 여기까지 이르렀는지에 대해 정확히 무엇을 말해주는가? 그 질문에 대답하는 것이 이번 장의 목적이다.

화석 추적

인간이 유인원의 계보에서 출현했다는 화석 기록은 아프리카에서 발견된다. 아프리카에서는 여러 전이 생물종(transitional species)에서 나온 화석화된 다양한 유골이 발견되었는데 이 유골들은 네 다리로 걷다가 두 다리로 걷고, 사지를 나무들 사이를 건너뛰는 데 사용하다가 물체의 정교한 조작을 위해 사용하며, 작은 뇌가 커지고, 유인원의 얼굴에서 인간의 얼굴 모양으로 바뀌는 변화의 특징을 잘 보여준다.

그러나 화석 기록에 나타난 전이적 특징들을 확인하는 것과 그러한 특징들이 유인원에서 인간으로의 점진적 진화 순서와 일치하는 방식으로 존재했음을 보여주는 것은 서로 별개의 사안이다. 오늘날 에티오피아, 케냐, 탄자니아가 있는 아프리카 북동부의 동아프리카 지구대(the Great Rift Valley)만큼 이러한 변화의 시기가 점진적으로 찾아왔음을 잘 입증해주는 곳은 없다. 이 지구대는 수백만 년 동안 서로 미끄러지며 어긋난 두 대륙판으로 인해 초래된 지질학적 분열 작용을 통해 생성되었다. 그렇게 만들어진 이 지구대는 이 기간 내내 그랬던 것처럼 여전히 잦은 홍수를 겪고 있고 동물들은 수백만 년 동안 그랬던 것처럼 아직도 진흙투성이 홍수 퇴적물에 빠져 지낸다. 동물들의 사체가 그 진흙 속에서 부패한 뒤에 그 결과로 남는 유골들은—다른 방해 요인이 없다면—그 자리에서 굳어진다. 퇴적물이 앞으로 수천 년 동안 계속해서 굳어지면 이 유골들은 미래의 화석이 될 것이다.

화석의 연대는 이 지역의 또 다른 독특한 지질학적 특징 때문에 쉽게 알아볼 수 있다. 서로 미끄러져 가는 대륙판들로 인해 초래된 지질학적 불안정성은 잦은 화산 폭발을 일으키며 이 간헐적인 화산 활동은 화석과 마찬가지로 퇴적물 속에 묻혀 있는 화산재 층을 만들어낸다. 그래서 화석은 연대 측정이 불가능하지만(화석은 약 5만 년의 한계를 지닌 탄소 14번 연대 측정을 수행하기에는 너무 오래되었다), 화산재는 연대 측정이 가능하다.

440만 년 된 생물종인 **아르디피테쿠스 라미두스**(*Ardipithecus ramidus*)는 이런 식으로 확인되었다. 1994년 11월에 퇴적암을 관찰하는 과정에서 손뼈 하나가 발견되었다. 현장을 주의 깊게 발굴한 결과 한 사람, 즉 "아르디"라는 이름으로 알려지게 된 한 여자의 유골 중 45%가 복원되었다. "아르디"는 아마도 우리와 같이 두 발로 걸었던 듯하다. 그녀는 분명 침팬지나 고릴라 같이 손가락 관절을 땅에 대고 걸을 수 있는 골격 특징을 갖고 있지 않았다. 그 대신 그녀에게는 나무 위에서 생활하고 땅 위를 두 발로 직립 보행을 할 수 있도록 적합하게 바뀐 생활 방식을 암시하는 특징들이 있었다.[1] 오늘날의 유인원들처럼 "아르디"도 나무 타기에 적합하도록 옆으로 튀어나온 벌어진 엄지발가

---

1 C. Owen Lovejoy et al., "Combining Prehension and Propulsion: The Foot of *Ardipithecus ramidus*," *Science* 326 (2009): 72.

락이 있었다. "아르디"는 나무 위에서 생활하는 데 알맞은 손과 팔도 갖고 있었다. 이 시기나 심지어 그보다 백만 년 뒤까지도 여러 고고학 유적지 중 어느 곳에서도 석기의 흔적은 없으므로 "아르디"가 속한 종들이 도구를 사용했을 가능성은 낮다.

연구자들이 연대순으로 내려올수록, 발견되는 화석들은 특징이 다양해진다. 유명한 "루시"가 속한 종인 **"오스트랄로피테쿠스 아파렌시스"**(*Australopithecus afarensis*)가 하나의 예지만 다른 꽤 완전한 표본들도 확인된다. 그들이 두 발로 걸어다녔다는 가장 좋은 증거는 아마도 젖은 화산재로 되어 있었을 곳에 찍힌 약 25m의 거리에 달하는 두 사람의 360만 년 된 발자국이다. 엄지발가락은 나머지 발가락들과 나란했고 "아르디"처럼 밖으로 벌어져 있지 않았다. 이 두 사람의 걸음걸이를 자세히 분석해보면, 이들은 우리와 거의 구별이 불가능한 방식으로 걸어 다녔음을 알 수 있다. 그 발자국들은 아마도 루시가 속한 종의 발자국이었을 것이다. 실제로 **"오스트랄로피테쿠스 아파렌시스"**의 화석들이 동일한 화산재 층 안에 가까운 곳에서 발견되었다. 이 화석들의 해부학적 특징을 자세히 분석해보면 다음과 같은 사실을 알 수 있다. 예를 들어 정강이뼈가 발목에 연결된 방식이 침팬지의 경우보다 인간의 경우와 더 닮아 있다. 더구나 발목 자체의 구조도 인간과 닮았다. 반면 얼굴은 코가 평평하고 아래턱이 크게 돌출되어 있어 유인원과 비슷했다. 뇌 용량은 인간의 뇌 용량의 약 1/3이었다. 어깨뼈는 인간과 비슷하지 않고 고릴라의 어깨뼈를 닮았다. 요컨대 **"오스트랄로피테쿠스 아파렌시스"**는 땅바닥뿐만 아니라 나무 위에서도 생존하기에 적합한 몸을 갖고 있었다. 흥미롭게도 후두의 일부인 설골(hyoid bone)의 구조는 인간보다 고릴라의 설골과 훨씬 더 가까웠고 이는 "루시"와 그녀의 친족이 유인원과 비슷한 발성 능력을 갖고 있었음을 암시한다.[2] 오스트랄로피테쿠스 속(genus)의 다른 여러 종들도 이 지역과 아프리카 남부에서 이 속에 속한 최초의 개체들이 출현한 지 150만 년 뒤인 2백만 년 전의 것으로 추정되는 주거지에서 발견되었다. 이에 속하는 몇몇 종들은 틀림없이 사람 속(*Homo*)으로 이어지는 직계 계보에는 없는 사촌 종—종 계통수에서 우리가 속한 계보에 기여하지 못하고 소멸된 곁가지—이었을 것이다.

약 2백만 년 전의 주거지에서부터 인간과 공통된 특징이 점점 더 많아지는 화석들이 등장한다. 그런 화석의 주인공들은 큰 두개골과 좀 더 폭이 좁고 덜 다부진 체형을 갖고 있었다. 이와 비슷하게 그들의 팔은 더 짧고 다리는 더 길었다. 우리가 속해 있는 속, 곧 사람(*Homo*) 속이 출현한 것이다. 사람 속에 속한 몇몇 종들이 확인되었지만 특히 한 종은 화석 기록 속에 널리 퍼져 있다. "**호모 에렉투스**"(*Homo erectus*)는 약 190만 년 전부터 이 지역에 거주했던 것으로 보인다. 그리고 10만 년 이내에 호모 에렉투스에 속한 개체들은 아시아로 이주한 것으로 보인다. 180만 년 된 화석 유물들이 조지아 공화국의 한 동굴에서 발견되며 160만 년 전 유물들이 인도네시아뿐만 아니라 중국 베이징 근처에서도 발견되었다. 실제로 호모 에렉투스는 수십만 년 전까지 아시아의 몇몇 지역에 계속 머물러 있었다.[3] 호모 에렉투스의 긴 생존 기간 동안 뇌 용량은 점점 커져갔다. 발견된 가장 오래된 두개골에는 유인원

---

2 Ian Tattersall, *The Strange Case of the Rickey Cossack and Other Cautionary Tales from Human Evolution* (New York: Palgrave Macmillan, 2015).

3 Daniel E. Lieberman, *The Story of the Human Body: Evolution, Health, and Disease* (New York: Pantheon Books, 2013).

의 뇌보다 살짝 더 큰 뇌가 들어갈 공간밖에 없었다. 그러나 시간이 지날수록 뇌 용량은 점점 증가하여 마침내 우리 인간의 뇌와 거의 비슷한 크기에 도달했다.[4] 따라서 비록 우리가 아는 다른 정보들은 많지 않지만 호모 에렉투스의 지리적 분포는—아프리카의 여러 장소에서부터 아시아의 여러 지역까지—광범위했다.

2015년 9월에는 사람 족에 속하는(*hominin*)[5] 종들과 관련한 가장 크고 가장 완전한 발견물인 **"호모 날레디"**(*Homo naledi*)가 발표되었다.[6] 남아프리카의 한 동굴에서 발견된 이 종은 뇌가 작고 오래전에 형성된 골반, 어깨, 흉곽을 지니고 있어서 호모 에렉투스와 어느 정도 비슷하다. 그러나 이 종의 손, 손목, 발, 발목은 우리와 매우 비슷하다. 지금 이 글을 쓰는 시점에서 이 표본의 연대는 아직 밝혀지지 않았다.

우리가 속한 종인 **"호모 사피엔스"**(*Homo sapiens*)가 화석 기록에서 처음 등장하는 곳은 바로 동아프리카 지구대다. 최초의 유골은 19만5천 년 전의 것이다. 이보다 앞서 또 다른 종인 하이델베르크인(*Homo heidelbergensis*)은 대략 70만 년 전부터 20만 년 전까지 살았고 많은 연구자들은 이 종을 우리 인류의 조상 종으로 간주한다. 하이델베르크인은 남쪽으로는 남아프리카, 북쪽으로는 영국과 독일, 동쪽으로는

---

4 자세한 내용을 보려면 다음 글을 보라. P. Thomas Schoenemann, "Hominid Brain Evolution," in *A Companion to Paleoanthropology*, ed. D. R. Begun (Chichester, UK: Wiley-Blackwell, 2013), 136-64.

5 "사람 족에 속하는"(*hominin*)이라는 용어는 우리가 속한 종인 호모 사피엔스(*Homo sapiens*)를 포함하는 계보 안에는 포함되어 있지만 유인원에 속한 종은 아닌 모든 종들을 일컫는 말이다. 일부 문헌들은 여전히 이보다 더 오래된 용어인 "사람과"(*hominid*)라는 말을 사용한다.

6 L. Berger et al., "*Homo naledi*, a new species of the genus Homo from the Dinaledi Chamber, South Africa," *eLife* 4 (2015): e09560.

중국까지 화석 기록에 나타난다. 실제로 2015년에 발표된 연구의 결과로 인해 우리는 30만 년 전 하이델베르크인의 뼈 전체에서 상당한 양의 DNA 암호화 정보를 얻었다.[7]

이러한 이야기에 대한 암시는 19세기 말과 20세기 초에 나타나기 시작했지만, 이 이야기의 대부분은 지난 40-50년 동안에 겨우 분명해졌다. 따라서 지난 몇십 년 전까지는 인류의 역사—우리가 어떻게 현재의 우리가 되었는지—에 대한 자세한 지식은 겨우 수천 년 전까지밖에 이르지 못했다. 그런데 갑자기 폭발적 지식 팽창의 결과로 인해, 우리는 이제 수백만 년 전까지 거슬러 올라갈 수 있게 되었다. 우리는 남아 있는 우리 조상들의 유골들을 갖고 있다. 따라서 그들의 해부학적 구조가 언제 어떻게 점점 더 우리와 비슷하게 변했는지를 볼 수 있다. 그리고 마침내 약 20만 년 전에 그들의 골격상의 특징이 우리와 구별할 수 없어졌다는 사실을 알 수 있다.

동아프리카 지구대 지역의 화석 기록에 오늘날의 인간(*Homo sapiens*)이 등장하는 때와 거의 같은 시기부터 네안데르탈인(*Homo neanderthalensis*)이 유럽과 서아시아의 여러 곳에 있는 화석 기록에서 등장한다. 네안데르탈인의 고고학 유적지에서 발견되는 여러 인공 유물들에 근거하여 판단하자면, 그들은 빙하 시대의 추운 북극 환경에서 살아남을 준비가 된 숙련되고 똑똑한 사냥꾼들이었음이 분명하다. 그러나 그들은 창조적 활동의 표시를 거의 보여주지 않았다. 돌을 가공하는 그들의 도구들은 그들이 생존했던 15만 년이 넘는 기간 동안 별로 변한 것이 없다. 네안데르탈인들은 때때로 오래된 도구들을 새로운 용도

---

7 Ann Gibbons, "Humanity's long, lonely road," *Science* 349 (2015): 1270.

에 맞추어 사용하기도 했지만 인류와는 달리 (아래 내용을 보라) 새로운 기술을 발명하는 데는 뛰어나지 못했다. 이것이 인간 또는 호모 사피엔스와 네안데르탈인의 주된 차이점이다.[8] 네안데르탈인은 두개골이 길고 쳐져 있었으며, 얼굴과 코가 크고 눈두덩이 뚜렷하며 턱이 없었다. 그들의 뇌는 아마도 그들의 건장한 체격 때문에 우리 뇌보다 약 10% 더 컸다.[9] 네안데르탈인의 화석 기록은 39만 년 전에 갑자기 사라진다. 그들에게 무슨 일이 일어난 것일까? 대부분의 연구자들은 인류가 그들이 살던 지역에 나타난 뒤로 겨우 몇천 년 만에 그들이 지상에서 사라진 것은 단순히 우연이 아니라고 생각한다. 우리 인류는 세계의 새로운 지역으로 이주하거나 기술과 영향력을 확대할 때마다 다른 종들을 멸종시켜온 오랜 역사를 갖고 있다. 이러한 파괴—다른 종의 멸종—의 패턴은 아마도 우리 인류가 우리의 사촌 종인 네안데르탈인이 이미 차지했던 새로운 땅을 정복한 수만 년 전에 시작되었을 것이다. 우리 인류는 네안데르탈인들이 수만 년 동안 환경과 조화를 이루며 산 그들의 무대 위에 갑자기 나타나서 어떤 알려지지 않은 방식으로 그들의 종말을 초래한 것으로 보인다.

요약하자면 우리 인류는 초기 역사 내내 아프리카에 갇혀 있었던 것으로 보인다. 그러나 약 10만 년 전부터 상황이 바뀌었다. 중국 남동부와 이스라엘에서 발견된 최근의 화석들은 인류가 아프리카 밖으로 진출했음을 보여준다. 비록 이런 곳들에서 인류의 계보가 계속 이어졌는지는 확신할 수 없지만 말이다.[10] 호주의 가장 오래된 인류 화석은 약

8 Tattersall, *The Strange Case of the Rickey Cossack*.

9 Lieberman, *Story of the Human Body*.

10 Ann Gibbons, "First modern humans in China," *Science* 350 (2015): 264; Chris

6만 년 전의 것으로 추정되고 유럽의 화석은 약 4만2천 년 전의 것으로 추정되며,[11] 신대륙의 화석은 최소한 만2천5백 년 전의 것으로 추정된다.[12] 비록 석기는 그 연대가 약 만8천 년 전으로 추정되는 칠레의 한 주거지에서 최근에 발견되었지만 말이다.[13]

유전자 추적

유골은 인류의 기원에 대한 이야기의 일부를 정확하게 말해주지만, 유골들이 말해주는 이야기는 유골들은 살아 움직이지 않는다는 사실에 의해 제약을 받는다. 화석화된 유골들은 각기 먼 과거의 한순간을 보여주는 한 장의 스냅 사진이다. 하지만 뼈 외에도 우리에게는 또 다른 물리적 구성 성분, 즉 움직임이 있고 아직도 우리 각자 안에 살아 있는 우리 조상들의 존재의 잔존물인 유전자가 있다. 화석과 달리 우리의 유전자는 그들의 과거의 한순간을 보여주는 스냅 사진이 아닌 움직이는 이야기를 제공한다. 그리고 그들의 이야기는 우리 이야기의 중요한 일부를 형성한다.

Stringer, *Lone Survivors: How We Came to Be the Only Humans on Earth* (New York: Times Books, 2012), 46.

11 Stringer, *Lone Survivors*, 46.

12 Morten Rasmussen et al., "The genome of a Late Pleistocene human from a Clovis burial site in western Montana," *Nature* 506 (2014): 225-29.

13 Ann Gibbons, "Oldest stone tools in the Americas claimed in Chile," *Science* (November 2015). 인류가 이런 새로운 땅들로 진출한 데서 비롯된 영향에 대한 자세한 설명을 보려면 매우 중요한 다음 책을 보라. Elizabeth Kolbert, *The Sixth Extinction: An Unnatural History* (New York: Henry Holt, 2014).

우리의 유전자에 수용되어 있는 분자는 DNA다. 우리가 부모에게서 물려받은 DNA에는 인체를 구성하는 데 필요한 지시 사항들이 들어 있다. DNA는 일종의 암호 역할을 한다. 그 암호에는 (염기라고 불리는) 부모에게 각기 30억 개씩 받은 60억 개의 기본 단위들이 있다. DNA에는 네 개의 암호 "문자", 즉 세포 조직에 의해 해석되고 번역되는 특정한 순서로 배열된 특징이 분명한 분자 성분인 A(아데닌), G(구아닌), C(시토신), T(티민)가 있다. 이 암호는 한 세대에서 다음 세대로 넘어가면서 계속해서 아주 조금씩 돌연변이를 일으킨다(즉 변화된다). 우리는 그 변화율을 정확히 측정할 수 있으며 세대마다 (60억 개의 암호 문자 중에서) 평균 60회의 돌연변이가 발생한다. 이는 시간을 더 거슬러 올라갈수록 우리 조상과 우리 사이에 DNA의 차이가 점점 더 많아짐을 의미한다. 예를 들어 60억 개의 암호 문자열 중에는 당신의 네 명의 조부모 중 누구에게서도 발견되지 않는 120곳의 변경된 부분이 있을 것이고 더 거슬러 올라가면 당신 안에는 당신의 여덟 명의 증조부모 중 누구에게서도 발견되지 않는 180곳의 변경된 부분이 있을 것이다. 공통 조상 이론이 맞다면 침팬지와 인간의 공통 조상인 종이 존재했으므로 대략 7백만 년 동안에 몇 번의 돌연변이가 발생했을지 계산할 수 있다. 실제 계산을 해보면 예상되는 돌연변이의 횟수와 그 두 종 사이의 암호 차이가 발생한 실제 횟수와의 차이는 2배를 넘지 않는다. DNA가 7백만 년(약 35만 세대) 동안이나 부모에서 자손으로 이어져 내려온 뒤에도 예측된 수치에 그토록 가깝다는 것은 참으로 놀라운 일이다.

그러나 인간의 진화적 기원을 입증하는 데 있어서 이 사실의 중요성은 특정한 유형의 돌연변이의 빈도를 조사해보면 더욱더 확실해진다. 암호 문자 C는 그것이 G 이외의 다른 세 문자와 이웃한 경우보다

G와 이웃한 경우에 T로 변이를 일으킬 확률이 18배 더 높다. 인간과 침팬지 사이의 유전자 차이가 그 두 종의 계보에서 각기 일어난 돌연변이에 의해 초래되었다면 암호상의 염기 서열은 C가 G와 이웃한 경우에 18배 더 자주 바뀌었을 것이다. 이는 관찰된 사실과 정확히 일치한다.[14] 이 증거의 신뢰성은 약간 이해하기 어려워 보일 수도 있으므로 이것이 무엇을 의미하는지 여기서 한 가지 예를 들어보겠다. 가령 이웃한 고대의 두 마을에서 각기 발견된 두 필사본에 비슷한 이야기가 기록되어 있다고 하자. 당신은 이 두 이야기가 서로 독립적으로 기록되었는지, 아니면 하나의 필사본을 나란히 베껴 쓰는 과정에서 약간의 차이가 생겼는지 궁금하다. 당신은 두 필사본을 면밀히 들여다본 뒤 그 두 필사본에서 가장 차이가 많이 나는 곳은 필경사가 부주의하게 옮겨 적었을 경우에 철자를 쉽게 혼동을 일으키는 부분임을 알게 되었다. 글자들이 매우 뚜렷한 차이가 있고 거의 혼동이 일어나지 않는 부분들에 대해서는 두 필사본이 거의 일치한다. 두 필사본의 차이가 필사상의 오류 가능성과 상호 관계가 있다는 관찰 사실로 인해 당신은 이 두 마을을 각기 대표하는 두 필경사가 따로따로 옮겨 적은 하나의 사본이 있었다는 사실을 의심의 여지없이 확신한다.

침팬지와 인간의 게놈은 약간 다른 두 필사본이다. 우리가 시험관 실험을 통해 복제 오류가 자주 일어난다는 사실을 알고 있는 부분에서는 복제 오류가 보다 안정된 부분과 비교해볼 때 18배 더 자주 일어난다. 이는 앞서 설명한 전체적인 돌연변이율 자료와 종합해보면 단일

14 Mark Jobling et al., *Human Evolutionary Genetics*, 2nd ed. (New York: Garland Science, 2014), 54.

한 조상 종이 존재했다는 압도적인 증거를 제시한다. 단일한 "원본"이 서로 다른 두 계보를 통해 수백만 년 동안 독립적으로 필사되어온 것이다.

DNA 변화에 대한 추적으로 인간과 유인원의 공통 조상을 입증하는 방법은 그 외에도 많이 있으며 그 결과는 실제 해부학적 변화를 추적하는 화석 자료와 전적으로 일치한다. 이 사실은 기독교인 유전학자 그레이엄 핀리(Graeme Finlay)의 매우 훌륭한 책에서 충분히 논의되고 있다.[15]

돌연변이가 얼마나 자주 일어나는지를 알고 있는 유전학자들은 우리 인류의 역사가 지닌 다른 많은 측면에 관한 자세한 내용들을 살펴볼 수 있다. 예를 들어 유전자 분석은 추적 가능한 조상이 비아프리카인인 모든 사람은 대략 5만 년에서 7만 년 전에 아프리카를 떠난 1,000명의 사람들의 후손임을 매우 분명하게 입증할 수 있다.[16] 이 조상들이 단일한 집단으로 이주했다거나 한 세대 안에 이주했다고 가정할 이유는 없지만 충분히 입증된 사실은 유럽인, 아시아인, 호주와 태평양의 섬들과 신대륙의 원주민들은 모두 다소 가까운 선사 시대에 이

---

15 Graeme Finlay, *Human Evolution: Genes, Genealogies and Phylogenies* (Cambridge: Cambridge University Press, 2013).

16 화석 자료는 우리 인류가 최대 10만 년 전에 아프리카 밖으로 이주했을 것임을 암시하므로 이러한 유전학적 자료는 비록 대략적으로는 비교 가능하지만 그럼에도 화석 기록을 통해 예측된 것과는 다르다. 그 이전의 개체들은 인류의 계보에 기여하지 못하고 소멸되었을 수도 있다. 달리 해석하자면 이 두 연대 측정 방법 중 하나 또는 둘 다 충분히 정확하지 못할 수도 있다. 전혀 다른 이 두 방법(유전학과 방사성 동위 원소 연대 측정)의 측정치 차이가 1.5-2배 미만이라는 사실은 이 두 연대 측정 방법의 (오차 범위 내에서의) 신뢰성에 대한 실제로 매우 강력한 확증이다. 다음 책을 보라. Eugene E. Harris, *Ancestors in Our Genome: The New Science of Human Evolution* (New York: Oxford University Press, 2015).

비교적 작은 집단에서 유래했다는 점이다.

우리는 어떻게 이 사실을 알 수 있을까? 인쇄기가 생겨나기 이전 시대로 다시 돌아가서 다음과 같은 예를 생각해보자. 그 시대에는 당연히 필경사들이 여러 부의 필사본을 만들었다. 이해하기 쉽도록 가령 한 사람의 필경사가 한 장짜리 원본을 필사하는 임무를 떠맡았다고 가정해보자. 그는 길고 힘든 과정을 거쳐서 필사본 1,000장을 만든다. 그는 필사본 1,000장을 완성하는 일을 하면서 원본을 각 필사본의 견본으로 사용하지 않고 그 대신 가장 최근에 쓴 필사본을 그다음 필사본의 견본으로 사용한다. 물론 완벽한 필경사는 존재하지 않는다. 가령 잘못 옮겨 적을 확률이 필사본 100장당 한 번이어서 그가 1,000장을 다 쓰고 나면 잘못 옮겨 적은 곳이 열 군데라고 하자. 필경사는 이 일을 끝마치고 나서 마지막 필사본을 제외한 모든 필사본을 보관용 창고로 보내고, 가장 최근에 쓴 필사본을 본인이 간직한다. 그런데 불행히도 창고에 불이 나서 이전에 쓴 999장의 필사본은 모두 사라지고 틀린 곳이 열 군데가 있는 마지막 필사본만 남았다. 그 시점에 그는 필사본 25장을 만들어달라는 주문을 받는다. 그는 재빨리 24장의 필사본을 더 만든다. 그가 건네주는 25장의 필사본에는 각기 열 군데의 똑같은 필사 오류가 있다. 총 열 번의 "돌연변이"가 있다. 즉 25장의 필사본에 각기 똑같은 열 군데의 오류가 있다.

이제 또 다른 시나리오를 검토해보자. 가령 25명의 필경사가 각자 필사본 1,000장에 도달할 때까지 가장 나중에 쓴 필사본을 견본으로 삼아 필사를 하고 있다고 가정해보자. 25명이 모두 먼저 쓴 999장의 필사본을 창고로 보내고 마지막 한 장(1,000번째 필사본)은 자신이 간직하고 있다. 창고는 화재로 전소되어 25장—필경사 25명이 각기 한 장씩 간직하고 있는 25개의 필사본—외에는 모두 사라졌다. 필사본 25장을 만들어달라는 주문이 들어오자 필경사들은 각자 자기가 가진 마지막 한 장의 필사본을 넘겨준다. 그 25장에는 각기 약 열 곳의 필사 오류가 있지만 이 경우에는 필사본 25장의 견본마다 잘못된 곳이 서로 달라서 오류가 있는 곳이 총 25의 열 배, 즉 250곳이 된다. 첫 번째 시나리오에서는 필사본들의 차이가 훨씬 적어서 필사본 25장 전체에서 필사 오류가 열 곳밖에 없다. 두 번째 부류의 필사본들에서 "차이"가 (열 군데에서 250군데로) 증가한 원인은 필경사들의 "개체군 크기"다.

따라서 요컨대 우리가 오차율(이 경우에는 1/100)과 필사 횟수(1,000회)와 오류 횟수를 알고 있다면 우리는 필경사의 평균 명수를 알아낼 수 있을 것이다. 이것이 본질적으로 인간 개체군의 유전적 다양성의 크기로부터 역사적인 개체군 크기의 평균을 계산할 수 있는 방법이다.

그러나 이는 우리가 고려해야 할 내용의 절반에 불과하다. 앞의 예에서는 시간이 흘러도 필경사의 수는 일정한 것과 달리 인간 개체군의 크기는 일정하지 않다. 아프리카 탈출 시나리오에서 유전학자들은 특정 시기의 개체군 크기를 추정하고 개체군 크기가 특별히 작았던 특정한 한 시기가 존재했다는 사실을 알아냈다. 이런 계산의 배경이 된 근거는 무엇인가? 인간의 염색체에는 본질적으로 고대 역사의 어느 특정 시기에 있었던 개체군의 크기를 알아내는 데 사용할 수 있는 "똑딱거리는 시계"가 내장되어 있다. DNA는 길쭉한 덩어리로 연결되어 있는 인접한 형태의 암호로 이루어진 긴 줄로 구성되어 있다. 시간이 지날수록 그 덩어리들은 재조합이라고 불리는 과정을 통해 점점 짧아진다. 짧아지는 속도는 세심하게 계산되었다. 이를 감안하면 특정한 시점에 인간 개체 안에서 새로운 돌연변이가 몇 번 발생하는지를 알아낼 수 있다. 특정한 시점에 생겨난 돌연변이의 횟수는 필사하는 필경사들의 "개체군 크기"에서 본 것처럼 DNA 복제가 발생하고 있는 개체들의 수와 직접적으로 상호 관련된다. 이런 식으로 유전학자들은 약 5만 년에서 7만 년 전에 개체군 "병목 현상"이 있었고 오늘날의 비아프리카인은 모두 그 무렵에 아프리카를 떠난 비교적 소수의 사람들의 후손이라고 추정했다.

우리는 이제 인간 개체군 전체를 살펴볼 것이다. 인간의 유전적 다양성은 아프리카인과 비아프리카인을 함께 고려하면 훨씬 더 크다. 유전학자들은 아프리카에는 번식하는 개체들의 개체군 크기가 만 명 이하였던 적이 한 번도 없었다는 데 동의한다. 실제로 그 이전에는 지난 7백만 년 동안의 사람 족의 역사 내내 우리가 속한 혈통(우리의 유전자 풀에 기여한 개체들)이 만 명보다 훨씬 많았던 적은 없었다.[17]

마치 과학이 실제로 한 쌍의 부부를 인류 전체의 유전적 시조로 암시하기라도 한 것처럼 미토콘드리아 "하와"와 Y염색체 "아담"에 대한 과학적 증거를 둘러싸고 일부 기독교 진영 안에서 많은 논란이 있었다. 그러나 이는 사실이 아니며 자신들이 설명하는 현상에 대해 그런 이름을 선택한 과학자들은 아마도 그들의 이름 선택을 오래도록 후회했을 것이다. 모든 인간 남자들이 지니고 있는 DNA의 조상인 Y염색체 DNA를 지녔던 한 특정한 인간이 살았던 시대가 존재한 것은 사실이다. 이 남자는 약 24만 년 전에 살았다. 이는 그때 살아 있었던 다른 남자가 없었다는 뜻이 아니다. 이것은 실제로 그 당시 인간 개체군 안에 존재했던 다른 어떤 형태의 Y염색체도 오늘날에는 존재하지 않는다는 것을 의미한다. 마찬가지로 오늘날 살아 있는 모든 사람의 미토콘

17 Harris, *Ancestors in Our Genome.*

드리아 내의 DNA는 약 16만5천 년 전에 살았던 한 여자 안에 있었던 DNA에서 유래된 것이다. (미토콘드리아는 세포의 에너지를 생산하는 부분이다. 미토콘드리아는 DNA를 포함하고 있고 그 DNA는 오로지 어머니의 난자를 통해서만 유전된다.) 다양한 이유로 미토콘드리아 DNA와 Y염색체는 유전체 연구의 초창기에 연구하기가 가장 쉬웠다. 우리는 이제 유전체 전체를 연구할 수 있다. 우리는 이런 연구들을 통해 2만1천 개의 인간 유전자들이 각각 언젠가 오래전에 한 특정 인물 안에 존재했었음을 알게 되었다. 그러나 각각의 특정한 유전자의 한 가지 형태를 지니고 있었던 그 사람은 우리 모두가 갖고 있는 나머지 2만1천 개 유전자의 형태를 지니고 있었던 사람들과 다르다. 인간 개체군 안의 각 유전자는 한때 단 한 사람에게서만 발견되었다. 즉 2만1천 개의 유전자와 2만1천 명의 서로 다른 사람들이 있었던 것이다. 그뿐만 아니라 각각의 조상 유전자를 갖고 있었던 다양한 사람들 각자가 살았던 시대는 유전자마다 서로 매우 다르다. 어떤 경우에는 시대 간격이 최소 10만 년이었지만 어떤 유전자의 경우에는 최대 몇백만 년이었다. 이는 그 당시에 살아 있었던 다른 사람은 없었다는 의미가 결코 아니다. 그것은 단지 유전자 풀에 기여한 사람들이 만 명가량밖에 없었던 시대에 오랜 기간에 걸쳐 일어난 일에 관한 문제일 뿐이다. 개인적으로 말하자면 오늘까지도 내가 가진 특정한 형태의 Y염색체는 유전자 풀에서 영원히 실종된 상태다. 나는 딸이 둘이고 아들은 없다. 수백만 년 전으로 거슬러 올라가는 긴 유산을 지닌 나의 Y염색체는 마침내 워털루 전투에서 최후를 맞이한 것이다. 고대 역사를 거치면서 후손에게 전해질 수도 있고 전해지지 않을 수도 있는 다양한 형태의 유전자들에게도—개체군 크기가 수십만 년 동안 겨우 만 명밖에 안 되던 때는 더더욱—똑같은 일이 벌어졌다.

인간의 독특성의 기원에 대한 추적

고고학적 증거는 약 10만 년 전에 인간의 진화에 극적인 변화가 있었음을 암시한다. 인류는 실재에 대한 인식을 묘사하는 데 상징을 사용하는 식으로 사고하는 능력을 획득했다. 언어는 대상을 상징적으로 표현하는 하나의 형식이다. 예술과 영적인 표현도 추상적인(상징적인) 사고 형식을 요구한다. 연구자들은 이 일이 일어난 방식과 관련된 구체적인 해부학 및 생리학적 정보나 사건들의 순서는 알지 못하지만 상징적 인식이라는 이러한 특성으로 인해 우리가 세상을 혁명적으로 바꾸는 여정을 시작하게 된 것은 분명하다. 이것은 실제로 이언 태터샐(Ian Tattersall)이 이런 연구 결과를 다음과 같이 요약한 것과 같다. "그것[상징적 인식]이 특징적인 오늘날의 체형을 낳은 더 큰 발달적 재구성의 한 구성 요소로 획득되었다고 믿는 것은 전적으로 합리적으로 보인다."[18] 이러한 변화의 기원을 평가하면서 태터샐은 계속해서 이렇게 진술한다.

> 진화는 언제나 기존에 있었던 것을 기반으로 해야 한다는 점을 고려하면 오늘날의 인간이 더 오래된 유형의 지능을 통째로 바꾸는 것이 아니라—아마도 네안데르탈인이 잘 보여주는 것처럼—상징을 사용하는 능력을 기존에 있었던 조상의 직관적인 종류의 높은 지능에 접목시킴으로써 인지적 독특성에 도달했다고 결론짓는 것은 합리적으로 보인다.[19]

18 Tattersall, *The Strange Case of the Rickey Cossak*, loc. 3634.

19 Tattersall, *The Strange Case of the Rickey Cossak*, loc. 3652.

이전의 사람 족 중 99%의 경우 상징적 사고는 명백히 존재하지 않았다. 우리 인류가 출현한 뒤에 발생한 일과 관련해서 중요한 것은 복잡한 임무를 수행하는 기술의 증가가 아니었다. 우리 조상들은 정교한 도구 제작과 같은 복잡한 활동을 탐닉했다. 인간에게 있어서 인지적으로 독특하게 변한 것은 상징화할 수 있는 능력이었다. 의미를 전달하는 무늬를 지닌 조각과 추상적 사고를 암시하는 새로운 방식의 황토 사용이 이에 대한 증거다. 이는 마지막 1%의 사람 족이 존재하기 시작했을 때 거의 순간적으로 일어난 일이다. 실제로 이 일은 너무 갑작스럽게 발생한 일이므로 태터샐의 표현대로 "우리의 비범한 인지 능력이 장기간의 선택하라는 압박을 받으면서 완성된 산물일 수는 없다."[20] 태터샐의 이 말은 그가 인간의 진화에서 무언가 초자연적인 일이 벌어졌다고 생각한다는 것을 의미하는 게 아니다. 그는 우리의 뇌가 상징의 사용 이외의 무언가를 위해 오랜 기간에 걸쳐 진화했다는 것을 말하고자 한다. 그러나 그 "무언가"가 일어나자 우리 인류는 창의성을 폭발시켰고 그러한 창의성은 오늘날 점점 더 빠르게 계속해서 가속도가 붙고 있다.

모든 것을 바꾸어놓은 그 "무언가"는 대체 무엇인가? 태터샐은 그것이 바로 언어라고 주장한다.

> 언어도 상징적 사고처럼 정신적으로 상징을 창조하고 그것을 규칙에 따라 전환시키는 일과 관련된다. 이 두 가지 일은 너무나 밀접해서 우리가 오늘날 이 둘 중 어느 하나가 없는 것을 상상하기란 사실상 불가능

---

20 Tattersall, *The Strange Case of the Rickey Cossak*, loc. 3712.

하다. 더구나 최소한 원리상으로는 자연발생적인 모종의 언어의 발명이 어떻게 오늘날의 인간 지성을 구조적으로 따라다니는 그런 상징들을 촉발시킬 수 있었는지를 상상하기란 비교적 쉬운 일이다. 같은 이유에서 언어와 언어의 인지적 상관물들이 어떻게 이미 생물학적으로 그런 것들이 가능해진 한 종의 개체들과 궁극적으로 개체군들 사이에서 급속도로 확산되었을지 이해하기란 어려운 일이 아니다.[21]

유발 하라리는 인간의 언어의 독특성을 이렇게 요약한다.

녹색 원숭이도 동료들에게 "조심해! 사자야!"라고 외칠 수 있다. 하지만 현대인은 친구에게 오늘 아침 강이 굽이치는 곳 부근에서 들소 떼를 쫓는 사자 한 마리를 봤다고 말할 수 있다. 이어서 그는 정확한 위치와 그곳까지 가는 여러 경로를 설명해줄 수 있다. 이 정보를 가지고 그의 동료들은 강에 접근해서 사자를 쫓아버리고 들소를 사냥해야 할지 머리를 맞대고 의논할 수도 있다.[22]

어떤 연구가들은 또 다른 인간 특유의 특성이 지닌 중요성—완전한 마음 이론(Theory of Mind, ToM)의 발달—을 적어도 앞의 특성에 못지않게 강조한다. 아지트 바르키(Ajit Varki)와 대니 브라워(Danny Brower)는 그들의 책 『부정 본능』[23]에서 이 이론을 간략히 서술한다. 완전한 마음

---

21 Tattersall, *The Strange Case of the Rickey Cossak*, loc. 3689.

22 Yuval Noah Harari, *Sapiens: A Brief History of Humankind* (New York: Harper, 2015), 22. 『사피엔스』(김영사 역간).

23 Ajit Varki and Danny Brower, *Denial: Self-Deception, False Beliefs, and the Origin of the*

이론(ToM)이란 다른 사람에게도 자신과 같은 독립된 마음이 있다는 인식이다. 그것은 다른 사람들의 자의식에 대한 충분한 의식이다. 다른 어떤 종도 이런 능력은 갖고 있지 않다는 것이 그들과 그 밖의 다른 이들의 주장이다.[24] 완전한 마음 이론의 발달이 바르키와 브라워가 주장하듯이 갑자기 이루어졌는지, 아니면 수렵, 채집 사회에서 협력을 가능케 하기 위해 보다 점진적으로 이루어졌는지[25]의 여부와 무관하게 이것은 인간 특유의 여러 속성에 분명 필수적이다. 바르키와 브라워는 노약자에 대한 적극적인 보호, 사후의 평판에 대한 관심, 장례 의식, 타인을 위한 음식 준비, (손주를 맹목적으로 사랑하는) "할머니 역할", 병자에 대한 치료, 환대, 상속 규칙, 상속 규칙을 규정하는 정의와 법의 개념, 이야기하기, 여러 악기를 사용하는 음악, 종교성, 교육, 타인의 기를 꺾기 위한 고문 행위 등 완전한 마음 이론에 의존하는 일련의 인간적 특성들을 쭉 열거한다.[26]

원인을 제공한 주요 요소들과 상관없이 문화적 혁신이라는 일종의 진화적 대폭발과 그에 수반되는 많은 변화들이 인간의 역사에서 전부는 아니더라도 대부분의 인간들이 여전히 아프리카에 있었던 약 10만 년 전에 독특하게 시작된 것은 분명하다.

Human Mind (New York: Twelve, 2014). 『부정 본능』(부키 역간).

24 Michael S. Gazzaniga, *Who's in Charge? Free Will and the Science of the Brain* (Mt. Pleasant, TX: Echo, 2012), 160.

25 Lieberman, *Story of the Human Body*, loc. 2388.

26 Varki and Brower, *Denial*, 103.

“역사적 우연”과 인류의 기원

이 책에는 시종일관 인류와 자연 전체가 하나님의 작정에 의해 이곳에 존재하며 창조자의 지속적인 임재 때문에 계속해서 존재한다는 분명한 가정이 있다. 골로새서 1:17에서는 이렇게 말한다. “또한 그가 만물보다 먼저 계시고 만물이 그 안에 함께 섰느니라.” 이것이 이 책의 기초가 되는 전제임을 감안하면 이 전제와 가장 저명한 생물학의 대변자들의 글에 만연해 있는 가정 사이에는 전적인 부조화가 존재한다는 점을 지적하지 않을 수 없다. 이러한 충돌은 자연 선택이 생명의 다양성을 낳는 비인격적인 힘이라는 전문가들의 주장과 충돌하는 게 아니다. 많은 기독교인이 자연 선택이 유신론과 전적으로 양립 가능하다고 주장할 것이다. 그들은 그것이 하나님의 과정이며 창조자의 선견지명으로 인해 생겨난 일이라고 말할 것이다. 따라서 성경의 위대한 창조 이야기와 필연적으로 충돌하는 것은 비인격적인 힘으로서의 자연 선택이 아니다. 오히려 자연 선택 하나만으로 우리가 이곳에 존재하는 이유를 다 설명할 수는 없다는 연구 결과가 이제 확고히 자리를 잡았다. 생물학이 지난 몇십 년 동안 가장 분명하게 보여준 것은 전문가들이 순전히 행운이라고 정의하는 역사적 우연이 지금까지 인류가 하나의 종으로서 여기까지 도달하는 데 가장 결정적인 요소였다는 점이다. 예를 들어 지난 60년 동안 가장 존경받은 생물학자 중 한 사람인 E. O. 윌슨은 그 점을 이렇게 표현한다.

> 인간의 계보가 인류까지 쭉 이어진 것은 특별한 행운과 결합된 우리의 독특한 기회의 결과다. 그렇게 되지 않았을 가능성이 엄청나게 컸다. 오늘날의 종으로 직접 발전하는 과정 중에 있었던 개체군들 중 어느 하

나가 지난 6백만 년 동안 멸종을 겪었다면…인간 수준의 두 번째 종이 나타나는 데는 1억 년이 더 필요했을 것이다.[27]

지구 역사에서 단 한 번만 발생한 사건의 확률을 계산하는 것은 불가능하지만, 우리는 하나님의 작정이 아닌 행운으로 인해 이곳에 존재한다는 견해는 진화 생물학자들의 거의 일치된 생각이다. 생물학자들은 생명체가 일단 발생하자 어떤 생화학적이고 생리학적이며 심지어 해부학적인 발전 경로가 거의 불가피해졌다는 데 동의하는 것이 사실이지만,[28] 이는 어느 특정한 종이나 심지어 종의 특정한 과가 반드시 존재해야 함을 의미하는 것은 아니다. 예를 들어 약 6천5백만 년 전에 공룡 시대가 끝나면서 번성하기 시작한 포유류가 폭발적으로 다양해진 사실을 생각해보라. 포유류는 공룡이 멸종되기 약 1억 년 전부터 존재했지만 포유류의 다양성이 폭발적으로 증가한 일은 공룡 멸종 사건이 있은 직후에야 비로소 발생했다.[29] 공룡의 멸종은 지구와 부닥칠 때 시속 약 80,467km로 이동하며 역사상 가장 강력한 지진을 초래한, 폭이 약 9.65km인 한 소행성의 충돌로 인해 발생했다. 분화구가 발견되었고 분화구에 풍부하게 들어 있었던 이리듐은 충돌 예상 시간에 지구 암석층 내의 한 뚜렷한 층으로 확인되었다. 강한 충돌을 통해서만 형성

---

27 E. O. Wilson, *The Meaning of Human Existence* (New York: Liveright Publishing, 2014), loc. 944.

28 Andreas Wagner, *Arrival of the Fittest: Solving Evolution's Greatest Puzzle* (New York: Current, 2014); Simon Conway Morris, *The Runes of Evolution: How the Universe Became Self-Aware* (West Conshohocken, PA: Templeton, 2015).

29 Mario dos Reis et al., "Phylogenomic datasets provide both precision and accuracy in estimating the timescale of placental mammal phylogeny," *Proceedings of the Royal Society of London B* 279 (2012): 3491-3500.

되는 광물 층이 같은 층 안에 특징적으로 분포되어 있다. 충돌로 인한 충격은 화산 폭발, 들불, 지진 해일, 산성비, 먼지에 의한 햇빛 차단 등의 대재앙을 촉발시켰다. 그러나 이조차도 또 다른 한 가지가 없었다면 모든 공룡이 멸종하기에는 아마도 충분치 않았을 것이다. 공룡의 계보, 특히 초식 공룡의 계보는 소행성이 충돌하기 바로 전에 먹이 사슬 내에 큰 불안정성을 초래한 생태학적 위기의 와중에 있었다는 사실이 현재 분명히 밝혀졌다.[30] (매우 가능성이 희박한) 두 사건 모두 조금 일찍 지구를 장악했던 포유류의 폭발적 증가에 필요한 좋은 기회를 제공했다. 그런 사건들과 아마도 그보다 규모가 작았을 수많은 다른 사건들이 없었다면 (아래 내용을 보라) 우리 인간을 탄생시킨 계보는 결코 생겨나지 않았을 것이다.

실제로 스티븐 제이 굴드(Stephen Jay Gould)는 그 사실을 이렇게 표현했다.

> 우리는 또 다른 합리적인 길로 역사의 방향을 바꿈으로써 수도 없이 멸종될 뻔한 위기를 이 정도로 (엄지와 검지의 간격을 약 1mm만 벌려 보라) 아슬아슬하게 피했다. 비디오테이프를 버제스 이판암(캐나다의 버제스산에서 수없이 많은 화석이 발견된 암석—옮긴이 주)이 나오는 순간부터 되감기로 수없이 돌려본다 하더라도 인류와 비슷한 종이 과연 다시 진화할지 의심스럽다. 인류는 실로 놀라운 생명체다.[31]

30 Stephen L. Brusatte, "What Killed the Dinosaurs?" *Scientific American* 313 (2015): 6.

31 Stephen Jay Gould, *Wonderful Life: The Burgess Shale and the Nature of History* (New York: W. W. Norton, 1989), 289. 『원더풀 라이프』(궁리출판 역간).

굴드는 특정한 생태학적 틈새 환경에 그와 비슷하게 생화학, 생리학, 해부학적으로 적응하는 일이 거듭해서 발생할 가능성을 매우 높게 보지만 (실제로 굴드는 그의 고전적인 논문인 "판다곰의 엄지손가락"에서 내내 이런 주장을 한 것으로 유명하다)[32] 인간과 같은 특정한 종의 기원에 관해서는 그런 일이 일어나지 **않을** 가능성도 그에 못지않게 높게 본다.

> 진화하는 생명체는 너무나 예측 불가능해서 어떤 인식된 경로—예를 들어 인류나 외계인의 형태로 의식에 이르는 길—도 천국에 이르는 고속도로로 해석할 수 없고, 오히려 헤아릴 수 없이 많은 장애물이 있고 수많은 대안적인 곁가지들로 장식된 고통스런 궤적으로 간주해야 마땅한 환경의 역사를 바탕으로 광범위한 가능성을 경험해야 한다. 그러므로 경우의 수가 엄청나게 많더라도 또 다른 행성에서 지구와 같은 발전 경로를 상당히 정확하게 반복할 수 있는 확률은 거의 제로에 가까워진다.[33]

저명한 케임브리지 대학교의 고생물학자 사이먼 콘웨이 모리스(Simon Conway Morris)가 이런 주장에 회의적인 태도를 보임에도 불구하고[34] 거의 모든 진화 생물학자들의 견해를 대변하는 이들은 바로 굴드와 윌슨이다. 실제로 진화가 수백만 년에 걸쳐 만들어낸 것과 그렇지 않은 것에 근거한 그들의 결론은 매우 인식론적이다. 역사적 우연과 그것이

---

32 Stephen Jay Gould, *The Panda's Thumb: More Reflections in Natural History* (New York: W. W. Norton, 1981). 『판다의 엄지』(경문사 역간).

33 Stephen Jay Gould, "The War of the Worldviews," in *Leonardo's Mountain of Clams and the Diet of Worms* (New York: Harmony Books, 1998), 351. 『레오나르도가 조개화석을 주운 날』(세종서적 역간).

34 Conway Morris, *Runes of Evolution*.

생명의 역사에서 행한 역할은 거듭해서 검증되었다. 여기 몇 가지 예가 있다. 나는 과학이 우리 인류의 기원에 대해 말하는 것과 말하지 않는 것의 의미를 파악하는 일이 신학자, 목회자, 교양 있는 평신도들—이 책의 주요 독자층—에게 중요하기 때문에 이 예들을 제시한다.[35]

구대륙 원숭이의 계보와 신대륙 원숭이의 계보는 약 3천5백만-3천8백만 년 동안 각자의 길을 걸어왔다. 오늘날 신대륙 원숭이는 124종이 존재하며 각 종은 납작한 코, 양쪽으로 벌어진 콧구멍, 그리고 나무를 타고 다니는 데 사용되는 일종의 다섯 번째 사지인 물건을 잡을 수 있는 대체로 긴 꼬리와 같은 뚜렷한 특징들을 지니고 있다. 반면 구대륙 원숭이는 코의 폭이 좁고 콧구멍은 아랫 방향을 향하고 있다. 많은 원숭이들이 꼬리가 짧거나 아예 없다.

신대륙 원숭이의 최초의 화석은 대략 3천5백만 년 전의 것으로 추정되며 거의 비슷한 시기에 살았던 아프리카의 한 초기 종에서도 발견되는 뚜렷한 구조적 특징을 지니고 있다. 고생물학자들은 구대륙과 신대륙의 원숭이는 둘 다 밀접한 관련이 있으며 단일한 조상 종에서부터 서로 뚜렷이 구별되는 계통으로 출현했다고 생각한다. 아프리카와 남아메리카에서 함께 나온 3천5백만 년 된 표본들은 그 시점에 계통 분리가 발생한 지 얼마 안 되었기 때문에 매우 비슷하다. 그런데 이 두 집단은 어떻게 물리적으로 분리되었는가? 아프리카는 물론 한때 남아메리카와 물리적으로 연결되어 있었다. 그러나 대륙의 분열과 그 이후의 분리는 원숭이 계보상의 분기점보다 6천만 년 이상 이전인 1억

35 이어지는 내용에 대한 탁월한 분석을 보려면 다음 책을 보라. Alan de Queiroz, *The Monkey's Voyage: How Improbable Journeys Shaped Life's History* (New York: Basic Books, 2014).

년 전에 발생했다. 그렇다면 원숭이들은 어떻게 신대륙에 이르렀는가? 현재는 다음과 비슷한 일이 발생했을 것이라는 거의 일치된 견해가 존재한다. 즉 (심지어 단 한 마리의 임신한 암컷일지도 모르는) 소수의 원숭이들이 강물에 떠내려가다가 커다란 열대 나무에 걸렸고 그 뒤로 해류를 따라 운반된 그 나무는 매달려 있는 원숭이들과 함께 몇 주 뒤에 남아메리카 해안에 이르렀다. 그런 일이 벌어지자 나머지는 역사가 되었다. 그 이후의 3천5백만-4천만 년은 진화 생물학에 있어서 흥미로운 실험이 되었다. 수백만 평방 마일에 이르는 대단히 다양한 서식지를 가진 광활한 경관에서 대략 천만 세대가 흐르는 동안 그 계보에 무슨 일이 벌어졌을까? 그 계보는 더 많은—매우 많은—원숭이 종을 낳았지만 유인원이나 사람 족의 계보와 약간이라도 닮은 종은 어떤 것도 낳지 못했다. 3천5백만 년 전 남아메리카와 아프리카 모두에서 나온 비슷한 화석 조사 결과를 근거로 판단해보자면 각 대륙에서 최초의 조상 종은 거의 같았지만—오늘날 78종을 포함하는 구대륙의 엄청나게 다양한 원숭이 외에도—그 조상 종이 유인원과 사람 족으로 발달한 곳은 아프리카뿐이었다.

대륙 이동이 아프리카와 남아메리카의 분리를 초래한 것과 비슷하게 호주도 약 6천만 년 전에 남아메리카에서 분리되었다. 호주 땅에는 초기 포유류들이 "승선"해 있었고 그 자손들은 그 이후 수천 년에 걸쳐—일군의 비태반(nonplacental) 포유류들—호주의 포유류 계통이 되었다. 따라서 본질적으로 이것도 진화 생물학에 있어서 또 다른 실험이다. 이 섬으로 된 대륙에서 발생한 그 6천만 년 전의 "시험 운전"에서 무엇이 출현했는가? 그곳에서는 인간, 유인원, 원숭이는 물론이고 심지어 새로운 태반 포유류 체제(body plan) 비슷한 것도 한 번도 나타나지 않았다. 단지 알을 낳는 소수의 종들[36]과 더불어 온갖 종류의 서식지에 매우 특수한 방식으로 각기 아름답게 적응한 주머니를 가진 포유류만 더 나타났을 뿐이다.

또 다른 진화 실험이 우리가 현재 뉴질랜드라고 부르는 땅덩어리에서 발생했다. 뉴질랜드는 호주보다도 더 일찍—약 8천만 년 전에—더 큰 초대륙(supercontinent)에서 떨어져 나갔다. 뉴질랜드는 분리된 시점에 어떤 포유류도 데려가지 않았고 어떤 포유류도 떠내려가는 나무를 타고 그곳에 도착하지 못했다. 그래서 뉴질랜드에서 살았던 큰 동물들은 조류와 파충류뿐이었다. 8천만 년의 기간 동안 매우 다양한 기후와 생태적 지위(ecological niche)를 지닌 10만 평방 마일에 이르는 한 지리적 영역에서 포유류 체제를 가진 동물은 어떤 것도 생겨나지 않았고 원숭이, 유인원 또는 인간과 비슷한 것은 더 말할 것도 없었다.

마다가스카르는 더 많은 고려할 자료를 제공한다. 면적이 뉴질랜드의 두 배인 이곳은 1억3천만 년 전에 아프리카에서 분리되었고 거의 8천만 년 전에 인도에서 분리되었다. 대략 5천4백만 년 전에 소수의 여우원숭이가 아프리카에서 마다가스카르까지 400km를 건너갔다. 여우원숭이는 우리와 같은 영장류이며 우리는 약 6천만 년 전에 그들과 공통 조상을 공유했을 것이다. 마다가스카르에서 여우원숭이는 활발하게 진화하여 마침내 100종이 넘는 여우원숭이들로 분화되었다. 5천4백만 년의 기간과 다양한 생태계와 영장류 조상 종들을 보유한 매

36 오리너구리와 바늘두더지는 훨씬 더 오래된 형태의 한 포유류에서 비롯된 특징들을 지니고 있다. 호주의 다른 모든 포유류들은 박쥐를 제외하고는 다 유대류이며 새끼 주머니가 있다. 호주의 박쥐 종은 물론 예외지만 이는 박쥐의 날개를 고려하면 법칙을 입증한다.

우 중요한 열대 지역을 구비했음에도 불구하고 이 실험도 어떤 원숭이, 유인원, 또는 사람 족을 만들어내지 못했다.

광활한 육지 면적과 지난 6천5백만 년 내내 존재했던 수많은 영장류를 보유한 아시아와 유럽에서도 사람 족과 비슷한 어떤 것도 발생하지 않았다. 호모 에렉투스가 2백만 년 전에 아프리카에서 그곳으로 이주한 것은 사실이며 네안데르탈인 같은 다른 여러 사람 속(*Homo*)에 속한 종들은 아마도 아시아나 유럽에서 사람 족 계통 안에서 발생했겠지만 사람 족 계통 자체는 아프리카에서 시작되었고 사람 족과 비슷한 어떤 것도 아프리카 이외의 다른 곳에서는 심지어 아시아나 유럽에서도 발생하지 않았다.

사실 최근 자료를 바탕으로 보면 아프리카에서 유인원 계통 자체(원숭이, 유인원, 사람 족)가 발생한 것은 매우 가능성이 희박한 한 사건, 즉 한 조상 종에 속한 소수의 개체가 테티스해라고 불리는 고대의 거대한 수역을 건너 아시아에서 아프리카로 이동한 사건과 더불어 독립적으로 시작된 일로 보이기 시작한다. 약 4천만 년 전인 그 당시에는 초대륙이 여전히 분열 중이었고 아시아와 아프리카 사이에 테티스해가 있었다. 모든 유인원의 조상에 어울리는 특징을 가진 한 초기 영장류[37]의 화석 유적이 오늘날의 이집트 땅에서 확인되었다. 흥미롭게도 이 종은 바다 건너 수천 마일 떨어진 미얀마(버마)에 사이가 매우 가까운 사촌 종이 있었다. 거의 동시에 비슷한 두 종이 수천 마일 떨어진 곳에 큰 바다를 사이에 두고 존재한다는 것은 우리가 앞서 살펴본 마다가스카르의 여우원숭이와 신대륙 원숭이의 경우와 다르지 않

---

37 또는 실제로 이동한 종과 밀접하게 관련된 종.

은 시나리오를 암시한다. 거기에는 이 계보가 아시아에서 시작되었다는 증거가 있고 따라서 이 바다로 둘러싸인 여정의 방향은 아시아→테티스해→아프리카였을 것이다. 소수의 생물들(겨우 임신한 암컷 한 마리였는지도 모른다)이 전혀 새로운 생태적 지위를 가진 땅인 아프리카로 이동한 이 가능성 희박한 여행이 없었다면 원숭이도, 유인원도, 인류로 이어지는 계통 자체도 발생하지 않았을 가능성이 높아 보인다. 그 한 번의 "우연"이 아마도 인류의 계통 전체가 생겨난 원인이었을 것이다. 굴드와 월슨과 대부분의 주요 생물학자들도 그것이 없었다면 인간은 출현하지 않았을 것이라고 말했을 것이다.

"역사적 우연"과 하나님의 섭리

기회가 주어지더라도—실제로 생명의 비디오테이프를 수없이 되돌려서 수없이 많은 기회를 주더라도—자연 선택은 우리 인간과 비슷한 어떤 것도 낳을 수 없을 것이 거의 확실하다는 생각은 아마도 오늘날 생명 과학에서 출현한, 신학적으로 가장 중요한 제안일 것이다. 그러나 그것은 과학적인 전제가 아닌 철학적인 전제에 기초한다. 그것은 신적인 섭리 같은 것은 존재하지 않는다는 명제에 확고히 근거한다.

생물학자 헨리 지(Henry Gee)는 "어떤 이들이 주입시키는 진보라는 개념에 행운을 넣어 뒤섞으면 천부적인 노력이나 우월성이나 운명은 무의미한 말이 된다"[38]라고 말하며 인간의 기원을 요약했을 때, 그

38 Henry Gee, *The Accidental Species: Misunderstandings of Human Evolution* (Chicago:

는 생물학의 영역을 떠나 아마추어 철학자로 등장했다. 어떤 과학적 테스트가 그것이 "무의미"함을 보여주기 위해 수행되었는가? 어쨌든 예수의 육체적 부활이 실제로 발생했다고 생각하는 데는 합리적인 증거, 심지어 과학적인 종류의 증거가 있다.[39] 따라서 우리는 신적인 섭리로 인해 여기에 존재한다고 생각하는 것도 분명 합리적이다. 지의 "무의미 가설", 윌슨의 "행운 가설", 굴드의 "테이프 재생 가설"은 어떤 유의미한 방식으로도 검증된 적이 없으며 과학적 기획 전체는 인간의 기원에 대한 이런 특정한 가설들을 검증할 수 있을 때까지는 침묵하거나 최소한 그 철학적 편향을 인정해야 한다.

지, 윌슨, 굴드와 다른 많은 생물학자들의 결론과는 완전히 대조적으로 "만물보다 먼저 계시고 만물이 그 안에 함께" 서 있는 그리스도(골 1:17), "만물이 그로 말미암아 지은 바 되었으니 지은 것이 하나도 그가 없이는 된 것이" 없는 말씀(요 1:14)과 매우 일치하며 아름답게 조화를 이루는 과학적 자료들이 나타나고 있다. 프랜시스 콜린스(Francis Collins)는 『신의 언어』에서 이렇게 말한다.

> 전부 합치면 현재의 이론으로는 그 값을 예측할 수 없는 열다섯 개의 물리적 상수가 있다. 이 상수들은 주어진 것이다. 그것들은 단순히 정해진

University of Chicago Press, 2013), 13.

39 N. T. Wright나 Larry Hurtado가 요약한 종류의 역사학도 정당한 인식 방법이다. 실제로 진화 생물학도 적지 않은 부분에 있어서 역사적 과학이다. 다음 책을 보라. N. T. Wright, *The Resurrection of the Son of God: Christian Origins and the Question of God* (Minneapolis: Fortress, 2003). 『하나님의 아들의 부활』(크리스천다이제스트 역간). 다음 책도 함께 보라. Larry Hurtado, *Lord Jesus Christ: Devotion to Jesus in Earliest Christianity* (Grand Rapids: Eerdmans, 2003). 『주 예수 그리스도』(새물결플러스 역간).

값이 있다. 이 상수들의 목록에는 빛의 속도, 약한 핵력과 강한 핵력의 강도, 전자기와 관련된 다양한 매개 변수들, 중력 등이 포함된다. 이 모든 상수들이 복잡한 생물 형태를 유지할 수 있는 안정된 우주로 귀결되는 데 필요한 값들을 취할 확률은 거의 극미하다. 그런데 그것이 바로 우리가 관찰하는 매개 변수들이다. 요컨대 우리의 우주는 존재할 가능성이 매우 희박하다.[40]

불가능한 이야기 같지만 빅뱅으로부터 출현한 우주의 상태가 생명체에 필요한 바로 그 상태였던 것으로 보인다. 그리고 이제 더 최근에 생물학은 그런 매개 변수들을 고려하지 않더라도 인간이 하나의 종으로 출현하게 될 확률은 거의 제로에 가까워 보일 것이라는 사실을 보여주었다. 그러나 자연과학자들은 인류의 기원을 탐구하는 데 마음껏 동원할 수 있는 도구들이 제한되어 있다. 그런 도구들은 우리를 기독교 신학 및 히브리어 성경과 놀랍도록 일치하는 최첨단 영역으로 데려간다. 과학의 최첨단 영역에서 얻은 지식은 신적인 섭리 같은 것이 존재한다는 이전과 다른 가정을 바탕으로 전혀 새로운 일련의 도구들을 사용할 기회를 열어준다. 이 가정을 고려하면, 그에 따른 결과들을 탐구할 도구들은 본질적으로 신학적이고 철학적인 도구다. 이런 도구들이 열어젖히는 최첨단 영역들은 어느 모로 보나 인간 존재의 의미에 관한 근본적인 질문들을 다루는 일 못지않게 흥미진진하고 아마도 그보다 훨씬 더 중요할 것이다.

---

40 Francis S. Collins, *The Language of God* (New York: Free Press, 2006), 74. 『신의 언어』(김영사 역간).

셀리아 딘-드러먼드(Celia Deane-Drummond)

현재 노트르담 대학교 신학과 전임 교수이자 신학, 과학 및 인간 번영 연구소 소장이다. 그녀의 관심 연구 분야는 특히 생태학, 인류학, 유전학, 진화 등을 포함한 자연과학과 신학의 관계다. 그녀는 25권의 책과 200편이 넘는 과학 및 학술 논문 내지 공동으로 작업한 책들에 기고한 원고를 출간하거나 편집했다. 그녀의 최근작들로는 피터 스코트와 함께 편집한 *Future Perfect* (Continuum, 2006, 2nd ed. 2010), *Ecotheology* (DLT/Novalist/St. Mary's, 2008), *Christ and Evolution* (Fortress/SCM, 2009), 데이비드 클러프와 함께 편집한 *Creaturely Theology* (SCM, 2009), *Religion and Ecology in the Public Sphere* (Continuum, 2011), 리베카 아티니언 카이저, 데이비드 클러프와 함께 편집한 *Animals as Religious Subjects* (T&T Clark/Bloomsbury, 2013), *The Wisdom of the Liminal: Human Nature, Evolution and Other Animals* (Eerdmans, 2014), 시거드 버그먼, 브로니슬로 스저진스키와 함께 편집한 *Technofutures, Nature, and the Sacred: Transdisciplinary Perspectives* (Ashgate, 2015) 등이 있다.

2장

아담 안에서 모두가 죽는다?

틈새 환경 조성, 공동체 진화, 원죄의 경계선에서 던지는 질문들

■ 셀리아 딘-드러먼드

진화론과 로마 가톨릭 전통과의 관계는 긴장 관계로 설명하는 것이 가장 좋을 것이다. 칼 라너(Karl Rahner)는 19세기 중엽부터 20세기의 처음 몇십 년까지 진화에 대한 초기의 전적인 거부는 어떤 경우에는 진화론은 종교적 이단이라고 주장할 정도에 이르렀다고 말한다.[1] 잭 마호니(Jack Mahoney)는 가톨릭의 공식적인 가르침에서 진화론을 수용한 것을 다룬 역사서에서 교황청 성서 위원회가 1909년에 창세기의 처음 세 장은 문자적이고 역사적인 진리라고 주장하는 성

1 Karl Rahner, *Hominization: The Evolutionary Origin of Man as a Theological Problem* (London: Burns & Oates, 1965), 29. 다음 책도 함께 보라. Celia Deane-Drummond, *The Wisdom of the Liminal: Human Nature, Evolution and Other Animals* (Grand Rapids: Eerdmans, 2014).

명서를 발표했다고 진술한다.[2] 1941년에 이르러서도 교황 비오 12세는 여전히 진화론이 인간의 기원에 대해 어떤 결정적인 사실을 입증했다고 생각하지 않았지만, 1948년이 되자 성서 위원회는 문학 장르를 근거로 창세기의 처음 몇 장과 관련된 역사를 받아들이지 않는 것은 오해의 소지가 있다는 생각에 반대하면서 약간 더 수정된 입장으로 선회했다. 몇 년 뒤 1950년에 비오 12세는 진화론에 관한 중요한 성명서인 「인류」(*Humani generis*)[3]라는 회칙을 발표했지만, 그는 자신이 인체에 적용할 수 있다고 믿은 진화론과 영혼에 대한 종교적 가르침을 분리시켰다. 따라서 "가톨릭 신앙은 우리에게 영혼은 하나님이 직접적으로 창조하신 것이라고 믿도록 명한다"(§36). 그러나 의미심장하게도 그는 아담이 한 공동체의 대표자로서 인류의 여러 조상 중 하나일 수도 있다는 생각도 거부했다. 그러한 주장은 원죄에 대한 교회의 전통적 가르침을 보존하려는 그의 바람과 관련된 것으로 보인다.[4] 여기서 「인류」

2 나는 가톨릭과 진화론의 관계에 대한 진술이 지닌 여러 측면에 대한 Mahoney의 연구에 큰 빚을 지고 있다. Jack Mahoney, *Christianity in Evolution: An Exploration* (Minneapolis: Fortress, 2011).

3 Pope Pius XII, *Humani generis* (1950)와 관련해서는 다음 사이트를 참조하라. 〈http://www.vatican.va/holy_father/pius_xii/encyclicals/documents/hf_p-xii_enc_12081950_humani-generis_en.html〉. 또한 교황 비오 12세는 세상이 지속적인 진화 과정 중에 있다는 생각을 "범신론적인" 개념으로 묘사하며 그런 견해를 "유물론적"이고 "절대적이고 확고하며 불변하는 모든 것"에 반대하며 "불변하는 본질"에 대한 믿음에 반대하는 다른 "실존주의적인" 위험이 찾아올 길을 열어주는 것이라며 비판한다(§5-6).

4 Karl Rahner도 인류 다원 발생설(polygenesis) 개념에 반대하며 "신적 행동의 대상으로서의 인류 다원 발생설은 불가능한 것이다"라고 주장한다는 점은 흥미롭다(Karl Rahner, "Theological Reflections on Monogenism," in *Theological Investigations, vol. 1: God, Christ, Mary and Grace*, trans. Cornelius Ernst [London: Darton, Longman & Todd, 1961], 291). Rahner는 창세기 초반부를 선사 시대 내지 태고 시대 역사로서 역사적인 내용이라기보다는 자신이 생각하는 과학의 고유한 경계선 밖에 있는 내용으로 규정함으로써 이러한 관점을 진화론에 대한 자신의 보다 개방적인 수용과 조화시킬 수

를 인용할 필요가 있겠다. 나는 이 회칙이 그 이후의 가톨릭 사상의 발전과 관련이 있다고 믿기 때문이다.

> 신자들은 아담 이후에 이 땅 위에 모든 인간의 최초 조상인 아담에게서 자연적인 출생을 통해 생겨나지 않은 참 인간이 존재했다거나 아담이 특정한 수의 최초의 조상들을 대표한다고 주장하는 견해를 받아들일 수 없다. 이제 그런 견해가 아담이라는 한 개인이 실제로 죄를 저질렀고, 이 죄는 출생을 통해 모든 사람에게 전해지며 모든 사람은 자기 자신 안에 이 죄로 존재하는 원죄를 갖고 있다고 가르치는 교회의 교도권에서 나온 문헌들의 견해와 계시된 진리의 원천과 어떻게 조화를 이룰 수 있는지 전혀 분명치 않다.[5]

있었다. 인류 다원 발생설에 반대하는 그의 주장은 다음 세 가지 신학적 주장으로 뒷받침된다. 첫째, Rahner는 최초의 인간은 일차적 원인의 도입이지 어떤 결과의 도입은 아니라고 주장한다(292). 둘째, 인간이 만들어지는 사건은 여러 번이 아니라 단 한 번밖에 발생하지 않았을 것이 분명한 기적이다. 그것은 그 뒤로 스스로 증식될 새로운 형이상학적 조건을 조성하는 일이기 때문이다(295). 셋째, Rahner는 인간이 처음에 한 쌍으로 출현했다면 계속해서 존재할 수 없었을 것이라는 주장은 입증될 수 없다고 주장한다(298). 다음 글을 보라. Rahner, "Theological Reflections on Monogenism," 229-97. 세 번째 주장은 현재 유전학적 증거에 따르면 부정확하다. 이 책의 다른 장들을 보라. 그의 두 번째 주장은 하나님이 한 집단을 통해서가 아니라 반드시 개인적으로 역사하신다고 가정한다. 그러나 이는 인간을 단일한 개인으로 보는 계몽주의 이후의 관점을 전제로 한다. 내가 보기에 새로운 형이상학적 조건이 한 집단 안에서 시작되지 못할 이유는 없어 보인다. 이는 일차 원인의 도입이었다는 첫 번째 주장은 형이상학적으로 하나님의 다른 어떤 창조 활동과도 다른, 인류의 여명기에 있었던 필연적이고 기적적인 신적 개입을 전제로 한다. 이는 인간의 생성을 진화의 나머지 부분과 분리시키고 하나님을 과학 지식의 틈새, 즉 인간과 다른 동물들의 신비로운 차이 속에서 행동하시는 분으로 가정하는 것이다.

5 Pius XII, *Humani generis*, §37.

1966년에 이르러 교황 바오로 6세는 진화를 "이론"이라고 부를 준비가 되었지만 여전히 대체적으로 「인류」의 메시지를 되풀이했다. 같은 해에 교황 요한 바오로 2세는 심지어 그가 말한 이른바 동물과 인간 사이의 "존재론적 비약"의 신비를 주장하면서도 진화를 **단순한** 가설 **이상의** 이론으로 기꺼이 인정했다. 그는 과학은 동물과 인간의 차이를 보여줄 수 있지만 그에 대한 경험은 철학 및 궁극적으로 신학의 고유한 과제에 속하는 영적인 영역과 관련이 있다고 생각한다.[6]

여기서 특히 중요한 것은 기꺼이 과학을 진지하게 받아들이고 인간에 대한 논의에 정당하게 기여하는 다양한 진화 이론들을 인정하려는 요한 바오로 2세의 어조다. 그 점을 감안하면 가톨릭교회의 1994년 교리서에서 창조와 인간의 기원에 대해 논하면서 진화를 언급하지 않는다는 사실에 많은 신학자가 깊은 충격을 경험했다는 것은 그리 놀랄 일이 아니다.[7] 대릴 돔닝(Daryl Domning)은 그러한 생략을 수치스러운 일로 평가한다.[8] 마호니는 그와 같은 충격을 받은 반응을 넘어 교리서에서 진화를 언급하지 않은 이유를 찾아내려 했다. 그는 진화에 대한

---

6 이는 교황청 과학원에 보내는 성명으로 발표되었다. 이 성명의 사본, 요한 바오로 2세가 신학과 과학에 대한 자신의 접근 방식에 관해 (바티칸 천문대 소장) George Coyne에게 쓴 편지, 그리고 그 두 진술에 대한 나의 논평을 보려면 다음 책을 보라. David Marshall, ed. *Science and Religion: Christian and Muslim Perspectives* (Washington, DC: Georgetown University Press, 2012), 152-72.

7 Gabriel Daly는 그러한 생략을 오늘날의 신자들이 처한 어려움을 무시하는 행위로 묘사하며 인간의 창조와 은혜로부터의 타락에 대한 이 교리문답의 묘사에 대해 역사적 문자주의와 상징적 언어에 대한 인정의 기묘한 혼합이라고 평한다. Gabriel Daly, "Creation and Original Sin," in *Commentary on the Catechism of the Catholic Church*, 3d. Michael Walsh (London: Geoffrey Chapman, 1994), 82-111, 특히 94-104.

8 Daryl Domning, "Evolution, Evil and Original Sin," *America* 185, no. 15 (November 2001): 14-21.

언급이 생략된 이유를 크리스토프 쇤보른(Christoph Schönborn) 추기경의 영향에서 찾는다. 쇤보른 추기경은 원죄라는 주제를 포함해서 창조에 대한 가르침이 과학과 대립한다는 두려움으로 인해 너무 자주 무시되었다고 생각했다. 그는 이 문제와 관련해 교리서는 "새로운 명제"를 제시할 수는 없다고 주장했다. 그러나 그가 진화를 언급하지 않은 것은 지적 설계(intelligent design)에 대한 그의 분명한 집착에 비추어 고려될 필요가 있다. 가톨릭 신학이 새로운 사상에 휘둘리도록 놔두는 것을 거부하는 그의 태도에 비추어보면, 지적 설계는 지극히 아이러니한 관점이다.[9]

이 짧은 서론적 요약은 로마 가톨릭의 공식적인 가르침에서는 진화론과의 대화의 문이 열렸지만 그럼에도 로마 가톨릭의 가르침이 다소 보수적인 반발에 영향을 받아왔다는 사실을 보여준다. 로마 가톨릭 교회는 원죄에 관한 약간의 관심과 더불어 인간이 순전히 물질적 특성으로 전락할까 하는 구체적인 우려로 인해 인간의 기원에 대한 주제 앞에 장애물을 확실히 놓은 것처럼 보인다.[10] 잭 마호니는 진화에 대한 로마 가톨릭의 가르침과 관련해서 보수적 해석을 강화하려는 시도에

9 지적 설계론의 모든 옹호자가 진화론을 구성하는 모든 요소를 반대하는 것은 아니지만, Schönborn은 최소한 표면적으로라도 그러한 견해를 명백히 주장하며 요한 바오로 2세가 과학원에 보낸 편지를 "다소 모호하고 중요하지 않은" 편지라며 무시한다. 다음 글을 보라. Christoph Schönborn, "Finding Design in Nature," *New York Times*, 7 July 2005.

10 인간의 비물질성에 대한 강한 의식을 계속 유지하는 일은 원죄에 대한 구체적인 해석과 비교해볼 때 전통적인 로마 가톨릭 진영에서 아마도 훨씬 더 열렬히 옹호될 것이다. 그 이유는 요한 바오로 2세가 인간과 다른 동물들 사이의 "차이"를 강조하기 때문이기도 하고 그러한 비물질성이 없으면 원죄가 시야에서 사라지기 때문이기도 하다.

대해 원죄와 타락을 모두 거부하는 것으로 대응했다.[11] 그는 새로운 기독론을 통해 그러한 결론에 도달한다. 그리스도는 인간 진화의 필연적인 운명인 죽음과 자기중심성으로부터 인류를 구속하셨다. 따라서 예수의 죽음은 "우리 인류를 개인의 소멸이라는 진화론적인 곤경을 통해 새로운 형태의 인간다운 삶에 이르도록 인도하는, 인간을 위한 우주적 성취"다.[12] 마호니는 원죄를 거부하면서 "인간 전체가 초기에 그 최초의 조상의 원죄로 인해 하나님의 은혜에서 집단적으로 타락했다는 생각"과 "하나님이 자신의 죽음을 통해 이 타락한 인류를 하나님과 교제하던 원래의 상태로 회복시키시기 위해 인간이 되셨다"는 생각을 함께 거부한다.[13] 그는 원죄에 대한 교리서의 해석이 일차적으로 로마서 5:12에 대한 아우구스티누스의 잘못된 해석에서 기인한다고 본다. 로마서 5:12은 원죄가 유전을 통해 전해진다는 해석을 허용하는 것처럼 보이고, 아우구스티누스는 원죄가 모방을 통해 전달된다고 보기보다는 오히려 성욕과 생식을 통해 전달된다고 해석했다.

마호니가 인간의 기원을 고찰하면서 진화론을 진지하게 받아들인 것은 매우 적절하다. 그러나 그는 진화론을 충분히 진지하게 받아들이지 않았을지도 모른다. 우선 그는 진화론 내에 인간에게서 뚜렷한 도덕적 형태를 취하는 이타적 성향이 다른 종에게도 있음을 인정한다. 하지만 그가 그리스도의 구속하시는 은혜를 필연적으로 이기적인 진화의 기치에 대한 일종의 우주적 반전으로 평가할 때, 그는 진화의 궤적을 망각하는 것처럼 보인다. 통속적인 진화론에서 이기심이라는 신화는

11 Mahoney, *Christianity in Evolution*, 51-57과 72-74.

12 Mahoney, *Christianity in Evolution*, 51.

13 Mahoney, *Christianity in Evolution*, 52.

귀에 거슬리지만 그리스도가 그런 운명에 처한 인류에 대한 해답이라는 주장은 과학적 관점에서 아담이 인간의 죄의 기원이 되었다는 주장 못지않게 믿기가 어렵다. 그러나 그가 죄와 죄책이 성교와 직접적인 출산을 통해 전파된다고 보는 아우구스티누스주의의 엄밀한 관점에 반대하는 것은 내가 보기에 꽤 적절하다. 아우구스티누스의 관점이 사실이라면, 그리스도는 그의 출생에 선행하는 조상 관계의 부정함을 고려할 때 죄에 물든 계보를 통해 오염되었을 것이기 때문이다.[14] 성관계에 대한 아우구스티누스의 초점이 순결함과 성욕에 관한 매우 고통스러웠던 그의 분투와 관련이 있다는 마호니의 주장을 입증하기는 분명 어렵다. 그러나 내가 보기에 마호니가 특히 잘못 짚은 부분은 단지 진화론적 설명을 지나치게 단순화한 데만 있는 것이 아니라 인간의 죄에 역사적인 기원이 있다는 일체의 믿음을 전면적으로 거부한 데도 있다. 물론 난점은 그것이 어떤 종류의 역사를 수반하느냐는 것이다. 마호니

14 마리아가 원죄의 오염을 피했다고 가르치는 마리아의 무염시태에 대한 가톨릭 전통은 아이러니하게도 Charles Darwin의 진화론과 거의 같은 시기인 1854년에 출현했다. 이 이론은 원죄에 대한 생물학적 개념과 그리스도의 성육신을 가능하게 한 인간적 도구를 받아들이는 데 있어서의 난점을 해결하기 위한 시도로 여길 수도 있다. 그러나 이 문제는 부조리한 상황으로 확장될 수도 있다. 예를 들어 "마리아의 부모는 어떻게 원죄 없이 잉태할 수 있었는가?" "예수의 계보는 유대인의 역사에서 왜 예수의 생물학적 아버지보다는 예수의 양부인 요셉을 통해 추적되는가?" 그러한 질문들은 성육신의 신비에 대해 말할 때 금세 튀어나오며 원죄의 전파라는 잘못된 관점에서 비롯되는 것처럼 보인다. 마리아의 무염시태의 중요성에 비중을 덜 두는 다른 전통들은 이 문제를 그럭저럭 피해간다. 예를 들어 아퀴나스는 비록 그가 전통에 따라 그리스도의 성육신에는 정자가 관여되지 않았다고 가정한 대로 그리스도는 아담의 "육체"를 취하셨지만 그리스도의 출생 방식이 원죄를 피했으며(다음을 보라. Aquinas, *Summa theologiae*, III q. 15.1 ad. q. 31.1 ad. 3) 따라서 성육신은 결코 마리아의 순결한 상태에 의존한 것이 아니었다고 믿었다. 이 입장과 현대 생물학과의 충돌은 여전하지만 이번에는 문제가 그리스도의 인성의 비생물학적 기원처럼 보이는 것과 관련된다.

는 인간의 진화를 마치 인간이 고립된 종인 것처럼 고찰했다는 점에서도 오류에 빠졌다.[15]

진화 생물학과 관련해서 보수적인 망설임에 대한 반응이 프란치스코 교황 임기 동안에 얼마나 변할 것인지는 흥미로운 볼거리가 될 것이다. 프란치스코는 창세기 기사에 대한 순전히 문자주의적인 관점을 말하기보다는 진화 개념을 긍정한다고 알려져 있기 때문이다. 따라서 프란치스코 교황은 교황청 과학원에 보내는 교서에서 이렇게 주장했다.

> 우리는 창세기에서 창조에 대한 이야기를 읽을 때 하나님이 전능한 마술지팡이를 갖춘 마술사라고 상상할 위험이 있습니다. 그러나 그것은 사실이 아니었습니다. 하나님은 존재자들을 창조하셨고 그것들이 발전하여 그 충만함에 이르도록 각자에게 허락하신 내적인 법칙에 따라 발전하게 하셨습니다. 그분은 우주의 존재자들에게 자신의 지속적인 임재를 보증하시고 모든 실재에 생명을 주시는 동시에 그것들에게 자율권을 주셨습니다. 따라서 창조세계는 수백 년, 수천 년 동안 우리가 알고 있는 모습대로 될 때까지 발전해왔고 이는 바로 하나님이 데미우르고스(demiurge)나 마술사가 아니라 모든 존재자에게 생명을 주시는 창조자이시기 때문입니다.[16]

15 순전히 진화적인 관점에서만 보면 인간은 사실 모든 면에서 잘 적응한 종이 아니다. 분자 생물학은 인간이 진화적 발전의 정점이라기보다 많은 부적응한 특징들을 지닌 지나치게 특수화된 종임을 암시한다. Mahoney는 범적응주의(pan-adaptionism)를 진화의 핵심 도구로 삼는 근대적 종합(Modern Synthesis)에 따른 20세기 중반의 진화론에 의존하는 경향이 있다.

16 Pope Francis, "Address of His Holiness Pope Francis on the Occasion of the

따라서 지적 설계가 적합한 대안이 될 가능성은 사라졌다. 인간과 나머지 자연 질서 사이에는 여전히 새로움과 차이, 즉 자유의 가능성이 있으므로 이후에 같은 교서에서 교황은 이렇게 진술한다. "하나님은 인간에게 또 다른 자율성, 곧 자연의 자율성과 다른 자율성을 주셨습니다. 그것이 자유입니다." 그럼에도 교황은 원죄라는 더 까다로운 문제는 피하고 그 대신 하나님이 인간에게 더 낫고 살기 좋은 세상을 만들기 위한 능력을 부여하셨다고 말한다. 이 견해에 따르면 죄는 하나님의 인도하심 아래서의 자유라기보다는 부적절한 자율성으로 보인다. 또한 교황은 내가 보기에는 의미심장하게도 자연세계를 청지기처럼 잘 관리해야 할 인간의 의무에 대한 더 큰 인식의 필요성을 이야기하면서 환경 문제와 관련된 시급한 일들에 대한 예리한 인식을 보여준다. 프란치스코 교황은 2015년에 발표한 교황 회칙 「찬미 받으소서」(*Laudato Si'*)에서 그러한 주장을 강화하며 생물학계의 진화론은 신봉하지만, 이것만으로 인간의 독특성을 설명하기에 충분하다는 주장은 거부할 만큼 교황 요한 바로오 2세의 입장과 대동소이하다. 그래서 프란치스코 교황은 이렇게 진술한다.

> 인간은 진보 과정을 필요로 하지만 다른 열린 체계들의 발전으로는 온전히 설명할 수 없는 새로움을 지니고 있습니다.…우리의 성찰, 논증, 창의성, 해석, 예술 활동 능력은 아직 드러나지 않은 다른 능력들과 더불어 물

Inauguration of the Bust in Honour of Pope Benedict XVI," 27 October 2014, 〈https://w2.vatican.va/content/francesco/en/speeches/2014/october/documents/papa-francesco_20141027_plenaria-academia-scienze.html.〉

리학과 생물학의 영역을 넘어서는 새로움을 보여줍니다.[17]

물론 프란치스코 교황은 여기서 사회 과학, 특히 존재론적 환원주의를 반대할 것처럼 보이는 인류학의 공헌을 배제하지 않는다. 따라서 프란치스코 교황이 마호니처럼 지나치게 벗어나서 진화가 인간의 고난과 죽음의 기원에 관한 충분한 설명을 제공한다고 주장할지는 극히 의심스럽다. 따라서 타락과 원죄 교리는 지금 필요 없다. 교황이 「찬미 받으소서」에서 죄에 대해 말하는 대목은 하나님, 타인, 땅과의 관계가 붕괴되었다는 문맥에서, 이를 테면 창조 질서에 대한 죄를 포함하는 문맥에서 등장한다는 점은 언급할 만하다.[18] 마호니의 관점에서 그와 같은 신화들은 국외 추방과 압제 속에서 수백 년을 보내면서 탄생한 유대교 전통에서 일어난 죄악성에 대한 강박관념을 반영한다.[19] 그러나 죄의 기원에 대한 이런 설명이 진화론이나 심지어 성경적 해석에 바탕해서 그토록 쉽게 생략될 수 있을까?

타락에 대한 재논의

원죄를 반박하려는 시도들은 다음과 같은 방법론에 관한 더 광범위한

---

17 Pope Francis, *Laudato Si': On Care for Our Common Home* (24 May 2015): §81, 〈http://w2.vatican.va/content/francesco/en/encyclicals/documents/papa-francesco_20150524_enciclica-laudato-si.html.〉

18 Pope Francis, *Laudato Si'*, §2; §8; §66; §239. 또한 그는 회칙을 마무리하는 기도에서 "무관심의 죄"에 대해서도 말한다.

19 Mahoney, *Christianity in Evolution*, 62-63.

질문들을 제기한다. 곧 신학자들은 시간이 흐르면 시대에 뒤떨어질 수도 있는 과학 이론들에 얼마나, 어느 정도까지 답변하기 위해 노력해야 할까? 내가 보기에 신학적 개념들이 수용되기 위해 통과해야 하는 일종의 인식론적 기준선으로 과학 이론들을 사용하는 것은 바람직하지 않다. 이것은 학계가 과학의 지배적인 지위에 너무 많은 것을 양보하는 것이다. 그와 동시에 인식론적 순수성을 유지하기 위해서 진화론을 완전히 무시하는 것은 고지식한 태도다. 인간의 진화와 같은 주제에 대한 집중적인 관심과 공적인 논쟁이 존재하는 경우에는 특히 더 그렇다. 물론 어떤 신학적 입장을 유지해야 하고 어떤 입장을 배격해야 하는지를 판단하는 데 어떤 기준이 도움이 되느냐는 것이 핵심 질문이다. 전통적인 가톨릭 사상은 이 과정에 대해 교도권에 의존하는 경향이 있었지만, 내가 앞서 간략히 설명한 대로 모든 신학자가 교도권을 받아들일 준비가 되어 있지 않고, 교도권이 모호한 곳에서는 혼란이 극에 달한다.

어넌 맥멀린(Ernan McMullin)은 과학을 고려하여 성경 해석에 사용할 고전적 기준을 요구하는데 그중 첫 번째 기준은 사려 깊음이다.[20] 그의 논증의 우선순위에 있어서 두 번째 기준은 "자연에 대한 입증된 진리"와 성경 해석 사이에 충돌이 일어나는 경우에 성경을 재해석해야 한다는 기준이다. 물론 "성경"을 언급하는 그의 지침을 사용하여 그 기준을 원죄와 같은 신학적 진술에 적용하는 것은 다소 문제의 소지가 있다. 비록 우리가 성경에 관한 이런 기준에 의존할지라도, 그것은 부활을 믿는 것은 어려운 일을 의미할 것이기 때문이다. 셋째, 놀랍게도

20 Ernan McMullin, "Galileo on Science and Scripture," in *The Cambridge Companion to Galileo*, ed. Peter Machamer (Cambridge: Cambridge University Press, 1999), 292-99.

가톨릭 신학자인 그는 성경 해석에 높은 우선순위를 부여한다. 그 결과 다른 가르침과의 충돌이 존재하는 곳에서는 성경에서 나온 문자적 해석이 우선한다. 그러나 해석학의 복잡한 역사를 고려한다면, 문자적 해석이 우선한다는 게 정확히 무슨 의미인지라는 곤란한 문제가 있다. 성경의 주된 관심사는 구원이지 과학이 아니라는 그의 네 번째 기준은 좋은 제한 조건이며 과학적 연구와의 모든 관계의 분위기를 결정한다. 나의 방법론적 전제는 신학이 과학과 적절한 관계를 맺는 것은 신학을 풍요롭게 하고, 더 근본적으로는 신학과 관계를 맺을 때 과학이 더 풍요로워진다는 것이다. 그 풍요함의 정도는 반드시 동일하지는 않을 것이고 과학으로 하여금 다른 종류의 질문을 던지게 하는 데 국한되겠지만, 그럼에도 신학과 과학의 관계는 상호 이익의 관계를 맺을 가능성이 있다. 맥멀린은 이 둘 사이의 관계가 가져다주는 상호 이익의 가능성에 대해서는 고려하지 않는다. 비록 그가 신학적인 믿음이 과학과 관련해서 결정적 돌파구를 제공하는 중요한 역할을 보여주는 역사적 사례들, 예를 들어 아이작 뉴턴에 대해 매우 잘 알고 있지만 말이다. 더구나 신학을 구원에만 제한하는 것은 창조세계 자체에 마땅히 주어져야 할 고찰을 하지 않으면서 구원 역사를 지나치게 강조하는 것이다.

따라서 나는 신학적 설명이 진화론과 관련해서, 특히 계속 발전하는 진화론의 영역과 관련해서 새로운 질문을 제기하는 데 도움을 줄 수 있음을 제안한다. 나는 신학자들이 때가 되면 과학도 변한다는 사실을 회피할 필요가 없다고 생각한다. 신학은 세대마다 새롭게 진술된다. 이것이 끊임없는 개정을 필요로 한다는 것을 의미할지라도 말이다. 어떤 면을 보존해야 하고 어떤 면을 개정해야 하는지에 대한 판단은 맥멀린이 주장하는 사려 깊음 또는 실천적 지혜의 판단만을 따른 게 아니라 지혜의 덕, 곧 아퀴나스가 사변적 이성이라는 지적인 탁월함으로 생각했던 것의 판단에 따른 것이고, 그래서 이런 판단은 특히 신학을 위해서도 적합하다.[21] 따라서 신학에 적합한 것, 곧 최고 원인에 대한 지식은 단지 사려 깊음만이 아니라 지혜라는 능력 자체와도 관련이 있다.[22]

마호니가 과학의 이름으로 창세기의 처음 몇 장을 거부하는 것은 필멸성과 유한성을 구분하는 철학적 구분을 죄의 기원과 융합하려는 경향을 간과한 것이다. 에드워드 팔리(Edward Farley)는 『선과 악: 인간의 조건에 대한 해석』에서 죄의 기원 문제를 다루었다. 그는 마호니처럼 원죄와 타락에 대한 전통적인 설명을 거부하지만 고전적인 설명의 특징을 계속 유지한다. 첫 번째로 가장 중요한 것은 그가 말하는 이른바 히브리적 전통의 중대한 통찰 중 하나, 즉 죄와 비극을 구별하는 것이다. 이는 폴 리쾨르(Paul Ricoeur)가 아담의 신화를 비극적 신화와 구별할 때 언급한 요점이기도 하다.[23] 따라서 팔리는 마호니의 설명에서 완전히 빠져 있는 고전적 설명의 한 결정적인 주제를 언급한다. 즉 "인간 상호 간에 저질러지는 범법(악)은 단지 운명적으로 불가피한 것이 아니었기 때문에, 제의적 보호뿐만 아니라 저항과 변화도 요구했다. 그

---

21 Thomas Aquinas, *Summa Theologiae: Consequences of Charity*, vol. 35 (2a2ae 34-46), trans. Thomas R. Heath (London: Blackfriars, 1972), 2a2ae q. 45 a. 1.

22 아퀴나스는 그 점을 다음과 같이 간결하게 표현한다. "인간에게 있어서 지식의 다양한 대상은 다양한 종류의 지식을 의미한다. 인간은 원리를 알 때 '지식'이 있다고 하고, 결론을 알 때 '학문'이 있다고 하며, 최고 원인(highest cause)을 알 때 '지혜'가 있다고 하고, 인간의 행동을 알 때 '협의' 또는 '사려 깊음'이 있다고 한다." Thomas Aquinas, *Summa Theologiae: Knowledge in God*, vol. 4, trans. Thomas Gornall (Cambridge: Blackfriars, 1964), 1a q. 14 a. 1.

23 Paul Ricoeur, *The Symbolism of Evil*, trans. E. Buchanan (New York: Harper & Row, 1967). 『악의 상징』(문학과지성사 역간).

리고 인간의 비극적 상황과 인간의 죄에 대한 이러한 구별과 더불어 구원에 대한 새로운 인식과 역사 그 자체의 개념이 도래했다."[24] 그는 신중심주의(theo-centrism)에 의존하는 고전적 관점의 두 번째 특징도 언급한다. 이것은 다음과 같은 것을 의미한다. 곧 인간이 저지르는 악의 원동력에 대한 설명은 가망 없는 잘못된 열정으로 이해하는 것이고, 따라서 "죄(도덕적 타락, 억압, 인간들 사이의 폭력)는 영원한 것에 대한 잘못된 열정, 즉 우상숭배에서 생겨난다."[25] 진정으로 영원한 것에 대한 경배는 악의 원동력을 깨뜨릴 수단이다. 내가 보기에 옳아 보이는, 팔리가 주장하는 고전적 관점의 세 번째 측면은 다음과 같은 것이다. 곧 죄는 **존재론적** 악영향을 가졌고, 따라서 죄는 인간 행위자의 존재 속에 있는 자아의 구조를 바꾸어놓는 변화다. 죄는 단순히 관찰 가능한 행동과만 관련이 있는 게 아니다. 그가 말하는 "존재"란 "대인 영역과 사회적 영역에서의 참여뿐만 아니라 자기 제시의 측면, 생물학적 측면, 열정의 측면"을 뜻한다.[26]

고전적 관점에는 팔리가 열렬히 거부하는 두 가지 특징이 있다. 곧 (a) 포괄적인 우주론적 이야기의 틀과, (b) 죄의 보편성에 대한 유사 생물학적 설명이다. (a)에서 중요한 점은 죄가 이 우주적인 이야기 속에 놓일 때, 죄는 사탄의 반역과 타락으로 인한 역사 이전의 기원, 역사적 기원, 미래의 구속에 대한 약속을 갖는다. 칼 라너는 이러한 우주론적인 이야기를 대체로 받아들이고 진화론과 관계를 맺으면서도 인류

24 Edward Farley, *Good and Evil: Interpreting a Human Condition* (Minneapolis: Fortress, 1990), 126.

25 Farley, *Good and Evil*, 126.

26 Farley, *Good and Evil*, 127.

의 기원에 대한 성경의 설명에 동의하기 위해 그 이야기를 이용한다. 따라서 라너에게 인류에 관한 초기의 기원 이야기는 그가 보기에 "자연과학의 범위 밖에 있고, 역사적 초월성이 있으며, 마치 우리의 역사에 있는 요소 중 하나의 요소로 살펴볼 수는 없는 **태고 시대의** 역사다. 바로 그 본질상 태고 시대 역사와 종말론의 실재는 우리의 생각과 아주 멀리 동떨어져 있다."[27] 그러나 라너는 인간의 기원에 대한 과학적 무지와 관련해서 그런 주장을 할 수 있었지만, 지난 세기의 마지막 25년간 진화 인류학 분야는 기하급수적으로 성장했다. 초기의 인간 기원을 선사 시대라고 부르면서 진화론과 인류 기원의 관련성을 얼버무리는 것은 더 이상 적절한 주장일 수 없다. 비록 진화 인류학이 주장하는 몇 가지 주장의 과학적 기초와 더 확실한 자연과학과 비교할 때, 진화 인류학의 주장이 추론적일지라도 말이다. 하지만 라너는 (팔리처럼) 죄는 단지 죽음을 가져오는 것에 불과하지 않다는 점을 인식하면서 가톨릭의 전통을 형성하는 신아우구스티누스주의적 관점을 수정할 준비가 되어 있다. 더 정확히 말하면 "원죄는 다음과 같은 것, 곧 인간은 역사적인 인물이자, 인류의 수장인 아담의 후손이기 때문에 하나님의 은혜를 소유해야 하지만 그분의 은혜를 소유할 수 없음을 의미한다."[28] 팔리의 두 번째 관심 영역은 죄가 생물학적 번식을 통해 전해 내려온 타락한 인간 본성에 의해 역사 속에서 지속되고 있다는 신아우구스티

27 Karl Rahner, "Original Justice," in *Concise Theological Dictionary*, 2nd ed., ed. Karl Rahner and Herbert Vorgrimler (London: Burns & Oates, 1983), 354 (353-54).

28 다시 말해 Rahner에게 있어서 원죄를 초래하는 것은 은혜에 대한 개방적 태도의 부재다. 다음 글을 보라. Karl Rahner, "The Body in the Order of Salvation," in *Theological Investigations*, vol. 17: *Jesus, Man and the Church*, trans. Margaret Kohl (London: Darton, Longman & Todd, 1981), 73.

누스주의의 믿음이다. 그러나 팔리는 죄와 관련한 역사적 기원에 대한 **어떤** 개념도 완전히 일관되게 거부하는가? 그는 역사에 대한 생각과 비극적인 범죄와 인간 상호 간에 일어나는 범죄의 구별이 시간 속에 기원한다는 사실을 용인하기 때문에 완전히 거부하지 않는 것 같다. 더욱이 진화의 역사가 죄의 기원이라는 이야기의 중요한 배경으로 사용된다면, 인간은 창세기가 기록되기 이전에 있었던 선사 시대의 수천 년 동안 종교에 대해 점진적으로 자각했다는 점이 분명해진다. 진화와 타락이 팔리의 설명에서 제시된 방식과 비교해 어떻게 더 다채롭게 교차할 수 있을까? 특히 팔리는 마호니처럼 인류에 훨씬 더 많은 관심을 기울이며 인간의 창조물적인 배경은 충분히 진지하게 받아들이지 않는다.

진화와 타락

인간 기원의 진화론적 역사에 대해 언급해야 할 첫 번째로 중요한 점은 그러한 기원을 일차적으로 공동체라는 배경에서 이해할 필요성이다.[29] 여기서 쟁점은 인간의 진화에 대한 이론에서 틈새 환경 조성에 대한 새로운 강조와 관련이 있다.[30] 진화론의 대중적 수용에서 가장 영

---

29 사람 족의 진화에 대한 더 자세한 부연 설명을 보려면 다음 글을 보라. Celia Deane-Drummond, "Evolutionary Perspectives on Inter-Morality and Inter-Species Relationships Interrogated in the Light of the Rise and Fall of *Homo sapiens sapiens*," *Journal of Moral Theology* 3, no. 2 (2014): 72-92.

30 다음 글을 보라. Celia Deane-Drummond and Agustin Fuentes, "Human Being and Becoming: Situating Theological Anthropology in Interspecies Relationships in an

향력이 있었던 표준적인 신다윈주의 이론에서는 생물을 외부 환경에 가장 적합한 특성들을 지닌 것으로 상상한다. 생물이 위치해 있는 틈새 환경이나 보다 큰 군집은 이 관점에서는 진화적인 관심사라기보다는 순전히 생태적 관심사다. 생물이 더 넓은 세계 내지 주변 환경(Umwelt) 속에 서식한다는 개념은 한동안 잘 알려져 있었다. 그래서 표준적인 이론들 속에는 주어진 특성 내지 특징의 선택에 초점이 모아진다. 틈새 환경 조성이 **진화적** 서사(narrative)의 일부가 되면 생물은 단순히 자연선택이라는 걸러내는 기준에 따라 환경에 수동적으로 반응하는 것이 아니라 환경에 능동적으로 영향을 끼치는 것으로 간주된다.

제레미 켄달(Jeremy Kendal) 등은 다음과 같이 주장하면서 이 사실을 잘 요약해준다. "틈새 환경 조성의 결정적인 특징은 환경 그 자체의 변경이 아니라 환경 속에서 생물이 유발하는 도태압(selection pressure)의 변화다."[31] 틈새 환경 조성 이론은 진화 과정이 작동하는 방식에 중요한 철학적 전환을 표현하며 그 결과 진화론적 질문들은 단순히 이전의 모델들에 틈새 환경 조성 이론을 덧붙이는 것이 아니라 틈새 환경 조성 이론의 영향 아래서 고찰된다.[32] 표준적인 진화 이론은 환경을 그 환경에 가장 잘 적응된 내적 특성들을 선택하기 위해 작용하는 외적 요인으로 간주하는 한 "외재론"적인 이론이다. 진화에 대해 신학적

Evolutionary Context," *Philosophy, Theology and the Sciences* 1 (2014): 251-75.

31 Jeremy Kendal, Jamshid J. Tehrani, and F. John Odling-Smee, "Human Niche Construction in Interdisciplinary Focus," *Phil. Trans. Royal Society B* 366, no. 1566 (2011): 785-92.

32 틈새 환경 조성 이론의 수학적 표현은 간단하다. 표준적인 진화 이론은 생물의 상태는 생물과 환경의 함수이며(dO/dt=f(O,E)) 환경의 변화는 단지 그 환경의 함수라고 가정한다(dE/dt=g(E)). 반면 틈새 환경 조성 이론은 생물이 환경을 변화시킬 수 있는 능력을 고려하므로 수학적으로 dO/dt=f(O,E)와 dE/dt=g(O,E)로 표현할 수 있다.

으로 논평하는 많은 이들은 인간의 진화에 대한 표준적인 외재론적 모델을 가정하며 거기서 죽음은 환경에 잘 적응하지 못한 개체들을 제거하는 자연 선택의 결정적 요인이다. 이 관점에서 자연 선택은 행동상의 차이를 포함한 표현형을 설명해주는 "궁극적" 범주이고 따라서 보다 "가까운" 원인을 평가 절하한다. 표준적인 진화 이론은 여전히 틈새 환경 조성 이론을 포함할 수 있지만 "궁극적인" 설명은 여전히 자연 선택에 기초한다.

틈새 환경 조성 이론에 대한 더 새로운 접근 방식에서는 자연 선택을 통한 일종의 직접적인 진화적 "인과 관계"가 문제화된다. 그래서 "이분법적인 직접적 구별과 궁극적 구별"은 "상호적 인과 관계"로 대체된다.[33] 이런 식으로 틈새 환경 조성은 진화 과정에서 자연 선택과 함께 역동적으로 번갈아가며 기능한다. 생태적 지위(niche)는 그 자체로 유전 과정의 일부이므로 상호 영향론적 진화 이론이 외재론적 이론을 대체한다. 틈새 환경 조성은 앞의 두 가지와의 역동적 상호 작용 속에서 유전학적이고 문화적인 유전뿐만 아니라 생태학적 유전도 강조한다.[34] 그러나 이 모델에서조차 문화적 측면들을 무언가 생태학적 유전과는 별개의 것으로 상상하는 것은 지나치게 제약이 많아 보인다. 더 넓은 "생태학적" 범주에 속하는 생태학적·문화적 유전은 물리적 틈새 환경이 사회적 틈새 환경과 분리되어 있지 않은 발전적 상황을 인식할 수 있는 이점을 지니고 있다.[35]

---

33 Kendal et al., "Human Niche Construction," 786.

34 Kevin N. Laland, F. John Odling-Smee, and Marc W. Feldman, "Cultural Niche Construction and Human Evolution," *Behavioral Brain Sciences* 23 (2000): 131-75.

35 F. John Odling Smee, "Niche Inheritance," in *Evolution: The Extended Synthesis*, ed.

이러한 동적인 상호 영향론적 관점은 죄의 기원에 대한 신학적 논의에 적합하다. 이 관점은 우선 흔히 외재론적인 진화론적 설명의 특징인 결정론을 제거한다. 그 대신 창조물들은, 비록 그러한 진화 작용을 피조물의 극히 작은 일부, 즉 신인(*Homo sapiens sapiens*)만이 회고적으로 그렇게 인식할 수 있다 하더라도, 그들 자신의 진화의 능동적인 행위자가 된다. 아구스틴 푸엔테스(Agustin Fuentes)는 사람 족의 역사에서 사람 속 군집의 생태적 지위는 점진적으로 변화되었다고 생각한다.[36] 그는 단순히 해부학적 표지를 사용할 것이 아니라 사람 속의 진화에서 군집의 기능에 구별할 수 있는 서로 다른 네 가지 군집의 생태적 지위, 즉 (1) 초기 사람 속(230-150만 년 전), (2) 호모 에렉투스(150-70만 년 전), (3) 직립/구인형(archaic *Homo*) 사람 속(70-30만 년 전), (4) 현생 인류를 고려할 것을 제안한다. 이 모델에서 150만 년 이전에 존재한 사람 종의 전형적인 최초의 군집들은 소규모의 고정적인 군집이었고 수많은 멸종을 겪었다. 이들은 시간이 흐르면서 결국 더 크고 의사소통과 상호 작용이 원활하며 훨씬 더 유연한 집단으로 변모했다. 이 모델에서는 상징적·문화적 혁신이 세 번째 생태적 지위에서 네 번째 생태적 지위로 넘어가는 과도기에 본격적인 상징적 언어의 발전보다 먼저 나타났다. 완전히 체계화된 종교는 그보다 훨씬 뒤인 10,000년 전까지 나타나지 않았으므로 이 과도기를 설명해줄 수 없었다. 종교적 경험의 잠재적 형태를 포함한 상상적 경험의 능력은 초기 동굴 벽화나 체계화된

Massimo Pigliucci and Gerd B. Muller (Cambridge, MA: MIT, 2010), 175-207.

36 Agustin Fuentes, "Human evolution, niche complexity, and the emergence of a distinctively human imagination," *Time and Mind* 7, no. 3 (2014): 241-57. 다음 글도 함께 보라. Deane-Drummond and Fuentes, "Human Being and Becoming."

종교적 신념이 최초로 기록된 증거보다 훨씬 이른 시기에 나타났다. 해부학적 현생 인류에서 행태적 현생 인류로 발전하는 가장 중요한 변화는 호모 사피엔스에게만 국한되었다는 표준적인 견해는 다른 사람 속에서도 그와 같은 활동이 존재했던 희미한 흔적을 보여주는 고고학적 증거로 인해 면밀한 검토 대상이 되기 시작했다. 따라서 행태적 현생 인류 안에 단일한 과도기가 존재했다고 추정하는 것은 착각으로 보이지만, 대단히 흥미롭게도 결국 우리가 속한 종의 특징이 된 것처럼 보이는 특징들의 희미한 흔적은 호모 사피엔스보다 앞선 호모 에르가스터(*Homo ergaster*)나 호모 에렉투스 같은 다른 사람 족 안에서 훨씬 더 일찍 나타났다.[37]

타락을 파괴적 행동의 단순한 확산으로 이해한다면 초기 인간 군집은 한 군집에서 그다음 군집으로 전해 내려오는 방식으로 타인에 대한 모방을 통해 배웠고 그 결과 보통 말하는 언어에 의존할 필요가 없었다고 주장하는 데는 충분한 증거가 있다. 타락은 이보다 더 많은 것, 즉 의도적으로 하나님에게서 돌아서고 하나님 대신 자신을 하나님처럼(*sicut deus*) 교만하게 내세우는 행위, 팔리가 우상숭배라고 부르는 것을 의미하는 것처럼 보인다. 어떤 진화 생물학자들은 심지어 "원죄" 모델이라고 부를 만한 모델을 통해 종교의 출현을 설명하려 했다. 이 모델에 따르면 군집 안에서 협력하지 않는 자들("죄인들")은 처벌할 필요가 있고 따라서 그 군집은 그러한 어려움을 해결하는 편리하고 비

37 Marc Kissel and Agustin Fuentes, "From Hominid to Human: The Role of Human Wisdom and Distinctiveness in the Evolution of Modern Humans," *Philosophy, Theology and the Sciences* 3, no. 2 (2016): 217-44.

용 대비 효율이 높은 방법을 제공하기 위해 하나님을 고안해낸다.[38] 이 경우 한 군집 안에서 타인에게 악행을 저지르고 싶은 유혹, 즉 진화론적 게임 이론의 용어로 "무임 승객"이라는 현상이 먼저 등장한 다음 그런 경향을 억제하기 위해 종교적인 믿음이 뒤따른다. 최초의 인간 부부의 타락에 대한 전통적인 창세기의 설명은 이러한 관점을 완전히 뒤집는다. 즉 하나님과의 일차적이고 바른 관계는 에덴동산에서 실현된다. 진화 생물학자들이 "무임 승객" 이론이라는 자신들의 설명에 하나님을 덧붙였을 때, 그들은 하나님을 다른 행위자들과 똑같은 존재로 인식했다는 점에서 잘못했다. 이는 신학적으로 말이 되지 않는다. 하나님은 다른 존재자들 곁에 있는 하나의 존재자가 아니라 존재의 바탕이시기 때문이다. 인간이 종교를 경험하는 여명기에 그가 하나님께 의도적으로 죄를 범하는 가능성보다 하나님과 의식적으로 소통했다는 사실이 선행했음이 분명하다.

대중적인 논의를 지배하게 된 인간의 타락에 대한 고전적인 가톨릭의 신학적 설명은 아담의 죄책에 대한 일종의 생물학적 유전을 가정하는 경향이 있다는 점에서 약간의 근본적인 수정을 필요로 한다. 아우구스티누스는 남자의 씨를 통해 아담의 죄책이 전달된다고 믿었다.[39] 아이러니하게도 원죄를 이렇게 설명하는 이들은 생물학을 너무 진지하게 받아들인 것일지도 모른다. 오늘날의 성경 해석에서 생물학을 유

---

38 Dominic Johnson, "Why God Is the Best Punisher," *Religion, Brain and Behavior* 1, no. 1 (2011): 77-84.

39 Augustine, *The City of God*, Book XIV, trans. Marcus Dods, accessed online at http://www.newadvent.org/fathers/120114.htm. Elaine Pagels는 죄의 기원에 대한 그와 같은 견해를 "불합리"하다고 혹평하는 여러 학자들 중 한 명이다. 다음 책을 보라. Elaine Pagels, *Adam, Eve and the Serpent* (London: Weidenfeld & Nicolson, 1988), 109.

익하게 사용하는 하나의 방법은 아마도 키에르케고르가 시도한 방식으로 심리학을 이용하는 방법일 것이다. 그에 따르면 원죄의 뿌리에는 그 이후의 모든 자유로운 결정의 일부가 되는 실존적 불안이 존재한다.[40] 반면 칼 라너는 인류 다원설(polygenism)을 거부하면서도 사회적으로 성립된 해석을 선호하며 원죄는 인간의 모든 결정이 그 이후에 이루어지는 죄책의 조건을 나타낸다고 주장한다.[41] 나는 팔리가 지적하는 대로 인간이 그 속에서 발견되는 배경적인 **존재론적 상황**으로 이해되는 원죄와 모든 인간이 책임져야 할 행동으로서의 **도덕적인 죄**를 구별하는 것이 중요하다고 제안한다. 후자는 전자의 배경 속에서 발생하며 죄를 짓지 않는 것을 인간적으로 불가능하게 만들지만, 이런 식으로 바라볼 경우에는 아우구스티누스가 가정한 방식으로 신생아에게 죄책이 부적절하게 전가되거나 역사적이고 문자적인 에덴동산, 아담과 하와에게 집착하는 것을 피할 수 있다. 나는 아담과 하와라는 인물을 문자 그대로나 타락 이전의 낙원과 같은 상태를 문자적인 의미가 내포되었다고 생각하지 않고 창세기의 의미를 "역사적"인 것으로 생각한다. 그와 달리 땅에서 나온 아담과 생명의 근원인 하와는 인류 공동체의 기원과 그 공동체가 실현했을 수 있는 가능성을 **상징한다**. 한편 나는 에덴동산 이야기에 존재하는 "불멸성"을 비유적인 의미로 해석한다. 이런 의미에서 진화의 역사는 여전히 타당하지만 문자적인 한 쌍 내

40 Søren Kierkegaard, *The Concept of Anxiety: A Simple Psychologically Orientating Deliberation on the Dogmatic Issue of Hereditary Sin*, ed. Reidar Thomte and Albert B. Anderson (Princeton: Princeton University Press, 1980). 『불안의 개념』(치우 역간).

41 Karl Rahner, "Original Sin," in *Sacramentum Mundi: An Encyclopedia of Theology*, vol. 4, ed. Karl Rahner, Cornelius Ernst, and Kevin Smyth (London: Burns & Oates, 1969), 328-34.

지 한 부부가 있어서 진화가 이들을 통해 전개되었다고 가정할 필요는 없다.

틈새 환경 조성 이론을 고려한 타락에 대한 재해석

틈새 환경 조성 이론을 고려하면 원죄는 어떻게 해석될 수 있을까? 창세기 본문에 대한 고전적인 해석을 받아들이면 아담과 하와는 대개 문학사와 문화사에서 메아리처럼 되풀이된 고립된 한 쌍으로 간주된다.[42] 후대의 기독교 공동체들은 이 악을 사탄이라는 구체적인 형태를 취한 것으로 이해했지만 뱀과 같은 악의 본래의 모습은 망각되는 경향이 있다. 창세기 본문에 대한 성경 해석은 이런 면에서 더 자세히 고찰할 가치가 있다. 창세기 3:1에 나오는 뱀은 하나님이 만드신 들짐승 중 하나로 언급되기 때문이다.[43] 뱀은 인간이 대화를 나눈 창조물 중 하나지만 이 창조물의 이름을 지어준 한 인간이 뱀에게 지배권을 행사했다. 그러나 이 문맥에서 성경의 설명에 따르면 소위 말하는 뱀은 본유적으로 악한 것이 아니라 "간교"하며(*'ārûm*) 이 단어는 "교활한, 빈틈없는, 영리한, 총명한" 등으로 다양하게 번역된다. 뱀은 여전히 하나님의 창조물 중 하나다. 더구나 이러한 형태의 총명함을 묘사하는 단어는 때때로 지혜와 결부되기도 하지만 그것은 선한 목적을 지향하기도 하고 악

42 그와 같은 문학에 대한 해석적 연구를 보려면 다음 책을 보라. Brian Murdoch, *Adam's Grace: Fall and Redemption in Medieval Literature* (Cambridge: D. S. Brewer, 2000).

43 이 책에 실린 Richard Middleton의 글 "인간의 진화를 고려한 창세기 3장 읽기"(Reading Genesis 3 Attentive to Human Evolution)를 보라.

한 목적을 지향하기도 하는 지혜다.[44] 아퀴나스는 인간이 그런 왜곡된 형태의 실제적 지혜를 발휘할 때는 이를 "거짓된 사려 깊음"이라고 부른다.[45] 인간의 타락에 대한 논의 이전에 뱀은 선한 목적이나 악한 목적으로 간교한 술책을 사용할 수 있는 모호한 등장인물로 나타난다. 문학적 관점에서 보면 언어유희도 있어서 뱀의 교활함과 그보다 몇 구절 앞에 언급된 인간의 벌거벗음(*'ărûmîm*)이 서로 결부되어 있다.[46] 여기서 언어유희가 작동하는 방식과 미들턴이 강조하는 아담과 땅(*'ădāmâ*)의 언어유희 사이에는 중요한 어원론적인 차이가 있다. 아담의 경우에는 존재론적인 여운이 존재하는 반면 뱀의 교활함과 벌거벗음이라는 동음이의어의 상호 비교의 경우에, 독자는 아마도 깜짝 놀랄 것이다. 미들턴이 지적하듯이 "총명하거나 사려 깊음이 있는 사람이라면 **결코** 벌거벗은 채로, 또는 무방비 상태에서 돌아다니지 않을 것이다."[47] 뱀은 속임수를 쓰는 한 무방비 상태나 순진한 것과는 정반대다. 미들턴이 제기하는 난제이면서 폴 리쾨르를 괴롭히기도 한 문제, 즉 어떻게 인간이 선악을 판단할 수 있으면서도 **죄를 지을** 수 있는가 하는 문제는 뱀을 포함해 다른 동물들과 긴밀하게 뒤얽힌 관계 속에 있는 존재로 인간을 생각하면 최소한 명료해진다.

미들턴은 뱀이 윤리적 선택을 성립시키는 창조세계의 일면을 표현한다고 결론짓는다. 그런 표현이 얼마나 비유적인 것인지, 또는 특

---

44 Middleton, "Reading Genesis 3."

45 Thomas Aquinas, *Summa Theologiae: Prudence*, vol. 36, trans. Thomas Gilby (Oxford: Blackfriars, 1974), 2a2ae q. 55 a. 8.

46 Middleton, "Reading Genesis 3."

47 Middleton, "Reading Genesis 3."

정한 동물들을 더 구체적으로 관여된 것으로 간주할 수도 있는지에 관한 문제는 여전히 남는다. 진화에 관한 틈새 환경 조성 이론은 다른 종들의 중요성을 받아들이며 이 주장은 또 다른 주장, 즉 다른 종들이 실제로 인간의 도덕성/비도덕성의 출현에 수단적인 역할을 했다는 주장을 펼치기 위해 확대될 수도 있다.[48] 도덕적 인식의 여명기에 인간과 뱀의 소통이 지닌 의미는 문학에서 좀처럼 거론되지 않는다.[49] 그러나 인간의 생성이 다른 창조물들의 삶과 긴밀하게 뒤얽혀 있다면, 이는 바로 우리가 예상할 만한 일이다.

초기 교부들은 죄의 기원에 대한 대부분의 현대적인 신학적 설명에 비해 인간 공동체의 관계적 측면을 더 예리하게 인식했다. 예를 들어 고백자 막시무스는 공동체적 관계의 붕괴가 지닌 핵심적 중요성을 인정했다. 따라서 타락은 개인화 및 분열과도 결부되었다.[50] 그러나 이러한 맥락에서 흥미로운 것은 막시무스조차 그러한 개인화는 짐승의 상태로 돌아가는 것을 의미하므로 "우리는 마치 야수처럼 서로를 갈기갈기 찢는다"[51]고 생각했다는 점이다. 따라서 사람들 사이의 이상적인 상태를 나타내는 하나 됨은 인간만의 영역이었다. 이 관점에 따르면 구속은 잃어버린 하나 됨의 회복을 의미했다. 아우구스티누스도 죄의 영

48 나는 다음 글에서 도덕성의 진화에서 종들 사이의 관계가 갖는 역할을 옹호했다. Celia Deane-Drummond, "Deep History, Amnesia and Animal Ethics: A Case for Inter-Morality," *Perspectives on Science and Christian Faith* 67, no. 4 (2015): 1-9.

49 인간 공동체에서 도덕의 출현에 대한 추가적인 논의를 보려면 다음 글을 보라. Celia Deane-Drummond, "Evolutionary Perspectives."

50 Henri de Lubac, *Catholicism: Christ and the Common Destiny of Man* (San Francisco: Ignatius, 1988), 33.

51 Maximus the Confessor, *Quaestiones ad Thalassium*. 다음 책에서 인용. de Lubac, *Catholicism*, 43.

향이 공동체적 관계의 해체임을 인정했으며 이는 그의 저작에 대한 오늘날의 논의에서 그가 죄와 성관계를 부정적으로 관련지은 사실에 거의 강박적으로 집중함으로 인해 조용히 망각된 것으로 보이는 측면이다. 그래서 아우구스티누스는 이렇게 주장한다. "따라서 아담 자신이 이제 온 지면에 흩어진다. 원래는 하나였지만 그는 타락했고 말하자면 분열되어 그 조각들로 온 땅을 가득 채웠다. 그러나 자비로운 하나님은 사방에서 그 파편들을 모으시고 사랑의 불 속에서 그것들을 벼리셔서 깨어진 것을 하나로 만드셨다."[52]

토마스 아퀴나스가 (비록 초기 교회에서는 보다 일반적이었지만) 지독하게 무시되어온 아우구스티누스 사상의 공동체적 측면, 즉 그리스도의 구속을 필요로 하는 **이른바** 깨어진 인간 본성이라는 개념을 강조한다는 점에서 죄에 대한 그의 설명은 흥미롭다. 아퀴나스는 아우구스티누스의 입장, 즉 죄는 육신적 혈통을 통해 유전된다는 입장의 가치를 인정하면서 로마서 5:18의 효력을 약화시킬 것이라는 이유로 펠라기우스의 입장을 부정한다.[53] 그러나 그가 인간을 개인인 동시에 공동체에 속한 존재로 간주할 필요가 있다고 생각하면서 죄가 유전된다고 증명하는 것은 흥미롭다. 아퀴나스는 인간 공동체를 교회에서 발견되는 연합과 비교하면서 이렇게 주장한다. "우리는 인간 집단 전체가 하나의 공동체로서 또는 좀 더 정확히 말하면 한 인간의 한 몸으로서 우리의 첫 조상에게서 그들의 본성을 받는다고 생각해야 한다. 그리고 이

52 Augustine of Hippo, *On Psalm 195*, n. 15 (Patrologia Latina 37:1236). 다음 책에서 전문 인용. de Lubac, *Catholicism*, 376.

53 Thomas Aquinas, *De Malo*, trans. Richard Regan (Oxford: Oxford University Press, 2001), q. 4. a. 1.

집단과 관련해서 우리는 진실로 각 사람을, 심지어 아담 자신도 한 개인, 또는 한 인간에게서 나온 육신적 혈통에 의해 발생한 집단의 한 구성원으로 간주할 수 있다."[54] 아퀴나스는 역사적인 아담과 하와가 실제로 존재했음을 믿은 것으로 보이지만, 창세기를 문자적으로 해석하지 않아도 그의 입장은 여전히 이해가 된다.

그리고 아퀴나스는 원죄의 부정적인 측면을 강조하기보다는 하나님의 초자연적인 선물, 즉 단지 아담만을 위한 것이 아니라 인류 전체의 원천으로 계획된 선물을 통해 최초의 인간에게 수여된 **원의**(original justice)의 관점에서 말한다. 이러한 원의에 기초해서 보면, 최초의 인간은 자유로운 선택을 하여 죄를 저질렀고, 그로 인해 하나님이 주신 의의 선물을 상실했으며, 이러한 결핍을 후세에게 전달했으므로 "(원의의) 결여는 인간 본성이 유전되는 방식으로 인간들에게 유전된다."[55] 아퀴나스는 원죄의 유전은 생물학적으로 이루어진다는 아우구스티누스의 견해에 동의했다. 하지만 그것은 인간 본성은 육체와 결합된 영혼을 가졌고, 따라서 하나님의 선물도 육체를 통해 원죄와 마찬가지로 잠재적으로 유전된다는 이유에서 동의한 것이었다. 아우구스티누스가 전제하는 방식으로 악이나 죄책을 성관계와 결부시키는 것은 아퀴나스의 설명에서는 말이 되지 않는다.[56] 더 나아가 아퀴나스는 원죄를 가지고 태어난 이들은 아담의 죄책을 짊어진다는 어떠한 생각에도 반대

54 Aquinas, *De Malo*, q. 4. a. 1.

55 Aquinas, *De Malo*, q. 4. a. 1.

56 아퀴나스는 예를 들어 반론에 대한 답변에서 이렇게 주장한다. "생식 행위는 본성에 올바르게 기여한다. 그 행위는 종의 보존을 위해 작정된 것이며 육체가 이미 영혼과 결합되어 있는 한 인간의 존재론적 구조에 속한 것이기 때문이다." Aquinas, *De Malo*, q. 4. a. 1.

한다. 그와 달리 원의의 결여가 도덕적 과실이 되는 것은 아담이 최초에 자발적으로 도덕적 잘못을 저질렀을 때, 바로 그때 마치 인류가 **하나의 몸으로** 그와 함께 잘못을 저지른 것처럼 생각할 때만 가능하다. 죄는 하나님에게서 돌아서서 일시적인 선을 지향하는 인간 의지의 장애(disorder)다. 인간 의지의 장애는 최초의 원죄의 자국과 형상을 지니고 있다.[57]

아퀴나스는 다른 동물들에게도 일종의 도덕적 과실이 있을 수 있다는 생각에 반대했다. 그래서 다른 동물들은 원죄의 부담과 원의의 가능성을 피할 수 있었다. 따라서 "원죄는 죄의 주체인 이성적인 영혼에 내재해 있다."[58] 아퀴나스가 생각하기에는 영혼이 지닌 의지의 능력으로 인해 원죄가 초래된 것처럼 영혼의 본질에 속하는 어떤 것이 후세에 유전된다.[59] 그러나 아퀴나스는 최소한 의지를 구성하는 하나의 요소인 자발성에 참여하는 일을 고려했다. 그는 아우구스티누스와 마찬가지로 원죄의 한 결과는 지나친 욕망임을 인정했으므로 원의의 결핍은 형상과 유사한 요소와 관련이 있고, 반면에 색욕은 질료와 유사한 요소와 관련이 있다. 두 요소 모두 원죄와 똑같은 방식으로 실제 구체적인 죄에도 속한다.[60] 아래에서 펼쳐질 내 주장과 마찬가지로 나는 우리가 공동체 안에서 인간과 다른 동물들 사이의 복잡한 관계와 다른 동물들의 인지 능력에 대해 오늘날 알려진 바에 비추어볼 때 이런 측면에서 아퀴나

---

57 Aquinas는 두 번째 항목에서 이러한 측면을 더 자세히 논한다. 다음 글을 보라. Aquinas, *De Malo*, q. 4. a. 2.

58 Aquinas, *De Malo*, q. 4. a. 3.

59 Aquinas, *De Malo*, q. 4. a. 4.

60 Aquinas, *De Malo*, q. 4. a. 2.

스의 주장을 조금 더 밀고 나가 확대시킬 수 있다고 생각한다.

아퀴나스는 마치 동물들이 인간과 똑같은 의미에서 도덕적으로 과실이 있는 것처럼 동물들을 다루려 한 중세의 보다 광범위한 추세에 반대한 사람으로 간주할 수 있다. 데이비드 클러프(David Clough)는 중세 시대에 인간 이외의 다른 동물들에게 법정 소송 절차를 진행한 역사에서 영감을 받아 죄의 범위를 인간뿐만 아니라 다른 창조물도 포함하도록 확대시켜야 한다고 주장한다.[61] 나는 동물들도 모종의 도덕적 작용이 있다는 생각에 공감하지만 죄의 정의는 동물들이 악한 행동에 참여할 수 있는 범위에 영향을 끼칠 것이다. 동물들이 공동체 생활에서 극심한 혼란을 초래할 수 있지만 그러한 혼란은 의도적인 것이 아니며 인간 공동체가 신과 의식적인 관계를 맺는 방식으로 [동물들은] 신과 의식적인 관계를 맺지도 않다. 그 대신 인간과 다른 창조물과의 올바른 관계는 인간이 타락 이전에 다른 동물들의 이름을 짓도록 권유받는 방식에서 발견된다. 그러한 이름 짓기는 인간이 억압할 수 있는 기회가 아닌 다른 동물들과 어울리고 다른 동물들이 중요한 자리를 차지하는 세상을 창조할 수 있는 능력에 대해 말해준다.[62] 그러나 창세기 1-2장

61 David Clough, *On Animals*, vol. 1 of his *Systematic Theology* (London: T&T Clark, 2012), 104-21. 나는 인위적인 사고방식, 즉 부적절하게 다른 동물에게 악행의 원인을 돌리는 사고방식이 이 시기에 지속되었다는 사실보다 동물 재판이 우리에게 훨씬 더 많은 것을 말해준다고 Clough만큼 확신하지는 않는다.

62 이름 짓기는 역사적으로 억압적인 행동이었다는 사실이 이름 짓기는 필연적으로 억압적이었다는 가정으로 이어지면 안 된다. 더 자세한 논의를 보려면 다음 글을 보라. David Clough, "Putting Animals in Their Place: On the Theological Classification of Animals," in *Animals as Religious Subjects: Transdisciplinary Perspectives*, ed. Celia Deane-Drummond, Rebecca Artinian-Kaiser, and David Clough (London: T&T Clark/Bloomsbury, 2013), 227-42.

에 나오는 인간과 죄의 기원에 대한 이야기를 문자적인 역사적 묘사로 받아들인다면 현대 진화 생물학과 조화를 이루기는 어려워진다. 물론 많은 신학적 주장들이 진화와 완전히 조화를 이루지는 못할 것이며 긴장은 여전하지만 무엇을 신학적인 이유로 주장해야 하고 무엇이 과학적인 일관성을 위해 수정될 수 있는지를 판단하는 데는 신학적 분별력이 필요하다.

세속적 인류학도 고립된 남녀 한 쌍의 관계라는 관점에서 초기 사람 족을 인식하는 것에서 가장 초기의 기독교 전통에서 더 특징적으로 나타나는 훨씬 더 큰 공동체 의식으로 발전해왔다. 초기의 사람 속(*Homo*)에 속한 집단들은 분명 매우 협동적이었던 것으로 보이며 대량 학살은 비교적 보기 드물고 훗날 우리 종의 역사에서 공동체 집단들의 규모가 폭발적으로 증가하면서 나타났다. 그러나 **호모 사피엔스**의 폭력 이전의 초기 상태를 "낙원과 같은" 상태와 결부시키는 것은 아마도 억지 설명일 것이다.

그럼에도 창세기 본문에 나오는 최초의 이야기에서 최소한 최초의 현대적인 **호모 사피엔스** 종의 생활 세계를 피차간에 그리고 다른 종들과 얽혀 있고 서로 도와주는 작은 협력적 공동체에 속한 것으로 보는 인식과 일치하도록 낙원을 다른 종들 및 다른 창조물 종류와의 조화로운 관계와 연관시키는 점이 흥미를 불러일으킨다. 더구나 하나님과 이들 초기 인간들 사이에서 언어적 의사소통이 발생한 것으로 보이기 때문에 모종의 언어 사용이 가능했을 것이 분명하다. 이는 이 이야기를 앞의 네 번째 집단의 생태적 지위, 즉 **호모 사피엔스**와 십중팔구 **신인**(*Homo sapiens sapiens*)에 한정시킨다. 그러므로 성경 본문에 대한 전통적인 해석의 여러 측면들을 현대의 진화 이론과 부합하게 하는 것은, 모든 진화적이고 생물학적인 설명은 인간이 어떤 존재인지에 대한 특수하고 아마도 특히 현대적인 해석을 바탕으로 하는 한 나름의 한계가 있다는 점을 인식하면서도 가능하다. 창세기 본문은 기원에 대한 역사적이거나 생물학적인 설명을 목적으로 한 것이 아니라는 반론은 창세기에서 사용된 언어가 문자적인 언어라기보다 신화적인 언어인 한에서는 유효하지만, 나는 인간의 출현에 대한 오늘날의 지식을 배경으로 한 그런 본문들에 대한 해석이 그럼에도 여전히 깨달음을 준다고 주장한다. 창세기를 암호화된 과학(crypto-science)으로 전락시키거나 죄의 기원에 대한 고찰에서 삭제하고 현대적 진화 이론으로 변형시킬 필요는 없다.

인간이 만물 속에 있는 종교적인 면을 인식하면서 특히 이른바 신을 인식하는 능력이 인간 안에서 매우 서서히 발달했을 것이다. 하지만 실제로 그런 능력이 발달하기 시작했을 때 그는 하나님과 관계를 맺고 다른 사람과 관계를 맺는 데 그 능력을 사용하기보다는 자아도취에 빠진 것처럼 자기를 성찰하고 그러한 차별성에 자긍심을 가졌다. 따라서 나의 관점은 다음과 같다. 곧 타락과 원죄는 신에 대한 인간의 인식이 인간 공동체 내부에서 그리고 그 공동체를 넘어 다른 동물에게도 적대감을 형성한 것으로 알려져 있는 자기 파괴 방식을 허용한 그 첫 번째 상황을 보여준다는 것이다. 인간은 선을 행하고 타인을 위해 희생할 수 있는 극도의 능력에도 불구하고 생물학적인 측면에서 지구상에서 가장 파괴적인 동물이다. 내가 보기에 하나님의 형상을 지니라는 명령은 선과 악에 대한 지식이 아니라 인간이 행사하는 데 실패한 통치권인 땅을 다스리는 올바른 통치권을 갖는 것과 관련이 있다는 것이 중요하다. 이 모델에서 에덴동산은 인간이 신을 인식할 수 있는 가능성을 나타내지만 자의식적인 악한 경향은 없었다. 그 이전에도 다른 사람들에게 해를 끼치는 일부 행위가 있었겠지만 그런 행위들은 다른 동물들에게서 가장 흔하게 발견되는 행위와 더 비슷했고 따라서 의도적이고 초월적이기보다는 반응적이고 거래적이었다. 특히 흥미로운 것은 루나족과 같은 오늘날의 부족 사회에서는 숲과 긴밀한 관련을 맺으며 그들과 함께 사는 다른 동물들이 주체로 대접받을 뿐만 아니라 루나족이 이런 동물들, 특히 퓨마의 의미에 대한 초월적인 설명을 발전시켜왔다는 점이다.[63] 그러한 설명은 부분적으로 이런 공동체들이 자기들 스스로가 주관적 세계를 공유하고 있다고 생각하는 동물들을 죽여야 한다는 사실과 관련이 있는 것처럼 보인다. 타락 이전의 그와 같은 초기 사람 족은 사회생활을 더 창의적이고 신중하면서도 추상적으로 다루기보다는 거래를 중심으로 하는 사회적 관계를 형성했을 것이다.[64]

내가 여기서 제안하고 있는 명제, 즉 이상적인 상태는 다른 창조물들과의 다종(multispecies) 관계를 포함한 공동체 관계 속에서 고려해야 하며 타락은 그런 관계들에 왜곡을 초래한다는 명제는 더 작은 규모의 수렵-채집 사회에서 흔히 볼 수 있는 도덕 공동체의 강한 의식에 잘 들어맞는다.[65] 개인의 죄에 대한 의식은 존재했겠지만 처음에는 언제나 강한 공동체 의식을 통해 걸러졌다. 원죄는 본래 공동체 관계에서 일어난 왜곡과 관련이 있다는 개념은 물론 새로운 개념이 아닌 내가

---

63 Eduardo Kohn, *How Forests Think* (Oakland: University of California Press, 2013).

64 Maurice Bloch, "Why religion is nothing special but is central," *Philosophical Transactions: Biological Sciences 363*, no. 1499 (2008): 2055-61. Bloch가 마치 계시의 가능성은 존재하지 않는 것처럼 종교를 단순히 그런 초월적인 능력에서 출현한 것으로 전락시키고 축소시킨 것은 잘못이다. 그가 세속적 관점에서 이런 관점을 주장하는 것은 이해할 만하더라도 이는 종교적 경험을 충분히 고려하지 않은 것이기 때문이다.

65 여기서 이 점을 더 자세히 논의하기에는 지면이 부족하다. 다음 글을 보라. Celia Deane-Drummond, "A Case for Collective Conscience: Climategate, COP-15, and Climate Justice," *Studies in Christian Ethics* 24, no. 1 (2011): 1-18.

앞서 언급한 것처럼 초기 교회 역사에서 나타난다. 따라서 드 뤼박(De Lubac)은 고백자 막시무스가 "원죄를 분리로, 곧 경멸적인 의미로 일컬어질 수 있는 개인화"[66]라고 주장한 인물로 그를 해석한다. 그러므로 하나님이 의도하신 연합은 인간의 죄로 인해 산산이 부서졌다. 그러나 막시무스가 인간이 연합할 수 있는 가능성이 파괴되었다고 주장한 것은 인간이 "야수처럼" 된다는 주장과 같다. 우리가 다른 동물들의 사회성에 대해 아는 바를 고려하면 그러한 주장은 더 많은 수정이 필요하다. 우리는 사람들은 더 이상 자신들의 행동을 통제할 수 없었고 그들의 자기 성찰 능력은 다른 동물들에게서 발견되는 행동 유형들을 나타낼 만큼 축소되었다는 것으로 막시무스의 말을 해석할 수 있다. 이는 다른 동물들에게는 폭력이 없었다는 뜻인가? 분명 그렇지 않다. 나는 단순히 공동체에 적대하는 원색적인 폭력보다는 더 높은 수준의 인식과 종교적 의식의 가능성과 관련된 자의식적인 폭력의 관점에서 원죄를 해석하고 있기 때문이다. 우리는 최소한 다른 동물들이 가진 **일부** 폭력적인 성향을 다음과 같이, 곧 인간 존재라는 것에 훨씬 더 신중하게 자기 이해적 특징을 갖는 것으로 발전하는 전제 조건을 제공한다고 해석할 수도 있다.[67] 따라서 이런 느슨한 의미에서 타락의 그림자는 앞

---

66 De Lubac, *Catholicism*, 33. De Lubac은 이런 발언들을 하고 "하나님은 모든 사람이 연합하여 하나가 되어야 한다는 취지로 세상에서 지속적으로 역사하고 계시지만" 죄는 이 하나의 본성을 산산이 부서뜨렸다고 논평하면서 다음 글을 참조문으로 인용한다. Maximus the Confessor, *Quaestiones ad Thalassium*, q. 2 (PG 90, 270); *De carit.*, century 1, n.71 (976)과 century 2, n.30 (993).

67 그러므로 나는 다른 동물에게서도 악의 가능성을 포함하는 일종의 도덕성이 발견된다고 주장할 준비가 되어 있다. 나는 다른 동물들에게는 "죄"라는 단어를 사용하지 않는 쪽을 선호한다. 이 단어는 신성과 관련이 있는 보다 의식적인 특징을 말하기 때문이다. 침팬지와 다른 영장류들이 인간에게서 갈라져 나온 시간을 고려하면 오늘날 존재하

으로는 인간 문화의 미래와 이후의 정교한 문명의 발전뿐만 아니라 뒤로는 진화의 역사에도 짙게 드리워져 있다.

다른 동물들의 생활에 드리워진 이 그림자는 타락으로 발생한 일을 예견하게 하고 따라서 타락을 "자연적인 악"에 대한 설명을 제공하는 것으로 간주해선 안 된다. 마치 인간이 타락하기 이전에는 그와 같은 자연적인 악이 존재하지 않았던 것처럼 말이다. 그것은 마이클 머리(Michael Murray)가 올바르게 더 이상 논리 정연한 것으로 받아들이지 않은 고전적 관점이다.[68] 인류의 흥망성쇠는 다른 창조물들과 따로 떼어놓고 볼 것이 아니라 그것들과 관련해서, 심지어 그것들과의 얽히고설킨 관계 속에서 봐야 한다. 자연적인 악의 존재는 소위 말하는 자연세계에 수반하며 이 문제를 처리하는 과정에서 신정론에 관한 훨씬 더 큰 문제가 제기된다. 그러나 이차적인 원인을 제안하여 창조와 자연을 구별하는 일은 우리에게 약간의 안도감을 준다. 그럴 경우 자연세

는 다른 동물들에게서 벌어지는 현상을 반드시 인간에게서 발견되는 현상의 단순한 전조로 보는 것도 잘못된 관점일 것이다. 나는 내가 간도덕성(intermorality)이라고 부르는 것, 즉 여러 종들의 공통점을 통해 상당한 방식으로 형성된 인간의 도덕성의 진화 가능성을 강조할 준비가 되어 있다. 동물의 도덕성, 악덕, 덕에 대한 더 자세한 논의를 보려면 다음 글들을 보라. Celia Deane-Drummond, *The Wisdom of the Liminal*, 122-52; Celia Deane-Drummond, Agustin Fuentes, and Neil Arner, "Three Perspectives on the Evolution of Morality," in *Philosophy, Theology and the Sciences* 3, no. 2 (2016): 115-51.

68 Michael Murray, *Nature Red in Tooth and Claw* (Oxford: Clarendon, 2008), 73-106. Murray는 하나님의 선하심을 변호하는 논증을 제시하기 위해 동물의 고통 및 고난과 관련해서 사탄에 대한 우주 이전의 타락 이야기에 의존하는, 자신이 생각하기에 보다 설득력 있는 논증에 대한 논의도 포함시킨다. 현대 문화와 더 보수적인 기독교인들은 극악무도한 실재를 세상 속에 있는 악을 설명하기 위한 수단으로 취할 수도 있지만 창세기에 대한 성경적 해석과 계몽주의 이후의 사상을 고려하면 신학자들이 이를 받아들이기는 훨씬 더 어려워졌다.

계에서 일어나는 모든 혼란에 대해 하나님이나 인간을 탓할 필요가 더 이상 없기 때문이다.

마지막으로 알렉산드리아의 아타나시오스(373년 사망)와 같은 초기 교부들을 따르는 정교회 신학자 칼리스토스 웨어(Kallistos Ware)처럼 인간의 타락은 무엇보다도 사악한 퇴행의 **과정**으로 여겨져야 하고 그 결과 인간은 선을 행하기 어렵고 악을 피하기도 어려운 상황에서 태어난다는 점을 강조할 필요가 있다.[69] 우리는 도덕적 능력뿐만 아니라 육체적 능력과 죽음에 있어서도 타락이라는 초기 교회의 가정을 받아들이기가 망설여질지도 모르지만, 인간은 자신이 그 속에서 태어난 훼손된 사회적 상황으로 인해 악행을 저지르는 성향을 물려받는다는 개념은 반박하기가 어렵다. 초기 교회는 분명 아우구스티누스처럼 이것이 도덕적인 연약함뿐만 아니라 죄책의 유전도 수반한다는 견해에 모두 동의한 것은 아니다. 웨어는 이 주제, 즉 우리가 인류의 집단적 의식을 공유하는 한 우리 각 사람은 아담의 죄와 우리 이웃의 죄를 회개하도록 부름 받았다는 인식은 동방 교회에서 잘 발달되지는 못했지만 오늘날 여전히 존재한다고 결론짓는다. 그러나 원죄에 대한 특정한 견해를 고수하는 것은 신학적 진술(theologoumena)이라고 일컬을 수 있는 것, 즉 기독교 신앙에 요구되거나 필요한 것이 아니다. 나는 원죄를 사람이 세대마다 다른 피조물들을 포함한 타자들의 불완전한 공동체 속에 태어나는 것을 의미하는 것으로 재해석할 수 있다고 생각한다. 그 공동

69 Kallistos Ware, "The Understanding of Salvation in the Orthodox Tradition," in *For Us and Our Salvation: Seven Perspectives on Christian Soteriology* (IIMO Research Publication 40), ed. Rienk Lanooy and Walter J. Hollenweger (Leiden: Interuniversitair Instituut Voor Missiologie en Oecumenica, 1994), 113.

체는 각 죄인의 삶 속에서 표현되는 특정한 죄의 무늬를 형성하며 거기서 죄는 각 사람에게 그 책임을 물을 수 있는 구체적인 잘못된 행동으로 귀결되는, 하나님과 다른 사람들과의 관계의 단절을 나타낸다. 죄책이 원죄를 통해 유전된다기보다는, 원죄가 죄인이 되지 않기가 불가능한 왜곡된 사회적 상황을 낳는다. 우리가 (집단적 의식 속에서 이해된) 아담의 죄책을 포함해서 다른 이들의 죄책과의 깊은 연계성을 인식하는 한 원죄의 가능성도 존재한다.

그리스도 안에서 모든 사람이 삶을 얻으리라

죄의 개인적 성격과 집단적 성격에 대한 의식은 구속과 특히 바울이 아담 안에서의 죽음을 그리스도 안에서의 새로운 삶과 비교하는 고린도전서 15:22과 로마서 5:12의 어려운 본문을 고찰하는 방법에도 영향을 준다. 초기 교부들은 구속을 죄로 인해 잃어버린 연합을 회복하는 것으로 보았다. 그래서 죄인 각 사람의 내적인 심리적 왜곡에 대한 아우구스티누스의 유명한 논의에도 불구하고, 그는 죄와 구속을 집단적 관점을 통해서도 바라보았다. 그래서 "자비로우신 하나님은 사방에서 그 파편들을 모으시고 사랑의 불 속에서 그것들을 벼리셔서 깨어진 것을 하나로 만드셨다.…재창조하신 분은 그 자신이 창조자였고 다시 만드신 분은 그 자신이 조성자셨다."[70] 갈가리 찢어진 것을 수선하고 고

70 Augustine, *On Psalm 195*, n. 15 (PL 37:1236). 다음 책에서 인용. De Lubac, *Catholicism*, 376.

친다는 이 주제는 초기 교부들의 저작에서 끊임없이 반복되는 어구처럼 보인다. 그래서 **나누어진 것은 결합되며 불화는 평화가 된다.**[71] 그럼에도 이런 고전적인 설명에는 문제가 되는 측면이 있는데 그것은 곧 고난과 비극은 죄에 빠진 데서 비롯되는 것이지 타락에 선행하는 것이 아니라는 가정이다. 그럴 경우 진화론은 그러한 관점을 수정할 것을 요구하고 그 결과 죄는 비극적인 상황에서 발생하며 우리가 바라는 연합은 낙원과 같은 상태로 돌아가는 것이 아니라 종말에 대한 종말론적 기대가 된다. 만일 그 연합이 근본주의적인 형태의 억압이나 다양성을 배제하는 방법이 된다면 연합이라는 주제에 위험성이 잠재한다. 고린도전서 1장과 로마서 5장에서 아담과 그리스도를 비교하는 본문이 이 맥락에서 그토록 중요한 이유가 바로 그것이다. 내가 보기에 경험되는 연합은 인간과 반려 동물인 모든 창조물을 포함해서 그리스도 안에서 모든 종류의 번성을 가능케 하는 연합이다. 초기 교부들은 일반적으로 인간을 다른 동물들과 존재론적·위계적으로 구별되는 존재로 보는 관점을 고수했다. 이 모델에 따르면 죄는 초월적 이성(suprarationality)이라는 높은 지위에서 동물의 본성으로 떨어지는 것이다. 이런 모델에 적극적으로 반대한 몇몇 저술가들이 있었는데 인간과 다른 동물들에게 동등한 존재론적 지위를 부여할 것을 주장한 초기 교회의 저명한 신학자들인 이레나이우스, 아타나시오스, 카이사레아의 바실리오스 등이 특히 주목할 만하다.[72] 다시 말해서 이 연합은 억압적인 연합이

---

71 라틴어로 *Divisa uniuntur, discordantia pacantur*. De Lubac은 이러한 관점을 공유하는 여러 다양한 교부들을 언급한다. 다음 책을 보라. De Lubac, *Catholicism*, 37.

72 초기 교회 전통에서 창조물의 중요성뿐만 아니라 다른 동물들의 존재론적 지위를 강조한 카이사레아의 바실리오스에 대한 인식은 다음 책에 잘 연구되어 있다. David

아니라 **해방적인** 연합이다. 그것은 불가능할 정도로 평화로운 관계처럼 보일 수 있는 것을 가능케 하는 하나님의 은혜에 대해 말하는 연합이다. 그러므로 이사야 11장에서와 같이 사자는 어린 양과 함께 누울 것이다. 이 또한 창세기에 나오는 아담에 관한 본문처럼 다른 창조물들에 대한 기본적인 목적론의 부정을 암시하는 것이 아니라 인간과 모든 창조물 사이의 평화로운 공존에 대한 시적이고 비유적인 기대에 찬 말씀이다. 사자는 여전히 사자이겠지만 미래의 왕국에는 지상의 생명체를 해치는 공격성은 더 이상 존재하지 않을 것이다.

많은 보수적인 주석가들이 주장해왔듯이 로마서 5:12에서 바울이 실제로 아담을 이후 세대의 모든 인간이 그의 죄에 참여한 한 사람의 개인으로 생각했을 수도 있다. 라너는 내가 앞서 지적한 대로 철학적인 이유에서 이런 관점을 택하지만 아담의 기원을 과학의 범위 밖에 있는 원시 역사로 명명함으로써 자신의 입장을 완화시킨다. 이러한 은혜로 충만한 아담의 상태에 대한 전제 조건도 예수 그리스도에 의한 구속이다. 다시 말해서 라너가 보기에 아담에 대한 계획은 그리스도의 오심에 비추어볼 때 "공유된 혈통의 육신적 공동체"를 통해서만 성취된 거룩하게 하는 은혜였다.[73] 라너는 여기서 역사적인 방식과 형이상학적인 방식 둘 다를 원하는 것처럼 보인다. 즉 예수 그리스도 안에서 은혜의 거울인 아담이라는 한 사람을 강조하고 싶은 것처럼 보인다.

그러나 여기서 중요한 요점은 개인적인 것과 집단적인 것의 관계

Clough, *On Animals*, 26-27, 45-49. Clough는 아우구스티누스, 아퀴나스, 고백자 막시무스, 그 밖의 다른 많은 교회의 초기 저술가들에게서 나타나는 바와 같은 인간을 다른 동물보다 높이려는 시도를 전통의 한 퇴행적 단계로 본다.

73 Rahner, "Body in the Order of Salvation," 73.

이므로 라너의 입장에서도 아담은 비유적으로 인류를 **대표**한다. 그런데 그리스도와 아담의 유사성은 그리스도가 역사 이전에 존재했던 단 한 명의 인간이 실행하기에는 불가능한 방식으로 자신의 신성을 통해 온 인류에게 구원의 효력을 발휘했으므로 성립되지 않는다. 라너는 아담을 1차 원인의 관점에서 언급함으로써 아담을 그리스도만큼 중요한 인물로 만들려 한다.[74] 내가 보기에 1차 원인으로서의 아담의 역할에 대한 라너의 개념은 사실 말이 되지 않는다. 이는 연합의 파괴에 있어서 아담의 죄가 인류에게 끼친 혼란이 그리스도의 사역을 통한 인간의 치유와 연합의 재정립과 정확히 같은 것이 아니기 때문이다. 그렇지 않다면 아담은 신성의 특성을 지녔을 것이다. 역사 이전의 한 인물을 그리스도라는 구체적인 역사적 인물과 쉽게 비교할 수는 없으며, 그리스도의 효과가 역사를 초월하는 한 그것은 아담의 역사 이전 시대와 비교해볼 때 다른 방식으로 역사를 초월한다. 그리스도는 은혜의 사역을 통해 인간을 하나님의 생명으로 격상시키는 반면 아담은 그 관계의 가능성을 방해한다. 라너가 속한 세대에는 인간의 초기 기원에 대해 지금보다 덜 알려진 것이 사실이지만 현재 상황에서는 그렇지 않다. 아담은 선사 시대의 어느 시기에, 그러나 십중팔구 인구 규모가 작았던 시절에 발생한 것으로 이해되는 인류 역사에서의 존재론적 전환이라고 일컬을 수 있는 사건을 나타낸다. 진화론과의 대화는 초기 교부들이 인식한 하나의 실마리, 즉 인간 상호 간의 관계의 중요성과 다른 창조물들이라는 배경 속에 놓인 인간을 다시 한번 떠올리게 한다.

74 앞의 각주 4번에 있는 보다 광범위한 논의를 보라.

제임스 K. A. **스미스**(James K. A. Smith) 칼빈 대학 철학 교수이며, 응용 개혁 신학 및 세계관 분야에서 게리 바이커 부부 석좌 교수를 맡고 있다. 그는 『누가 포스트모더니즘을 두려워하는가?』(*Who's Afraid of Postmodernism?*, 살림출판사, 2009)와 『하나님 나라를 욕망하라』(*Desiring the Kingdom*, IVP, 2016)로 각각 2007, 2010 「크리스채너티 투데이」 Book Award를 수상했고, 그의 최근 저서들로는 『하나님 나라를 상상하라』(*Imagining the Kingdom*, IVP, 2018), 『습관이 영성이다』(*You Are What You Love*, 비아토르, 2018), *Who's Afraid of Relativism?* (2014), *How (Not) to Be Secular: Reading Charles Taylor* (2014), *Discipleship in the Present Tense* (2013), 『칼빈주의와 사랑에 빠진 젊은이에게 보내는 편지』(*Letters to a Young Calvinist: An Invitation to the Reformed Tradition*, 새물결플러스, 2011) 등이 있다. 그의 대중적인 글들은 「크리스채너티 투데이」, 「북스앤드컬쳐」, 「퍼스트 띵스」 등과 같은 잡지와 「뉴욕 타임스」, 「월스트리트 저널」, 「유에스에이 투데이」 등과 같은 신문에도 실렸다. 스미스는 또한 Cardus 선임 연구원이며 「코멘트」지의 편집자로 섬기고 있다.

3장

타락에 기반을 두고 있는 것은 무엇인가?

철학적 탐구

■ **제임스 K. A. 스미스** 기독교 신학은 진화 과학과의 (비교적) 오랜 만남 속에서 우주론, 지질학, 심지어 인간의 기원에 관한 새로운 과학적 합의를 흡수하고 수용할 수 있는 놀라운 능력을 보여주었다.[1] 그러나 타락에 대한 전통적인 교리 내지 정통[2] 교리는 인간의 기원에 대한 진화

---

1 심지어 "오랜 지구 창조론"도 지구의 나이에 대한 연구 결과와 어느 정도는 인간 이전의 진화에 대한 연구 결과들도 받아들일 수 있었다. 다음 책을 보라. Davis A. Young, Ralph F. Stearley, *The Bible, Rocks, and Time: Geological Evidence for the Age of the Earth* (Downers Grove, IL: InterVarsity, 2008). 『성경, 바위, 시간』(한국 IVP 역간). 다음 책들을 보라. Mark Noll, *The Princeton Theology, 1812-1921: Scripture, Science, and Theological Method from Archibald Alexander to Benjamin Breckenridge Warfield* (Grand Rapids: Baker, 1983); *Jesus Christ and the Life of the Mind* (Grand Rapids: Eerdmans, 2011), 99-124.

2 내가 타락에 대한 "정통"적인 이해로 묘사할 내용은 타락에 대한 "서방 교회의"(Augustinian) 교리임을 인정하더라도 여전히 나는 "보편 교회의" 유산을 주장할 것이다. 내가 타락에 대한 "전통적인" 이해 내지 "정통적인" 이해라고 부르는 것은 역

론적 설명과 함께 등장하는 인간의 기원에 대한 묘사와 조화를 이루기가 더 어려운 것으로 드러났다. 이 점은 존 폴킹혼(John Polkinghorne)이 25년 전에 이미 언급한 바 있다.[3] 더 최근에 학자들은 실제로 타락과 원죄에 대한 전통적인 이해는 전혀 조화되지 않는다고 결론지었다. 예를 들어 존 슈나이더(John Schneider)는 이렇게 주장했다. "기원에 대해 유전자 진화론과 기독교의 표준적인 서방 교회의 가르침이 충돌하는 문제는…**해석학적으로**는 해결할 수 없고 **신학적으로**만, 즉 개신교 신앙고백 속에 소중히 간직되어 있고 개신교 조직 신학에 내장되어 있으며 중요한 기독교적 신정론의 결정적인 대목에서 사용되는, 기원에 대한 준정통적인 아우구스티누스주의 **신학**이 되어버린 내용을 수정해야만 해결할 수 있다. 이 기원에 대한 신학의 핵심에는 역사적 타락에 대한 교리가 있다."[4]

사적 개신교 및 로마 가톨릭의 신앙고백을 아우르는 신학적 합의다(예컨대 다음 책을 보라. *Catechism of the Catholic Church*, 2nd ed., Part One, Section Two, Chap. 1, Para. 7, §§ 385-421). 그러므로 타락에 대한 "정통적" 이해는 개신교 근본주의 특유의 창세기에 대한 현대적인 "문자주의적" 해석과 제한적으로 결합되어 있지 않고 그래서도 안 된다. 더구나 나는 우리가 동방 교회에는 타락에 대한 교리가 없다거나(George Murphy는 다음 글에서 그 차이를 분명 과장하고 있다. "Roads to Paradise and Perdition: Christ, Evolution, and Original Sin," *Perspectives on Science and Christian Faith* 58 [2006]: 109-18) 기원에 대한 "이레나이오스의" 설명은 어떤 식으로든 "역사적" 타락에 대한 일체의 설명을 피하고 있다는 주장에 대해 건전한 의심을 품어야 한다고 생각한다. 후자와 같은 종류의 주장에 대한 예리한 비판을 보려면 다음 글을 보라. Andrew M. McCoy, "Becoming Who We Are Supposed to Be: An Evaluation of Schneider's Use of Christian Theology in Conversation with Recent Genetic Science," *Calvin Theological Journal* 49 (2014): 63-84.

3 Polkinghorne은 타락이 "과학적 사고와 조화시키기가 가장 어렵다고 생각되는 주요 기독교 교리"라고 말한다. 그의 다음 책을 보라. *Reason and Reality: The Relationship between Science and Theology* (London: SPCK, 1991), 99.

4 John R. Schneider, "Recent Genetic Science and Christian Theology on Human

이번 장에서 나는 그런 주장들은 기껏해야 성급한 주장일 뿐이며 신학적 상상력이 부족하고 전통적인 타락 교리에서 쟁점이 무엇인지를 인식하지 못한 데서 비롯된 잘못된 생각일 가능성이 더 높다고 주장할 것이다. 그렇게 하려면 다음 두 종류의 질문을 중심으로 한 탐구가 필요하다.

첫째, 타락 교리에서의 **쟁점**은 무엇인가? 타락은 죄의 기원에 대한 이야기라기보다 단지 "인간의 조건"에 대한 약간의 통찰을 얻기 위한 신화, 곧 죄악성—"원죄"—을 이해하기 위해 일반적으로 받아들여진 이야기에 불과한가? 원죄에 대한 "신화적인" 새로운 표현은 오늘날의 기독교 신학과 진화론적 설명 사이의 관계에서 줄곧 지배적인 입장이었다. 그러나 나는 이것이 원죄 교리와 역사적 타락 속에서의 원죄에서 쟁점이 되는 다른 신학적 책임을 인식하지 못한 것임을 제안한다. 특히 나는 전통적인 타락 교리에서 쟁점은 우리의 "죄악성"에 대한 설명뿐만 아니라 죄의 기원에 대한 설명이라고 주장할 것이다. 특히 죄의 기원에 대한 설명이 역사적으로 중요한 무로부터의 창조(creation *ex nihilo*) 교리와 결합되었을 때는 특별히 더 그렇다고 주장할 것이다. 다시 말해서 타락에 대한 정통 교리는 인간에게 무엇이 잘못되었는지를 설명하기 위한 신화적인 이야기가 전혀 아니다. 타락 교리는 무로부터

Origins: An 'Aesthetic Supralapsarianism,'" *Perspectives on Science and Christian Faith* 62 (2010): 201(강조는 원저자의 것임). 앞의 각주 2번에서 언급한 자료들이 보여주듯이 이러한 기원에 대한 신학은 "개신교" 신학만이 아니다. Schneider는 이레나이우스의 "동방 교회적" 대안에 호소하지만 다른 이들이 입증한 것처럼 Schneider가 말하는 "이레나이우스"는 교부보다는 John Hick과 더 비슷해 보인다. 다음 글들을 보라. Andy M. McCoy, "Becoming Who We Are Supposed to Be," 63-84, and Mark S. M. Scott, "Suffering and Soul-Making: Rethinking John Hick's Theodicy," *Journal of Religion* 90 (2010): 313-34.

의 창조가 사실이라면 어떻게 그것이 사실일 수 있는지에 대한 설명이고, 하나님의 선하심이나 인간의 책임을 위험에 빠뜨리지 않는 인간의 기원에 대한 신학적 설명을 제공한다. 나는 죄악성을 단순히 우리의 "본성"과 동의어로 만드는 어떤 모델도 종말에 구속과 완성이 어떤 모습을 띠게 될지를 설명하는 데 어려움을 겪는 한에서 여기에 **종말론적인** 문제가 있다고 제안할 것이다(즉 그런 모델들은 구속의 순서를 창조의 순서와 반대로 배치할 위험에 처하게 될 것이다).

둘째, 이 기획은 "역사적" 타락에 대한 어떤 개념에서든 "역사"의 본질에 대한 약간의 생각도 요구한다. 타락에 대한 전통적 이해에 따르면 어떤 일이 **발생**하며, 그와 같은 "사건"은 시공간 속에서 발생하는 일이어야 한다. 이 역사성의 문제는—전통적인 타락 교리는 창세기 3장에 (전적으로) 의존하지 않는다는 사실과 결합되어—진화와 기독교 신학 사이의 대화는 성경에 대한 신학적 해석을 중심으로 한 지속적인 논의를 붙들고 씨름할 필요가 있음을 시사한다.[5]

나는 먼저 타락에 대한 전통적 이해에서 쟁점이 되는 문제들을 보여주고 이를 명확하게 하며, 그다음에 대안적 모델을 제안하는 일환으로 타락의 역사적 성격과 관련된 문제들과 그와 관련된 역사성의 문제를 다룰 것이다.

---

5 이 책에서 Richard Middleton과 Joel Green이 쓴 장들을 보라.

쟁점은 무엇인가? 원죄와 하나님의 선하심

이야기의 배경: 창조, 죄, 구속이라는 "줄거리"

원죄 교리는 단 하나의 증거 본문에서 추출된 별개의 주장이 아니며 타락에 대한 역사적 이해도 단지 창세기 3장에 대한 특정한 ("문자주의적인") 해석의 부산물이 아니다. 기독교 신학은 명제적 주장들을 탑처럼 쌓아놓고 그 탑에 영향을 주지 않고 어떤 주장을 제거할 수 있는지 열심히 살펴보는 벽돌 빼내기 게임과 비슷한 것이 아니다. 오히려 기독교 교리는 어떤 줄거리를 가진 드라마를 통해 유지되는 이야기의 문법과 더 비슷하다. 그런 의미에서 원죄 교리와 타락에 대한 역사적 이해는 결국 은혜로우신 하나님께서 인간과 상호 관계를 맺으신다는 드라마라는 이야기의 구조 속에 엮여 있다.

우리는 알래스데어 매킨타이어와 조지 린드벡(George Lindbeck)의 본보기를 따라 기독교 신학이란—그 자체로 정경 안에서 현재 교회에 맡겨진 하나님과 하나님의 백성 사이의 역사적·언약적 관계의 결과인—기독교 전통에 담긴 문법의 정수를 뽑아낸 것이라고 말할 수 있다. 역사 속에서 하나님의 극적인 행위는 성경의 내러티브 부분에 반영되어 있고 이는 결과적으로 기독교 신학의 공교회적 유산 속에 (일련의 신조들, 신앙고백들, 아우구스티누스, 아퀴나스, 칼뱅과 같은 선도적인 교리적 권위자들 및 교회의 예배와 영적 훈련이라는 예배 의식적 유산 속에) 농축된다.[6]

6 나는 이를 Billy Abraham이 "정경적 유신론"이라고 부르는 것을 상기시키는 방식으로 묘사하려 애쓰고 있다. 다음 책을 보라. William J. Abraham, *Crossing the Threshold of Divine Revelation* (Grand Rapids: Eerdmans, 2006), 14-18. 이러한 입장은 다음 글에서 더 발전되어 있다. William Abraham, Jason Vickers, and Natalie B. Van Kirk, eds., *Canonical Theism: A Proposal for Theology and Church* (Grand Rapids: Eerdmans, 2008).

기독교 신학의 문법은 성경의 내러티브를 창조세계의 선함, 죄로 귀결되는 타락, 그리스도 안에서의 만물의 구속, 만물의 종말론적 완성으로 시작되는 하나의 줄거리 속에 압축시킨다.[7] 이 전반적인 줄거리의 세부 내용이나 구조는 기독교 전통마다 다르게 이해되어왔다. 하지만 나는 지금도 여전히 그렇지만 이 내러티브 부분은 성경에 대한 "공교회적" 해석이라고 생각한다. 젊은 지구 창조론자와 진화적 창조론자는 구체적인 내용을 다르게 이해할 수는 있지만 여전히 이 전체적인 줄거리를 성경적 증언이 반영된 것인 동시에 하나님과 하나님의 피조물의 관계를 요약한 것으로 보는 인식을 공유한다.

우리가 인간의 기원과 진화의 교차 지점에 놓인 어려운 문제들을 놓고 씨름할 때 교회는 이 이야기를 어떻게 일관되고 책임 있게 표현할 것인지에 관한 새로운 문제들을 붙들고 씨름하고 있다. 이는 뉴먼 추기경이 우리에게 신학의 "발전"이라고 부르도록 가르친 것, 즉 기독교 전통 **안에** 새로운 제안을 낳았다. 나는 매킨타이어의 틀을 활용하여 어떤 공동체가 신학적 발전이 전통의 "충실한 확대"인지의 여부를 알아보는 주된 방법은 그러한 발전이 이 핵심적인 "줄거리"와 일치하는지를 판단하는 방법이라고 제안한다. 그뿐 아니라 내러티브 구성(emplotment, 역사 서술에서 일련의 역사적인 사건들을 줄거리가 있는 이야기

이에 대한 논의를 보려면 다음 글을 보라. James K. A. Smith, "Epistemology for the Rest of Us: Hints of a Paradigm Shift in Abraham's *Crossing the Threshold*," *Philosophia Christi* 10 (2008): 353-61.

7 예를 들어 다음 책을 보라. J. Richard Middleton, *A New Heaven and a New Earth: Recovering Biblical Eschatology* (Grand Rapids: Baker Academic, 2014). 『새 하늘과 새 땅』(새물결플러스 역간). 나는 이 줄거리가 가장 좋은 의미에서 "공교회적"이라고 생각한다.

로 엮는 것—옮긴이 주)은 일종의 "내러티브 논리"가 있음을 암시한다. 즉 어떤 움직임은 줄거리 안에서 "이해가 되고" 어떤 움직임은 이해하기 어렵고 이야기의 내러티브 맥락과 모순된다.[8] 따라서 인간의 기원과 원죄에 관한 새로운 국면과 제안들을 그것이 전통의 "충실한 확대"인지에 대해 평가하려면 이러한 근본적인 줄거리를 배경으로 평가할 필요가 있다.[9]

죄와 죄의 기원에 대한 이 포괄적인 성경의 내러티브의 설명을 확대해보면 이 줄거리의 특정한 측면들이 역사적으로 중요한 기독교 전통 전반—「하이델베르크 교리문답」뿐만 아니라 로마 가톨릭교회의 교리서에서도 다양한 억양으로 들을 수 있는 아우구스티누스의 유산—에 공유되어 있는 것을 알 수 있다. 공교회적 기독교의 흐름 속에 있는 나 자신의 특정한 위치를 인정하면서 (로마 가톨릭교회 전통과 겹치는 부분도 언급하면서) 개혁주의 신앙고백서들의 자료를 사용하여 세 가지 핵심적인 공통된 특징들을 추출해보자.

---

8 다음 글에 나오는 "내러티브 구성"에 대한 Paul Ricoeur의 논의를 살펴보라. *Time and Narrative*, vol. 1, trans. Kathleen Mclaughlin and David Pellauer (Chicago: University of Chicago Press, 1990), 41-54. 『시간과 이야기』(문학과지성사 역간).

9 핵심적인 "줄거리"를 명확히 표현해야 하는 이유는 바로 무엇이 본질적인 것이고 무엇이 우연한 것인지를 판단하기 위한 기준을 갖추기 위해서다. 여기에 담긴 생각은 줄거리를 파악하고 나서 **그** 줄거리의 일부를 바꾸면 그것은 이전과 다른 이야기를 하는 것이라는 얘기다. 우리가 다윗과 밧세바의 이야기를 할 때 밧세바가 지붕 위에 있었는지, 정원에 있었는지, 발코니에 있었는지의 여부는 본질적인 것이 아니다. 그러나 그 이야기를 간음도 없고 우리아도 없고 "당신이 바로 그 사람이다"라고 외치는 나단도 없었다는 식으로 고쳐서 말한다면 그것은 앞의 이야기와는 전혀 다른 이야기다. 이것은 단지 **같은** 이야기의 새로운 해석이 아니다. 그것은 완전히 다른 이야기다.

창조세계의 선함

동방 정교회 전통에서는 원래의 창조세계의 선함을 창조주의 선하심을 반영하는 것으로 강조한다.[10] 더 구체적으로 말하자면 신앙고백서들은 인간의 본래적인 선함에 초점을 맞추는 경향이 있다. 그래서 「하이델베르크 교리문답」이 죄의 기원에 대한 질문을 던질 때 하나님의 형상으로 창조된 인간의 본래적인 선함을 강조한다. "하나님은 [인간을] 선하게, 자신의 형상으로, 즉 참된 의와 거룩함 가운데서 창조하셨다."[11] 우리는 원죄 교리에 관심이 있지만 신앙고백서들에서 이 문제는 사실 원의(original righteousness)에 대한 묘사와 밀접한 관련이 있다. 죄**에** 기원이 있는 이유는 바로 인간이 하나님의 형상으로 "선하고 의롭고 거룩하게" 창조되었기 때문이다.[12]

신앙고백서들은 이를 다음 두 가지 이유에서 중요한 것으로 간주한다. 첫째, 성경의 설명에서 **선이 악보다 앞서는** 것은 필수적이며, 이는 무로부터의 창조 교리의 특징을 이룬다.[13] 이것은 성경적 기독교 신앙을 온갖 종류의 경쟁 관계에 있는 다른 종교들과 구별해준다. 둘째, 창조세계의 선함에 대한 가르침에는 하나님의 선하심을 간직하려는 의도가 있다. 따라서 「하이델베르크 교리문답」 제6문답에서는 하나님

---

10 「벨기에 신앙고백서」 13조. "우리는 이 선하신 하나님이 만물을 창조하신 뒤에 우연이나 운명에 버려두신 것이 아니라 자신의 거룩한 뜻에 따라 인도하시고 다스리신다고 믿는다." 이 내용은 "하나님은 무한히 선하시며 하나님이 하시는 모든 일은 선하다"(§385)라는 주장으로 타락에 대한 가르침을 시작하는 「가톨릭교회 교리서」에서도 되풀이된다.

11 「하이델베르크 교리문답」 6번 문답; 「벨기에 신앙고백서」 14조.

12 「벨기에 신앙고백서」 14조. 여기서도 우리는 「가톨릭교회 교리서」에 나오는 것과 비슷한 관심을 발견한다. "원죄는…원래의 거룩함과 정의의 상실이다"(§405).

13 「벨기에 신앙고백서」 12조.

이 타락하고 악하며 비뚤어진 인간을 창조하셨다는 일체의 생각을 명시적으로 배격한다. ("문: 하나님은 사람들을 그렇게 악하고 비뚤어지게 창조하셨습니까?" 답: "아닙니다.") 「벨기에 신앙고백서」도 같은 내용을 역설한다. 즉 우리가 "이 선하신 하나님이…만물을 창조하셨다"고 주장하면서도 "하나님은 발생한 죄의 창시자도 아니고 죄에 대해 하나님에게 책임을 물을 수도 없다"고 주장하려면, 창조세계는 원래 선하다고 주장해야 한다.[14] 따라서 이 신앙고백서는 (창조세계에 선행하며 창조세계와 독립적인) 창조자의 선하심뿐만 아니라 하나님의 손에서 나온 창조세계의 본래적인 선함, 특히 하나님의 형상으로 창조된 인간의 본래적인 선함도 강조한다.

죄의 침입

그렇다면 죄는 어디서 왔는가? 개혁주의 신앙고백서들은 죄가 선한 창조세계에 들이닥쳤다는 점을 강조하는 데 있어서 의견이 일치한다. 죄는 선한 창조세계의 질서 속에 침입한 것이다. 죄는 "자연적인" 것이거나 창조세계의 어떤 자연적인 결과물이 아니며—분명 창조세계에 수반된 가능성이기는 했지만—창조세계를 위해 의도된 것도 아니다. 그러나 그것은 죄에 빠진 것, "낙원에서 우리의 첫 조상인 아담과 하와의 타락과 불순종"의 결과다(「하이델베르크 교리문답」 제7문답). 인간[15]은 "자

14 「벨기에 신앙고백서」 13조. 이하에서 우리는 "선함"을 "완전함"과 동일시해선 안 된다는 점을 언급할 것이다. 「하이델베르크 교리문답」 제115문답을 주의 깊게 보라. "현세 이후에 우리가 우리의 목표인 완전함에 도달할 때까지는…."

15 불행하게도 신앙고백서들은 성(gender) 중립적이지 않아서 "남성"(man) 대신 "인간"(humanity)으로 표현하려 하면 인용에 문법적인 문제를 일으킨다. 우리는 단지 신앙고백서 번역의 이러한 표현을 마지못해 인정할 뿐이다.

신이 받은 생명의 계명을 위반"했기 때문에 "자발적으로 죄에 굴복했고 그 결과 죽음과 저주에 굴복했다"(「벨기에 신앙고백서」 §14). 이러한 범죄와 반역에는 하나님으로부터의 분리(「벨기에 신앙고백서」 §14), 인간으로 하여금 죄를 짓지 않을 수 없게 하는 본성의 타락(「벨기에 신앙고백서」 §14-15), 육체적·영적 죽음에 종속됨(「벨기에 신앙고백서」 §14), 자유의지와 분명한 지식을 포함한 "탁월한 은사들"의 상실(「벨기에 신앙고백서」 §14) 등의 결과가 뒤따른다.

타락의 "사건적 성격"[16]에는 이러한 두 가지 주장—선하신 하나님의 손으로 빚어진 창조세계의 본래적 선함과 인간의 행동으로 인한 창조세계의 타락—의 결합이 수반된 것으로 보인다. 다시 말해 신앙고백서들은 죄에 빠진 타락과 타락한 상태의 유입을 역사적·시간적 사실로 본다.[17]

---

16 이는 기독교개혁교회(Christian Reformed Church)의 교단 총회에서 사용된 표현이다. 예를 들어 보고서 28항을 보라. "창세기 본문을 개혁주의 전통 안에서 재해석할 수 있는 범위에는 엄격한 한계가 있다. 창세기의 이야기가 아무리 양식화되어 있거나 문예적이거나 상징적이더라도 그 이야기는 분명 실제 사건을 언급하기 위한 것이다. 특히 하나님의 창조 행위, 첫 조상인 아담과 하와, 죄로 귀결된 인간의 타락, 이른바 '근원적 약속'(창 3:15)의 부여 등의 경우에 기술된 사건들의 실재는 구속사 전체에서 근본적인 중요성을 지니고 있다"(403). 이 점은 2010년 교단 총회에서 재확인되었다(*Acts of Synod* 2010, xx-xxi).

17 이는 「가톨릭교회 교리서」의 다음과 같은 말과 같다. "창세기 3장의 타락 이야기에서는 비유적 언어를 사용하지만 태고 시대의 한 사건, 발생한 한 행위를 단언한다"(§390). 내가 다음 단락에서 하게 될 주장과 같이 이는 마치 창세기의 처음 몇 장에서 일종의 **문서적 연대순 기록**을 제공하기라도 하는 것처럼 창세기 1-3장에 대한 "문자주의적인" 해석을 수반할 필요가 없다. 그럼에도 창세기는 이 **신학적** 가르침이 **역사적** 사실에 관한 것이라고 단언한다.

은혜로운 구속과 종말론적 완성

어떤 면에서 창조와 타락의 역동성은 복음의 좋은 소식, 즉 창조세계 전체를 깨어지고 죄에 빠진 상태에서 건져내는 은혜의 신적 주도권이 펼쳐지기 위한 무대다. "우리는 우리의 선하신 하나님이 그분의 놀라운 지혜와 선하심으로 인간이 이런 식으로 육체적·영적 죽음 속에 빠졌고 완전히 비참하게 된 것을 보시고 비록 인간은 온 몸을 떨며 하나님에게서 달아났으나 그를 찾기 시작하셨다고 믿는다"(「벨기에 신앙고백서」 §17). 이 은혜와 자비는 인간이 창조된 목적을 삶으로 보여주시는 성자 하나님 안에서 구체화된다(「벨기에 신앙고백서」 §18-21; 「하이델베르크 교리문답」 제12-19문답). 구원은 만물의 종말론적 완성 속에서 성취되는 창조세계 전체의 회복을 지향하는, 하나님의 사랑에서 나오는 하나님의 은혜로운 주도권을 통한 하나님의 사역이다.[18]

창조, 타락, 구속, 완성이라는 이러한 줄거리는 성경적 신앙의 "핵심"적인 줄거리를 구성한다. 전통을 "확대"하기 위한 어떤 새로운 단계와 제안이라도 스스로를 전통의 **충실한** 확대로 정당화하기 위해서는 이 핵심을 설명할 수 있어야 할 것이다. 그 점에 비추어 나는 이제 인간의 기원에 대한 진화론적 이해와 관련된 몇 가지 구체적인 도전과 제안이 어떻게 이 고백적 전통의 "충실한" 발전인지(또는 과연 그런지) 고찰하기 위해 그러한 도전과 제안들을 고찰해볼 것이다.

---

18 이는 또다시 「가톨릭교회 교리서」를 떠올리게 한다. "원죄 교리는 이를테면 예수가 모든 사람의 구주이시고 모든 사람은 구원을 필요로 하며 구원은 그리스도를 통해 모든 사람에게 제공된다는 좋은 소식의 '이면'이다. 그리스도의 마음을 가진 교회는 우리가 원죄에 대한 계시에 손을 대면 그리스도의 신비를 약화시키지 않을 수 없다는 것을 매우 잘 알고 있다"(§389).

제안과 진전된 상황들에 대한 평가: 줄거리에 충실한가?

이 핵심적인 줄거리의 내러티브적인 요소들을 고려하여 기독교 신학과 인간의 기원에 대한 진화적 설명과의 접촉에서 나타난 몇 가지 구체적인 쟁점과 제안들을 살펴보자.

1. 이 줄거리에 충실하려면 역사적인 한 쌍의 부부를 오늘날의 모든 인간들의 기원으로 인정해야 하는가?

역사적으로 중요한 기독교의 신앙고백서들은 분명 아담과 하와와 그들의 불순종한 행위를 언급한다. 그리고 개혁주의 신앙고백서의 작성자들은 분명 역사적 부부의 존재를 솔직하게 믿었다. 이를 계속해서 인정하는 것은 어떤 의미에서 기독교 신앙의 이해할 만한 기본적인 입장이며 나는 학문적 체면을 명목으로 **선험적으로** 그러한 관점을 배제하는 것은 지지하지 않는다. 그러나 역사적인 한 쌍의 부부를 인정하려면 현재 상황에서 상당히 "이중으로 압력"을 받게 된다.[19] 축적되어가는 고고학적·유전학적 증거에 비추어보면 오늘날 최초의 인간 부부인 아담과 하와의 존재를 **단순히** 인정하기는 어렵다. 실제로 그러한 인정은 독특한 **신학적** 도전을 수반한다. 모든 인간이 단 한 쌍의 부부의 후손이라면 왜 우주의 창조자는 자신의 창조세계 속에서 (즉 일반계시를 통해) 인간은 오래된 진화적 기원을 갖고 있고 더 많은 사람들의 후손임을 암시하는 것처럼 보이려 했을까? 한 역사적인 부부에 대한 이 널리 받아들여진 설명을 긍정하려면 그와 반대되는 과학적 증거뿐만 아

19 다음 책에서 Charles Taylor는 여러 개연성 구조들(plausibility structures)이 서로 경쟁하는 다원주의적 상황 속에서 사는 이들이 경험하는 "이중 압력"에 대해 이야기한다. Charles Taylor, *A Secular Age* (Cambridge, MA: Harvard University Press, 2007).

니라 “자연의 책”이 그와 매우 다른 것을 말하는 것처럼 보일 때 생겨나는 신학적인 문제와도 씨름해야 할 것이다. 실제로 이러한 불일치를 해결할 수 있는 신학적으로 설득력 있는 방법이 존재하겠지만 한 쌍의 역사적 부부인 아담과 하와에 대한 “전통적인” 묘사는 신학적으로 문제가 없지 않다는 점을 인정하는 것이 중요하다.

단순하거나 “전통적인” 모델처럼 보일 수도 있는 관점에 대한 신학적 도전을 감안하면, 우리는 이렇게 질문할 수 있다. 신앙고백에 충실하려면 한 쌍의 역사적 부부를 인정하는 것이 반드시 **필요**한가? 그렇지 않으면 이를 인간이 하나님의 형상으로 창조되었다는 핵심적인 신학적 가르침에서 부차적인 것으로 간주할 수도 있는가? 기독교인 학자들이 인류의 역사에 대한 자연과학의 증거로 인해 이중으로 압력을 받고 있는 때에 진화론적인 인류 역사를 받아들이는 시나리오 속에서도 타락의 핵심적인 줄거리를 보존하는 것이 가능하다고 상상할 수 있는가?

나의 연구 과제는 한 역사적 부부의 문제를 예단하지 않고 우리의 신학적 상상력을 넓히고 촉진하고자 하는 사고 과제에 가깝다. 나는 더 많은 초기 인구를 인정**하면서도** 하나님이 인간을 하나님과 관계 맺도록 부름 받은 계시의 수납자로서 자신의 형상으로 창조하셨다고 여전히 단언하는 시나리오가 있을 수 있다고 제안한다. 이러한 주제들은 한 세대에 걸친 학제적 연구와 성령의 인도하심을 받고 성경적으로 충실한 신학적 상상력의 발전을 필요로 할 어려운 주제들이다—공동체가 그와 같은 연구를 수행할 시간을 가질 **공간**을 창출하는 것이 중요하다. 그러한 연구에 따르는 내러티브적 제약은 창조세계의 선함, 인간의 독특성, 인간의 원의와 죄악성을 초래한 반역에 대한 성경의 **가르침**을 설명하는 것이다. 그러나 오늘날 모든 인간의 기원으로 한 쌍의 역사적인 부부를 필요로 하지 않아도 그런 핵심적인 진술들을 설명하는 것이 가능할 수 있다.

2. 이 줄거리에 충실하려면 반드시 인간은 원래 "완전"해야 하는가?

인간의 기원에 대한 진화론적 설명은 타락에 대한 전통적 이해를 불가능하게 한다고 이미 결론지은 수정주의자들은 인류가 타락 이전에는 "완전"했다는 어떤 개념도 폐기할 것을 요구하는 증거로 **호모 사피엔스**라는 포식성의 조상을 지적한다.[20] 이는 일종의 유전적 결정론을 가정하는 것처럼 보인다. 곧 보통 인간은 폭력적이고 포식성을 지닌 인간 이전의 종으로부터 DNA 배열을 물려받았으며, 따라서 그와 똑같은 성향을 가진 인간이 출현한다는 가정이다. 이는 내가 보기에 범주상의 오류를 저지르고 있는 것처럼 보이지만 여기서 그 점에 대해 자세히 논하지는 않겠다.[21]

그 대신 나는 단지 신앙고백서들이 본래적인 선함과 의에 대해 진술하는 것이 도덕적 **완전함**과 같은 것을 진술하는 것이 아니라고 말하

---

20 예를 들어 앞서 인용한 Schneider의 말을 보라. 우리는 이 특정한 질문은 특히—전통에 따라—죽음(그리고 그에 따른 포식 행위의 "악")이 타락의 결과로 받아들여질 경우 타락 이전의 죽음과 (그에 따른) 포식을 어떻게 설명할 것인가라는 보다 광범위한 질문과 구별된다는 점을 지적해야 한다. 이 질문은 이 장의 범위 밖에 있다. 이는 타락 이전의 죽음을 다시 서술하고 "폭력"을 인간과 포스트휴먼(posthuman, 로봇 공학 및 다른 기술로 유전적 구조를 조작하고 자기의 몸을 확대·증대하여 인간에게서 진화한 상상의 인류—옮긴이 주)의 포식 형태에 대한 기술어로 남겨둘 것을 요구할지도 모른다는 점만 말해두자. 다음 책을 보라. Michael Murray, *Nature Red in Tooth and Claw: Theism and the Problem of Animal Suffering* (Oxford: Oxford University Press, 2011).

21 참고. Sarah Coakley, "Evolution, Cooperation, and Divine Providence," in *Evolution, Games, and God: The Principle of Cooperation*, ed. Martin A. Nowak and Sarah Coakley (Cambridge, MA: Harvard University Press, 2013), 375-86.

고 싶다. 타락 이전의 인간이 완전했다면 어떻게 타락이 있을 수 있었겠는가? 이런 측면에서 아우구스티누스가 타락에 관해 이해한 것에는 이미 원 인류의 거룩함이 지닌 한계에 대한 인식이 포함되어 있다. 인간은 「벨기에 신앙고백서」에서 표현하듯이 "선하고 의롭고 거룩하게" 창조되었지만 그럼에도 "그것을 이해하지 못했고 그 탁월함을 인식하지 못했다."[22] 완전함은 그리스도의 은혜를 고려한 종말론적인 실재일 뿐이다. 우리는 "현세 이후에 우리의 목표인 완전함에 도달할 때까지 하나님의 형상을 따라 점점 더 새로워지도록" 기도해야 한다.[23]

따라서 타락과 원죄에 관한 역사적 가르침은 원래 "선한" 인간이 지닌 특정한 한계를 이미 인식하고 있었다. 이는 원래의 인류 안에 있었던 일종의 도덕적 미성숙성에 대한 이해—아우구스티누스가 창조된 인간의 상태(*posse non peccare et mori*, 죄 짓지 않을 수 있음과 죽지 않을 수 있음)와 종말에 구속된 인간의 상태(*non posse peccare et mori*, 죄 지을 수 없음과 죽을 수 없음)의 차이를 언급하면서 이미 인식한 것—의 여지를 남겨 둔다. 따라서 인간의 본래적인 선함에 대한 역사적 이해를 긍정하는 것이 곧 인간의 본래적인 완전함을 긍정하는 것과 같지 않다. 더 나아가 우리의 인간 조상이 지녔던 본래적인 선함을 긍정하는 것은 도덕적 성장과 성숙의 필요성을 인정하는 것과 모순되지 않는다.

22 「벨기에 신앙고백서」 14조.

23 「하이델베르크 교리문답」 제115문답.

3. 이 줄거리에 충실하려면 반드시 타락은 시간적인 역사적 "사건"이어야 하는가?

타락에 대한 대부분의 전통적 설명은 아담과 하와가 **어떤** 결정을 내리고 죄에 빠지는 하나의 "사건"[24]을 묘사한다. 타락에 대한 그러한 시점적인[25] 이해가 이 역사적인 교리의 본질적인 **가르침**인가? 아니면 이를 일종의 부수적인 표현으로 간주할 수도 있는가? 실제로 우리는 타락을 하나의 "사건"[26]—**시간 속에서의** 변화—으로 보는 시간적·역사적 타락 개념에 찬성해야 하는가?

여기서 우리는 오늘날의 논의에서 가장 어려운 주제 중 하나와 맞닥뜨린다. 분명 타락을 죄의 **기원**으로 보는 정통 교리는 개별적인 하나의 행위로 발생한 시간적 타락에 대한 묘사, 곧 최초의 부부인 아담과 하와가 선택한 결과가 창조세계 전체에 영향을 끼쳐 원래의 선한 상태

---

24 가장 "전통적인" 문자주의적 관점에서도 대체로 문제가 있다는 점을 지적할 수 있겠지만 말이다. 타락은 정확히 언제 "발생"했는가? 하와는 언제 열매를 먹었는가? 아담은 언제 먹었는가? 언제 하나님은 형벌을 명하셨는가? 그 두 사건 사이에 어느 정도의 "시간"이 경과되었는가? 이는 자유분방한 추론을 부추기는 것이 아니다. 단지 가장 "보수적인" 설명처럼 보일 수 있는 설명조차도 시간성의 문제와 씨름할 필요가 있다는 점을 지적하려는 것이다.

25 즉 시간상의 한 시점에 발생한 사건으로 보는.

26 예를 들어 내가 속한 교회적 전통에서 28차 보고서(1991)는 창세기 1-11장의 독특한 장르를 "고도로 양식화되고 압축된" 장르로 인식한다. 그 이야기가 "반드시 연대기적 순서를 따르는 것은 아니다"(403, 권고 I). 그러나 이 보고서는 그다음에 즉시 이렇게 진술한다. "창세기 본문을 개혁주의 전통 안에서 재해석할 수 있는 범위에는 엄격한 한계가 있다. 창세기의 이 이야기들이 아무리 양식화되거나 문예적이거나 상징적인 것이라 하더라도 이 이야기들은 분명 실제 사건을 언급하려는 목적을 지닌 것이다.…이것이 과학적 증거와 관련해서 초래할지도 모르는 어떤 어려움에도 불구하고 성경의 이 최초의 근본적인 장들에서 말하는 이야기의 사건적 성격을 의문시하는 어떤 해석도 확고히 배격해야 한다"(403-4, 권고 J). 2010년도 총회에서는 권고 J를 명시적으로 재확인했다는 점에 주목해야 한다(*Acts of Synod* 2010, 872-73).

에서 죄에 물든 상태로 떨어진 **시간 속에서의** 타락에 대한 묘사를 포함한다(롬 8:20-21). 그러나 한 시점에 발생한 사건에 대한 이러한 단순한 묘사는 진화적 시나리오가 제기하는 심각한 도전에 직면한다. 이러한 전통적인 모델을 보존하려는 그 어떠한 시도도 명백한 거짓 역사라는 신학적인 문제를 해결해야 할 것이다. 다시 말해 이런 전통적인 묘사를 받아들이지 않고 다른 것을 받아들인 신학이 이런 전통적인 모델이 틀렸다는 것을 입증할 책임이 있지만, 그렇다고 전통적인 모델은 자신이 틀리지 않았다는 사실을 입증할 책임에서 "자유로울 권리"가 있다는 것은 아니다. 말하자면 최초의 한 쌍의 역사적인 부부가 있었고 어느 시점에서 타락이 발생했다는 주장은 신학적 도전에 직면한다. 우리가—**신학적인** 이유로 인해—과학을 진지하게 수용한다면 말이다.

우리는 이런 제안들을 이해하고 평가하기 위해 (서방 교회의) 전통이 받아들인 타락 교리와 관련해서 무엇이 쟁점인지를 주의 깊게 분석해야 한다. 이는 앞서 말한 것처럼 타락과 원죄를 이해한 아우구스티누스의 유산을 식별할 것을 요구한다.[27] 아우구스티누스의 타락과 원죄에 대한 교리는 그 자체가 일종의 "이중으로 압력"을 받은 것이었고 최소한 두 가지의 이단적 유혹에 대한 반응으로 진술되었다. 우선 가장 중요한 것은 아우구스티누스가 구원과 관련해서 일종의 "본유적인" 인간

---

27 아우구스티누스가 타락과 원죄에 대한 교리를 처음으로 진술했지만, 그가 고안한 것으로 받아들여지지는 않았다. 오히려 이 교리는 성경에 대한 관심의 체계적인 열매이며 다른 핵심적인 교리적 신념에서 수반되는 것들로 간주된다. 아우구스티누스, 루터, 칼뱅은 모두 "아우구스티누스의" 교리를 바울의 교리와 성경의 가르침으로 이해했다. 나는 전혀 아우구스티누스적이지 않거나 심지어 반아우구스티누스적이라고 자랑하는 전통들(정교회, 감리교회)도 그로 인해 바로 이 문제들을 모면한다고 생각하지 않는다. 그러한 대부분의 모면은 결국 타락을 "존재론적으로 표현"하여 본성을 타락한 본성**으로** 만들며 이것은 그 뒤로 하나님의 선하심이라는 신학적 문제를 낳기 때문이다.

의 능력을 암시함으로써 과분한 하나님의 은혜를 최소화하려는 펠라기우스주의적인 경향에 반대했다는 점이다. 아우구스티누스가 보기에 구원에 있어서 하나님의 은혜의 전적인 필요성은 다른 무엇보다도 중요했다. 둘째, 아우구스티누스는 (마니교도들처럼) 창조세계의 선함을 폄하하거나 악의 원인을 선하신 하나님께 돌리려는 어떤 가르침에도 이의를 제기했다. 하나님의 본성 자체가 이 전선에서 위기에 처해 있었다. 그 결과 아우구스티누스의 타락과 원죄에 대한 교리에는 최소한 다음 두 가지 측면이 있다.

(a) 선이 악에 선행한다는 진술. 보다 구체적으로 말하면, 인간은 반역하여 죄에 빠지기 전에 원래 선했다는 진술. 이 "선함"은 논리적·신학적으로만이 아니라 시간 순서상으로도 우선한다. 인간은 "선하게" 창조되었으나 일시적으로 "타락한다."[28] 이를 "선의 우선성" 명제라고 부르자.

(b) 인간은 죄에 물들어 있고 선한 일을 의지할 수 없는 존재로 설명하는 급진적 설명과 그에 따라 하나님이 인간을 구속하시고자 주도하시는 행동으로 설명하는 똑같이 급진적이고 과분한 은혜의 필요성. 이를 "은혜의 필요성" 명제라고 부르자.

인간이 물려받은 성향에 진화론적 증거가 도전하는 것처럼 보이는 것은 바로 "선의 우선성" 명제다. 따라서 어떤 이들은 단순히 "은혜의 필

28 이는 단지 하나님의 선하심이 악보다 더 앞서며 더 근본적이라는 의미에서 선이 악에 선행한다는 존재론적 진술에 불과한 것이 아니다. 그것은 인간이 원래 선했다는 더 강력한 주장이다.

요성" 명제만을 유지함으로써 아우구스티누스주의나 개혁주의의 관점을 유지하고 있다는 암시를 주려고 했다.

그러나 아우구스티누스와 보편적인 기독교 전통에서 이런 것들은 "세트 상품"(package deal)이다. 따라서 질문은 다음과 같다. 우리는 진화론적 증거에서 드러나는 인간의 기원과 여전히 이런 아우구스티누스의 **세트 상품**을 긍정하는 인간의 기원에 대한 묘사를 진지하게 받아들일 수 있을까? 또는 역으로 우리는 "선의 우선성" 명제를 비본질적인 것으로 고려할 수 있을까? 아니면 그 실마리를 잡아당기면 이 이야기의 구조 전체가 해명될 수 있을까?

내 제안은 두 가지다. 첫째, 아우구스티누스의 세트 상품은 분명하게 본질적이다. 그것이 기독교 신학이라는 문법 속에서 드러난 성경의 줄거리에 필수불가결하기 때문이다. 둘째, 우리는 인간이 기원하는 시점에 더 많은 인구가 있었다는 진화론의 묘사를 긍정하는 것을 상상하면서도 여전히 이 두 명제를 함께 긍정할 수 있다. 이것은 전통적인 모델의 **세부적인 시점적** 측면에서 벗어나면서도 여전히 타락에 대한 **시간적·역사적** 이해를 유지하게 할 것이다. 이것을 상상하는 다양한 방식이 있을 수 있다. 예를 들어 다음과 같은 일군의 사람들을 상상하는 제안들이 있을 수 있다. 곧 우리는 하나님께서 나머지 인류를 대표하는 이들을 선택하시고, 그들에게 특별 계시와 사명을 위임하시며, 그들은 ("완전"하지는 않지만) "선하고", 하나님의 의로운 요구조건에 순종할 수 있지만 ("이전"과 "이후"가 분명한) 일정한 기간 동안 불순종의 행위를 통해 하나님을 반역한 악한 상태로 떨어진 일군의 사람들을 상상할 수 있다.

더 나아가 "선의 우선성" 명제 없이도 "은혜의 필요성" 명제를 유지하고 싶어 하는 어떤 제안에는 신학적 (그리고 아마도 분명한 논리적) 모순이 존재한다. 예를 들어 누군가가 선의 (시간적) 우선성을 거부한다면, 인간의 죄악성에 대한 책임이 하나님께 있는 것처럼 보일 것이다. 인간은 죄인**으로** 출현했을 것이기 때문이다. 그럴 경우 하나님의 구속 활동이 사람들에게 "과분한" 것인지는 분명치 않다. 사실 그런 모델에 따르면 그것은 때때로 마치 하나님이 구원하실 **의무**가 있는 것처럼 들리는데 이는 하나님의 은혜의 선물을 약화시키는 것이다. 더구나 그런 모델은 구속의 질서를 창조의 질서에 상반되게 만드는 것처럼 보인다. 즉 구속(과 종말론적 완성)이 창조세계를 회복시키는 것이 아니라 해체시키는 것을 요구하는 것처럼 보일 것이다. 은혜는 결국 자연을 **반대**한다.

내가 보기에 이것이 우리가 물려받은 타락과 원죄에 대한 전통적 이해가 타락의 **시간성**(temporality), 즉 죄는 선한 창조에서 죄에 빠진 상태로 귀결되는 인간 반역의 결과라는 것을 요구하는 것처럼 보이는 이유다. 하지만 타락은 시간적·역사적인 것이며 인간의 반역의 결과라는 본질적인 교리를 유지하기 위해 우주적 결과를 가진 어떤 "세부적인 시점 모델"을 필요로 하는 것처럼 보이지는 않는다. 타락은 역사적이고 시간적인 (내가 속한 교파의 교회 회의의 진술에서 표현된 대로 "사건적 성격"을 지닌) 것이라는 가르침은 타락이 반드시 한순간에 발생할 것을 요구하는 것처럼 보이지 않는다. 따라서 이러한 타락의 시간적·역사적인 성격을 존중하는 모델 내지 시나리오라면 어떤 것이든, 심지어 하나의 구체적인 사건에 대한 묘사에 대해 이의를 제기하더라도, 신앙고백서들의 핵심적인 가르침과 일치하는 것으로 받아들일 수 있을 것이다.

이는 창세기 1-3장을 "문자적으로"—예를 들어 "날"은 24시간으로 구성된 한 기간을 가리킨다는 식으로 문자적이라는 말을 사용할 경우—읽을 것을 요구하지 않는다는 점에 주목해야 한다.[29] 우리의 대안은 비역사적인 "신학적" 주장이나 문자주의적인 "역사적" 주장이 아니다. 우리는 "역사적"이란 말을 CNN이 기록하는 매우 상세한 연대기와 비슷한 것과 혼동하거나 그런 의미로 축소하지 말아야 한다. 우리는 신학적인 측면을 제대로 다루기 위해 역사에 관한 더 균형 잡힌 설명을 제시해야 한다. 바로 이런 이유 때문에 신학과 진화론의 교차 지점에서 이루어지는 논의는 성경을 신학적으로 해석하는 오늘날의 논쟁에서 논의되고 있는 해석학적 질문들을 거론할 필요가 있다.[30]

결론: 신중한 제안

결론적으로 약간의 사고 실험을 시도해보자. 내가 던지려 했던 질문은 이것이다. 우리가 진화론적·유전적 증거를 진지하게 받아들이려면, 우리는 타락의 모든 역사적·사건적 측면을 제거할 만큼 원죄와 타락의 교리를 수정하고 다시 진술해야 할까? 아니면 대대로 이어지는 진화의 축적되는 증거를 존중하는 동시에 타락과 원죄에 대한 전통적 이해

---

29 이는 물론 "문자적인"이란 말에 대한 역사적으로 중요한 관점이 아니다. 유익한 논의를 보려면 다음 책을 보라. Henri de Lubac, *Medieval Exegesis*, vol. 2: *The Four Senses of Scripture*, trans. E. M. Macierowski (Grand Rapids: Eerdmans, 2000).

30 이 문제는 이 장의 범위를 벗어나 있다. 이에 대한 생산적인 논의를 보려면 다음 글을 보라. Joel B. Green, "Rethinking 'History' for Theological Interpretation," *Journal of Theological Interpretation* 5 (2011): 159-74. 다음 글에 실린 Richard Hays의 예리한 지적도 함께 보라. "Knowing Jesus: Story, History, and the Question of Truth," in *Jesus, Paul, and the People of God: A Theological Dialogue with N. T. Wright* (Downers Grove, IL: InterVarsity, 2011), 41-61.

도 진지하게 받아들이는 모델을 상상할 수는 없을까? 나는 상상할 수 있다고 생각한다. 그래서 논의를 위해 일종의 상상 실험으로서 하나의 잠정적인 모델을 제시해보겠다. 공통 조상의 유전적·진화론적 증거를 인정하는 것이 어떻게 반드시 타락에 대한 역사적 이해의 폐기를 수반하는 것만은 아닌지를 보여줄 가능한 모델을 묘사해보고자 한다. 나는 그와 같은 모델이 앞서 언급한 많은 도전을 헤쳐 나갈 것이라고 생각한다. 그러나 이러한 묘사를 결정적인 것으로 옹호하고 싶지는 않다. 그 대신 나는 이 시나리오를 수정과 개선이 가능한 시나리오로 제시한다.

우리가 다음과 같은 시나리오를 상상해본다면 어떨까?

> 태초에 하나님은 하늘과 땅을 창조하셨다. 그분이 자연의 책을 통해 우리에게 말씀하시는 것처럼 보이는 것에서 창조적인 전개의 역학은 진화의 과정이었다. 새로운 생명의 출현은 생물학적 죽음과 동물의 포식이 이 과정의 일부이며 심지어 "선한" 창조로 받아들일 수 있는 것의 일부일 만큼 적자생존의 지배를 받았다. 그래서 우리가 전통적으로 타락의 "결과"로 묘사했을지도 모르는 현상 중 일부는 새로 생겨나는 선한 창조세계의 구조 가운데 일부로 보인다.
>
> 이 과정으로부터 새로 생겨나는 사회적 조직을 갖춘 문화적 동물로 진화한 사람 과(*hominid*) 동물의 군집이 출현하고 우리의 초기 조상들을 구성하는 것은 바로 이 초기의 군집(대략 10,000)이다. 그러한 군집이 새로 생겨난 의식, 관계적 소질, 의지의 기제 등의 특징을 나타낼 정도로 진화했을 때, 요컨대 이 사람 과의 동물들이 도덕적 능력을 나타낼 정도로 진화했을 때 창조의 하나님은 이 집단을 자신의 언약 백성으로 "선택하신다." 이러한 묘사에 따르면 인간의 "창조"는 최초—많은 이들 중 최

초(노아, 아브라함, 야곱 등)—의 선택이다. 그리고 한 집단을 언약으로 선택하신 야웨는 그들을 향한 자신의 자기 계시를 포함하며 그들과 그들의 번성에 대한 도덕적 한계를 정하는 인간과의 관계를 세우셨다. 이 절정의 창조물은 그렇게 선택되는 과정에서 또한 하나님의 "형상을 지닌 존재"—창조세계의 보호와 번성을 위한 창조자의 대리인—로 임명되고 사명을 위임받는다. 그들은 창조세계 속에 내포된 잠재적 가능성을 펼쳐내는 임무를 부여받는다. 그리고 어느 정도로 창조세계는 이제 이 새로 출현한 인류가 하나님의 "율법"으로 표현된 자신의 사명과 의무를 수행하지 못하면 "우주적인" 결과가 있을 정도로 그들의 보호와 경작에 의존한다.

이 원래의 인류는 완전하지 않다(공교회의 신학적 전통은 결코 이렇게 주장하지 않았다). 그들은 이 사명을 수행할 수 있지만—하나님의 율법은 순종이 가능하지 않은 곳에서는 세워지지 않을 것이다—도덕적 미성숙이 특징이기도 하다. 도덕적 덕은 습관화와 형성 과정을 요구하며 시간을 요구하기 때문이다. 그래서 인류는 이 사명을 수행할 수 있지만 반드시 그러리라는 보장은 없으며 수행하지 못하더라도 놀랍지는 않다. 우리는 말하자면 이 "동산"에 있는 더 큰 집단을 다루고 있으므로 T1이라는 시각에 "범죄"가 발생하는 별개의 한 사건은 존재하지 않는다. 그러나 타락의 시간적·사건적 성격은 여전히 있다. 우리는 진행 중인 타락, 곧 (모세오경에 나오는 일종의 두 번째 타락 이야기인 창세기 6장의 홍수 이야기의 과정과 다르지 않은) 하나님이 지켜보시는 일종의 수습 기간을 상상할 수 있을 것이다. 따라서 타락은 T1에서 T3에 걸친 시간에 발생했을 것이다. 그러나 이 시나리오에는 어떤 중요한 이전과 이후에 대한 의식이 없다.

그리고 그 "이후"에 상황이 변한다. 즉 어떤 식별 가능한 성격을 지닌 우주적 결과가 존재한다(비교. 골 1-2장). 인간이 창조세계를 길러내고 돌보지 않음으로 인한 우주적 부산물도 존재한다. 또한 인간 본성에 있어서 일종의 (거의?) 존재론적인 변화, 또는 최소한 인간의 성품에 있어서 순리에 따르는 덕을 가능케 하는 하나님의 거듭나게 하시는 주도권을 필요로 할 어떤 방향 및 성향 면에서의 공고화가 존재한다. 그러나 이러한 중생과 성화는 그들의 창조된 성향과 능력의 해체를 이루는 것이 아니라 오히려 그러한 소명을 실현시킬 수 있는 창조적 가능성과 능력 부여/발달의 회복[31]을 이룰 것이다. 구속은 또한 범위 면에서 우주적인 은혜, 십자가의 결과인 은혜를 필요로 할 것이다(골 1:20).

이제 어떤 이들이 보기에 이것은 이미 전통을 포기한 새로운 진술처럼 보일지도 모른다. 어떤 이들은 이를 전통의 충실한 확대가 아니라 "과학"에 대한 타협적인 양보, 곧 역사적인 한 쌍의 부부와 단 한 번의 결정의 결과로 순식간에 벌어진 타락을 포기한 생각으로 판단할지도 모른다. 그러나 나는 공인된 교리의 그런 구체적인 특징들을 비본질적인 것으로 간주할 수 있는 방법들을 상상할 수 있다.

하지만 이런 시나리오는 전통적인 교리가 갖고 있는 다른 특징들

31 실제로 구속은 궁극적으로 단순한 회복 이상의 것이 되어야 할 것이다. 그렇지 않으면 타락은 여전히 가능한 일이 될 것이기 때문이다. 이것이 바로 아우구스티누스가 "동산에" 있었던 최초의 인간은 죄 짓지 않을 수 있었던(*posse non peccare*) 반면 "하나님 나라에" 있는 종말론적인 인간은 죄 지을 수 없을(*non posse peccare*) 것이라는 점을 강조한 이유다. 따라서 구속은 회복이지만 회복 이상의 것이기도 하다. Jon Stanley는 Herman Bavinck가 어떻게 Kuyper와는 다르게 이러한 구속의 "무언가 더 많은" 부분을 존중하는지를 주의 깊게 지적했다. 그래서 Stanley는 구속에 대한 Bavinck의 설명을 "회복 더하기 알파"로 묘사한다. 다음 글을 보라. Stanley, "Grace Restores and Renews Nature," *Kuyper Center Review*, vol. 2: *Revelation and Common Grace*, ed. John Bowlin (Grand Rapids: Eerdmans, 2011).

에 대해서는 여전히 충실하다. 단 두 가지 특징만 강조해보겠다.

첫째, 이 시나리오에 따르면 타락은 여전히 역사적·시간적이며 심지어 "사건적"이다. 비록 과정 중에 있는 사건과 비슷하긴 하지만 말이다.[32] 또한 이는 우주적 결과에 대한 의미를 "사후" 일의 일부로 유지한다. 그러한 역사적 묘사는 죄에 대한 의미를 "마땅히 그래야 할 것이 아닌 것"으로 유지하기 위해 필요한 것으로 보인다. 그리고 **그것은** 내가 보기에 전통에 있어서 필수적인 것으로 보인다. 전통의 어떤 충실한 확대도 그러한 감성과의 연속성을 명확히 표현할 필요가 있을 만큼 말이다.

둘째, 이 모델은 타락을 "존재론적으로 표현하는" 것을 반대한다. 나는 새로운 진술과 관련해 최근에 제시된 몇몇 제안과 관련한 중요한 점은 그 제안들이 결국 죄를 "자연화"하려는 방식이라고 생각한다. 이것은 (이 묘사에서 진정한 타락은 존재하지 않으므로 이를 "상징적인 파괴 상태"로 묘사하는 것은 사실 약간의 계략일 만큼) 창조세계의 구조에 파괴된 상태를 새겨넣는다. 여기에는 중요한 신학적 문제, 곧 기독교인들이 자연과 은혜 사이의 관계라는 관점에서 종종 논의해온 문제가 위험에 처해 있다. 개신교인과 가톨릭 교인들은 자연과 은혜 사이의 관계에 대해 (은혜는 자연을 "회복"시킨다는 견해와 은혜는 자연을 "완성"시킨다는 견해

---

32 나는 우리가 이와 다른 상황에서 이와 비슷한 것을 허용할 여지를 남겨둔다고 생각한다. 예를 들어 나는 언제 자동차 경주 대회에서 "이기고" 있었는가? 체크무늬 깃발 앞에서만 이겼는가? 만일 내가 마지막 열두 바퀴에 걸쳐 선두를 달리고 있었다면 어떤가? 또는 나는 언제 마라톤에서 금메달을 땄는가? 결승선을 통과했을 때뿐인가? 내가 "이긴" "사건"은 단순히 한순간의 사건처럼 보이지 않는다. 모든 코치는 다른 팀이 경기 시간이 다 지나갔을 때의 점수로 우리를 이겼지만 우리는 점수를 올릴 기회를 잃거나 기타 등등의 이유로 그 이전에 경기에서 "졌다"는 점을 지적할 때 이 사실을 알고 있다. 요는, 어떤 "사건"에 대한 우리의 통속적인 관념은 꽤 유동적이라는 것이다.

로) 대체로 의견이 갈렸지만, 그들은 은혜가 자연을 억압하거나 자연을 "무가치하게" 만들거나 자연을 "해체"한다는 일체의 개념을 반대하는 것에 있어서는 모두 의견이 일치했다. 다시 말해서 기독교 전통은 다음과 같이, 곧 구속을 어떤 식으로든 반자연적인 것으로 보는 은혜/구속에 대한 일체의 해석은 그 해석 자체에 의해 창조에 반대되는 것이고, 따라서 성경의 내러티브 안에서 근본적인 모순을 가정하게 된다고 일관되게 판단해왔다. 죄를 원죄로 만드는 것은 원죄 교리가 **아니다**. 그것은 영지주의의 한 변종이다.[33] 이번 장에서 나의 목표는 문제와 도전의 지형도를 작성하여 내가 생각하기에 이 대화를 위한 경계선이 어디에 있고, 그 이유는 무엇이며 그 경계선을 건너는 데 있어서 현안은 무엇인지를 그 지형도 위에 기록하는 것이었다. 그러나 나는 오늘날의 도전에 창조적이고 건설적이며 신실하게 응답하기 위해 그 넓은 범위 속에 남아 있는 공간도 보여주었기를 바란다. 이어지는 장들은 이러한 가능성을 확대하고 심화시킬 것이다.

---

33 나는 바로 이 점, 즉 창조세계는 언제나 이미 타락했다는 식으로 타락을 존재론적으로 표현하거나 자연적으로 해석하는 점 때문에 Stephen Mulhall의 『타락의 철학적 신화』(*Philosophical Myths of the Fall*)를 비판해왔다. 다음 책을 보라. Smith, *The Devil Reads Derrida—and Other Essays on the University, the Church, Politics, and the Arts* (Grand Rapids: Eerdmans, 2009), 12장.

2부

성경 연구와 신학적 함의

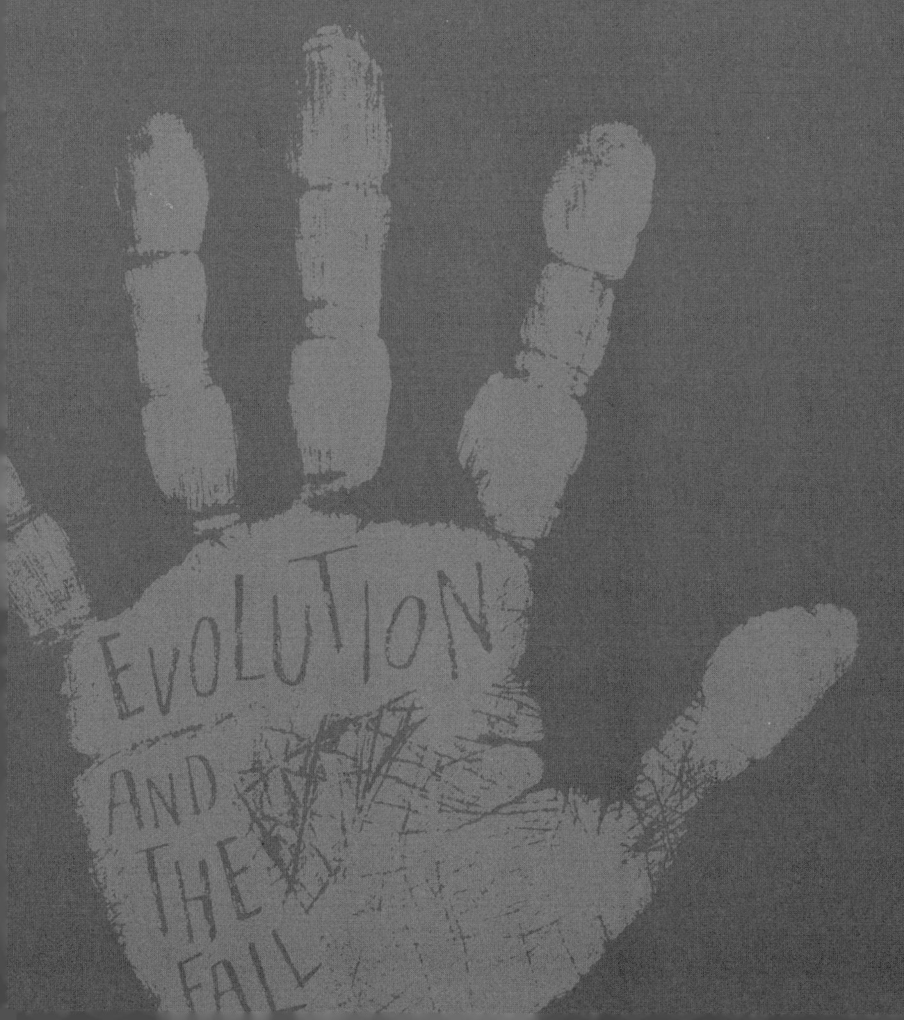

J. **리처드 미들턴**(J. Richard Middleton) 뉴욕주 로체스터에 소재한 노스이스턴 신학교의 성경적 세계관 및 해석학 담당 교수다. 현재 바이오로고스 신학 연구원이며 (자메이카 킹스턴 소재) 캐리비안 신학대학원 구약학 겸임 교수로도 섬기고 있다. 그는 2011–2014년에 캐나다 복음주의 신학회 회장을 역임했다. 그의 저서로는 『새 하늘과 새 땅』(*A New Heaven and a New Earth: Reclaiming Biblical Eschatology*, 새물결플러스, 2015), 가넷 로퍼와 함께 편집한 *A Kairos Moment for Caribbean Theology* (Pickwick, 2013), 『해방의 형상』(*The Liberating Image: The Imago Dei in Genesis 1*, SFC출판부, 2010), 브라이언 왈쉬와 공저한 『포스트모던 시대의 기독교 세계관』(*Truth Is Stranger Than It Used to Be: Biblical Faith in a Postmodern Age*, 살림, 2007), 『그리스도인의 비전』(*The Transforming Vision: Shaping a Christian World View*, IVP, 1987) 등이 있다. 현재는 *The Silence of Abraham, The Passion of Job: Explorations in the Theology of Lament*라는 책을 편집하고 있다. 그의 책들은 한국어, 프랑스어, 인도네시아어, 스페인어, 포르투갈어로도 출간되었다.

4장

인간의 진화를 고려한 창세기 3장 읽기

일치설과 "겹치지 않는 고유 영역" 이론을 넘어

■ J. 리처드 미들턴

우선 성경과 과학의 대화를 다시 상상해 보자. (과학은 언제나 개선되고 있으므로) 세부 사항에 관해서는 의견 차이가 있지만 대부분의 고인류학자들은 최초의 사람 족 유적의 연대를 약 6-7백만 년 전으로 추정하며 오스트랄로피테쿠스 속은 약 4백만 년 전, 사람 속은 약 2백만 년 전에 출현했다고 본다(*Homo habilis*).[1] 해부학적으로 현대적인 호모 사피엔스에 대한 가장 신빙성 높은 오늘날의 가설은 그들의 기원을 약 20만 년 전의 2,000명에서 10,000명 사이의 최소 인구

1 오늘날의 인류학자들은 인류와 인간 이전 상태의 인류의 친척들의 범주를 지칭하기 위해 (원인[*hominid*] 대신) 사람 족(*hominin*)이라는 용어를 사용하게 되었다(여기에는 오스트랄로피테쿠스 속과 같은 먼 친척뿐만 아니라 사람 속[*Homo*]도 포함된다). 원인이라는 용어는 모든 원숭이와 영장류를 포함해서 더 많은 범주를 지칭한다.

에서 찾는다.[2]

많은 회의론자와 헌신된 기독교인들은 똑같이 이 과학적 설명을 창세기의 첫 몇 장에서 진술된 성경적 형태의 인류의 기원과 양립할 수 없는 것으로 판단했다. 회의론자의 측면에서 보면, 성경은 종종 고려할 가치가 없는 것으로 묵살되어도 된다. 성경의 기원에 대한 신화적인 설명이나 과학 이전 시대의 설명은 (우주적인 설명과 인간적인 설명 모두) 우리가 현대 과학을 통해 알고 있는 것과 모순된다고 여겨지기 때문이다. 이러한 회의론적인 접근 방식은 19세기에 존 W. 드레이퍼(John W. Draper)와 앤드류 딕슨 화이트(Andrew Dickson White)에 의해 유명해지고 20세기와 21세기에 크리스토퍼 히친스(Christopher Hitchens)나 리처드 도킨스(Richard Dawkins) 같은 새로운 무신론자들에 의해 영속화된 과학과 종교의 "전쟁" 모델에서 가장 명백하게 드러난다.[3]

많은 기독교인(특히 북미의 복음주의자와 근본주의자들)이 성경의 설명에 "문자적인" 진리가 담겨 있음을—"문자적"이라는 말을 이 설명의 내용과 경험적 세계의 사건 및 실재 사이에 일대일 대응이 요구된다는 의미로 받아들이며—전제로 한다는 차이점을 보이며 "전쟁" 모델을 신

2 이어지는 내용 중에 어떤 것도 이 구체적인 추정치에 의해 결정된 것이 아니다. 과학은 오류에 빠질 가능성이 있고 늘 변하는 연구 과제이며 이런 추정치들의 세부적인 내용은 반박될 것이고 실제로 시간이 지나면 변할 것이라는 점을 예상해야 한다.

3 John W. Draper, *History of the Conflict between Religion and Science* (1874); Andrew Dickson White, *A History of the Warfare of Science with Theology in Christendom* (1896); 이 후자의 책은 White가 앞서 쓴 좀 더 짧은 『과학의 전쟁』(*The Warfare of Science*)이라는 제목의 책(1876)의 증보판이다. Christopher Hitchens, *God Is Not Great: How Religion Poisons Everything* (New York: Twelve Books, 2007); Richard Dawkins, *The God Delusion* (Boston: Houghton Mifflin, 2006). 『만들어진 신』(김영사 역간).

봉했다.[4] 흔히 "과학적 창조론" 또는 "창조 과학"(또는 더 최근에는 "기원 과학"[origin science])이라는 이름으로 통하는 이러한 접근 방식에서는—젊은 지구와 종들의 불연속성(특히 인간과 다른 영장류와의 불연속성)을 포함한—우주의 기원에 대한 참된 과학적 이야기를 가르치려는 것이 성경의 의도라고 가정한다.[5]

성경의 창조 이야기에 대한 이런 식의 해석은 현대 과학이 (우주론과 진화 생물학에서) 제시하는 기원에 대한 이해와 명백히 모순되기 때문에, "창조 과학"의 옹호자들은 보통 현대 과학에서 추정하는 주장들(최소한 우주적 기원과 생물학적 기원의 주장)을 이데올로기적으로 오염된 주장으로 일축한다. 그 결과는 성경이 이런 주제들에 대해 말하고 있다고 여겨지는 내용에 과학을 억지로 끼워 맞추려는 일치설(concordism)의 시도다.[6]

---

4 "문자적인"이라는 말에는 작품의 의도된 장르에 따라 읽는다는 뜻을 지닌, "아드 리테라툼"(*ad literatum*)이라는 라틴어에서 나온 또 다른 의미가 있다.

5 "전쟁" 모델에 대한 회의론적 가정과 기독교적 가정은 모두 Ian Barbour가 양자의 가능한 관계에 대한 유명한 네 가지 모형론에서 제기한 종교와 과학의 관계에 관한 "갈등" 모델의 여러 형태로 이해할 수 있다(Barbour, *Issues in Science and Religion*, 1966년 초판 발행).

6 보다 최근의 일치설의 접근 방법은 이와 반대 방향으로 작용하여 성경을 현대 과학의 결론과 조화시키려고 한다. Hugh Ross와 "믿어야 할 이유"(Reason to Believe)라는 단체가 선도하는 이런 접근 방식은 성경을 현대 우주론과 일치시키려 한다("믿어야 할 이유"의 웹사이트는 〈http://www.reasons.org/〉이다). 이러한 접근 방식에 따르면 자연과 창조의 기원에 대한 성경의 진술들은 그 고대의 개념적 문맥에서 이해되는 것이 아니라 그 진술들과 (수십억 년 전의 은하들의 우주를 포함한) 현대의 과학적 주장을 (시대착오적으로) 조화시키기 위해 해석된다. 그러나 이러한 일치설적인 기획은 한 가지 점에서 "창조 과학"의 기획과 일치한다. 즉 생물학적 진화(특히 인간 진화)는 용납될 수 있는 범위를 벗어나 있다. 예를 들어 다음 책을 보라. Fazale Rana, Hugh Ross, *Who Was Adam? A Creation Model Approach to the Origin of Man* (Colorado Springs: NavPress, 2005). Ross의 여러 저서 중에는 그의 초기 저작인 다음 책이 있다. *The Fingerprint of*

성경적 기원과 생물학적 진화를 모두 긍정하는 입장에 일어나는 가장 곤란한 국면 중 하나는 "타락" 교리다. 성경은 (창세기 3장에서) 최초의 부부가 최초의 낙원과 같은 시기 이후에 하나님의 명령을 특정한 시점에서 어긴 사건을 가르치는 것처럼 보이기 때문이다. "원죄"라는 고전적인 교리가 (그 모든 구체적인 내용에 있어서) 신조에 입각한 정통 신앙에 반드시 필요한지 아닌지의 질문은 아직 해결되지 않은 문제다. 그럼에도 성경 자체는 분명히 언뜻 보기에는 악의 기원을 우리가 진화 생물학에서 발견하는 내용과는 사뭇 다른 인간의 기원에 대한 이해와 결부시키는 것처럼 보인다.

성경적·신학적 주장과 진화 과학 사이에 가정되는 모순을 고려하면, 정직한 그리스도인들은 무엇을 해야 하는가? 누군가가 생물학적 진화와 ("성도에게 단번에 주신", 유 3) 역사적 기독교 신앙을 모두 정당하게 평가하기를 원한다면, 그는 어떻게 계속해서 그 두 가지를 진정성 있게 긍정할 수 있을까?[7]

가장 흔한 접근 방식은 스티븐 제이 굴드가 제안한 "겹치지 않는 고유 영역"(Non-Overlapping Magisteria, NOMA) 이론의 몇 가지 형태를 활용하는 것이었다. 이 이론은 성경적·신학적 진리와 과학적 진리를 서로 구별되는 개념 영역에 속한 것으로 분리시키려 했고 그 결과 그

God (Orange, CA: Promise Publishing, 1989; 3rd 2005). 과학과 성경을 조화시키려는 Ross의 보다 최근의 시도를 보려면 다음 책을 보라. *Hidden Treasures in the Book of Job: How the Oldest Book of the Bible Answers Today's Scientific Questions* (Grand Rapids: Baker, 2011). 이 책에 대한 광고문에는 이런 말이 있다. "욥은 세상의 형성, 동물과 인간의 차이, 우주론, 공룡과 화석 기록, 창조세계를 돌보는 법 등등에 관한 고대와 현대의 질문들을 꿰뚫는 통찰력이 예리하면서도 풍부했다."

7 이제부터 나오는 모든 성경 인용구는 다른 언급이 없을 경우 New Revised Standard Version에서 인용한 것이다(이 번역서에서는 개역개정 4판에서 인용함—옮긴이 주).

둘 사이에 아무런 모순이 없음을 보증한다.[8]

기독교와 진화라는 주제와 관련해서 여러 저술가들 가운데서 명백한 술어가 등장하거나 등장하지 않는 "겹치지 않는 고유 영역"(NOMA) 이론의 변종들을 찾아볼 수 있다. 이 이론이 전쟁 모델에 대한 유용한 방법론적 대안을 제시해주기 때문이다.[9] 많은 복음주의 내지 근본주의 기독교인들은 인간의 기원에 대한 진화론의 설명이 "아담"에 대한 성경의 설명과 양립할 수 없다고 가정하는 것과 대조적으로 오늘날 점점 더 많은 수의 과학자와 신학자들이 정통 기독교 신앙을 생물학적 진화에 대한 과학의 연구 결과와 더불어 인정하려는 적극적인 시도를 하고 있다. "유신론적 진화"(과거의 용어)로 불리든 "진화적 창조"(예를 들어 "바이오로고스"[BioLogos]에서 사용하는 더 최근의 용어)로 불리든 타협할 수 없는 성경의 권위와 고생물학의 한 세기가 넘는 축적된 연구 및 유전학의 최근의 기여를 함께 존중하려는 이러한 시도는 칭찬받을 만하다.

---

8 Stephen Jay Gould, "Non-Overlapping Magisteria," *Natural History* 106 (March 1997): 16-22. Gould는 교황 요한 바오로 2세가 1996년에 교황청 과학원에 보낸 진화와 신앙에 관한 교서의 영향으로 신학과 과학의 관계에 대한 이런 식의 사고방식을 제안했지만, 그는 이 주제에 대한 자신의 사고의 기원을 (교황청 과학원에서 후원한) 1984년 바티칸시 여행을 하면서 생각했다고 회고한다. 그 여행 기간에 그는 일단의 예수회 과학자들과 함께 진화와 기독교 신학에 대해 토론했다. Gould는 이것이 최소한 교황 비오 12세의 1950년 회칙인 「인류」(*Humani generis*) 이래로 사실상 로마 가톨릭교회의 접근 방식이었고, 교황 요한 바오로 2세의 1996년 교서는 (비록 교황 비오 12세는 원리적으로는 진화와 신앙 사이에 아무런 모순이 없다고 주장했지만) 진화의 사실성에 관한 비오 12세의 모종의 침묵에 대해 발언하려는 의식적인 시도였다고 설명한다.

9 "겹치지 않는 고유 영역" 이론은 Ian Barbour가 말하는 종교와 과학의 관계에 대한 "독립" 모델과 상응하는 것처럼 보인다. 즉 양자 사이에는 어떤 충돌도 없지만 그 둘의 관계가 지닌 성격은 분명하게 명시되지 않는다.

현대 그리스도인들이 성경과 과학을 조화시키려는 순진무구한 일치설의 시도에 대한 하나의 대안으로 "겹치지 않는 고유 영역"(NOMA) 이론을 수용하는 것은 충분히 이해할 만하다. 이 이론은 진화 과학자들이 자신들의 연구 결과를 신학에서 가정하는 진리와 절충할 필요 없이 연구를 계속할 수 있게 해준다. 그리고 신학자들도 마찬가지로 과학의 간섭을 받지 않고 생물학적인 생명의 발전 과정에 있어서 하나님의 역할에 대해 고찰할 수 있다.

그러나 이것이 우리가 할 수 있는 말의 전부인가? 성경학자로서 나는 창세기 3장을 해석할 때 단지 인간의 기원에 대한 과학적 설명을 고려의 대상에서 제외해야 할까? (그리고 사람 족의 진화에 대해 내가 알고 있는 것은 무시해야 할까?) 확실히 해석자의 가정과 전제는 그가 성경에서 보는 것(과 보지 못하는 것)에 어떤 식으로든 영향을 끼치게 마련이다. 그러면 성경은 진화에 대한 사고와 아무런 관련성이 없는가? 나는 이어질 내용에서 진화에 대해 창세기 3장에 나오는 악의 기원에 관한 성경의 설명과 **함께** 생각해보고자 한다.

여기서 나는 구약 학자 윌리엄 브라운(William Brown)의 저작에서, 특히 일치설과 "겹치지 않는 고유 영역"(NOMA) 이론을 둘 다 뛰어넘어 성경과 과학 사이의 "분야를 넘나드는 대화"에서 생겨날지도 모르는 "공통된 인식"이 가능한 것들을 탐구하려는 그의 시도에서 용기를 얻는다.[10]

브라운은 탁월하고 영감을 주는 저작인 『창조의 일곱 기둥』(*The*

10 William P. Brown, *The Seven Pillars of Creation: The Bible, Science, and the Ecology of Wonder* (Oxford: Oxford University Press, 2010), 8.

Seven Pillars of Creation)에서 (창세기 2-3장을 포함해) 구약의 창조에 관한 주요 본문을 현대 과학과 관련해 탐구하며 3단계 방법을 활용한다. 우선 그는 각 본문에 대한 **설명**을 한 이후에 해당 본문의 신학적 주제를 우리가 과학을 통해 알고 있는 세계와 관련 있을지 모르는 측면들과 관련지어 탐구한다. 마지막으로 그는 본문의 지혜와 오늘날의 삶의 관련성을 이해하기 위해 과학에서 얻은 통찰을 가지고 성경 본문으로 돌아간다. 브라운은 이런 과정을 성경 본문과 현대 과학 사이의 "해석학적 순환 고리"(hermeneutical feedback loop)[11]로 생각한다. 이 과정을 통해 본문과 우리의 과학적 지식 사이의 다양한 "조화", "상관관계", "연관성" 또는 "접촉점"이 탐구될 수 있기 때문이다.[12]

이러한 시도를 단순히 일치설이나 신학과 과학의 조화를 겨냥한 새로운 시도로 전락하지 않게 해주는 것은 무엇인가?[13] 첫째, 브라운은 이러한 관련된 점들은 "**사실상의** 유사점", "**유사한** 접촉점 내지 **상상적** 연상 작용"임을 분명히 밝힌다. 다시 말해 여기에는 해석상의 주관성이라는 불가피한 요소가 있다.[14] 둘째, 브라운은 성경을 현대 과학에 대한 지식이 없는 고대 문헌으로 취급하며, 따라서 우리는 "과학의 연구 결과와 **충돌하는** 세상에 대한 성경 본문의 주장들"을 의식할 필요가 있다는 점을 인정한다. 그래서 그는 우리에게 "괴리"되고 "충돌"하는 부분에도 일치하는 부분만큼 주의를 기울일 것을 제안한다.[15] 이 점 또

11 Brown, *Seven Pillars of Creation*, 16.

12 Brown, *Seven Pillars of Creation*, 9-10.

13 대화를 나누다가 Brown은 **완벽하게 겹치는** 고유 영역들(completely overlapping magisteria)은 COMA(혼수상태) 이론을 낳을 것이라는 재치 있는 농담을 했다.

14 Brown, *Seven Pillars of Creation*, 10(강조는 덧붙여진 것임).

15 Brown, *Seven Pillars of Creation*, 10(강조는 덧붙여진 것임).

한 "겹치지 않는 고유 영역"(NOMA) 이론과 다른 것이 분명하다. "겹치지 않는 고유 영역" 모델에 따르면 성경적·신학적 담론도, 과학적 담론도 상대방에게 영향을 끼치는 것이 허락되지 않기 때문이다. 그래서 브라운은 (농담조로) 자신의 접근 방식을 "약간 스칠 만큼 겹치는 고유 영역"(tangentially overlapping magisteria) 이론, 또는 "TOMA" 이론으로 생각해도 좋다고 말한다.[16]

그렇다면 브라운은 현대 과학이 우리의 신학이나 성경 해석을 규정해야 한다고 주장하고 있는 것인가? 그렇지는 않다. 그의 주장은 과학이 성경 해석의 방향을 결정해선 안 되지만, "성경 신학 연구를 그것이 아직 가보지 않은 방향으로 자극하고 그 과정에서 성경 해석의 '두께'에 또 다른 층…또는 놀라운 깊이를 더해줄 수도" 있다는 것이다.[17]

이번 장에서 성경과 과학의 관계에 대한 나의 접근 방식은 브라운의 방식과 비슷하지만 다음 세 가지 차이점 내지 주의할 점이 있다. 첫째, 브라운은 창조 본문과 현대 과학의 관계에 초점을 맞추는 반면 나는 창세기 2-3장의 "타락" 이야기를 우리가 알고 있는 **호모 사피엔스**의 진화의 역사와 관련해서 해석하려는 시도를 할 것이다. 둘째, 브라운이 성경의 창조 이야기에 대한 자신의 해석에서 이끌어낼 수 있는 세상에 대한 과학적 이해에는 여러 차원이 있지만 과학자들이 **호모 사피엔스**의 종교, 도덕, 윤리의 기원에 대해 이해하는 것은 별로 없다. 마지막으로 브라운은 그의 두툼한 책 안에서 성경 본문에서부터 현대 과

16 Brown, *Seven Pillars of Creation*, 17. 우리는 Gould 자신도 과학과 신학의 두 영역은 종종 흥미로운 방식으로 서로 접촉하며 이는 절충을 필요로 한다는 점을 인정했다는 사실에 주목해야 한다.

17 Brown, *Seven Pillars of Creation*, 16.

학으로 넘어간 다음 다시 성경 본문으로 돌아갈 수 있었지만 이번 장에서는 지면상의 한계 때문에 그와 같은 3부로 이루어진 장황한 설명은 불가능하다.

나의 접근 방식은 창세기 2-3장의 에덴동산 이야기에 나타난 여러 두드러진 주제 내지 모티프를 넘나들며 이런 주제들이 인간의 진화와 관련한 의미가 무엇인지, 아니면 이와 다르게 진화에 대한 이해가 창세기 본문 속의 주제나 모티프를 해석하는 데 어떻게 도움을 줄 수 있는지를 (비록 때로는 단지 지금은 아직 분명한 해답을 얻지 못한 질문들을 던지는 정도에 머물겠지만) 탐구하는 방식이 될 것이다. 따라서 나는 이번 장을 두 가지 방향에서—즉 성경 본문이 호모 사피엔스의 도덕적 의식의 기원에 대한 우리의 사고에 도움을 줄 수 있는지, 그리고 호모 사피엔스에 대한 현재의 지식이 이전에는 놓쳤던 본문의 여러 측면들을 독자들에게 조명해줄 수 있는지 알아보기 위한—실험적 시도로 여긴다. 이 탐구의 과정에서 성경 본문과 호모 사피엔스의 진화에 대한 나의 해석은 도덕적 의식의 발달에 대한 덕 윤리적 접근 방식을 활용할 것이다. 내 예상으로는 창세기 2-3장을 인간의 진화와 관련해서 면밀히 읽어보면 "역사적" 타락 내지 "중대한" 타락의 개념을 포함해서 도덕적 악의 기원을 개념화하는 데 새로운 통찰을 얻을 수 있을 것이다.[18]

18 따라서 나는 James K. A. Smith가 (이 책에서 그가 쓴 장에서) 분명히 표현한 명제, 곧 인간 악의 역사적 기원에 대한 어떤 개념은 정통 기독교 신앙과 일치한다(아마도 그 신앙이 요구하는)는 명제를 가지고 이 글을 쓰고 있다.

"아담"과 "아다마"의 연관성

이어질 내용에서 나는 창세기 3장에 초점을 맞추겠지만 창세기 3장은 창세기 2:4b에서 시작되는 더 크고 통일성 있는 문단의 일부다. 따라서 창세기 2장에서 묘사된 인간의 기원에서부터 출발하는 것은 부적절하지 않다.[19]

"아담"이라는 이름에서부터 출발해보자. 이 이름이 (창세기의 처음 몇 장에 나오는 여러 이름들처럼) 분명히 상징적인 이름이라는 점은 의미심장하지 않은가? "아담"은 "사람"이라는 뜻이다. 실제로 아담은 창세기 4장과 5장에서만 고유 명사가 된다. 그 이전에 아담은 "하아담"(*hāʾādām*, 그 사람)이다.[20] 따라서 우리가 그를 최초의 사람인 동시에

---

19 인간의 기원에 대한 성경의 묘사와 현재의 진화 과학의 상태로부터 우리가 알고 있는 것과의 관계에 대해서는 훨씬 더 많은 이야기를 할 수 있을 것이다. (관점이 약간 다른) 최근 저작들로는 다음과 같은 책들이 있다. Peter Enns, *The Evolution of Adam: What the Bible Does and Doesn't Say about Human Origins* (Grand Rapids: Brazos, 2012); 『아담의 진화』(CLC 역간). John H. Walton, *The Lost World of Adam and Eve: Genesis 2-3 and the Human Origins Debate* (Downers Grove, IL: IVP Academic, 2015). 『아담과 하와의 잃어버린 세계』(새물결플러스 역간).

20 창세기 2-3장의 내러티브에는 "아담"이 정관사 없이 등장하는 곳이 네 군데 있지만 그 중 어느 것도 고유 명사가 아니다. 창세기 2:5에 따르면 "땅을 갈 사람도" 없었다(직역하자면 "아담"이 아무도 없었다). 창세기 2:20, 3:37과 3:21에는 "레아담"(*lĕʾādām*, 사람에게/을 위해)이라는 표현이 등장한다. 여기서 전치사 "레"(*lĕ*, ~에게 또는 ~을 위해)는 보통 정관사를 나타내는 모음 변화(*lāʾādām*) 없이 "아담"에 덧붙여져 있다. 그러나 첫 번째 경우(창 2:20)에는 같은 구절에서 "하아담"(그 사람)도 사용한다. 또한 히브리어 자음 본문에는 아무런 차이가 없었을 것이라는 점을 기억해야 한다(따라서 MT 본문의 모음 표기는 특이한 것일지도 모른다). 창세기 4:25은 "아담"을 정관사 없이 사용한 최초의 분명한 용례다("아담이 다시 자기 아내와 동침하매"). 그러나 그 사람이 자기 아내와 동침한 사실을 처음 언급하는 창세기 4:2에는 "하아담"이 등장한다. 우리는 족보가 시작되는 창세기 5:1에서 마침내 분명히 의도된 고유 명사 "아담"을 접한다.

원형적으로 일반적인 사람으로 간주하는 것은 정당해 보인다.

또한 우리는 최초의 사람(*'ādām*)이 창세기 2장과 3장에 걸쳐 히브리어 언어유희의 일부로 기능한다는 점에 주목해야 한다. 이 두 장에서 "아담"은 흙 또는 땅에 해당하는 단어(*'ădāmâ*)와 발음이 비슷하다(또는 청각적으로 그 단어를 상기시킨다). 성경학자들은 "땅의 창조물"과 "땅", "지표 동물"과 "지표면", "인간"(human)과 "흙"(*humus*)과 같은 다양한 언어유희를 제안해왔다.[21] 핵심은 "아담"과 "아다마"의 청각적 화음이 사람과 그가 속한 땅이라는 배경 간의 시원적인 존재론적 화음을 암시한다는 것이다. 사람은 땅에서 취해졌을 뿐만 아니라(유래 내지 기원의 문제) 사람의 목적은 땅을 경작하는 것이다(부르심 내지 소명의 문제). 사람이 저지른 죄로 인해 땅은 사람과 땅의 관계가 어려운 관계가 되었다는 의미에서 저주를 받았다(일은 수고로 변한다). 시원적 화음은 불협화음으로 변한다. 그리고 죽음은 인간이 취함 받은 땅으로 되돌아가는 것으로 묘사된다.[22]

이러한 줄거리에서 시종일관 사람과 땅의 청각적 화음("아담"과 "아다마")은 그 둘의 상호 의존에 대한 개략적인 진술과 더불어 사람은 근본적으로 땅의 창조물 내지 지표면에서 가까운 동물임을 암시한다. 이 점은—동물도 땅에서 취해졌다는 사실(창 2:19)과 더불어—창세기 2장에 나오는 인간에 대한 묘사가 진화의 역사로부터 우리가 알고 있

---

21 예를 들어 Phyllis Trible은 다음 책에서 "땅"에서 취한 "땅의 창조물"이라는 번역을 제안한다. *God and the Rhetoric of Sexuality, Overtures to Biblical Theology* (Philadelphia: Fortress, 1978), 76-78. Brown, *Seven Pillars of Creation*, 81-88

22 원시 역사에서 "아담"과 "아다마"의 관계가 지닌 핵심적 역할에 대한 더 자세한 연구를 보려면 다음 책을 보라. Patrick D. Miller Jr., *Genesis 1-11: Studies in Structure and Theme* (Sheffield: JSOT, 1978), 3장 "The 'ădāmāh Motif."

는 인간 및 동물의 기원과 어떻게 관련되는지를 생각하는 데 유용할 수 있다. 이러한 인간과 땅의 연속성은 심지어 한때는 인간에게만 독특한 것으로 여겨졌던 여러 특징과 능력이 다양한 동물에게서 비슷하게 발견된다는 사실에 대해 사고하는 데 도움이 될 수도 있지 않을까?

에덴동산과 생명의 호흡

창세기 2장에서 태고 시대의 인간이 등장하는 무대는 동산이다. 이 동산은 나무와 강과 보석 및 준보석에 대한 언급과 함께 신적 임재로 충만한 장소인 고대 근동의 왕실 정원 내지 신성한 작은 숲을 연상시킨다.[23] 창세기 1장은 하늘과 땅을 우주적 성전으로 보며 인간을 하늘에서 땅으로 내려온 신적 임재와 통치를 매개하기 위해 (하늘은 우주적 지성소의 역할을 한다) 그 성전 안에 있는 하나님의 "형상" 내지 제의적 신상으로 보는 개념을 이용하는 반면, 창세기 2장의 동산은 지상에 있는 신적 임재의 장소다. 거기서 하나님은 인간과 가까운 곳에서 "거닐고 계신다."[24]

---

23 다음 글을 보라. Gordon J. Wenham, "Sanctuary Symbolism in the Garden of Eden Story," *Proceedings of the World Congress of Jewish Studies* 9 (1986): 19-25. 이 글은 다음 책에 다시 실렸다. *I Studied Inscriptions from Before the Flood: Ancient Near Eastern, Literary, and Linguistic Approaches to Genesis 1-11*, ed. Richard S. Hess and David Toshio Tsumura, Sources for Biblical and Theological Study 4 (Winona Lake, IN: Eisenbrauns, 1994), 399-404.

24 Wenham의 선구적인 저작 외에도 다음 책들을 보라. Gregory K. Beale, *The Temple and the Church's Mission: A Biblical Theology of the Dwelling Place of God*, New Studies in Biblical Theology 17 (Downers Grove, IL: IVP Academic, 2004). 『성전신학』(새물결플

태고 시대의 강 옆에 있는 신성한 숲은 메소포타미아 문헌에 나오는 "미스 피"(*mīs pî*, 입 씻기) 또는 "피트 피"(*pīt pî*, 입 열기) 의식의 전형적인 배경이라는 점도 의미심장하다. 이 의식은 사람과 비슷하게 만들어진 우상이 생명을 얻어 생기 없는 목상에서 살아 숨 쉬는 신의 "형상"으로 바뀌는 (한 학자는 "실체 변화"[transubstantiated]라고 일컫는[25]) 제의적 과정이었다.[26] 따라서 야웨 하나님이 땅의 흙으로 사람을 만드시고 이 땅의 피조물에게 생기를 불어넣으실 때(창 2:7) 이는 플라톤이 생각한 것처럼 영혼을 물질 속에 주입하는 것과는 아무런 관계가 없다(실로 사람은 "생령"[27] 내지 생명체가 된다). 그와 달리 본문은 하나님이 인간

러스 역간); T. Desmond Alexander, *From Eden to the NewJerusalem: An Introduction to Biblical Theology* (Grand Rapids: Kregel, 2009). 『에덴에서 새예루살렘까지』(부흥과개혁사 역간); *Heaven on Earth: The Temple in Biblical Theology*, ed. T. Desmond Alexander and Simon J. Gathercole (Carlisle, UK: Paternoster, 2004)의 여러 논문. 나는 다음의 책들에서 성전으로서의 우주라는 모티프를 다루었다. *The Liberating Image: The Imago Dei in Genesis 1* (Grand Rapids: Brazos, 2005), 2장; "The Role of Human Beings in the Cosmic Temple: The Intersection of Worldviews in Psalms 8 and 104," *Canadian Theological Review* 2, no. 1 (2013): 44-58; *A New Heaven and a New Earth: Reclaiming Biblical Eschatology* (Grand Rapids: Baker Academic, 2014), 2장 및 8장.

25 "실체 변화"에 대해서는 다음 글을 보라. Thorkild Jacobsen, "The Graven Image," in *Ancient Israelite Religion: Essays in Honor of Frank Moore Cross*, ed. Patrick D. Miller Jr., Paul D. Hanson, and S. Dean McBride (Philadelphia: Fortress, 1987), 15-32. Stephen L. Herring은 다음 글에서 Jacobsen이 메소포타미아의 의식에 대해 분석한 것을 창세기 1장에 적용했다. "A 'Transubstantiated' Humanity: The Relationship between Divine Image and the Presence of God in Genesis i 26f.," *Vetus Testamentum 58* (2008): 480-94.

26 창세기 2-3장과 이 메소포타미아의 (그리고 이와 비슷한 이집트의) 의식에 대한 자세한 연구를 보려면 다음 글을 보라. Catherine McDowell, *The "Image of God" in Eden: The Creation of Mankind in Genesis 2:5-3:24 in Light of the mis pi, pit pi and wpt-r Rituals of Mesopotamia and Ancient Egypt*, Siphrut: Literature and Theology of the Hebrew Scriptures 15 (Winona Lake, IN: Eisenbrauns, 2015).

27 이 단어("네페쉬 하야"[*nepeš ḥayyâ*)는 인간(창 2:7)과 동물(창 2:19) 모두에게 사

을 신적인 형상을 지니도록, 또는—더 효과적으로 표현하자면—구별되는 신적인 임재의 장소인 땅 위에서 하나님의 신상이 되도록 거룩히 구별하셨다고 진술한다. 이 모티프는 창세기 1장과 2장의 심오한 다양성 속에서의 통일성을 보여준다. 이 두 본문은 똑같은 신학적 개념을 매우 다른 문학적 모티프를 통해 전달할 수 있기 때문이다.

하나님이 창세기 2:7에 나오는 한 덩어리의 흙을 하나님의 형상(*imago Dei*)이 되도록 거룩히 구별하시고 생기를 불어넣으시는 이 장면에 담긴 의미는 무엇인가? 이 장면은 이전의 사람 족에 속한 조상으로부터의 진화든 (해부학상의 현생 인류가 진화한 지 오랜 뒤에 발생한 것으로 보이는) 종교적 의식 및 도덕적 의식의 발달이든 호모 사피엔스의 진화를 이해하는 데 있어서 암시하는 바가 있는가?[28]

하지만 "하나님의 형상"이 종교적 의식 내지 도덕적 의식을 갖는 것과 같은지는 분명치 않다. 사실 우리는 "하나님의 형상"을 어떤 뚜렷한 인간적 특징의 관점에서 이해하지 않도록 주의해야 한다. 다른 동물종들도 거의 모든 인간적 특성과 유사한 특성을 갖고 있기 때문이다. 하나님의 형상은 우리를 다른 동물들과 구별해주는 인간 "영혼"의 (합리성, 불멸성, 양심, 창조성, 또는 신성에 대한 의식[*sensus divinitatis*] 등과 같은) 특정한 자연적 기능으로 환원될 수 있다는 고전적인 개념과 달리 대다

용되며 NRSV은 이 단어를 각기 "살아 있는 존재"(living being)와 "살아 있는 창조물"(living creature)로 번역했다.

28 언제 호모 사피엔스가 종교적 의식 내지 도덕적 의식의 증거를 보여주기 시작했는지는 판단하기가 매우 어렵다. 어떤 이들은 종교는 특정한 유형의 장례 의식과 상호 관련이 있을지도 모른다고 주장하지만 이 점에 대해서는 광범위한 합의가 존재하지 않는다. 종교적 유적과 제단의 분명한 증거는 훨씬 후대에 이르러서야 고고학적 기록 속에 나타난다.

수의 구약학자들은 이제 "하나님의 형상"을 **기능적** 해석이라고 부를 만한 해석의 관점에서 이해한다. 즉 하나님의 형상으로서의 인간은 일차적으로 세상에서 하나님을 대표해야 할 인간의 **부르심** 내지 **소명**을 가리킨다. 우리는 이를 **사명적**(missional) 해석이라고도 부를 수 있다.[29]

따라서 우리는 "하나님의 형상"을 **선택**이라는 성경적 개념과 유사한 것으로 생각할 수 있다. 이스라엘은 특별한 소명과 더불어 선택받기 전에는 다른 민족들과 아무런 특별한 차이가 없었다는 점을 주목해 보라.[30] 그러므로 호모 사피엔스 이전에 또는 그와 더불어 어떤 사람 족에 속한 종들이 존재했든 간에 어느 시점에 하나님이 **호모 사피엔스**(또는 아마도 그들 중 일부 특정 집단)를 신적인 형상을 지니도록 선택하셨을 수도 있지 않을까?[31]

---

29 이것이 나의 다음 책의 주된 논지다. Middleton, *The Liberating Image*. 『해방의 형상』(SFC출판부 역간). 보다 최근의 글을 보려면 다음 글을 보라. Middleton, "Image of God," in *The Oxford Encyclopedia of the Bible and Theology*, vol. 2, ed. Samuel E. Balentine et al. (Oxford and New York: Oxford University Press, 2015), 516-23.

30 땅을 다스릴 "하나님의 형상"으로 창조된 인간의 왕 같은 제사장의 소명과 열방에 축복을 가져다주기 위한 이스라엘의 선택 사이의 유사성에 대해서는 다음 글을 보라. Middleton, "A New Heaven and a New Earth: The Case for a Holistic Reading of the Biblical Story of Redemption," in the *Journal for Christian Theological Research* 11 (2006): 73-97.

31 이러한 (그러나 성경과 진화 사이의 새로운 조화 내지 일치설을 시도하는) 해석의 한 유형을 보려면 다음 글을 보라. Joshua M. Moritz, "Evolution, the End of Human Uniqueness, and the Election of the Imago Dei," *Theology and Science* 9, no. 3 (2011): 307-39. 이 글은 Moritz의 다음 논문을 바탕으로 한 글이다. "Chosen from among the Animals: The End of Human Uniqueness and the Election of the Image of God" (박사학위 논문, Graduate Theological Union, 2011).

국지적인 문화적 기획으로서의 동산

창세기 2-3장에 묘사된 동산에는 우리의 목적과 관련해서 중요할 수도 있는 또 다른 중요한 차원이 있다. 여기서 우리는 이 동산이 단순히 식물이 자라는 곳이 아니라 경작지와 관련이 있다는 점에 주목해야 한다. 하나님이 물과 땅을 경작할 인간이 생겨날 때까지 동산을 조성하는 일을 연기하신 이유도 바로 이 때문이다(창 2:5). 따라서 이 동산은 있는 그대로의 "자연"이 아니라 문화적 기획이다. 창세기 2장에서 인간의 소명을 동산을 돌보는 (**경작하고 보호하는**) 일로 묘사하는 것(창 2:5)은 따라서 창세기 1장에서 인간에게 주어진 땅을 정복하라는 임무와 유사하다(창 1:26-28).[32] 사실 하나님이 동산을 창설하셨으므로(창 2:8) 이는 하나님이 최초의 문화적 기획에 착수하셨음을 의미하며 하나님의 형상을 지닌 인간은 이 기획을 계속 이어나가야 한다.[33]

---

32 동산에서의 인간의 임무를 묘사하는 두 동사, 즉 땅을 "경작"하고(*ʿābad*) 땅을 "지키는"(*šāmar*) 것이 구약성경의 다른 곳에서 보통 "종교적" 활동과 관련해서 자주 사용된다는 점은 더욱 의미심장하다. 전자의 동사가 "섬기다"를 의미하고 심지어 성전에서 제사장이 하는 봉사에 적용될 수도 있다는 점은 때때로 해석자들이 인간이 동산(또는 땅)을 "섬겨야" 한다는 잘못된 개념에 빠지게 했다. 그러나 후자의 동사가 하나님의 율법을 "지키는 일"과 관련해서 자주 사용되었다는 사실을 우리는 어떻게 이해해야 하는가? 우리가 동산에 순종해야 하는가? 우리는 이 단어들의 의미를 다른 문맥에서 가져오는 대신 (그래서 James Barr가 말한 이른바 "부당한 총체적 의미 전가"[illegitimate totality transfer]에 몰두하는 대신) 동사들의 가능한 문화적 (의미가 아닌) **함의**에 주의하면서 동사들을 현재의 문맥에 따라 번역해야 한다. 즉 이 동사들은 일반적인 인간들이 가진 문화적 발전이라는 소명과 관련한 종교적 중요성을 표현하는 것일 수도 있다.

33 하나님이 사람을 만드시고 생기를 불어넣으실 때까지 동산 창설을 연기하셨다는 사실은 이 장면이 단순히 메소포타미아의 의식과 같은 것만은 아니라는 점을 암시한다. 창세기 2장의 경우에는 신적인 임재의 장소(인간)가 동산보다 선행한다. 이처럼 문화의 동인으로서 인간을 우선시하는 것은 메소포타미아의 신화와 전설에서 인간의 역할을 훨씬 수동적으로 묘사하는 것에 대조되고, 태고 시대 역사 전체에 걸쳐 발견되는 인간

더구나 창세기 2-3장의 내러티브는 동산을 (인간이 훗날 그곳에서 추방될 수 있을 만큼) 국지적인 현상으로 묘사하므로(창 3:24) 인간은 경작지를 지구의 나머지 지역으로 확대함으로써 그들의 자손뿐만 아니라 하나님을 영화롭게 하는 그들의 문화 속에 나타난 신적인 임재로 땅을 "충만"하게 채워야 했다(그렇게 해서 그들은 우주적 성전에서 하나님의 신상으로서의 역할을 성취할 것이다)고 생각하는 것이 타당하다. 그러나 우리는 창세기 6장에서 인간들이 이 고귀한 소명을 성취하는 대신 실제로 땅을 "충만"히 채우긴 했지만 폭력으로 가득 채웠고(창 6:11, 13) 이는 하나님이 그들을 취하신 바로 그 땅의 부패로 귀결되었다(창 6:11-12)는 아이러니한 진술을 발견한다.

한 국지적인 동산에 대한 이러한 묘사의 한 가지 가능한 함의는 그 동산 밖의 세상은 결코 목가적이지 않았고 인간이 죄를 지은 이후 경작에 수반될 고통 내지 수고(*'iṣābôn*)의 일부로 언급되는 가시덤불과 엉겅퀴가 이미 있었을 것이라고 생각해도 무방하다는 것이다(창 3:18). 아마도 본문은 땅에 대한 "저주"(창 3:17)가 그러한 문제 많은 식물의 기원이라고 말하려고 한 것이 아닐 것이다. 그보다 그것은 이제부터 동산 밖에서 인간이 하게 될 노동의 특징이 될 고통 내지 수고의 기원이다. 따라서 "저주"는 "아다마"의 존재론적 변화라기보다 "아담"과 "아다마" 사이의 변화된 관계다.

마찬가지로 이상적인 원시적 세계를 상상하는 기독교인들이 흔히 달갑지 않게 여기는 다른 문제들—동물 포식, 일반적인 생물학적 죽음

의 행위를 강조하는 것에 일치한다. 다음 글을 보라. Middleton, *The Liberating Image*, 5장: "Genesis 1-11 as Ideology Critique."

등—은 "저주"와 아무런 관계가 없고 단지 동산 밖에서의 삶의 현실일 수도 있을까? 최소한 동산을 "경작"하고 "지키"거나(창 2:15) 땅을 "정복"하라는 소명(창 1:28)은 세상이 "심히" 좋게 만들어졌지만 더 나아질 수 없다는 의미에서 완전한 것은 결코 아니었음을 암시한다.[34] "정복하다"라는 강력한 동사(*kābaš*)가 사용된 것은 농사에 상당한 노력이 들 것임을 암시하지만, 반면에 "지키다" 또는 "보호하다"(*šāmar*)라는 동사는 무언가 지킬 것이 있었음을 의미하지 않을까? 태초의 세상은 위험이 없는 곳이 아니었다.

생명나무와 죽음에 대한 경고

궁극적으로 이 동산은 인간 자신으로부터 보호받을 필요가 있었다는 사실이 드러날 것이다(이는 우리가 곧 살펴볼 내용이다).[35] 그러나 먼저 우리는 하나님이 죽음의 가능성에 대해 주시는 엄중한 경고에 주목해야 한다. 사람은 "선악을 알게 하는 나무의 열매"를 먹는 "날"에는 "반드시 죽으리라"는 말씀을 듣는다(창 2:17).[36] 이 경고는 동산 한가운데 있

34 창조세계의 선함과 완전함 사이의 중요한 차이에 대해서는 다음 책을 보라. Terence E. Fretheim, *God and World in the Old Testament: A Relational Theology of Creation* (Nashville: Abingdon, 2005), 41, 125.

35 그러나 아마도 사람이 경계해야 할 필요가 있었던 것은 처음에는 교활한 뱀이었을 것이다. 우리는 뱀부터 살펴볼 것이다.

36 이는 나의 사역이다(NRSV에서는 단순히 "너는 죽을 것이다"[you shall die]라고만 번역되어 있다). 창세기 2:17의 "반드시 죽으리라"에 해당하는 히브리어는 부정사 뒤에 정동사 형태가 뒤따르며 동사 어근이 반복되는 독특한 동사 표현이다("to die you will die"). 그 결과 동사의 의미가 강조된다. 따라서 Robert Alter는 다음 책에서 이 표

는 생명나무의 존재와 대조적으로 날카로운 어조를 띤다(창 2:9). 동산은 분명 생명의 장소가 되도록 만들어졌고 거기에는 아름다움과 음식이 있다. 동산의 나무들은 "보기에 아름답고 먹기에 좋은"(창 2:9) 나무로 묘사되며—한 나무만 제외하면—그 열매는 명백히 인간이 먹도록 주어진 것이고(창 2:16) 여자는 나중에 그 사실을 확인시켜준다(창 3:2).

여기서 우리는 생명나무가 무엇을 상징하며 이것이 어떻게 하나님의 경고에서 언급된 종류의 죽음과 관련되는지를 파악해야 한다. **죽음**의 한 가지 가능한 의미는 사람이 금지된 나무의 열매를 먹을 때 말 그대로 쓰러져 죽는 것과 같은 생물학적인 생명의 최후다. 그들이 이런 의미에서 죽지는 않는다는 사실은 어떤 해석자들에게는 "너희가 결코 죽지 아니하리라"라는 뱀의 말이 옳았음을 의미했다(창 3:4).[37] 그와 달리 인간들이 불멸하도록 창조되었다고 가정하면 죽음은 죽을 수밖에 없는 운명의 시작을 가리킬 수도 있다. 그러나 이 해석은 생물학적 유기체의 진화에 대해 우리가 알고 있는 모든 것과 모순될 것이다. 죽음의 필연성은 생명체에 내재된 것처럼 보이기 때문이다. 심지어 창세기도 하나님이 인간을 땅의 흙에서 빚으시는 모습을 묘사하면서 이런 해석을 반박한다. 흙은 죽음의 필연성을 가리키는 비유이기 때문이다. "너는 흙이니 흙으로 돌아갈 것이니라"(창 3:19). 심지어 바울도 아담을 "흙에 속한 자"라고 부르며 아담이 죽음을 피할 수 없도록 창조되었음

현을 "죽을 수밖에 없는 운명에 처해진"으로 번역한다. Alter, *Genesis: Translation and Commentary* (New York and London: Norton, 1996), 8.

37 R. W. L. Moberly는 다음 글에서 이 문제를 통찰력 있게 다루면서 나 자신의 방향과 비슷한 방향으로 몰고 간다. "Did the Serpent Get It Right?" *Journal of Theological Studies* 39 (1988): 1-27.

을 언급한다(고전 15:42-49).[38]

그러나 생명나무가 불멸성을 상징하고 인간이 불순종하기 전에 그 나무의 열매를 먹은 것으로 가정할 경우에는 **죽음**을 필연적 죽음으로 **전환**하는 것으로 이해할 수 있다. 그러나 생명나무는 현세적 번영을 상징한다고 말하는 게 더 적절하다. 이것은 지혜 문헌(잠 3:18)이 지혜를 찾는 이들에게 지혜란 "생명나무"와 같다고 묘사하는 의미와 일맥상통한다. 이러한 지혜와 생명의 관련성은 잠언에 널리 퍼져 있는 주제일 뿐만 아니라(지혜에 따라 살아가는 삶은 번영을 가져온다) 지식/지혜의 나무와 생명나무라는 두 나무가 등장하는 동산 이야기와도 의미가 잘 통할 것이다.[39] 이는 **죽음**의 세 번째 의미, 즉 번영을 완전히 반대하는 죽음을 암시한다. 따라서 지혜 문헌에서 생명과 죽음의 두 길을 대조할 경우에 이는 단순한 존재와 존재의 소멸을 대조하는 것으로 정리하는 게 아니다. 또한 그것은 불멸성과 필멸성의 대조를 가리키는 것도 아니고, 오히려 하나님을 경외함에 바탕을 두고 축복과 평안으로 향하는 지혜를 따르는 삶과 하나님의 길을 거부하고 그로 인해 부패와 재앙에 일그러지고 시달리는 어리석은 삶이 보이는 차이에 집중한다.[40]

---

38 시편 103:14은 창세기 2:7에 나오는 "흙"과 "지으시고"라는 단어를 사용하여 인간의 죽음의 필연성을 묘사한다.

39 지혜와 생명은 성경의 다른 곳에서 서로 연관되므로 이 둘이 창세기 2-3장에서 왜 두 나무로 분리되어 있는가 하는 의문이 생긴다. 이러한 분리는 (1) 하나님을 단순히 신뢰하는 것에 상응하는 처음의 어린 아이 같은 지혜와, (2) 선과 악을 분별하는 일을 수반하는 성숙한 지혜를 구별하려는 목적에 기여하는 것처럼 보인다. (도덕적 발달의 첫 단계에 적절한) 첫 번째 종류의 지혜는 생명을 가져온다(이는 생명나무의 열매를 먹는 것과 일치한다). 그러나 선과 악을 분별하는 방식은 생명을 초래할 수도 있고 죽음(그 결과 동산에서의 추방)을 초래할 수도 있다. 나는 이 차이로 되돌아갈 것이다.

40 이 두 길과 지혜와 생명의 관계에 대해서는 다음 글을 보라. Middleton, *A New Heaven and a New Earth*, 5장: "Earthly Flourishing in Law, Wisdom, and Prophecy." 『새 하늘

이런 **죽음**을 나타내는 의미가 있어서 시편 88편의 저자는 자신이 이미 무덤 속에 있다고 주장할 수 있었다(시 88:3-6). 죽음은 생명을 잠식하기 시작했다. 부패는 규범적인 번영을 위태롭게 했다. 이와 비슷한 맥락에서 야곱은 요셉이 죽었다고 생각해서 "그 위로를 받지 아니하여 이르되 '내가 슬퍼하며 스올로 내려가 아들에게로 가리라'"고 말했다(창 37:35). 그는 자살을 계획하지 않았다. 더 정확히 말하면 풍요했던 삶의 질이 나빠졌다. 삶은 그에게 죽음과 같다. 이러한 이해는 궁극적으로 그리스도의 십자가와 부활에서 극복되는 (생명의 반대편에 있는) 세력인 죄와 사망에 관한 바울의 이해로 이어진다.[41]

이것에 비추어 창세기 2장에 나오는 죽음에 관한 경고를 받아들이는 것은 그 경고를 성경의 나머지 내용에 담긴 세계관과 일치하게 한다. 그뿐 아니라 우리는 죽음의 필연성을 하나님이 만드신 세상의 일상적이고 본질적이기까지 한 구성 요소로 보게 한다. 진화의 역사에서 극히 중요한 사실, 곧 생명체가 죽는다는 사실은 창조를 설명하는 성경과 어떤 종류의 갈등도 빚지 않을 것이다.[42]

이는 인간이 생명나무의 열매를 먹어서 영원한 삶을 살 수 있다 것을 최종 결과로 받아들이면 안 된다는 것을 의미하는 게 아니다. 결국 죄 지은 인간들이 나중에 동산에서 쫓겨난 것은 그들이 죄를 지은 상태에서 생명나무 열매를 먹고 "영생"할지도 모르기 때문이다(창

과 새 땅』(새물결플러스 역간).

41 다음 글을 보라. Beverly R. Gaventa, "The Cosmic Power of Sin in Paul's Letter to the Romans: Toward a Widescreen Edition," *Interpretation* 58, no. 3 (2004): 229-40.

42 바울은 "사망이 쏘는 것은 죄"(고전 15:56)라고 말하는데 이는 죄가 없으면 사망은 악으로 간주되지 않을 수도 있음을 암시한다.

3:22). 우리는 이런 이해로 인해 창세기 2장에 나오는 생명나무부터 요한계시록에서 이야기되는 새 예루살렘의 완성(계 22:2, 14)에 이르기까지 정경의 궤적을 볼 수 있다. 다시 말해 하나님은 인간들의 순종을 확인하신 이후의 어느 시점에 그들의 번영(과 세상의 번영)을 항구적인 것이 되게 하셨을 것으로 보인다. 이 해석은 부활한 몸을 불멸의 몸 내지 썩지 않는 몸으로 보는 바울의 개념에 의존한다(고전 15:50-54). 그러나 나중에 밝혀진 것처럼 세상의 항구적인 번영은 죄의 개입으로 인해 중단되었다. 이로 인해 세상을 그 의도된 목적으로 인도하려면 회복의 조치(구속)가 필요하다.

선악을 알게 하는 나무

사람들이 먹지 말라는 명령을 받은 "선악을 알게 하는 나무"(창 2:9, 17)의 의미가 무엇인지에 관한 해석의 역사에는 서로 다른 여러 견해들이 있다. 어떤 해석자들은 금지된 것이 성적 "지식"이었음을 제안하기 위해 남자가 자기 아내와 "동침"하고 그녀를 "알며"(창 4:1; 참고. 4:17, 25), 여자는 임신해서 아기를 낳는다는 내러티브 문맥에 호소한다.[43] 우리는 정욕이 동반된다고 성관계를 폄하하는 아우구스티누스의 풍조에 근거해 이런 해석을 받아들이거나, 혹은 나무의 열매를 먹는 것은 성숙

43 따라서 우리는 오늘날 "육욕적 지식"에 대해 이야기한다. 이러한 해석은 때때로 신명기 1:39에 호소하는데 이 구절은 아직 선과 악을 알지 못하는 아이에 대해 이야기하지만 이 표현은 성관계가 아니라 도덕적 분별력(구약에서 이 어구의 다른 용례들을 감안하면 이것이 더 가능성이 높다)을 가리키는 표현일 것이다.

으로 향하는 "위로" 또는 "앞으로" 나아가는 타락이라는 더 최근의 현대적인 의미(이것은 성관계를 포함하지만 성관계에 국한하지는 않는다)에 근거해 이런 해석을 받아들일 수도 있다. 현대적 접근 방식은 전형적으로 이러한 상향적 타락 속에 담긴 비극적 요소를 포함한다. 어떤 이들은 이를 성숙으로 향하는 타락에 관한 것으로 해석하면서 "선악에 대한 지식"을 인간이 경험을 통해 생존을 위한 투쟁을 깨닫는 것을 언급하는 것이라고 제안한다. 물론 이 해석에서는 성장 과정 일부분을 형성하는 것으로 고난을 포함한다("라"[*ra'*]라는 히브리어 단어는 도덕적인 악을 의미하는 것만이 아니라 재난이나 재앙을 뜻할 수도 있다).[44]

다른 해석자들은 전체를 나타내는 "선악"(또는 "좋음과 나쁨")이라는 대조 제유법(merism)에 호소한다.[45] 따라서 "복을 내리든지 재난을 내리든지 하라"(사 41:23)라는 충고는 "무엇이든 아무 일이나 하라!"는 뜻이다.[46] 그 나무의 열매를 먹는 행위를 묘사하면서 만물에 대한 지식을 얻으려는 의도가 이런 사고방식의 이면에 있을 수 있다. 우리는 이런 사고방식을 인간의 출입을 금지한 영역이라는 오래된 생각 내지 아마도 예언적 지식의 관점에서 또는 자율성이나 전체주의를 추구하는 현대적인 범주로 해석할 수 있다.

그러나 구약에서는 윤리적 결정을 내리는 능력을 포함해 선과 악

---

44 John F. A. Sawyer, "The Image of God, the Wisdom of Serpents and the Knowledge of Good and Evil," in *A Walk in the Garden: Biblical, Iconographical and Literary Images of Eden*, ed. Paul Morris and Deborah Sawyer, JSOTSup 136 (Sheffield: Sheffield Academic, 1992), 64-73.

45 대조 제유법(*merismus*)이란 양 극단뿐만 아니라 그 사이의 모든 것을 표현하기 위해 양 극단을 사용하는 수사법이다.

46 이 특정 본문에서 대조 제유법은 "복"과 "재난"이라는 (실체적) 형용사가 아니라 "복을 내리든지"와 "재난을 내리든지"라는 동사다. 그러나 요점은 동일하다.

을 구별하는 일반적인 인간의 능력을 언급하기 위해 "선악에 대한 (또는 아는) 지식"이라는 어구 전체를 사용한다. 솔로몬이 재물 대신 선과 악에 대한 지식을 구했기 때문에(왕상 3:9) 어떤 이들은 솔로몬 왕이 창세기 2-3장에서 금지되었던 것을 바랐다고 생각했다.[47] 그러나 구약의 다른 곳에서는 선과 악을 아는 능력을, 옳고 그름을 구별하는 정당한 능력으로 평가한다. 이 능력은 성숙한 성인의 특징이고(신 1:39; 사 7:15) 어떤 경우에는 노년에 감퇴하는, 감각으로 구별하는 능력을 나타낸다(삼하 19:35[MT 19:36]).[48] 이러한 용례는 선악을 알게 하는 나무가 규범적이고 귀중한 인간적 특성을 나타내고 있음을 암시한다.

이 나무는 인간의 성숙에 관한 한 가지 중요한 차원을 표현하는 것처럼 보이기 때문에 어떤 해석자들은 창세기 3장이 윤리적 의사 결정의 발달에 필요한 신적인 금지 명령을 위반하는 것을 진술한다고 주장한다. 이는 단순한 순종에서부터 자기 스스로 윤리적 결정을 내리는 방향으로 발전하면서 하나님처럼 되는 또 다른 형태의 성숙으로 발달하는 상향적 "타락"이다.[49] 그러나 이런 해석은 논리적인 추론이 아니다.

그 나무의 열매를 먹는 것이 비극적인 결과를 초래했다는 이 내러티브의 분명한 의미를 고려하면, (좋은 이유에서) 인간에게 일시적으로

---

47 J. Daniel Hays, "Has the Narrator Come to Praise Solomon or to Bury Him? Narrative Subtlety in 1 Kings 1-11," *Journal for the Study of the Old Testament* 28, no. 2 (2003): 149-74.

48 사마리아 오경에는 신명기 1:39에서 "당시에 선악을 분별하지 못하던"이라는 어구가 빠져 있다(그러나 MT 본문과 4QDeut^{h}에는 있다).

49 Jason P. Roberts는 이처럼 인간이 "원래 죄를 지은 타락한 피조물로 출현했다"고 생각한다. 다음 글을 보라. "Emerging in the Image of God to Know Good and Evil," *Zygon* 46, no. 2 (2011): 478 (entire article 471-81).

금지되었지만 영구적으로 금지되지 않은 것을 상징하는 나무로 해석하는 것이 더 낫다. 그 나무는 오직 하나님을 위해서만 따로 남겨진 형태의 지식을 상징하지 않는다. 더 정확히 말하면 이 금지 명령은 시기와 관련이 있는 명령이었다.[50]

우리가 알고 있는 도덕적 발달이 형성되는 지식과 부합하여 아이들은 (미루어 짐작해보면 최초의 인간들도) 처음에 자기 (신적인) 부모를 신뢰하고 번영에 기여하는 것이 무엇인지(그리고 피해야 할 것은 무엇인지)에 대한 부모의 가르침에 순종하며 덕의 패턴을 배우고, (이후 단계에서) 선악을 알게 하는 나무의 열매를 먹는 것을 허락할 수 있는 종류의 사람들이 될(스스로 결정할) 필요가 있을 것이다.[51] 실제로 도덕적으로 발달하는 과정에서 청소년들이 (윤리적 결정을 포함해) 자기들 스스로 결정할 시기가 찾아온다. 이는 성숙의 과정에 꼭 필요하다. 그러나 무엇이 선인지에 대한 성장기의 경험이 전혀 없는 이들에게 그런 의사 결정권을 허락하거나 촉진하는 것은 도덕적으로 말이 되지 않는다. 금지된 나무의 열매를 너무 일찍 먹는 것은 새로 창조된 인간의 양심을 없애는 매우 해로운 행위일 것이다(우리는 어린 자녀가 성의 표출을 자유롭게 하거나 금욕하는 선과 악 사이에서, 또는 알코올 중독 내지 마약 사용과 절제 중 어느 한 가지를 선택하는 "선택권"을 허락하지 않을 것이다). 사실 그

---

50 이는 아마도 이 동산 이야기에 대한 나 자신의 해석에 있어서 가장 중요한 변화일 것이다. 나는 이 나무가 유한성의 경계를 상징하며 인간이 감히 그 경계를 넘는 것은 부적절한 일이라고 생각했었기 때문이다.

51 선악을 알게 하는 나무를 단지 일시적으로 금지된 것으로 보는 해석은 해석의 역사에서 소수의 견해지만 무엇보다 C. S. Lewis가 지지한 견해였다. 이 견해는 Lewis가 자신의 공상 과학 소설 *Perelandra* (London: The Bodley Head, 1943)에서 새롭게 표현한 에덴동산 이야기의 핵심이다. 『페렐란드라』(홍성사 역간).

렇게 하면 당사자도 타락하고 다른 사람들에게도 해를 끼칠 것이다(이는 창세기의 기록에서 실제 일어난 일이다).

죄가 어떻게 호모 사피엔스 가운데서 시작되었는지를 사고하는 것과 관련해서 함축된 의미가 있는가? 도덕적·종교적 의식이 발달하기 시작한 최초의 인간들은 최초의 양심의 가책과 신성에 대한 본유적 감각(*sensus divinitatis*)을 거스르면서 죄에 "빠지기" 시작했는가? 호모 사피엔스가 도덕적·종교적 의식을 형성하기 전에 간헐적으로 폭력적인 행동을 했다고 (또는 그런 행동의 특징이 있다고) 생각하는 해석에는 아무런 문제가 없을 것이다. 피조물이 자신의 양심이 폭력적인 행동을 금하거나 폭력적으로 행동하지 말라는 충고를 이해할 수 있어서 그런 충고를 무시할 수 없는 경우에만 우리는 그런 폭력적인 행동을 죄로서 책임을 물을 수 있다.[52]

창조와 타락 사이의 이야기 시간

창세기 2-3장에는 인간이 동산을 관리하는 자신들의 사명을 수행했다는 진술이 전혀 없다는 점이 중요하지 않을까? "아담"이 동물들의 이름을 지어주는 것은 사실이지만(이는 창세기 1:26-28의 명령을 부분적으

52 신생아조차도 비록 원시적이지만 기본적인 도덕의식(여기에는 우리 대 그들이라는 관점에서의 세상에 대한 인식과 더불어 공감, 긍휼, 공평함에 대한 의식이 포함된다)을 갖추고 태어나는 것처럼 보인다는 다음 책에 나오는 Paul Bloom의 논증에 주목하는 것이 중요하다. Paul Bloom, *Just Babies: The Origins of Good and Evil* (New York: Crown; London: The Bodley Head, 2013). 이러한 타고난 도덕의식은 도덕적 양육과 인성 발달의 기초를 제공한다.

로 수행한 것이다) 이는 여자가 창조되기 이전의 일이다. 여자는 남자의 "돕는 배필"이었다. 이는 아마도 동산을 경작하고 보호하는 임무를 함께 수행하는 것을 의미했을 것이다. 그러나 창세기의 내러티브는 최초의 인간들이 자신들의 분명한 존재 이유를 충족하며 동산을 돌보는(창 2:15) 모습을 묘사하는 대신 서둘러 그들의 불순종에 대해 이야기한다.

물론 고고학적 기록은 호모 사피엔스가 도덕적·종교적 의식(과 그로 인한 죄)이 출현한 증거가 나타나기 이전 수천 년 동안 수렵과 채집, 도구 제작 등과 같은 일상적인 문화적 활동에 종사했음을 넌지시 알려준다. 이는 창세기의 내러티브와 잘 들어맞지 않는다.[53] 사실 에덴동산 이야기에서 인간의 최초 임무는 농업이다. 이것은 인간의 발달 과정에서 수렵-채집 단계 전체를 건너뛴 것이다. 따라서 우리는 성경 본문과 진화적 역사의 엄밀한 상관관계를 생각해선 안 된다. 그것은 시대착오적인 생각이다. 그럼에도 우리가 호모 사피엔스에게서 도덕적·종교적 의식이 출현한 시점과 죄가 시작된 시점 사이에 한정되었을 기간의 가능성을 생각하는 것과 관련해서 창세기 2장에 나오는 인간 창조에서 창세기 3장에 나오는 범죄로 넘어가는 즉각적인 장면 전환(transition)은 중요하지 않을까? 이는 창세기 2-3장의 저자가 인간 족의 진화에 대해 무언가 알고 있었음을 의미하는 것이 아니라 단지 본문에는 실제로 낙원과 같은 기간을 상상하는 게 없었음을 의미할 뿐이다. 그러한 기간은 창세기 2-3장의 저자가 분명하게 진술한 내용이기보다는 본문 속에 자신의 기독교적인 신학적 가정을 투영한 기능에 더 가깝다.

---

53 창세기 4장은 죄가 갑자기 등장한 이후 금속 도구를 포함한 다양한 문화적 관습의 발명을 진술한다.

뱀

뱀의 역할은 사려 깊은 해석자들을 언제나 미궁에 빠뜨렸다. 뱀은 후대의 전승에서 마귀나 사탄과 동일시되지만 본문에서는 야웨 하나님이 지으신 들짐승 중 하나라고 이야기한다(창 3:1). 따라서 뱀은 (암묵적으로) 인간이 이름을 부여한 동물 중 하나다(창 2:19).[54] 많은 번역본이 동일한 어구인 "하야트 하사데"(*ḥayyat haśśādê*)를 창세기 2:19과 3:1에서 다르게 번역하기 때문에 이 점이 때때로 눈에 띄지 않는다(NRSV에서는 각각 "들판의 짐승"과 "들짐승"으로 번역했다).[55] 그러나 이 이야기의 특징은 인간이 어느 정도 통찰력과 심지어 지배권(이는 이름을 짓는 행위를 통해 암시되는 것으로 보인다)을 발휘하여 통치하는 동물계의 일원으로 (길들여지지 않은) 뱀을 묘사하는 데 있다. 창세기 3:1에서 뱀을 묘사하기 위해 사용한 형용사를 살펴보면, 우리가 뱀을 본질적으로 악한 동물로 이해하면 안 된다는 점이 더욱더 드러난다. 뱀에 대한 이러한 소개는 우리에게 뱀이 하나님이 창조하신 다른 어떤 들짐승보다도 "간교"했음을 말해준다. 그러나 우리는 "아룸"(*'ārûm*)이라는 히브리어 단어를 "간교한"(crafty, NRSV, NASB, NIV, ESV), "영리한"(subtle, KJV), "약삭빠른"(cunning, NKJV, GNT, HCSB), "빈틈없는"(shrewd, NET, NLT),

---

54 이런 이유에서 나는 창세기 3장 번역에서 전형적으로 나타나는 보다 신화적인 용어인 "독사"(serpent)가 아니라 일반적인 단어인 "뱀"(snake)을 의도적으로 사용했다.

55 이는 아마도 창세기 2장과 3장의 번역자들이 서로 달랐기 때문이었을 것이다. 마찬가지로 New International Version은 "들의 모든 짐승"과 "어떤 들짐승도"라고 번역했고 New English Translation은 "들의 모든 살아 있는 동물"과 "들짐승들 중 어느 것도"라고 번역했다. English Standard Version("들의 모든 짐승"과 "다른 어떤 들짐승")과 New Living Translation("모든 들짐승"과 "모든 들짐승들")과 같은 몇몇 역본들은 보다 일관성이 있다.

"총명한"(intelligent, CEB) 등으로 다양하게 번역하는 번역본들의 의미를 주의 깊게 이해해야 한다. 마지막 번역어는 보다 중립적인 의미로 중요하다. 이는 이 단어가 때때로 지혜로운 사람을 묘사하기 위한 칭찬의 말로 사용되고 있고(잠 12:16, 23; 13:16; 14:8; 22:3; 27:12) 그럴 경우("어리석은 자"나 "미련한 자"를 반의어로 하는) "분별 있는"이라는 말로 번역될 수 있음을 보여주기 때문이다.

이 단어는 우리가 도덕적 덕이라고 부를 만한 것이 아닌 "세상 물정에 밝은"과 더 비슷한 것을 묘사한다. 사울은 다윗의 총명함을 이 단어로 묘사한다. 다윗이 사울에게서 쉽게 도망치기 때문이다(삼상 23:22). 따라서 이 단어는 우리가 **수단적** 덕이라고 부를 만한 것을 나타낸다. 이 말은 선한 목적으로도, 악한 목적으로도 사용할 수 있는 형태의 지능을 말하기 때문이다. 뱀은 이처럼 (처음에는) 도덕적으로 분명치 않다. 우리는 뱀이 그 지능을 어떻게 사용할지 모른다.

뱀을 묘사하는 데 사용된 이 단어(창 3:1)와 그 바로 한 구절 앞(창 2:25)에서 남자와 여자를 묘사하는 "벌거벗었으나"라는 단어(*'ărûmîm*) 사이에 말놀이 내지 언어유희가 있다는 점에 주목하는 것도 중요하다.[56] 이 두 구절이 서로 다른 장에 기록되어 있다고 해서 이 이야기에 있는 중요한 문학적 측면을 혼동해선 안 된다. 지금 사용하는 언어유희는 인간을 가리키는 단어(*'ādām*)와 땅을 가리키는 단어(*'ădāmâ*) 사이의 언어유희와 성격상 매우 다르다. 그러한 언어유희는 두 단어의 청각적 유사성을 상기시키면서 그 두 실체 사이의 원초적인 존재론적 유

56 복수형 "아루밈"은 형용사 "아룸"이 한 사람 이상의 대상에게 적용될 때 예상되는 형태다. 단수형 "아룸"은 욥 24:7, 10; 26:6; 전 5:14; 사 20:2-4; 암 2:16에서 벌거벗음을 지칭하는 데 사용된다.

사성을 나타냈다. 여자가 자신의 뼈 중의 뼈요 살 중의 살이라고 노래하는 남자의 시(창 2:23)에서 확인할 수 있듯이 여자를 가리키는 단어(*'iššâ*)와 남자를 가리키는 단어(*'îš*) 사이의 언어유희에 대해서도 마찬가지다. 이 두 가지 언어유희는 언급된 실체들 사이에 차이가—이 두 단어는 발음이 비슷해도 구별된다—있지만 근본적 통일성을 보여준다.

그러나 "벌거벗은"과 "분별 있는/간교한/총명한" 사이의 언어유희는 그와 정확히 반대되는 방식으로 기능한다. 여기서는 근본적으로 다른 의미로 사용되는 동일한 단어(*'ārûm*)가 등장한다. 이 단어들은 형식적으로는 동음이의어지만 의미론적으로는 (거의) 반의어다.[57] 이 어울리지 않는 언어유희는 의미론적 차원에서 뱀이 저지를 기만과 [아담과 하와가] 최초의 죄를 실현하도록 하는 데 있어서 뱀이 수단적 역할을 하고 있음을 알린다. 이는 후대의 유대교 및 기독교 신학에서 창세기 2-3장의 본문에 언급되지 않는 마귀 또는 사탄과 뱀을 동일시하는 결과를 낳는다.[58] 하지만 문제는 창세기 1장의 논리에 따르면 "선하

57 창세기 2:25에서 두 사람이 벌거벗었으나(*'ārûm*의 복수형) 부끄러워하지 않았다는 (이는 이미 이상한 개념이다. 벌거벗음은 히브리어 성경에서 사람이 외부에 노출되어 보호받지 못한 상태에 있음을 의미하는, 전형적으로 부정적인 특성이기 때문이다) 내용을 방금 읽은 독자가 있다고 상상해보라. 그 독자는 그다음에 바로 한 구절 뒤에서 뱀에 대해 사용된 똑같은 단어를 만난다(창 3:1). 이는 뱀도 벌거벗었다는 의미인가? 물론 뱀은 털이나 깃털이 없으니 그것도 가능한 해석이다. 그러나 잠시 뒤 독자는 "아룸"에 "총명한/분별 있는/지혜로운"이란 뜻도 있다고 생각할지 모른다. 앞에서 사용된 "아룸"과 더불어 이런 의미를 깨닫고 나면 의미론적인 수준에서는 매우 혼란스러울 것이다. 총명하거나 분별 있는 사람이라면 결코 벌거벗은 채로 돌아다니지 않을 것이기 때문이다. 우리는 "prude"(고상한 체하는 사람)라는 영어 단어에서도 이 사실을 인식할 수 있다. 이 단어는 옷을 껴입고 노출된 상태로 돌아다니지 않는 사람을 의미한다. 뱀은 처음에는 밖으로 나와 자신의 참된 동기를 드러내지 않고 오히려 숨기고 속이는 은밀한 전략을 취한다. 따라서 뱀은 궁극적으로 결코 "벌거벗지" 않은 모습을 보여준다.

58 엄밀히 말하면, 실제로 독립적으로 존재하는 악한 인격인 사탄은 구약 시대 이후에 등

게" 창조되었을 뱀이 에덴동산 이야기에 유혹(그리고 그로 인한 도덕적인 악)을 끌어들이는 조연 역할을 한다는 점이다.[59] 뱀은 어떻게 선한 창조 질서의 일부이면서도 유혹 내지 시험의 수단일 수 있는가? 에덴동산 이야기는 어떻게 세상에 들어온 악에 대해 인간에게 책임을 묻는 동시에 유혹과 죄의 외부적인 동인을 말하는가? 아마도 원죄와 같은 특이한 일을 진술하기 위해서는 외부적인 동인이 필요할 것이다. 이전에는 악이 없었던 세상에 생겨난 악을 우리가 달리 어떻게 상상하거나 개념화할 수 있겠는가?[60]

뱀에 대한 앞의 논의를 감안하면 나는 인간에게 윤리적 선택권을 허용하거나 이용하게 하는 창조 질서의 측면을 뱀이 상징한다고 생각하고 싶다. 뱀은 심지어 인간 정신의 어떤 측면(또는 외부의 창조세계와 관련한 정신)에 대한 외적인 표현일 수도 있다. 유혹의 심리 과정과 그 결과로 빚어진 죄는 분명 여자와 뱀 사이의 대화를 통해 생생하게 표현된다.[61]

장한다. 비록 "사탄"(대적 또는 고발인)이라는 보통 명사는 인간에게 종종 사용되고, 구약성경의 세 곳에서는 호칭으로 사용되어도 천사적인 고발인을 가리키는 고유 명사로는 사용되지 않는다(욥 1-2장; 대상 21:1; 슥 3:1-2).

59 물론 뱀이 말을 한다는 또 다른 수수께끼도 있다(뱀은 성경에서 발람의 나귀 외에 말을 하는 또 다른 유일한 동물이다). 여기서 뱀의 말은 뱀의 술책 내지 지능의 한 측면인 것처럼 보인다.

60 Paul Ricoeur는 악의 기원을 진술하는 본문에서 악의 기원으로서의 인간의 선택에 대한 본문의 강조를 고려하며 뱀의 역할을 놓고 씨름했다(Ricoeur는 이것이 기원에 대한 신화들 가운데서 독특한 것이라고 말한다). 다음 글을 보라. Ricoeur, "The Adamic Myth," in *The Symbolism of Evil* (Boston: Beacon, 1969).

61 아마도 우리는 에덴동산 이야기에서 묘사된 유혹의 과정을 야고보서 1:13-15(여기서 유혹은 한 사람 자신의 욕망에 의해 유혹을 받는 것과 관련이 있다)에서 진술한 유혹의 현상학과 관련시킬 수 있을 것이다.

유혹과 죄의 과정

뱀의 간교함 내지 총명함은 뱀이 여자에게 묻는 첫 번째 질문에서 나타난다. "하나님이 참으로 너희에게 동산 모든 나무의 열매를 먹지 말라 하시더냐"(창 3:1). 이 질문은 어떤 단순한 대답도 허용하지 않는다. 여자는 그렇다고 대답해야 할까, 아니라고 대답해야 할까? 어느 쪽으로 대답하더라도 진실을 왜곡할 것이다. 하나님은 한 나무만 제외하고 동산에 있는 어떤 나무의 열매도 다 허락하셨기 때문이다. 이 질문은 엄밀히 따지면 그 질문 방식으로 인해 대답할 수 없게 된다.[62]

그러나 뱀의 간교함은 뱀이 질문할 때 사용하는 표현과 창세기 2장에서 화자가 말하는 내용을 비교했을 때 알 수 있는 두 가지 변화에서 더 분명하게 드러난다. 화자는 창조주를 지칭하기 위해 "야웨 엘로힘"(*YHWH 'ĕlohîm*)이라는 합성어를 일관되게 사용하는 데 반해 뱀은 "엘로힘"에 대해서만 말하며, 여자는 뱀을 따라서 대답한다. 그들은 대화하면서 "야웨"라는 이름을 단 한 번도 사용하지 않는다(창 3:1-5). 이것은 금지 명령을 일반적인 신적 영역과 연결하고 구체적으로 야웨, 곧 언약의 하나님과 연결하지 않으려는 거리 두기 전략이 아닐까? 그뿐 아니라 **명령하시는** 야웨 하나님을 언급하는(창 2:16) 화자도 뱀의 질문과 관련해서 **말씀하시는** 하나님으로 완화해서 말한다(창 3:1). 여기서 또다시 여자는 뱀의 선례를 따른다(창 3:3).

하지만 뱀을 향한 여자의 대답은 꽤 날카롭다. "동산 나무의 열매

---

62 이 질문은 "당신은 아내를 때리는 것을 그만두었습니까?"라는 고전적인 질문과 비슷하다. 남편은 "예"라고 대답하든 "아니오"라고 대답하든 죄인이다.

를 우리가 먹을 수 있으나 동산 중앙에 있는 나무의 열매는 하나님의 말씀에 너희는 먹지도 말고 만지지도 말라. 너희가 죽을까 하노라 하셨느니라"(창 3:2-3). 여자는 창세기 2:17에서 허락과 금지를 정확히 구분한다. 그러나 여자는 야웨 하나님이 한 번도 하시지 않은 말씀인 "만지지도 말라"는 말을 덧붙인다. 이는 처음에는 하나님의 말씀에 의문을 제기하고 그다음에는 금지 명령을 과장되게 진술하는 (랍비식 용어를 사용하자면 율법 주위에 울타리를 치는) 양심의 내적 대화인가? 아니면 여자가 그 이전에 남자와 나누었을지도 모르는 대화를 암시하는 것인가? 어쨌든 하나님은 여자를 창조하시기 전에 남자에게 금지 명령을 주셨다. 따라서 (이 이야기의 논리에 따르면) 여자는 아마도 남자에게서 이 금지 명령에 대해 배웠을 것이다. 남자는 단지 이 나무는 "건드리면 안 되는" 나무임을 밝히기 위해 "울타리"를 더한 것일까?[63] 만일 그렇다면 이 뱀과의 대화는 인간 내면의 윤리적 심사숙고를 상징할 수도 있지 않을까? 그리고 이를 호모 사피엔스의 도덕적 의식의 기원에 적용할 수도 있지 않을까?

그러나 뱀을 향한 여자의 대답에는 또 다른 오류가 있다. 여자는 동산 안의 특정한 나무 열매를 먹지 말라는 금지 명령을 인정하지만 실제로는 동산 중앙에 두 나무가 있는데도(그중 하나는 생명나무였고 금지되지 않았다) 그 나무를 "동산 중앙에 있는 나무"(창 3:3)라고 모호하게 묘사한다. 여자는 야웨 하나님이 불순종의 결과에 관해서 주신 경고

63 우리는 어떤 권위 있는 인물에게서 아랫사람을 통해 지시 사항이 전달될 때 그 아랫사람이 흔히 지시 사항을 윤색하거나 필요한 권위보다 더 많은 권위를 내세우는 모습을 발견할 수 있다(어린 동생들을 돌보면서 과자 통 주변에 얼씬거리지 말라는 부모의 지시 사항을 전달하는 큰누나의 모습을 생각해보라).

도 완화한다. 원래의 경고는 금지된 나무 열매를 "네가 먹는 **날에는 반드시 죽으리라**"는 것이었다. 그러나 여자는 그"날"(이는 즉각적인 결과를 의미했다)에 대한 언급을 생략하고 (결과의 확실성 내지 심각성을 암시하는 히브리어 구문을 생략한 채) 그 결과를 단지 "너희가 죽을까 하노라"라는 말로 묘사한다.

여자가 대답한 뒤 뱀은 대담하게도 야웨 하나님이 이전에 사용하신 바로 그 구문을 사용하면서도 이를 한마디로 부정하여 "너희가 결코 죽지 아니하리라", 또는 (더 낫게 번역하자면) "너희가 반드시 죽지 아니하리라"[64]라고 단언한다(창 3:4). 창조주의 말씀에 대한 이런 노골적인 반박은 이 대화를 새로운 차원으로—질문에서 주장으로—바꾼다. 이러한 주장은 앞서 언급한 죽음에 관한 서로 다른 의미(존재의 소멸 대 생명 속으로 부패의 침투)를 나타내는 언어유희일 수도 있고, 뱀의 총명함을 보여주는 또 다른 예이기도 하다.

뱀은 이 대담한 진술을 한 이후에 곧바로 창조주의 동기에 의심을 표명하는 설명을 덧붙인다. "너희가 그것을 먹는 날에는 너희 눈이 밝아져 하나님과 같이 되어 선악을 알 줄 하나님이 아심이니라"(창 3:5). 이는 창조주가 쩨쩨하게 또는 자기를 보호하고자 자신이 갖춘 지식을 사람들이 얻지 못하게 하려는 것을 넌지시 비추는 역할을 하는 반쪽짜리 진리다. 이 대화를 마치고 여자는 하나님이 관대하신 분이라는 것을 의심하고 결과적으로 인간을 향한 하나님의 의도를 신뢰하지 못했다.

뱀의 마지막 주장에 담긴 반쪽짜리 진리는 야웨 하나님이 이후

64 이것은 나의 사역이다. NRSV은 하나님과 여자와 뱀의 표현상의 차이를 구분하지 않는다.

에 확증하셨을 때, 곧 사람들이 진실로 하나님과 같다고 (창 3:22에서) 인정하셨을 때 분명하게 드러난다. 하지만 창세기 1장에 따르면 인간은 하나님의 형상대로 **창조**되었다(창 1:26-27). 인간은 **이미** 하나님과 닮았다. 그것은 인간이 얻어야 할 그 무엇이 아니었다. 또한 이런 하나님을 닮는 것은 그들이 선악을 아는 것과 관련이 있는 게 아니라 그들이 땅에 대한 지배권을 허락받은 것과 관련이 있었다.[65] 그래서 하나님께서 인간이 자신을 닮은 것은 그들이 금지된 열매를 먹은 데서 비롯되었다는 뱀의 주장에 진실이 있다고 인정하셨을 때, 거기에는 모순적인 요소가 있다. 인간은 실로 하나님처럼 되었지만 적절하지 않은 방식을 사용해서 그렇게 되었다. 이는 그들에게 좋은 일이 아닐 것이다. 그들의 눈은 실제로 밝아졌다. 그 결과 그들은 자신들이 벌거벗었음을 깨달았고 몸을 가리려 애썼다(창 3:7). 그들이 얻은 선악에 대한 지식은, 벌거벗은 것은 나쁜 것이고 몸을 가리는 것은 좋은 것이라는 지식이었다.

금지 명령을 과장하고("만지지도 말라"), 하나님을 인색한 분으로 묘사할("너희가…하나님과 같이 되어…하나님이 아심이니라") 뿐만 아니라 이 금지 명령을 야웨라는 이름과 떼어놓는 이 모든 것은 유혹의 현상학에 있는 특유의 내적인 숙고(또는 심지어 사람들 사이의 숙고)와 어울리는 것처럼 보인다. 그리고 이는 "원래의" 타락에 적용할 수도 있고 역사를 통틀어 양심의 요구와 씨름하는 각 사람에게 적용할 수도 있다.

이 대화의 결과로 인해 여자가 "본즉" 이 나무가 사람을 지혜롭게

65 심지어 동산 내러티브에서도 인간 안에 생기가 주입된 것(창 2:7)은 신상에 생기를 불어넣는 것을 떠올리게 했다. 따라서 창세기 1장과 2장 모두에서 신적인 형상은 범죄에 선행했다.

할 만큼 "탐스럽기도"(*neḥmād*) 했다(창 3:6).[66] 이러한 지각은 이 나무가 "먹음직도 하고 보암직도" 하다는 여자의 지각과 더불어 진술되며 그 두 가지 지각 모두 화자가 앞서 동산의 나무들을 비슷하게 묘사한 것에 상응한다(창 2:9). 그러나 앞의 묘사에서 나오는 지각은 여자가 새롭게 지각한 것과 일치하는 게 아무것도 없다.

하나님이 땅의 흙에서 나온 인간에게 처음 생기를 불어넣으셨을 때(창 2:7), "생령"이라는 결과가 나온다. 생령에 사용된 "네페쉬"(*nepeš*, 전통적으로 "영혼")의 의미는 "생명체"라는 의미와 비슷하다. 그러나 우리는 이와 달리 "네페쉬"를 "욕구"로 번역할 수 있다.[67] 하나님은 인간을 살아 있는 욕구—삶에 대한 의욕을 가진 생명체—로 동산 속에 두셨다. 그래서 창세기 2:9에서 정원을 음식과 아름다움의 원천이라고 언급한다. (창세기 2:9에서) "아름"다운 나무를 묘사하는 데 사용한 "탐스럽기도"에 해당하는 "네흐마드"(*neḥmād*)라는 분사가 창세기 3:6에서 사용된다. 인간의 욕망 또는 욕구는 이처럼 하나님의 세상에서 적절한 것으로 권장된다. 나는 음식에서 지혜로 욕구가 바뀐 것이 그 자체로는 잘못된 것이 아니었다고 생각하고 싶다. 지혜는 어쨌든 좋은 것이다.[68]

---

66 그러나 70인역은 "지혜롭게 할 만큼 탐스럽기도"라는 어구를 "응시/관찰하기에 아름다운"으로 번역하면서 이 어구를 그 바로 앞의 어구와 동의적인 어구로 만든다.

67 이는 J. Gerald Janzen의 탁월한 연구서인 다음 책에서 욥의 "영혼"(*nepeš*)의 고통에 대한 그의 분석의 핵심 요점이다. *At the Scent of Water: The Ground of Hope in the Book of Job* (Grand Rapids: Eerdmans, 2009). Janzen의 해석에 따르면 욥의 고통은 그의 삶에 대한 의욕(과 그와 더불어 미래에 대한 소망)의 상실을 초래했고 이 의욕은 아라비아 사막에서 뜨겁고 건조한 여름 이후에 내리는 가을비에 선행하는 (그 징조가 되는) 열풍/동풍(전통적으로는 "회오리바람") 속에 나타나는 야웨의 신현에 의해서만 회복된다.

68 사실 창세기 3:6에서 지혜로워지는 것을 지칭하는 데 사용된 동사(*śākal*의 히필형)는 이사야 52:13에서 고난 받는 종의 궁극적인 승리를 지칭하는 데 사용된다(번역본에

뱀이 본질적으로 악하지 않았던 것처럼 지혜에 대한 욕구 그 자체도 나쁜 게 아니다. 지혜는 단지 이 중요한 단계와 관련해서는 적절한 것으로 이해되지 않을 뿐이다.

그럼에도 여자와 남자는 이 단계에 도달했고 그로 인해 대단히 심각한 결과를 초래했다. 여자는 자신의 욕망에 굴복하여 열매를 먹었고 그 일부를 (그곳에 쭉 함께 있었지만 아무 말도 하지 않았던) 남자에게 주었다. 그리고 남자도 그것을 먹었다(창 3:6). 여기서 **먹는다**는 표현은 자신이 무언가를 받아들이는 것을 나타내는 강력한 은유다. 삼킨다는 것은 참여적인 존재 방식이며, 이것은 외부에 있는 무언가를 자기 자신의 일부로 수용하는 것을 포함한다.

죄의 즉각적인 실존적 결과

이러한 먹는 행위의 결과가 남자와 여자에게 일어난 즉각적인 실존적 변화다.[69] 그들은 자신의 벌거벗음을 의식하고—이전에는 부끄러움이 없었던 것(창 2:25)과 달리—자기 몸을 가릴 옷을 만든다(창 3:7). 이는 죄를 저지른 것에 대한 부끄러움인가? 그것은 그들의 서로에 대한 불신도 상징하는가? 이것은 하나님이 정하신 경계선을 침범했음을 공유한다는 사실을 고려하면, 아담과 하와는 자신의 배우자가 각자에게 고유한 사생활의 영역을 존중할 수 있을지 의문을 품었을 수 있다.

따라 그 종이 "지혜롭게 행하리니"라고 번역하기도 하고 "형통하리니"라고 번역하기도 한다). 지혜는 성공적인 삶을 영위하기 위한 것이다.

69 이는 그들이 그것을 먹은 "그날"에 대한 하나님의 경고를 성취한다.

따라서 벌거벗은 상태(와 거기에 함축된 취약성)는 더 이상 안전하지 않다. 그리고 이 시점부터 성경은 벌거벗은 상태를 긍정적으로 묘사하지 않는다.

이러한 즉각적인 수치심 외에도 본문은 이전에 그들이 느끼지 못했던 하나님에 대한 두려움, 곧 그들이 동산에서 거닐고 계신 하나님의 소리를 들었을 때 자신들의 몸을 숨긴 데서 드러나는 두려움을 생생하게 전한다(창 3:8). 하나님의 질문에 남자가 한 대답을 주목해보라. "내가 동산에서 하나님의 소리를 듣고 내가 벗었으므로 두려워하여 숨었나이다"(창 3:10). 따라서 공식적인 심판 선언 이전에도 범죄는 (벌거벗음과 그에 수반된 취약함을 통해) 부끄러움과 두려움을 동시에 낳으며, 이는 범죄자를 타인뿐만 아니라 하나님과도 멀어지게 한다.

하나님이 남자에게 금지된 나무 열매를 먹었느냐고 질문하셨을 때(창 3:11), 남자는 "하나님이 주셔서 나와 함께 있게 하신" 여자를 탓하고(창 3:12) 여자 또한 자신을 속인 뱀을 탓한다(창 3:13). 이처럼 인간이 자신의 행동에 책임을 지지 않는 행위(책임 전가)가 우리가 알고 있는 타락한 세상에서 살아가는 삶의 적나라한 모습을 보여주는 죄의 현상학의 또 다른 측면이다. 그리고 하나님은 남자와 여자가 서로를 향해 비난하는 것을 보시고—비난을 받은 대상의 순서와 반대 순서로—뱀과 여자 그리고 남자에게 공적인 심판을 선언하신다.

공식적 심판 선언

하나님의 심판을 선언하는 진술은 시의 형식을 빌려 일련의 말씀을 선포하는 형태로 나타나고(창 3:14-19), 이 말씀은 인간에게 발생한 즉각적인 실존적 변화를 넘어 범죄의 결과를 묘사한다.

첫째, 뱀은 역설적이게도 그 간교함이나 총명함에 대한 이전의 진술과 유사한 언어를 사용하여 다시 묘사된다(창 3:14). 앞에서는 뱀이 모든 들짐승 중 가장 간교했다(*'ārûm*)고 진술된 반면 이제 뱀은 모든 가축과 들의 모든 짐승보다 더욱 저주를 받는다(*'ārûr*). 이 새로운 말놀이 내지 언어유희는 단순히 한 창조물에 불과했던 존재가 무언가 부정적인 것으로 바뀌었음을 시사한다. 또는 어쩌면 바뀐 것은 뱀과 인간의 **관계**일지도 모른다. 이것은 우상숭배가 일어나는 과정의 시작을 알리는 전조가 아닐까? 인간은 우상숭배로 인해 하나님이 선하게 창조하신 세상의 좋은 국면에서, 자신이 저지른 죄의 중심지(또는 중간)가 된 곳에서 소외를 경험한다. 결국 우상이란 인간이 창조세계에 있는 것을 절대화하고 그 절대화하는 것으로 인해 인간사에 부정적이고 독립적인 힘과 같은 것을 나타내려는 것이다.[70]

다음으로 하나님은 뱀의 후손과 여자의 후손 사이의 끊임없는 반목이라는 관점에서 저주를 설명하신다(창 3:15). (라틴어로 번역한 불가타의 도움을 받은) 이레나이우스 이후 이것을 원시 복음(*protoevangelium*)으로 받아들이자는 주장이 있었지만, 본문은 분명히 모종의 지속적인—아마도 인간과 뱀 사이의—싸움을 암시한다. 이는 인간과 우상숭배의 대상이 될 수 있는 창조세계 일체 사이에 벌어지는 싸움일 가능성이 더 높지 않을까? 심지어 인간과 귀신적인 것 사이의 싸움일 수도 있다. 실제로 이 "저주"는 창조세계의 일부분이 귀신으로 변하는 것을 말하

70 바울이 우상의 존재를 부정하고(고전 8:4) 우상이 무슨 대단한 존재냐고 질문하면서도 (고전 10:19) 계속해서 우상은 귀신을 나타낸다고 주장하는(고전 10:20) 역설을 주목해보라.

는 것일 수도 있다.[71]

뱀에게 심판이 내려진 뒤에는 여자에게, 그다음에는 남자에게 심판 선언이 잇따른다. 이러한 심판 선언들은 엄밀히 말하면 형벌이 아니라 오히려 인간이 저지른 악이 낳은 결과다. 이 심판 선언은 규범적이지도 않고, 해야만 하는 것을 규정하지도 않는다. 오히려 이 심판은 사람들이 보편적으로 경험하는 일반화된 결과를 묘사한다. 이러한 결과들은 예외를 허용하지 않을 뿐만 아니라 이스라엘이 그 일부를 형성하는 고대 사회 질서의 전형적인 면을 묘사하는 문화적 조건이 정해져 있다. 하나님이 선포하시는 심판은 종종 연이어 일어나는 "저주"로 여겨졌지만 남자도 여자도 엄밀히 말해서 "저주를 받은" 것은 아니다. 창세기 3장에서 저주라는 단어는 뱀과 땅에만 사용된다.

여자와 관련된 전형적인 결과는 두 가지다(창 3:16). 첫째, 출산할 때 고통이 커질 것이다. 이것은 고통의 **증대**이지 고통의 기원이 아니라는 점은 고통이 살아 있는 유기체들의 일반적인 반응임을 암시한다(고통은 죄에서 발생하지 않았다). 둘째, 여자가 남자를 원함에도 불구하고 남자는 여자를 다스릴 것이다. 다시 말해 여자가 남자와 친밀한 관계를 맺길 바라는 바람은 보상을 받지 못할 것이다. ("이샤"[*'iššâ*]와 "이쉬"[*'îš*]의 언어유희가 암시하는) 여자가 남자와 원래 맺어야 할 상호 관계는 이제 그들 사이에 생긴 힘의 불균형으로 대체될 것이다. 원시적 조화가

71 창세기 3장에서 이 귀신적인 것을 뱀에게서 나온 결과물로 해석할 수 있는 가능성을 보려면 다음 글을 보라. Nicholas John Ansell, "The Call of Wisdom/The Voice of the Serpent: A Canonical Approach to the Tree of Knowledge," *Christian Scholars Review* 31, no. 1 (2001): 31-57.

부조화로 바뀐 것이다.[72]

(심판 선언 이후) 내러티브가 다시 이어질 때 남자가 처음 한 일은 여자에게 이름을 지어준 것, 곧 자신이 여자를 다스린다는 사실을 드러낸 것이다. 남자는 여자를 하와라고 이름 짓는데 그 까닭은 "그는 모든 산 자의 어미"가 되기 때문이다(창 3:20). "하와"(*ḥawwâ*)와 "산"(*ḥay*)의 언어유희는 아름답고 심지어 부드러운 무언가를 암시하지만, 언뜻 보기에 이런 긍정적인 사실은 힘의 불균형을 일으키는 이름 짓는 행위와 모순된다.

우리는 동물(애완동물)과 일부 무생물(선박) 그리고 새로 태어난 자녀에게 이름을 지어준다. 하지만 우리 자녀들이 성인이 되어 그들의 지위가 우리와 동등해지면 우리에게는 더 이상 그들의 이름을 우리 마음대로 바꿀 수 있는 권한이 없다. 다른 나라를 정복한 왕들이 정복한 나라를 식민화하고 식민지 백성들을 노예로 삼아 그들의 이름을 고치는 일반적인 관행들이 부당한 이름 짓기의 한 예다(여기서 이름을 짓는 일은 명백히 예속을 규정한다). 창세기 3:20에서 남자가 여자의 이름을 짓는 일의 불합리함을 더 잘 이해하기 위해 우리는 남자가 동물의 이름을 짓는 행위와 여자의 이름 짓는 일의 유사성에 주목해야 한다. "아담이 모든 가축과 공중의 새와 들의 모든 짐승에게 이름을 주니라"(창 2:20). 이름 짓기는 힘의 불균형을 표현하므로(인간에게는 동물들을 지배할 권리가 있다) 남자가 동물들의 이름을 지었다는 사실은 하나님이 남자에게 주고자 계획하신 적절한 "돕는 배필"로서의 자격이 동물들에게

72 여기서 이러한 상황을 창세기 1:26-28에서 남자와 여자에게 함께 주어진 다스림의 상호 관계와 대조해보고, 또한 하나님이 허락하신 유일한 다스림은 인간 이외의 존재에 대한 인간의 다스림이었다는 점에 주목하는 것이 중요하다.

없었음을 보여준다.

그보다 앞서 하나님은 이렇게 말씀하셨다. "사람이 혼자 사는 것이 좋지 아니하니 내가 그를 위하여 돕는 배필을 지으리라"(창 2:18). 히브리어를 공부한 학생들이 잘 아는 것처럼 "돕다" 또는 "돕는 자"라는 단어(이 경우에는 "에제르"[*'ēzer*]지만 대개는 분사 "오제르"[*'ōzēr*])는 구약에서 일반적으로 자기보다 열등한 사람을 도와주는 능력이나 지위가 우월한 사람을 묘사하는 데 사용된다(시 22:11[MT 22:12]; 72:12; 107:12; 사 31:3; 63:5; 렘 47:7; 애 1:7; 단 11:34, 45). 따라서 이스라엘은 자신들을 돕는 분(=구원자)으로 하나님을 간주한다(시 30:10[MT 30:11]; 54:5). 그러나 창세기 2:18과 2:20에서는 "돕는"이라는 단어 바로 뒤에 "그의 동반자로서"(NRSV)라는 의미를 지닌 복합어인 "케네그도"(*kĕnegdô*)가 나온다. 이 단어는 "돕는"을 수식하므로 우월한 돕는 자로 해석할 것이 아니라 바로 이 경우에는 동등한 자로 해석해야 한다. 하나님은 남자와 여자의 힘이 평등할 것을 계획하셨다. 그러나 이름 짓기는 평등을 불가능하게 한다.[73]

남자가 이전에 (죄 짓기 전에) 이미 여자의 이름을 불렀다는 반론이 있을 수 있다(창 2:23). 여기서 우리는 남자가 새로 창조된 사람을 "남자"(*'îš*)에게서 취해진 "여자"(*'iššâ*)로 인식하는 것과 이름 짓는 행위 그 자체를 구별할 필요가 있다. 창세기 2:23에서 남자가 여자의 이름을 짓지 않았음을 알려주는 중요한 지표는 이 본문이 창세기 내러티브의 이

---

73 남자가 여자의 이름을 지은 것은 지배의 행위였다는 Phyliis Trible의 주장은 옳다(Trible, *God and the Rhetoric of Sexuality*, 72-143). 그러나 Trible은 이름 짓는 행위를 **언제나** 지배와 동등하게 취급하면서 상황을 복잡하게 한다. 그것은 오히려 이름 짓기를 하는 사람과 이름 지음을 받는 사람 사이의 힘의 불균형을 뜻한다. 그러나 부모와 자녀의 관계와 같은 어떤 힘의 불균형은 정당하다(심지어 보살피는 행동은 정당하다).

름을 짓는 일반적인 패턴에서 벗어나 있다는 점이다.[74]

창세기에서는 "카라"(*qārā*, 부르다)라는 동사와 "셈"(*šēm*, 이름)이라는 명사를 사용해 이름을 짓는다고 말한다. 따라서 창세기 3:20은 문자적으로 "남자가 그의 여자의 이름을 하와라 불렀으니"가 된다. 그러나 창세기 2:23에서는 "카라"(부르다)를 "셈"(이름) 없이 사용한다. 이 행위가 이름 짓기의 전형적인 패턴에서 벗어나 있다는 점은 무언가 이름 짓는 일과는 다른 일이 벌어지고 있음을 암시한다(게다가 그녀의 이름은 "여자"가 아닌 하와가 될 것이다).[75]

창세기 2:23에 "이름"에 해당하는 단어가 없다는 점 외에도 이 본문은 "카라"의 수동태(니팔형)를 사용하며("이 사람은 여자라고 불릴 것이다[또는 불린다]"), 이는 이름 짓기 그 자체가 아닌 그녀의 특성에 대한 인식을 한층 더 암시한다. 남자는 여자를 자신과 비슷하면서도 다른 사람으로 인식하며 이 점은 남자의 음성적 언어유희("이쉬"에서 취한 "이샤")와 "내 뼈 중의 뼈요 살 중의 살"(이는 삼하 5:1에서와 같이 친족을 일컫는 술어다)이라는 여자에 대한 남자의 묘사를 통해 암시된다.

모든 여자가 출산할 때 큰 고통을 경험할까? 모든 남자가 여자를 지배할까? 이 질문들에 대한 대답은 분명 "아니오"다. 이런 경험들은

---

74 George Ramsey는 창세기 2:23에서 여자의 이름이 지어지지 않았다는 Trible의 주장과 Trible이 이름 짓기와 지배를 동일시하는 주장에 둘 다 반론을 제기했다. 다음 글을 보라. Ramsey, "Is Name-Giving an Act of Domination in Genesis 2:23 and Elsewhere?" *Catholic Biblical Quarterly* 50, no. 1 (1988): 24-35. Ramsey의 첫 번째 반론은 잘못되었지만 두 번째 반론은 타당하다.

75 Trible은 구약 전반에 걸쳐 이름 짓기에 관한 다양한 관용구가 사용되지만 야웨주의자(Yahwest)들은 언제나 이름을 가리키는 명사나 동사를 사용한다고 설명한다. 다음 글을 보라. Phyllis Trible, "Eve and Adam: Genesis 2-3 Reread," *Andover Newton Quarterly* 13, no. 4 (1973): 251-58.

타락한 세상에서 인간들이 일반적으로 경험하는 것들이지만 예외를 허용한다. 또한 타락의 모든 결과(죽음이 번영을 잠식해온 방식들)와 마찬가지로 가능하다면 치료책을 동원하여 맞서 싸워야 할 경험들이다.

여자에게 내려진 심판에 뒤이어 하나님은 남자에게 닥칠 결과를 선포하신다. 여기서 본문은 남성을 의미하는 남자(*'îš*)라는 단어를 사용하는 것이 아니라 인간을 가리키는 단어(*'ādām*)를 사용한다. 하지만 "아담"은 남자로 취급된다(그는 여자의 말을 들었다—창 3:17). 여자가 창조된 뒤에도 본문에서 계속해서 남자(창 2:22-23, 25; 3:8-9, 12, 17, 20-21)와 인간 일반(창 3:22-24)에 대해 모두 "아담"이라는 단어를 사용하고 있다는 점은 흥미롭다. 본문은 수사적으로 가부장제의 시작을 규정하고 있는가? 하지만 "아담"에 관한 모든 내용은 남자와 여자 모두와 관련이 있다. "아담"이 하나님의 말씀에 불순종했으므로 "아다마"(*'ădāmâ*)가 저주를 받는다. 인간과 땅의 규범적 관계는 파괴되었다. 원시적 조화가 부조화로 변했다. 이 사실은 그보다 앞서 "경작"(*'ābad*)으로 묘사된 것이 "수고"(*'iṣābôn*)로 바뀌었다는 관점에서 설명된다. 이 후자의 히브리어 단어는 여자의 출산의 "고통"과 관련해서 이미 사용되었다. 킹제임스 성경은 둘 다를 "슬픔"으로 번역했다는 점에서 보다 민주적이다.[76]

76 여기서 우리는 범죄 이후에 고통을 받는 것은 인간만이 아니라는 점을 발견할 수 있다. 인간의 마음이 악해졌으므로(창 6:5) 하나님도 마음에 "근심"하신다(창 6:6). 여기에 사용된 동사가 "야차브"(*yāṣab*)인데 이 동사에서 "이차본"(*iṣābôn*, "고통" 또는 "수고")이라는 명사가 파생되었다.

동산 밖에서의 삶과 죽음

범죄의 최종적 결과는 하나님이 인간들을 동산에서 추방하신 것이다. "아담"은 원래 동산을 경작하고(*ʿābad*) 지키도록(*šāmar*) 창조되었지만(창 2:15), 인간은 이제 동산 밖에 있는 땅을 경작하는 역할만 수행할 수 있다(창 3:23). 인간이 원래 수행해야 하는 임무가 상당히 감소했다. 물론 그는 창세기 2-3장의 내러티브에서 실제로 이 임무를 이행하지 않는다. 그 외에도 하나님이 원래 동산지기였던 인간이 침범하지 못하도록 동산—특히 생명나무—을 지키시기(*šāmar*) 위해 화염검을 손에 쥔 그룹 천사를 두셔야 한다는 사실은 비극적이다.

하나님은 인간들이 생명나무의 열매를 먹어서 영원히 사는 것을 막으시기 위해서 그들을 동산에서 추방하셨다(창 3:22). 그분이 훗날 고대인들을 압제하는 데 사용한 권력이 더 이상 집중되는 것을 방지하시며, 제국의 문명을 해체하는 일과 관련해서도 도구로 사용하신 바벨탑을 쌓은 자들을 흩어버리셨던 것처럼(창 11:1-9), 여기서도 하나님은 죄 지은 인간의 상태가 항구적인 상태로 지속되는 것을 원치 않으신다.[77] 이것이 단순한 형벌이 아니라 오히려 치유적인 은혜의 행위라는 점은 이 형벌 직전에 하나님이 죽음을 필요로 하는 물건인 가죽으로 벌거벗은 인간들을 옷 입히셨다는 사실에 의해 암시된다(창 3:21).

---

77 죄 있는 불멸의 존재라는 개념은 우리에게 〈스타 트렉: 넥스트 제너레이션〉(*Star Trek: The Next Generation*)에 나오는 Q라는 등장인물을 떠올리게 한다. 본유적인 도덕의식이 없는 Q 연속체(불멸의 존재들의 한 집단)의 한 구성원은 〈스타 트렉〉에서 가장 거슬리는(심지어 경멸할 만한) 등장인물 중 하나다. 그는 부도덕한(그리고 비도덕적인) 지루함으로 자신의 즐거움과 지적인 자극을 위해 다른 사람들(특히 Picard)을 가지고 논다.

또한 하나님은 동산 밖에서 추방된 인간들과 동행하시고 가인과 대화를 나누시며 심지어 가인에게 보호의 표시까지 주신다(창 4:9-15).

동산 밖의 삶은 분명 고단하지만(인간과 땅의 **관계**는 여하튼 파괴되었다), 본문은 타락 때문에 "자연"이 변했다고 말하지 않는다. 욥기에서 야웨가 동물의 포식 행위를 포함한 자연 질서의 야성(wildness)을 자신이 설계한 우주의 훌륭한 예로 기뻐한다고 말씀하시는 것은 의미심장하다. 많은 교부들도 자연 재해와 동물의 포식 행위를 하나님이 창조하신 세계의 찬란함의 일부분으로 찬미했다.[78] 따라서 동산 밖의 "가시덤불과 엉겅퀴"라는 현실은 우리가 자연 상태로 알고 있는 세상과 잘 부합한다.

창세기 4장에 나오는 동산 밖의 삶에 대한 이야기는 우리가 사람 족과 인간의 진화에 대해 알고 있는 것과도 일치할 수 있다. 사람들이 자주 제기하는 다음과 같은 질문들, 곧 가인은 누구와 결혼했는지(창 4:17), 주변에 다른 인간들(또는 사람 족)이 존재했는지, 동산을 경작하고 보호할 사명을 가지고 하나님의 형상을 지니도록 부름 받은 인간들이 혹시 호모 사피엔스를 대표하는 집단에 불과하지 않았는지 등의 질문이 사람 족과 인간 진화의 명백한 연관성을 암시한다. 가인은 왜 아벨을 죽이기 위해 그를 들판으로 데려갔는지(창 4:12), 또는 하나님은 가인에게 표를 주셨을 때 그를 누구에게서 보호하셨으며(창 4:15), 가인

---

78 Jon Garvey는 교부들에게서 인용한 풍부한 인용문들을 가지고 이 놀라운 주장을 뒷받침한다. 그리고 그는 기독교인들이 (우리가 그로부터 퇴보한) 먼 과거의 황금기라는 고전적인 이교적 개념을 활용하기 시작한 르네상스에 이르러서야 비로소 자연의 전반적 "타락"이라는 개념이 기독교의 신학적 저술 속에 침투하기 시작했다고 주장한다. 그는 종교 개혁자들의 저작에서부터 이러한 관점의 변화를 뚜렷이 인식한다(Garvey, "Creation Fell in 1500" [미발표 논문]).

이 지은 성읍에 얼마나 많은 사람이 살았는지(창 4:17) 등과 같은 다른 질문들도 그와 비슷한 생각들을 불러일으킨다.[79]

악의 기원에 대해 생각할 때, 우리는 아우구스티누스가 주장한 "원죄" 개념(아담과 하와가 죄를 지은 이후에 태어난 모든 인간은 마치 유전자를 물려받듯이 죄의 노예가 된다는 개념)을 창세기 4장과 그 뒤에 이어서 창세기 6장에 나오는 죄의 발전 과정에 관한 실제적인 설명에 균형을 맞추어 살펴보는 게 유익하다. 조상들이 저지른 최초의 범죄("죄를 초래하는 죄"[80])는 그다음 세대에 이르러서는 형제 살해로 발전한다(가인은 아벨을 죽인다). 그러나 이것은 필연적인 진행 과정이 아니다. 창세기 4장은 하나님께서 가인이 "선을 행할" 수 있고, "죄가 문에 도사리고 앉아" 있을지라도 그가 "죄를" 반드시 잘 다스려야만 한다(창 4:7)고 말씀하시는 것을 포함해, 가인이 자신의 내면에서 일어나는 심한 분노와 싸우고, 심지어 살인으로 이어진 우울함과도 싸우는 모습(창 4:5)을 묘사한다. 하나님이 가인에게 하셨던 말씀은 죄(창세기에서 이 단어가 처음 사용된 예)는 인간에게 필연적인 것이 아님을 암시한다. 인간은 (최소한 처음에는) 죄에 맞서 싸울 수 있다.[81]

---

79 그러나 이는 매우 사변적인 질문일지도 모른다(그리고 다른 사람 족에 속한 집단들을 근거로 삼아 이런 질문들에 대답하는 것은 새로운 일치설에 매우 가까워지는 것이다).

80 이는 창세기 3장 내러티브에 대한 Terence Fretheim의 용어다. 다음 책을 보라. Fretheim, *God and World in the Old Testament*, 70-76.

81 이는 우리가 Michael Morales(와 교부들)를 따라 창세기 4:7의 "죄가 문에 엎드려 있느니라"에 해당하는 말씀을 "속죄제가 (동산의 정문 바로 밖에 있는) 문 앞에 놓여 있느니라"로 번역하여 가인이 "선을 행하지" 않을 경우 하나님이 그에게 제물을 가져오도록 권유하고 계신다고 생각하더라도 그렇다. 다음 글을 보라. L. Michael Morales, "Crouching Demon, Hidden Lamb: Resurrecting an Exegetical Fossil in Genesis 4.7," *The Bible Translator* 63, no. 4 (2012): 185-91.

창세기 내러티브는 사람들이 점점 더 죄의 지배를 받는 과정을 넌지시 말한다. 가인이 살인을 저지른 뒤 죄는 라멕이 자신에게 상해를 입힌 한 젊은이를 살인하고 그것을 자신의 두 아내에게 자랑하는 모습(창 4:23)에서 생생하게 드러나고, 창세기 6장에서는 사람이 "마음으로 생각하는 모든 계획이 항상 악할" 뿐이라고 말하며(창 6:5), 땅은 인간들이 보이는 만연한 폭력으로 부패했다고(*šāḥat*) 할 때까지 [죄는] 장성하여 눈덩이처럼 불어난다.

지금 우리는 마침내 후대의 신학자들이 사용하는 의미에서 "원죄"만큼 만연한 것, 즉 우리가 태어날 때부터 공동체적이고 조직적인 악이 존재하는 상황에 직면한다.[82] 창세기의 처음 몇 장에서 죄가 점점 발달하는 모습을 묘사하는 방식은 야고보의 말이 옳음을 암시한다. "욕심이 잉태한즉 죄를 낳고 죄가 장성한즉 사망을 낳느니라"(약 1:15). 창세기에서 진술한 것처럼 죄는 발달한다는 (공동체적/조직적) 관점은 초기 호모 사피엔스 사이에서 도덕적인 악이 전개되었다고 생각하는 것을 암시할 수 있다.

어디로 가는가?

나는 이것이 인간의 진화와 관련해서 창세기 3장에 대한 서론적인 탐구에 불과하다는 사실을 잘 알고 있다. 나는 인간 타락에 관한 성경의

82 이는 다음 책에서 암시한 내용이다. Fretheim, *God and World in the Old Testament*, 70, 79.

설명을 호모 사피엔스에게서 악이 기원했다는 것과 관련해서 생각하는 방식에서 어떤 분명한 답을 얻었다는 환상에 빠지지 않았다. 우리가 물려받은 성경적 유산과 오늘날 대부분의 학문을 지배하는 생물학적 진화라는 실재를 칼케돈적인 마음으로, 곧 "두 본성의 연합은 결코 신성과 인성의 구분을 없애지 않고 각 본성의 특성을 보존한다"는 (칼케돈 신조의 표현처럼), 각각의 담론("두 개의 자연")을 혼동하거나 분리하지 않고 종합하는 일은 간단한 문제가 아니다. 조잡한 일체설이 두 개의 자연을 뒤섞어놓는다면, 아마도 "겹치지 않는 고유 영역"(NOMA) 이론은 그 둘을 너무 뚜렷하게 구별하는 듯하다.

때때로 나는 성경 본문에 대한 나의 탐구가 어디로 귀결될지 궁금했다. 그러나 우리가 현대 과학의 주장에 즉각적으로 압도되지 않기 위해서는 본문의 신학적 모티프에 대한 면밀한 독해가 필요하다고 판단했다. 아마도 우리에게 적절한 첫 번째 단계는 우리가 인간 진화에 관해 아는(또는 알고 있다고 생각하는) 것에 열린 마음으로 시야를 넓히며 우리 자신을 형성한 창조와 타락이라는 이야기에 머무는 것일 것이다.

조엘 B. 그린(Joel B. Green) 풀러 신학교 신학대학 학장, 학과장 겸 신약 해석학 교수다. 그는 *Conversion in Luke-Acts: Divine Action, Human Cognition, and the People of God* (2015), *Why Salvation?* (2013), *Ears That Hear: Explorations in Theological Interpretation of the Bible* (공동 편집, 2013), *Practicing Theological Interpretation* (2011), *Body, Soul, and Human Life: The Nature of Humanity in the Bible* (2008) 등을 포함한 45권 이상의 책들을 집필했거나 편집했다. 그는 NICNT의 편집자이자 *Journal of Theological Interpretation* 의 편집장이다. 또한 학술지 *Theology and Science* 와 *Science and Christian Belief*의 편집국에서도 일했다. 그린은 "신약학회"(SNTS)와 "국제 과학 및 종교 학회"(ISSR)의 회원으로 선출되었다.

5장

"아담이여 당신은 무슨 일을 한 것입니까?"

죄의 기원에 대한 신약의 목소리

■ 조엘 B. 그린

라인홀드 니부어(Reinhold Niebuhr)는 "원죄 교리는 기독교 신앙에서 유일하게 경험적으로 입증할 수 있는 교리"라는 사실을 인정한 것으로 유명하다.[1] 우리가 이 주장에 기꺼이 동의할 것인지는 "원죄"가 무엇을 의미하느냐에 달려 있다. 인간이 과거와 현재에 저지른 넘쳐나는 악한 행위들에 이목을 집중시켜, 인간은 존엄하고 덕 있는 행동을 하여 앞으로 늘 행복할 것이라는 낙관주의를 반박하기란 분명 어렵지 않다. 이는 존 웨슬리(John Wesley)가 "성경, 이성, 경험에 따른 원죄 교리"(1757)라는 논문에서 제시한 논거다(그는 이 논문

1 Reinhold Niebuhr, *Man's Nature and His Communities: Essays on the Dynamics and Enigmas of Mans Personal and Social Existence* (New York: Charles Scribner's Sons, 1965; repr., Eugene, OR: Wipf & Stock, 2012), 24(「런던 타임즈」 기사를 허가받아 인용함).

에서 모든 사람이 회개해야 할 필요성의 근거를 제시하고자 노력한다). 하지만 원죄 교리는 그저 나쁜 행동을 하는 사람들과만 관련이 있지 않고, 더 많은 것과 관련이 있다고 전통적으로 주장되었지만, 사람들이 왜 악하게 행동하는지를 관찰하는 것과 죄의 원인을 규명하려는 진단을 혼동해서는 안 된다. 당연하게도 니부어처럼 내리는 판단은 원죄 교리를 더욱 세련되게 다듬은 견해, 즉 인간 집단이 죄의 기원과 어떻게 관계가 있는지보다는 그들이 죄에 연루되어 있다는 사실의 무지와 더 관계가 있는 견해와 쉽게 결부될 수 있다.[2]

실제로 원죄에 대한 전통적 개념들은 점점 더 궁지에 몰려왔다. 많은 이들에게 우리 모두가 한 쌍의 공통 조상 내지 최초의 부부가 잘못한 행동에 대해 책임을 져야 할지도 모른다는 생각은 역사적·도덕적으로 고려할 가치가 전혀 없고 믿을 수도 없는 이야기다. 진화 생물학의 여파로 많은 이들이 인간 역사를 타락 이전 시대와 타락 이후 시대로 나눌 수 있다는 생각 외에 최초에 단 한 쌍의 부부가 있었다는 생각을 터무니없다고 생각한다. 그 결과 어떤 이들은 이 교리를 완전히 해체할 것을 요구했고 다른 이들은 이 교리를 새롭게 진술할 것을 요구했다.[3] 어쩌면 사람들은 대부분 원죄 교리를 점잖게 무시하는 것인지

2 다음 글에서 그렇게 말한다. Tatha Wiley, *Original Sin: Origins, Developments, Contemporary Meanings* (Mahwah, NJ: Paulist, 2002), 208.

3 해체—예를 들면 John E. Toews, *The Story of Original Sin* (Eugene, OR: Pickwick, 2013); Patricia A. Williams, *Doing without Adam and Eve: Sociobiology and Original Sin, Theology and the Sciences* (Minneapolis: Fortress, 2001). 새로운 진술—예를 들면, Wiley, *Original Sin*; Daryl P. Domning, Monika K. Hellwig, *Original Selfishness: Original Sin and Evil in the Light of Evolution* (Aldershot, UK: Ashgate, 2006); Ian A. McFarland, *In Adam's Fall: A Meditation on the Christian Doctrine of Original Sin, Challenges in Contemporary Theology* (Malden, MA: Wiley-Blackwell, 2010).

도 모르겠다. 원죄 교리와 관련한 구체적인 내용들은 지속해서 타협의 대상이었고 지금도 타협의 대상이라고 말해도 지나치지 않다. 그리스도인들은 원죄 교리를 유산으로 물려받았지만—특별히 개신교인들만 독점적으로 물려받지 않았다—교회가 보편적으로 받아들이지 않았기 때문에, 원죄 교리에는 온 교회가 받아들일 수 있는 권위 있는 정의가 없다. 따라서 우리는 자연스럽게 성경이 죄의 기원을 탐구하는 방향을 제시하는지, 또는 성경이 어떻게 원죄 교리의 진술에 관한 정보를 주는지 질문해볼 수 있다.

나는 신약성경이 원죄 교리에 기여한 점을 살펴보는 데 특별히 관심이 많다. 우선 제2성전 시대에 기록된 유대교 문헌에서는 아담이 저지른 죄의 의미를 어떻게 이해했는지를 간략하게 서술하면서 죄의 기원이라는 문제에 접근하고자 한다. 이것은 우리가 신약성경에서 죄의 특성을 고찰했던 바울과 야고보를 해석하기 위한 틀을 마련하는 데 도움을 줄 것이다. 이 신약의 신학자들은 우리가 "타락"이라고 이름 붙일 만한 사건을 언급하지 않지만 죄의 본질, 죄의 보편성, 죄의 실제적인 불가피성에 대해서는 할 말이 있다.

제2성전 시대에 이해된 "원죄"

유대인 저술가들은 어떻게 아담과 하와의 불순종을 다루었을까? 흥미롭게도 구약에서는 창세기가 시작하는 앞부분을 제외하고는 아담과 하와나 동산에서 일어난 일에 대해 별로 언급하지 않는다. 아담은 죄와 관련해서 두 번밖에 언급되지 않으며 두 번 다 직유법의 형태로 언급된다. 욥은 자신이 아담처럼 자신의 악행을 숨긴 일이 있었느냐고 묻는다(욥 31:33).[4] 호세아는 하나님의 백성에 대해 말하면서 이렇게 썼다. "그들은 아담처럼 언약을 어기고"(호 6:7). 비록 창세기의 이후 여러 장들은 죄를 마치 인간의 전염병인 것처럼 표현하지만, 아담의 불순종 또는 아담과 하와가 저지른 불순종이 가져온 영향은 논하지 않는다. 가인의 살인 행위는 그의 추방을 초래하고(창 4:1-16), 불안하고 신을 믿지 않는 사회가 출현하며(창 4:17-24; 5:28-29), 전 지구적인 폭력이 전 지구적인 파괴를 가져오고(창 6:1-9:18), 노아 가족의 죄는 한 민족이 다른 민족을 노예로 삼는 결과를 가져오며(창 9:17-27), 마침내 인류는 제국주의적 책략에 연루되어 하늘에 닿을 탑을 쌓는다(창 11:1-10). 전염처럼 한 죄가 다른 죄로 이어지다가 마침내 바이러스처럼 인간의 존재 전체에 퍼졌다. 따라서 죄의 원인이라는 문제에 초점을 맞추지 않더라도 죄에 대해 많은 이야기를 할 수 있다.

아담의 의미에 대한 초기 유대교의 사상에 관해 우리는 기원전 2세기 초부터 기원후 1세기 말이나 2세기 초까지 대략 3백 년간의 기간에 나온 문헌들을 살펴볼 것이다.[5] 여기서 우리는 아담의 죄가 후대에 끼친 영향에 관한 몇 가지 대안적인 관점을 발견한다. 이러한 관점

---

4 예를 들어 Authorized Version과 Common English Bible에서 그렇게 번역했다. 다른 역본들은 "케아담"(*kĕʾādām*)을 "백성들"과 관련해서 번역한다(예. NRSV, NLT). 다른 표시가 없을 경우 성경 인용문은 CEB을 따를 것이다(이 번역서의 경우에는 개역개정—옮긴이 주).

5 개요를 살펴보려면 다음 글들을 보라. John J. Collins, "Before the Fall: The Earliest Interpretations of Adam and Eve," in *The Idea of Biblical Interpretation: Essays in Honor of James L. Kugel*, ed. Hindy Najman and Judith H. Newman, Supplements to the Journal for the Study of Judaism 83 (Leiden: Brill, 2004), 293-308; John R. Levison, "Adam and Eve," in *Eerdmans Dictionary of Early Judaism*, ed. John J. Collins and Daniel C. Harlow (Grand Rapids: Eerdmans, 2010), 300-302.

들은 바울과 야고보에게 공기처럼 자연스럽게 느껴졌을 논의의 조건을 설정해주기 때문에 우리의 연구에 중요하다. 이런 문헌 중 네 가지, 즉 (「모세의 묵시록」이라고도 알려진) 「아담과 하와의 생애」(기원후 1세기 말?), 「에스라 4서」(기원후 1세기 말), 「바룩 2서」(기원후 1세기 말 또는 2세기 초), (필론을 사칭한 사람의 저작으로도 알려진) 「성경의 상고사」(기원후 1세기)는 창세기 3장에서 말하는 인류의 가족 이야기의 결과에 관한 우리의 질문과 직접적으로 관련이 있다.

아담과 하와의 생애

「아담과 하와의 생애」는 아담과 하와가 에덴동산에서 추방된 뒤 벌어진 일에 관한 이야기를 들려준다. 아담과 하와는 양식을 찾고 유혹에 직면하고 출산할 때 고통을 경험하는 일 등과 관련해서 인간을 대표하는 역할을 한다. 이후의 이야기에서는 죽음에 직면한 아담이 질병과 고통을 자녀들에게 설명하려 한다. 아담은 창세기 3장을 떠올리게 하는 하나의 이야기에서 자신이 하나님의 언약을 거부했기 때문에 하나님이 자신에게 재앙을 내리셨다고 회고한다(「아담과 하와의 생애」 8:1). 그런데 하와는 이 이야기에서 아담의 죽음이 자신으로 "인한" 일인 것처럼 특별한 책임감을 느낀다(「아담과 하와의 생애」 7:1).[6] 그녀는 아담에게 이렇게 고백한다. "이 일은 나로 인해서 당신에게 일어났습니다. 나 때문에 당신이 괴로움과 고통을 겪고 있습니다"(「아담과 하와의 생애」

6 「아담과 하와의 생애」에 대한 영어 번역은 다음 책에서 발췌한 것이다. M. D. Johnson, "Life of Adam and Eve: A New Translation and Introduction," in *The Old Testament Pseudepigrapha*, 2 vols., ed. James H. Charlesworth (Garden City, NY: Doubleday, 1983), 2:249-93. 내가 참조한 자료는 그리스어 역본이다.

9:2). 그리고 나중에 이렇게 탄식한다. "내게 화가 있다! 내가 부활의 날에 나타날 때 죄를 지은 모든 사람이 나를 저주하며 하와가 하나님의 명령을 지키지 않았다고 말할 것이기 때문이다"(「아담과 하와의 생애」 10:2; 참고. 14:2). 아담이 죽은 뒤 하와는 이렇게 외친다.

> 오, 하나님, 제가 죄를 지었습니다. 오, 만물의 아버지여, 제가 죄를 지었습니다. 제가 주님께 죄를 지었습니다. 제가 당신의 택함 받은 천사들에게 죄를 지었고 그룹 천사들에게 죄를 지었으며 주님의 변함없는 보좌에 대해 죄를 지었습니다. 제가 죄를 지었습니다. 주님, 제가 많은 죄를 지었습니다. 제가 당신 앞에서 죄를 지었고 창조세계 안의 모든 죄가 나로 말미암아 생겨났습니다(「아담과 하와의 생애」 32:2-3).

우리는 죄가 "악한 독을 뿌린" 뱀과 하와의 만남에서 비롯되었음을 알 수 있다. 이 독은 "욕망" 또는 "갈망"[7](*epithymia*)의 독, "모든 죄의 기원"이다(「아담과 하와의 생애」 19:3).

「아담과 하와의 생애」에 따르면 죽음은 분명 아담과 하와의 죄와 함께 시작한다. 그들은 (또는 그녀가) 죄의 근원이다. 비록 이것이 악한 성향과 행동에 대한 책임을 미래 세대에게서 제거하지 못하더라도 말이다. 죄는 갈망에서 비롯되며 그 갈망의 근원은 뱀이다. 아담과 하와가 어떻게 속임을 당했는지에 대한 하와의 이야기(「아담과 하와의 생애」 15-30)에는 미래의 불순종에 대한 예방책의 역할을 하도록 의도된 교육적 목적이 있다. "내 자녀들아, 이제 나는 너희에게 우리가 어

---

7 M. D. Johnson은 이를 "탐욕"이라고 번역한다(「아담과 하와의 생애」, 279).

떻게 속았는지 알려주었다. 너희는 선한 것을 버리지 않도록 주의하여라"(「아담과 하와의 생애」 30:1).

에스라 4서

「에스라 4서」에는 이스라엘이 추방당한 상황과 관련해서 에스라와 하나님, 또는 에스라와 하나님의 천사 우리엘 사이의 일련의 대화가 등장한다.[8] 여기에 문제가 있다. 악을 지향하는 인간의 성향에 있는 압도적인 힘을 감안하면 왜 하나님은 자기 백성을 버리셨는가? 에스라는 고난과 죽음의 근원을 아담의 불순종에서 찾고자 한다. "[악을 행하려는] 이런 성향을 짊어진 첫 아담은 주님께 불순종했고 악에 정복당했지만 그의 모든 후손도 마찬가지였다. 이 질병은 영구적인 질병이 되었다. 율법은 사람들의 마음속에 악한 뿌리와 함께 있었지만 선한 것은 떠나가고 악은 그대로 남았다"(「에스라 4서」 3:21-22).[9]

첫째, 그다음에 에스라는 인간들의 오래도록 이어진 과실을 인정한다. "각 민족은 자기 뜻대로 살았고 사람들은 당신을 염두에 두지 않고 행동했습니다. 그들은 주님을 멸시하며 행동했고 [주님은] 그들을 막지 않으셨습니다"(「에스라 4서」 3:8). 둘째, 아담 자신에게 악한 성향이 있었다. "처음부터 아담의 마음속에 악한 씨앗이 뿌려졌다. 그리고 그 씨앗이 지금까지 얼마나 많은 불경함을 낳았으며 타작의 날이 이

---

8 「에스라 4서」는 외경 「에스드라 2서」의 3-14장을 구성하며 「에스드라 2서」 자체는 (1) 때때로 「에스라 2서」 또는 「에스라 5서」로 지칭되는 1-2장, (2) 보통 「에스라 4서」라고 불리는 3-14장, (3) 때때로 「에스라 5서」 또는 「에스라 6서」로 지칭되는 15-16장 등 세 권의 책의 편집본이다.

9 「에스라 4서」의 영어 번역은 CEB을 따랐다.

를 때까지 계속 낳을 것인가!"(「에스라 4서」 4:4). 마음은 왜 악으로 기울어져 있는가?(참고. 「에스라 4서」 4:4) 이에 대한 언급은 나오지 않지만 우리는 악을 행하려는 인간의 성향은 율법을 위해 자유의지를 발휘함으로써 상쇄시킬 수 있고 그렇게 해야 한다는 사실을 발견한다(예. 「에스라 4서」 7:19-24, 118-26; 8:46-62; 14:34). 에스라는 피할 수 없는 죽음의 기원을 아담에게까지 거슬러 올라가 추적하며 악한 성향을 제거하지 않으신 데 대해 하나님을 비난하지만 「에스라 4서」는 하나님도, 아담도 이러한 죄로 기울어진 성향의 궁극적 원천이라고 밝히지 않는다.[10]

에스라가 천사 우리엘과 나눈 대화의 주제는 그가 관심을 보이는 죄 지은 인간 가족의 운명이다. 에스라는 말세의 심판 때 자비가 베풀어지는 일은 더 이상 없을 것이라는 사실을 알고 낙심한다. 그는 죄의 편만함을 예민하게 의식하며 이렇게 반응한다.

> 아담이여, 당신은 무슨 일을 한 것입니까? 당신이 죄를 지었을 때 당신만 멸망한 것이 아니라 당신의 자손인 우리도 멸망했습니다. 우리에게 불멸의 시간이 약속되었지만 우리가 죽음을 가져오는 일을 행했으니 그것이 우리에게 무슨 유익이 있습니까? 영원한 소망이 우리에게 예언되었지만 우리가 전적으로 실패했으니 그것이 우리에게 무슨 소용이 있습니까? 안전하고 유익한 거처가 보존되어 있으나 우리가 악하게 행동했으니 그것이 무슨 소용이 있습니까? 지극히 높으신 이의 영광이 단정히 처신한 자

---

10 「에스라 4서」 7:116에서 에스라는 땅의 과실을 가정한다. "땅이 아담을 내지 않았더라면, 또는 아담을 내었을 때 아담이 죄를 짓지 않게 했더라면 더 좋았을 것이다."

들을 보호하더라도 우리는 점잖지 못하게 행동했으니 그것이 무슨 소용이 있습니까? 낙원이 드러나고 그 열매는 부패하지 않으며 그곳에 풍성함과 치유함이 있어도 우리는 보기 흉한 곳들을 찾아갔으므로 그곳에 들어가지 못할 것이니 그것이 무슨 소용입니까? 우리의 얼굴은 어둠보다 더 검은데 절제를 행한 이들의 얼굴이 별들보다 더 밝게 빛난들 그것이 무슨 소용이 있습니까? 우리는 살아 있으면서 악을 행하는 동안 죽은 뒤에 무슨 일을 겪을지에 대해 생각하지 않았습니다(「에스라 4서」 7:118-26).

여기에 기본적인 딜레마가 있다. 곧 하나님은 인간을 위해 좋은 것들을 의도하셨지만 인간은 만연한 죄로 인해 그 좋은 것들을 경험하지 못할 것이다.

아담의 죄는 그의 모든 자손의 멸망을 뜻하지만 아담만이 유일한 범죄자는 아니다. 아담 이후의 인간은 "죽음을 가져오는 일을" 행했고, "전적으로 실패"했으며, "악하게 행동"했고, "점잖지 못하게 행동"했으며, "보기 흉한 곳들을 찾아"갔다고 한다. 악을 향해 기울어 있는 모든 사람들은 자신들의 행동에 대해 책임이 있다. 사람들이 하나님의 명령을 따르기만 한다면 "그때 당신이 당신의 생각을 다스리고 당신의 마음을 가르치고자 한다면 당신은 살아남을 것이고 죽은 뒤에 은혜를 얻을 것이다. 심판은 죽음 이후에 우리에게 생명이 회복될 때 찾아올 것이며 그때 의인들의 이름이 나타나고 악인들의 행위가 폭로될 것이다"(「에스라 4서」 14:34-35).

바룩 2서

「바룩 2서」는 기원후 70년의 예루살렘 멸망과 그 멸망이 유대인의 삶에 끼칠 영향에 관한 계시다. 「바룩 2서」에는 이 국가적인 충격적 사건을 이해하기 위해 애쓰며 바룩과 하나님이 세 번의 대화를 나누는 중에 아담이 언급된다(「바룩 2서」 13:1-20:6; 22:1-30:5; 48:26-52:7). 처음의 두 대화는 아담의 죄가 죽음의 기원임을 밝히지만 죄의 기원이나 유전 가능성에 대해서는 아무 말도 하지 않는다. 세 번째 대화에서 바룩은 이렇게 외친다. "오, 아담이여. 당신은 당신 뒤에 태어난 모든 이들에게 무슨 짓을 했습니까? 뱀의 말을 들어서 이 온 무리를 타락하게 한 최초의 하와에 대해 사람들이 뭐라고 말하겠습니까?"(「바룩 2서」 48:42-43). 바룩은 이 말을 통해 인간의 죄와 하나님의 심판에 대한 책임을 아담과 하와의 발아래 두지 않는다. 그 대신 그는 계속해서 하나님을 그들의 창조자로 인정하지 않고 율법에 불순종하는 모든 자들에 대해 말하며(「바룩 2서」 48:46-47) 인간의 과실을 강조한다.

> 주님의 율법을 사랑하지 않는 자들은 마땅히 멸망당합니다. 그리고 심판의 고통은 주님의 권능에 복종하지 않은 자들에게 임할 것입니다. 아담은 최초로 죄를 짓고 자기 시대에 있지 않았던 모든 이들에게 죽음을 가져다주었지만 아담에게서 태어난 자들은 각자 스스로 다가올 고통을 준비했습니다. 그리고 더 나아가 그들 각자는 스스로 다가올 영광을 선택했습니다. 참으로 믿는 자는 상급을 받을 것이기 때문입니다(「바룩 2서」 54:14-16).

이에 따르면 아담이 현세에 필연적 죽음을 가져왔지만 사람들에게는 그들의 미래의 운명을 결정할 수 있는 능력이 있다. 사람들은 죄를 짓기 때문에 죄인이다. 바룩 자신이 결론짓는 것처럼 말이다. "그러므로 아담은 자기 자신에 대해서만 원인이지 그 외에는 원인이 아니며 우리 각자가 우리 자신의 아담이 된다"(「바룩 2서」 54:19).

성경의 상고사

「성경의 상고사」는 "다시 쓴 성경"이라는 장르의 한 예로서 아담부터 사울의 죽음까지의 성경 이야기를 진술한다. 아담에 대한 핵심적인 한 언급은 하나님이 홍수 이후에 노아에게 내리신 명령을 되풀이해 말하는 데서 나타난다. 하나님은 "낙원"에 대해 이렇게 말씀하셨다.

> 이곳은 "내가 네게 명한 것을 네가 어기지 않으면 모든 것이 너에게 복종할 것이다"라고 말하면서 최초의 인간에게 가르쳐준 장소다. 그러나 그 사람은 내 길을 벗어났고 자기 아내에게 설득되었다. 아내는 뱀에게 속았다. 그리고 여러 세대의 사람들에게 죽음이 정해졌다(「성경의 상고사」 13:8).[11]

본문은 이제 「성경의 상고사」의 저자가 창세기 저자로 간주하는 모세에 대해 말하면서 계속해서 이렇게 이야기한다. "그리고 주님은 계속해서 그에게 낙원의 길을 보여주셨고 그에게 이렇게 말씀하셨다. '이 길은 사람들이 그리로 다니지 않아서 잃어버린 길이다. 그들이 나에게 죄를 지었기 때문이다'"(「성경의 상고사」 13:9). 여기서 다음 두 가지 사실이 명백히 도출된다. 아담의 죄는 인간의 필연적인 죽음을 초래하고 하나님의 백성은 자신들의 순종(또는 순종의 결여)에 대한 책임이 각자에게 있다. 「성경의 상고사」는 죄의 기원이라는 특정한 문제에 아무런 관심도 보이지 않지만 이 점은 이 책이 1세기 팔레스타인에서 주류 유

11 「성경의 상고사」의 영어 번역은 다음 책에서 인용한 것이다. D. J. Harrington, "Pseudo-Philo: A New Translation and Introduction," in *The Old Testament Pseudepigrapha*, 2 vols., ed. James H. Charlesworth (Garden City, NY: Doubleday, 1983), 2:297-377.

대인의 성경 해석을 대표한다는 학문적 합의로 인해 중요성을 얻는다.[12]

고찰

이스라엘의 성경은 스스로 동산에서 아담과 하와의 불순종이 갖는 지속적인 의미에 대한 신학적 사고를 잃어버리지만 제2성전 시대에 나온 몇몇 유대인 문헌들은 죄에 대한 몇 가지 이야기를 하고 있으므로 창세기 3장과 조화를 이룬다. 이 문헌들은 다음 두 가지 면에서 일치한다. (1) 아담(또는 하와)의 불순종은 자신의 필연적 죽음과 그들 뒤에 올 모든 이들의 필연적 죽음으로 귀결되며, (2) 인간은 자신의 행동에 대해 여전히 책임이 있다.[13]

이런 문헌 중 두 문헌에서는 죄의 원인이 관심사다. 「아담과 하와의 생애」에서 뱀은 하와에게—그리고 명백히 그녀와 더불어 인간 가족 전체에게—"욕구" 또는 "갈망"이라는 독소를 준다. 「에스라 4서」에서 인간에게는 특유의 한 가지 특징, 곧 "악한 성향"이 있다. 비록 그 기원은 불분명하지만 말이다. 인간들은 결코 본질적으로 악한 성향의 지배 아래 있다고 일컬어지지는 않지만 악한 성향이라는 개념은 다른 유대교 문헌에서도 발견된다.[14] 더 정확히 말해서 사람들은 여전히 선을 자

---

12 이 점에 대해서는 다음 글을 참고하라. Frederick J. Murphy, "Biblical Antiquities (Pseudo-Philo)," in *Eerdmans Dictionary of Early Judaism*, ed. Collins and Harlow, 440-42 (본 인용구, 442).

13 다음 책들에 담긴 비슷한 결론을 보라. Thomas H. Tobin, *Paul's Rhetoric in Its Contexts: The Argument of Romans* (Peabody, MA: Hendrickson, 2004), 171-74 (특히 172); Peter C. Bouteneff, *Beginnings: Ancient Christian Readings of the Biblical Creation Narratives* (Grand Rapids: Baker Academic, 2008), 9-26 (특히 26); Toews, *Original Sin*, 37.

14 참고. 예. 집회서 5:2; 15:14-15; 19:30; 23:4-5; Philo, *Special Laws* 2:163; 마카베오

유롭게 선택할 수 있고 선은 보통 하나님의 지시와 동일시된다.

요컨대 죄의 기원을 논할 때 제2성전 시대의 유대인 저술가들은 아담의(또는 아담과 하와의) 영향력에 대해 말할 때조차 인간의 선택을 언급한다. 설령 죄의 편만함이 죄의 불가피함을 암시하더라도 죄는 필수적이지 않다.

신약의 목소리

바울과 야고보는 우리가 지금까지 논의해온 유대인 저술가들과 신학적으로 똑같은 연못에서 수영했을 것이고 그들이 기여한 점은 「에스라 4서」나 「성경의 상고사」와 비슷한 관점에서 대화하는 가운데 읽어낼 수 있다.

바울과 죄의 권세

오늘날의 신약성경을 읽는 독자들은 죄를 주로 자전적이고 개인주의적 방식으로 생각하며 "죄 사함"과 같은 어구에서 그와 같은 견해를 뒷받침할 근거를 발견하고 싶은 유혹에 빠질 수 있다. 1세기 사람들이 이 어구를 하나님이 자기 백성을 회복하신다는 내용을 언급하는데 사용하면서 이 용어가 대단히 집단적인 범위와 관련이 있음을 알 수 있지만, 바울의 저작으로 간주되는 편지들에는 "죄 사함"이라는 어구가 우리의 예상과 다르게 많이 사용되지 않고, 에베소서 1:7과 골로

4서 1:1; CD 2:15.

새서 1:14에서만 등장한다. 이는 바울이 "죄"를 이해하는 방식 때문이다. 이어질 내용을 미리 소개하자면 바울은 "죄"를 사람들이 용서 받아야 하는 개별적인 잘못된 행동으로 이해하기보다는 해방될 필요가 있는 권세로 이해한다. 신약에서 바울이 썼거나 쓴 것으로 간주되는 편지에서 "하마르티아"(*hamartia*, 죄)라는 단어는 64회 등장하며 무엇보다도 로마서에 집중적으로 나타난다.[15] 로마서에 등장하는 "하마르티아"의 39회 용례 중 30회는 로마서 5-7장에서 발견된다. "하마르타노"(*hamartanō*, "나는 죄를 짓는다")라는 동사의 여러 형태는 바울 문헌에서 14회—로마서에서 총 6회 등장하는데 그중 로마서 5-7장에서 4회—등장한다. 이와 관련한 "하마르톨로스"(*hamartōlos*, "죄 있는", "죄인")라는 형용사 어구는 바울 서신에서 8회, 로마서에서 총 4회 등장하고 그중 로마서 5-7장에서 3회가 나타난다. 바울이 죄에 관해 사용하는 어휘는 이 하나의 단어군 사용에 제한되어 있지 않지만, 그럼에도 "죄"에 관한 표현이 로마서 5-7장에 집중 사용된 것은 이 단락이 죄에 대한 바울의 관점을 이해하는 데 중요하다는 것을 우리에게 환기시킨다.

특히 죄에 허용된 힘이 눈에 띈다. 죄는 "세상에 들어오고"(롬 5:12) 세상에서 주인과 노예, 또는 왕과 신민의 관계를 떠올리게 하는 권세를 행사했다. 사람들은 "죄에게 종노릇"하고(롬 6:6), 죄의 목적은 "몸을 지배"하여 "몸의 사욕[*epithymia*]에 순종"하게 하는 것이며(롬 6:12), 사람들은 자신들의 "지체를 불의의 병기로 죄에게" 내주고(롬

15 나는 다음 글에 나오는 바울에 관한 이러한 내용 중 일부를 개작했다. Joel B. Green, *Body, Soul, and Human Life: The Nature of Humanity in the Bible*, Studies in Theological Interpretation (Grand Rapids: Baker Academic, 2008), 98-100.

6:13) 죄의 종으로 행동한다(롬 6:16). 「아담과 하와의 생애」에서는 욕망이 죄를 낳는 반면 바울에게 있어서는 그와 정반대다. 즉 죄가 온갖 종류의 욕망을 낳는다. 우리는 제2성전기 유대교 문헌에서 율법에 순종하는 것이 욕망과 죄를 상쇄하는 수단이었음을 살펴본 반면, 바울에게 율법은 죄가 그런 욕망(*epithymia*, 롬 6:12; 7:7-8)을 북돋는 데 사용하는 도구다. 세례 받은 자들은 이전에는 죄에 종노릇했지만 이제는 죄의 지배에서 해방되었다(롬 6:17-18, 20, 22).

따라서 우리는 로마서 6장을 인간의 예속의 불가피성과 관련해서 요약할 수 있다. 유일한 문제는 어떤 주인에게 우리의 삶을 바칠 것인가, 즉 "불의의 병기로 죄에게" 바칠 것인가, 아니면 "의의 병기로 하나님께" 바칠 것인가 하는 것이다(롬 6:13). 바울은 이렇게 추론한다. "전에 너희가 너희 지체를 부정과 불법에 드려 불법에 이른 것 같이 이제는 너희 지체를 의에게 종으로 드려 거룩함에 이르라"(롬 6:19). 또 이렇게 말한다. "너희 자신을 종으로 드려 누구에게 순종하든지 그 순종함을 받는 자의 종이 되는 줄을 너희가 알지 못하느냐 혹은 죄의 종으로 사망에 이르고 혹은 순종의 종으로 의에 이르느니라"(롬 6:16). 따라서 바울에게 세례는 그리스도의 죽음과 연합하여 새 생명으로 부활하는 것이며 그 결과 세례를 받은 이들은 더 이상 죄의 패권에 굴복하지 않는다.

바울이 인간의 상황을 묘사할 때 아담의 이야기를 빌려오는 방식을 알아보기 위해 살펴볼 수 있는 본문 중 로마서의 두 본문이 특별히 흥미롭다. 첫 번째 본문은 로마서 1:18-32이다. 이 본문은 "유대인이나 헬라인이나 다 죄 아래에 있다"(롬 3:9)는, 달리 말해 "모든 사람이 죄를 범하였으매 하나님의 영광에 이르지 못하더니"(롬 3:23)라는 결론으로 이어지는 논증의 서두다. 바울의 진단에 따르면 인간의 불경함과 비행으로 확인된 "죄들"은 하나님을 하나님으로 높이고 그분께 감사드리기를 거부하는 전반적 성향인 "죄"에서 생겨난다. 로마서 1:18-32에서 바울은 마치 한 사람이 죄에 빠지거나 죄에 휩쓸리는 각각의 단계를 구별하기라도 하듯이 각 사람의 일대기를 제시하는 일에는 관심이 없다. 오히려 바울은 보편주의적인 설명, 즉 하나님께서 인간 가족이 선택한 죄의 결과를 경험하도록 내버려두실 때 집단적으로 이해되는 인간의 상황을 분석한다(롬 1:18, 24, 26, 28). 제임스 던(James Dunn)은 아담이 바울의 논증의 배경에 위치해 있음을 인식했다. 로마서 1장과 창세기 2-3장을 연결해주는 언어적 암시는 매우 적지만 로마서 1:20 첫머리에 나오는 "창세로부터"라는 말이 가능한 메아리(예를 들어 "아는 것"[16]에 대한 상당한 강조)를 증폭한다. 사실상 창조자보다 창조세계를 선택했다가 자신들의 욕망과 왜곡에 빠진 인류 가족 전체의 이야기, 이 우주적인 이야기는 한 인간, 곧 아담의 생애를 반영한다. 제임스 던의 말로 하자면, 로마서 1:18-32은 "하나님을 아는 지식을 왜곡하고 피조물의 지위를 탈출하려" 했고 그로 인해 이스라엘과 확실히 온 인류의 특징이 될 우상숭배의 본보기를 보여준 아담의 생애를 반영한다.[17]

두 번째 본문은 로마서 5:12-21이다. 이 본문에서 아담은 더 이상 바울의 수사적 표현 속에 숨어 있지 않고 명시적으로 언급되며, 그

---

16 창세기 2:9과 로마서 1:19에서 "그노스토스"(*gnōstos*, 알려진)가 반복해서 등장하는 것과 창세기 2:17; 3:5, 7, 22과 로마서 1:21에서 동사형 "기노스코"(*ginōskō*, 알다)가 사용된 것을 참고하라.

17 James D. G. Dunn, *Romans 1-8*, Word Biblical Commentary 38A (Dallas: Word, 1988), 53. 『로마서 상』(솔로몬 역간).

결과 바울은 아담이 한 일과 예수 그리스도가 한 일을 대조할 수 있다. 그는 로마서 5장 앞부분에서 "우리가…의롭다 하심을 받았으니", "[우리가] 하나님과 화평을 누리자" 등(롬 5:1-11) 1인칭 복수 대명사인 "우리"를 반복적으로 사용하며 명백히 그리스도를 따르는 이들을 언급한다. 그러다가 바울은 로마서 5:12에서 눈에 띄게 3인칭으로 전환하면서 이제 인간 세계를 분명하게 보여준다. 그다음에 로마서의 이 단락을 앞뒤로 묶고 있는 것은 인간의 변화된 상황을 기록한 표현이다. "한 사람으로 말미암아 죄가 세상에 들어오고 죄로 말미암아 사망이 들어왔나니 이와 같이…은혜도 또한 의로 말미암아 왕 노릇 하여 우리 주 예수 그리스도로 말미암아 영생에 이르게 하려 함이라"(롬 5:12, 21).[18]

로마서 5:12이 핵심 본문이다. 여기서 창세기 3장의 결과에 대한 바울의 고찰로 간주할 수 있는 내용이 등장하기 때문이다. "한 사람으로 말미암아 죄가 세상에 들어오고 죄로 말미암아 사망이 들어왔나니 이와 같이 모든 사람이 [각자] 죄를 지었으므로 사망이 모든 사람에게 이르렀느니라"(저자 사역). 여기서 특별히 흥미로운 것은 이 구절의 마지막 어구인 "에프 호 판테스 헤마르톤"(*eph' hō pantes hēmarton*)인데 나는 이를 "모든 사람이 각자 죄를 지었으므로"라고 번역했다. 4세기의 주석가 암브로시아스테르(Ambrosiaster와 그의 뒤를 이은 아우구스티누스)는 이 어구를 인간이 "아담 안에서" 죄를 지은 것에 대한 언급으로 받아들였지만 당대의 번역들은 이 어구를 원인을 가리키는 표지("모두가

---

18 이는 다음 글의 논지를 따른 것이다. Martinus C. de Boer, "Paul's Mythologizing Program in Romans 5-8," in *Apocalyptic Paul: Cosmos and Anthropos in Romans 5-8*, ed. Beverly Roberts Gaventa (Waco, TX: Baylor University Press, 2013), 1-20 (here, 8).

죄를 지었으므로")로 간주한다.[19] 실제로 이 어구의 의미에 대한 논쟁은 오랫동안 이 후자의 해석을 지지하는 쪽으로 기울어 있었다.[20] 따라서 바울은 인간이 필연적으로 죽는다는 근거를 죄의 보편성에 관한 자신의 진술에 둔다. 이는 그가 아담의 죄와 관련해서 신학적으로 해석한 현상학적 관찰—"모든 사람이 죄를 지었으므로"—을 근거로 할 수 있는 진술이다.

이것이 어떻게 그러한지는 주의 깊게 연구해볼 만한 가치가 있다. 한편으로 아담을 통해서, 아담으로부터 죄가 세상에 들어왔고 죽음이 지배했으며 많은 사람이 죽었고 심판이 찾아왔으며 많은 사람이 죄인이 되었고 죄가 죽음 안에서 지배했다(롬 5:12-21). 다른 한편으로 각 사람이 다 죄를 지었기 때문에 죽음은 각 사람에게 다 찾아왔다. 실제로 바울은 이 편지에 앞서서 "모든 사람이 죄를 범하였으매 하나님의 영광에 이르지 못하더니"(롬 3:23), "하나님께서 각 사람에게 그 행한 대로 보응하시되"(롬 2:6)라고 단언했다. "악을 행하는 각 사람의 영에는 환난과 곤고가" 있지만 "선을 행하는 각 사람에게는 영광과 존귀와

19 예컨대, New English Translation, New International Version (2011), New Revised Standard Version; New Jerusalem Bible: "because everyone has sinned."

20 문법가들 중에는 예를 들어 다음 책들을 참고하라. J. H. Moulton, W. F. Howard, N. Turner, *A Grammar of New Testament Greek*, vol. 1 (Edinburgh: T.&T. Clark, 1908), 107: "in view of the fact that"; F. Blass, A. Debrunner, R. W. Funk, *A Greek Grammar of the New Testament and Other Early Christian Literature* (Chicago: University of Chicago Press, 1961), §235(2): "for the reason that, because"; C. F. D. Moule, *An Idiom Book of New Testament Greek*, 2nd ed. (Cambridge: Cambridge University Press, 1959), 50: "inasmuch as, because"; Daniel B. Wallace, *Greek Grammar beyond the Basics: An Exegetical Syntax of the New Testament* (Grand Rapids: Zondervan, 1996), 342-43: "because." 주석가들 중에는 특히 다음 책을 보라. C. E. B. Cranfield, *A Critical and Exegetical Commentary on the Epistle to the Romans*, International Critical Commentary, vol. 1 (Edinburgh: T.&T. Clark, 1975), 274-81.

평강이" 있을 것이다(롬 2:9-10). 따라서 우리는 죄(사악한 권세)가 아담으로 인해 세상에 들어왔으며 아담의 불순종이 연쇄 효과를 일으켜 하나의 죄가 또 다른 죄를 초래한 것은 죄가 인간이 처한 조건의 본질적인 구성 요소였기 때문이 아니라, 아담이 모든 인간이 각자의 죄악성 속에서 뒤따르는 본보기 역할을 했기 때문이라고 말해도 무방할 것이다.

실제로 바울이 개진하고 있는 더 큰 명제는 아담보다 그리스도와 더 많은 관련이 있다. 바울은 그리스도가 유대인과 이방인을 막론한 모든 인간의 구원자임을 보여주고 싶어 한다. 그러므로 바울이 입증해야 하는 것은 유대인과 이방인이 그들의 구원에 대한 필요와 관련해서 똑같은 지반 위에 서 있다는 점이다. 따라서 바울은 유대인과 이방인이 죄 안에서—그리고 그 결과로 죽음 안에서—인간적으로 연합해 있다는 이 주장이 필요하다. 이 주장의 첫 번째 부분은 이미 있고 로마서 1-3장에서 제시되었다. 그에 따라 로마서 5장에 나오는 아담의 죄에 대한 바울의 호소는 그 앞선 내용에 대해 뒷받침하는 역할 내지 보조적인 역할을 한다. 바울은 로마서 5장에서 죄의 보편성을 자신의 추가적인 주장의 근거로 가정할 수 있다. 이는 모든 인간이 죽음에 휘말려 있으므로 모두에게 "우리 주 예수 그리스도로" 말미암은 "영생"이 필요하다는 것을 의미한다(롬 5:21).

우리는 바울의 저작 중 일부만을 살펴보았지만, 그럼에도 우리가 지금까지 연구한 것은 창세기 3장이 이야기하는 것처럼 아담의 불순종의 지속적인 효과를 이해하는 데 중요하다. 바울은 온 인류가 죄와 관련해서 연대성을 맺고 있다고 강조한다. 이는 아담의 죄가 어떤 식으로든 인류에게 전가되었거나 전가되고 있어서가 아니라 모든 사람이 아담을 따라 죄를 짓고 있기 때문이다. 더 나아가 아담의 불순종은 죄를 세상 속에서 패권을 쥔 세력으로 끌어들인다. 그러므로 역설적이게도 사도들은 인간의 죄악성을 인간의 무력함과 과실의 징표로 보았다. 바울이 로마서 7장에서 계속해서 주장하듯이 죄는 인간이 범죄를 저지르도록 적극적으로 효력을 일으키는 동인이며 죄인 안에서 활동하는 낯선 침입자처럼 행동한다(롬 7:17, 20). 그 결과 바울에게 인간 행동을 일으키는 장본인으로서 죄의 권능은 인간의 비뚤어짐에 대한 표현이기보다는 인간의 연약함에 대한 표현이다.[21] 바울의 진단은 이처럼 우리가 앞서 살펴본 제2성전기 유대교 문헌에서 눈에 띄는 것보다 훨씬 더 급진적이다. 아담의 죄는 확실히 보다 광범위하게 인간의 죄의 본보기가 된다. 그러나 바울은 죄 자체를 인간이 하나님의 명령에 순종하면서 극복할 수 없는 권세로 이해한다. 하나님의 명령이 불완전하기 때문이 아니라 인간이 죄가 이끄는 힘에 직면해 노력할지라도 아무것도 할 수 없는 무능함 때문이다. 따라서 모든 인간에게는 그리스도 안에서 누릴 수 있는 생명이 필요하다.

죄의 기원에 대한 야고보의 가르침

야고보서는 죄의 문제에 대한 예리한 진단을 제공한다.[22] 야고보의 생각을 엿볼 수 있는 하나의 창은 야고보서 4:4에서 제시된다. "간음한 여인들아, 세상과 벗된 것이 하나님과 원수 됨을 알지 못하느냐. 그런즉 누구든지 세상과 벗이 되고자 하는 자는 스스로 하나님과 원수 되는 것이니라." 루크 티모시 존슨(Luke Timothy Johnson)은 이 구절이 야

---

21 참고. Udo Schnelle, *The Human Condition: Anthropology in the Teachings of Jesus, Paul, and John* (Minneapolis: Fortress, 1996), 63-66; Klaus Berger, *Identity and Experience in the New Testament* (Minneapolis: Fortress, 2003), 207-9.

22 나는 다음 책에서 야고보서에 관한 이 내용 중 일부를 개작했다. Green, *Body, Soul, and*

고보서에 담긴 도덕적 권면의 신학적 핵심이라고 생각한다.[23] 야고보의 은유는 마음과 생각의 통일성이라는 관점에서 이해되는 우정에 대한 고전적 개념에 의존하고 있다. 예를 들어 키케로(기원전 1세기)는 우정을 "지상에서나 천상에서나 모든 사물에 관한 선의와 호감을 곁들인 감정의 완전한 일치"로 묘사했다(「우정에 관하여」 6.20).[24] 야고보가 "세상"에 대해 가차 없이 부정적으로 묘사하는 것을 고려하면(약 1:27; 2:5; 3:6; 4:4), 세상과의 교제를 하나님과의 교제와 대립시키는 야고보의 극단적인 수사적 표현은 별로 놀랍게 보이지 않는다. 그리스도의 제자들이 직면한 솔직한 선택지들과 더불어 우리는 야고보가 보는 죄의 성격을 이해하는 데 도움을 주는 단어인 "두 마음을 품은" 자들(*dipsychos*)에게 야고보가 독설을 퍼붓는 모습을 발견하더라도 놀라지 않을 것이다(약 1:7; 4:8; 참고. 시 119:113). 순전한 마음이 결여된 두 마음을 품은 자들은 스스로를 속이며 자신들의 감정과 행동은 정반대의 메시지를 보내는 데도 자신들은 진정으로 하나님께 헌신했다고 생각한다. 마지막으로, 야고보는 그의 청중들을 "간음한 여인들"이라고 부르면서(약 4:4) 하나님의 불성실한 아내, 즉 우상숭배를 저지르면서도 야웨와 언약 관계를 맺는(또는 맺었다고 주장하는) 자들인 이스라엘의 성경적 전통을 상기시킨다.

Human Life, 94-98.

23 Luke Timothy Johnson, *The Letter of James: A New Translation with Introduction and Commentary*, Anchor Bible 37A (New York: Doubleday, 1995), 80-88; "Friendship with the World and Friendship with God: A Study of Discipleship in James," in *Brother of Jesus, Friend of God: Studies in the Letter of James* (Grand Rapids: Eerdmans, 2004), 202-20.

24 예를 들어 다음 책을 보라. David Konstan, *Friendship in the Classical World* (Cambridge: Cambridge University Press, 1997).

"세상과 벗된 것"이 무엇인가에 대한 통찰은 이 편지의 여러 본문에서 찾을 수 있지만 아마도 "땅 위의" 지혜를 "혼란과 모든 악한 일"을 일으키는 "시기와 다툼"의 관점에서 묘사하는 대목(약 3:14-16)보다 더 분명한 것은 없을 것이다. 이런 지혜는 하나님이 주시는 지혜와 정반대이며 하나님의 지혜는 "첫째 성결하고, 다음에 화평하고 관용하며, 양순하고 긍휼과 선한 열매가 가득하며 편견과 거짓이" 없다(약 3:17; 1:5을 보라). 따라서 우리는 야고보에게 죄에 빠진 삶의 전형은 일종의 행위가 아니라 관계적으로 범위가 정해진 일종의 헌신, 즉 "세상과 벗된 것"임을 쉽게 알 수 있다.

죄에 대한 야고보의 관점이자 우리의 주제에 더 가까워 보이는 관점으로 통하는 또 다른 길은 야고보서 첫 장에 나타나는데 거기서 야고보는 그의 청중들이 겪는 "페이라스모스"(*peirasmos*, "시험" 또는 "유혹")의 경험에 호소한다. 첫째로 야고보는 시험에서 성숙으로 발전하는 과정을 다음과 같이 간단히 설명한다.

> 내 형제들아, 너희가 여러 가지 시험을 당하거든 온전히 기쁘게 여기라! 이는 너희 믿음의 시련이 인내를 만들어내는 줄 너희가 앎이라. 인내를 온전히 이루라. 이는 너희로 온전하고 구비하여 조금도 부족함이 없게 하려 함이라(약 1:2-4).

다음으로 그는 이번에는 **유혹**(*peirasmos*)으로 이해되는, 시험에서 죽음으로 발전하는 앞에서와 유사한 과정을 다음과 같이 간단히 설명한다.

> 오직 각 사람이 시험을 받는 것은 자기 욕심에 끌려 미혹됨이니 욕심이 잉태한즉 죄를 낳고 죄가 장성한즉 사망을 낳느니라(약 1:14-15).

이 두 연쇄 효과 사이에는 야고보가 예상하는 매우 중요한 질문, 곧 "'페이라스모스'의 근원은 무엇인가?"에 관한 대답뿐만 아니라 "페이라스모스"를 견디는 모든 이들을 향한 축복의 선포가 있다.

이 대목에서 야고보의 논증은 특별한 주의를 요청한다. 우리는 야고보서 1:13-18을 야고보가 하나님의 성품과 선물이라고 주장한 것을 뒷받침하기 위해 창세기 1-3장을 신학적으로 고찰한 것으로 해석할 수 있기 때문이다. 더 분명하게 표현하자면, 하나님은 시험의 근원이 아니시다.

> 내 사랑하는 형제 자매들이여, 속지 마십시오. 모든 좋은 선물, 모든 완전한 선물은 위로부터 옵니다. 이 선물들은 하늘의 빛들의 창조자이신 아버지에게서 내려오며 그분의 성품에는 아무런 변화가 없습니다. 그분은 자신의 참된 말씀으로 우리를 낳으시기로 작정하셨습니다. 그리고 이것이 그 결과입니다. 즉 우리는 그분이 창조하신 모든 것의 수확에서 나온 첫 곡식과 같습니다(약 1:16-18, CEB).

위에서 인용한 CEB(Common English Bible) 역본은 야고보가 창조자이신 하나님을 언급하고 이를 통해 창조를 언급하기 위해 "빛들의 아버지"라는 어구를 사용한다는 점을 분명히 보여준다(창 1:3, 14-17을 보라). 이 하나님은 시험을 보내시는 것이 아니라(약 1:13-15) 좋은 것들을 보내신다. 이 하나님은 좋은 것을 주셨다가 나쁜 것을 주셨다가 하면서 변덕을 부리지 않으신다. 그분의 성품은 일관되게 좋은 것을 주시는 쪽으로 정해져 있기 때문이다. 그리고 이 하나님은 관대하신 것으로 유명하다. 그분은 "후히 주시고 꾸짖지" 않으시며(약 1:5) "온갖 좋은 은사와 온전한 선물"을 주신다(약 1:17).

야고보는 "페이라스모스"가 하나님에게서 비롯된다는 생각을 강하게 부정하고(약 1:13) 그 대신 "페이라스모스"의 근원을 욕구 또는 갈망(*epithymia*)에서 찾는다. 여기서 우리는 의미론적으로 매우 모호한 "페이라스모스"라는 단어를 다루는 야고보의 능숙한 솜씨를 발견한다. 성경적 전통에서 이 단어는 (인간의 삶을 정결하게 하고 깊어지게 하는) 하나님의 시험 못지않게 (인간의 삶을 방해하고 타락시키는) 악마의 유혹도 가리킬 수 있다. 야고보가 보다 일반적으로 추방된 자들처럼 괴로움과 갈등에 직면한 흩어진 나그네들에게 편지를 보내고 있다는 점을 상기해보라. 이런 괴로움과 갈등을 시험으로 묘사해야 하는가, 유혹으로 묘사해야 하는가? 야고보가 보기에 그들의 "페이라스모스"가 "시험"의 모습을 취할지, "유혹"의 모습을 취할지를 결정하는 것은 경험 그 자체가 아니라 인간적 욕구 내지 인간적 욕망, 즉 사람들이 자신들의 악한 성향을 다스릴 것인지, 그 성향에게서 다스림을 받을 것인지의 여부다. 이는 야고보가 인간을 본질적으로 악한 존재로 간주한다는 뜻이 아니다. 비록 우리가 야고보에게 있어서 인간은 창조될 때 지닌 하나님의 형상을 계속해서 지니고 있을 때조차 악으로 기울어진 성향을 그 특징으로 하고 있다고 인식하더라도 그렇다(약 3:9).[25]

야고보는 "욕심"을 거의 불가항력적인 힘으로 간주되는 두 가지 의미 영역에 관련시킨다. 즉 어부가 자신이 애용하는 미끼를 가지려는 행위와 욕구가 강한 남자가 뇌쇄적인 요부에 이끌리는 것과 연

25 Andrew Chester, "The Theology of James," in *The Theology of the Letters of James, Peter, and Jude*, by Andrew Chester and Ralph P. Martin, New Testament Theology (Cambridge: Cambridge University Press, 1994), 39-41; Walter T. Wilson, "Sin as Sex and Sex with Sin: The Anthropology of James 1:12-15," *Harvard Theological Review* 95 (2002): 147-68 (here, 160-61).

관시킨다(약 1:14).[26] 따라서 야고보가 "욕심"을 언급할 때, 그는 자신의 청중이 처한 진정한 어려움의 원천을 외부적 압력이라는 관점으로 생각하지 않으며 확실히 하나님의 뜻을 표현하는 것으로 생각하지 않고 내적인 성향으로 생각한다. 야고보서 1:14-15에서 사용된 "에피튀미아"[27]는 "바람"이라는 중립적인 뜻으로 해석될 수도 있지만 도덕적인 담론에서 사용되는 이 단어에는 전형적으로 "악한 욕망" 또는 "갈망"이라는 부정적 의미가 있다. 여기서 죄와 죽음과 관련한 것들을 생성하는 이 단어의 역할은 이 단어에 부정적인 의미를 부여하고, 그리고 이 단어를 악한 성향의 의미로 사용하는 유대교 전통과 더 넓게 관련을 맺는다(앞의 내용을 보라). 야고보가 죄의 특성이라고 묘사했던 두 마음을 불러일으키는 것이 바로 이 악한 성향이다.[28] 야고보는 야고보서 1:14에서 "이디오스"(*idios*, "자기")라는 단어를 덧붙이면서("자기 욕심") 개인의 책임을 더욱 강조한다.

이어지는 구절들에서 그는 인간적 욕구와 신적 욕구라는 두 종류의 욕구가 지닌 생산적 역할을 다음과 같이 선명하게 대조한다(약 1:15, 18, 21).

---

26 다음 글을 보라. Timothy B. Cargal, *Restoring the Diaspora: Discursive Structure and Purpose in the Epistle of James,* Society of Biblical Literature Dissertation Series 144 (Atlanta: Scholars, 1993), 81-82.

27 야고보서 4:1, 3의 *hēdonē* ("pleasure", "정욕"[개역개정]), 야고보서 4:2의 *epithymeō* ("욕심을 내어도"), 야고보서 4:5의 *epipotheō*("사모한다") 등과 비교해보라.

28 참고. Luke L. Cheung, *The Genre, Composition and Hermeneutics of James* (Carlisle, UK: Paternoster, 2003), 206-13.

하나님의 욕구[29]	인간의 욕구
"진리의 말씀으로", "마음에 심어진 말씀", "그가 그 피조물 중에 우리로 한 첫 열매가 되게 하시려고…우리를 낳으셨느니라."	"죄를 낳고 죄가 장성한즉 사망을 낳느니라."

시련을 굳게 견뎌내면 하나님이 약속하신 생명을 얻지만(약 1:12), 욕망이 자신의 삶을 지배하도록 놔두면 죄와 사망에 이른다(약 1:14-15). 이 도표가 분명히 밝히듯이 인간의 욕망이 지닌 권능의 반대편에는 그에 대한 해독제인 복음이 있으며, 복음은 내면화되었을 때 구원하는 힘이 있다.

야고보의 논증은 표현 방식은 복잡하지만 아주 명쾌하다. 추방된 이들이 자신들의 삶에서 겪는 도전들은 인간의 욕망이 걷잡을 수 없이 표출되는 무대를 제공하고, 그런 무대 위의 삶의 결과는 죄와 사망이다. 비록 그들이 이에 대해 추방자의 삶 자체를 탓하거나 겉으로 보기에 압도적인 유혹에 대한 책임을 하나님이나 마귀에게 돌리고 싶은 유혹이 일어날 수 있지만, 이런 생각은 잘못된 분석이다. 문제는 인간의 내부, 즉 인간적 욕망, 두 마음을 품으려는 성향에 있지 외부에 있지 않다. 해결책은 비록 외부에 있지만(즉 하나님의 "진리의 말씀") 그와 비슷하게 내면화되어야 한다. 하나님의 지혜, 하나님의 말씀을 통해 오는

29 야고보서 1:18에서 야고보는 "자신의 목적을 이루시려고"(New Revised Standard Version), "자신의 선택에 의해"(New Jerusalem Bible), "그가 택하셨고"(Common English Bible, New International Version [2011]), "자신의 뜻에서"(Authorized Version), "그가 원하셨고"(New Americal Bible [2011]) 등으로 다양하게 번역되는 *boulomai*라는 동사("나는 원한다", 또는 "나는 뜻한다")의 단순과거 수동태형을 사용한다.

변화는 한 사람의 인격과 행위에 스며들도록 받아들여지고 충분히 체현되어야 한다.

야고보가 보기에 인간은 그대로 내버려두면 자신의 욕망에 굴복한다. 인간의 마음은 불순종을 향해 기울어 있다. 야고보는 이것이 땅에 속한 지혜의 방식임을 암시하는 것 말고는 어떻게 이런 일이 일어나게 되었는지는 우리에게 말해주지 않는다. 야고보가 우리에게 어떤 암시를 준다면 그 암시는 야고보서 3:6, 15에 나오며 거기서 그는 "혀는…그 사르는 것이 지옥 불에서" 나며 땅에 속한 지혜는 "땅 위의 것이요 정욕의 것이요 귀신의 것"이라고 말한다. 하지만 이러한 언급은 인간의 불성실함이나 죄의 책임을 마귀에게 돌리기 위한 근거를 제공하지 않는다. 야고보는 명백히 인간은 자신의 혀를 제어하고 진지하게 하늘의 지혜를 구할 수 있다고 생각한다. 웨슬리는 야고보서를 묵상하면서 다음과 같은 타당한 결론을 내렸다. "그러므로 우리는 모든 죄의 원인을 우리 자신 밖이 아닌 안에서 찾아야 한다."[30] 또는 야고보가 표현한 대로 "오직 각 사람이 시험을 받는 것은 자기 욕심에 끌려 미혹" 되는 것이다(약 1:14).

단상

이 장을 마무리하기 전에 우리가 지금까지 살펴본 내용을 요약해보자. 첫째, 창세기 3장도, 성경 전체도 훗날 전통적인 원죄 교리로 종합될 특정한 관심사들을 별로 많이 고려하지 않는다. 즉 성경은 전통적으로

30 John Wesley, *Explanatory Notes upon the New Testament* (1754; London: Epworth, 1976), 857.

이해된 타락을 언급하지 않으며 어디서도 아담의 죄를 물리적으로 유전되는 것으로 말하지 않는다. 둘째, 제2성전기의 유대교 문헌은 죄의 기원에 대한 문제를 제기하지만 죄를 내적인 인간적 조건으로 간주하지 않는다. 유대교 문헌은 일반적으로 하나님의 명령에 대한 순종을 죄에 대한 해결책으로 언급한다. 셋째, 바울은 죄에 대한 보다 급진적인 관점으로 인해 세상에서 역사하는 하나의 세력으로 이해되는 죄에 대한 인간의 예속 상태와 죄에 직면하여 해방이 필요한 인간에 대해 말했다. 넷째, 야고보는 "욕심"과 악한 성향에 대한 언급 속에 1세기 유대교 사상을 반영했지만 바울처럼 단지 하나님의 명령을 따르기만 하면 이런 것들을 극복할 수 있다는 어떤 암시도 주지 않는다. 그 대신 야고보는 사람들에게는 그들 안에 깊이 심겨진 복음, 즉 하나님의 말씀이 필요하다고 역설한다. 다섯째, 바울과 야고보는 둘 다 죄의 원인에 대해 사고할 때 창세기의 처음 몇 장에 의존한다. 야고보는 자신의 청중에게 하나님이 아닌 악한 성향이 죄를 만들어낸다는 점을 납득시키기 위해 창조에 대해 숙고한다. 바울은 인간이 죄를 저지르게 된 과정에 대한 이야기의 출발점을 나타내는 동시에 사람들이 아담을 따라 죄에 빠지게 한 일종의 선구자 역할을 했다는 점을 강조하기 위해 아담에 대해 숙고한다. 이처럼 바울과 야고보는 둘 다 죄의 집단적 차원을 강조하고 죄의 유전 가능성을—죄가 생식을 통해 후대에 전해진다는 의미에서가 아니라 본보기와 영향력이라는 의미에서—가정한다.

결론

오늘날의 상황은 전통적인 원죄 교리에 대해 어려운 질문들을 제기한다. 교회 전체가 "원죄"에 대한 공통된 이해에 도달한 적은 한 번도 없었고, 인간의 진보에 관한 오늘날의 낙관주의는 많은 이들이 원죄를 진지하게 받아들이는 것을 어렵게 만들었으며, 신학자들은 하나님이 과거 세대의 인간의 죄악성에 대해 사람들에게 책임을 추궁하실 수도 있다는 개념에 대해 윤리적 반론을 제기해왔고, 진화 생물학은 우리의 첫 인간 조상의 반역을 바탕으로 죄가 온 인류에게 전가되었다는 개념을 약화시켰다. 더구나 바울도, 야고보도 온 인류가 아담의 죄에 연루되었다고 주장하지 않으며 성경과 성경 이외의 유대 문헌 모두 전형적으로 자유의지와 개인적 책임을 주장한다는 사실을 살펴보았다. 그렇다면 우리는 원죄에 대해 무엇을 말할 수 있을까?

원죄 교리가 기독교의 성경에서 **비롯되었다**고 말할 수는 없지만 우리는 이 교리가 **성경적 근거에서 발전되었다**고 주장할 수 있고 주장해야 한다. 이는 최소한 인간의 마음은 죄를 향해 기울어 있고, 죄는 의도적일 수도 있고 비의도적일 수도 있으며, 죄는 인간의 행동에 선행하는 하나의 세력이고, 죄는 인류 전체에 만연해 있다는 우리의 이해와 관련해서는 사실이다. 더구나 바울과 야고보는 죄의 원인이라는 문제에 대해 우리가 바라는 만큼 적극적으로 말하지는 않더라도 둘 다 창세기 1-3장에 대해—야고보는 자신의 청중에게 하나님은 죄의 창시자가 아니라는 점을 납득시키기 위해, 바울은 아담이 온 인류에게 세운 본보기를 강조하기 위해—숙고한다. 한편으로 이는 원죄 교리의 구원론적인 역할로 인한 웨슬리의 원죄 교리 변호에 대해 많은 중요한 말을 할 수 있음을 의미한다. 다른 한편으로 우리가 지금까지 추적해 온 내러티브는 "타락"에 대한 대안적인 이야기—예를 들어 우리의 초기 조상들의 삶은 아직 인류가 하나님에게서 돌아섰을 때 결국 인류를 뒤덮었을 영적인 어둠의 안개 혹은 결정의 혼탁함에 의해 흐려지지 않았다. 그러나 하나님의 음성을 외면하려는 유혹과 욕망에 시달렸고 온갖 종류의 왜곡, 폭력, 학대, 자기중심성에 취약했다는 이야기—를 흔쾌히 받아들일 것이다.[31] 그리고 그러한 내러티브는 원죄 교리의 일련의 요소들—인간의 경험에 만연한 특성으로서의 죄의 출현, 죄의 개인적·구조적인 성격, 인류에게 관계적으로(또는 "환경적으로"[32]) 만연한 질병으로서의 죄의 특성—을 흔쾌히 받아들일 것이다. 따라서 원죄의 문제에 대해 성경은 진화 생물학이 제기하는 주된 문제들을 진지하게 받아들일 충분한 여지를 제공한다. 성경이 증언하는 원죄에 대한 수정된 관점은 최초의 인간 부부인 아담과 하와나 전통적인 역사적 "타락"의 개념이나 죄의 유전적 전달이라는 전통적 관점에 대한 믿음을 요구하지 않는다. 원죄 교리는 성경과 과학 사이의 양자택일이라는 강요된 선택을 촉구할 만한 영역 중 하나가 아니다.

---

31 참고. Veli-Matti Kärkkäinen, *A Constructive Christian Theology for the Pluralistic World* 중 제3권 *Creation and Humanity* (Grand Rapids: Eerdmans, 2015), 387-411.

32 Anthony C. Thiselton, *Systematic Theology* (Grand Rapids: Eerdmans, 2015), 155-56. 『조직신학』(한국 IVP 역간).

애런 리치스(Aaron Riches) 스페인 그라나다에 소재한 에디스 스타인 철학 연구소와 "빛의 사람들" 신학 연구소의 공동 연구원이며 스페인의 산 세실리오 신학 대학원에서 신학을 가르친다. 노팅엄 대학교에서 조직 신학으로 박사 학위를 받았고, *Ecce Homo: On the Divine Unity of Christ* (Eerdmans, 2016)의 저자이며 *Modern Theology*, *Telos*, *Communio*, *The International Journal of Systematic Theology*, *Nova et Vetera* 등 여러 학술지에 논문을 발표했다.

6장

아담의 신비

전통적 교리에 대한 시적 변명

■ **애런 리치스**

교황 비오 12세 이래로 거의 모든 교황은 진화론과 기독교 신앙 사이에는 어떤 갈등도 없다고 점점 더 확신 있게 단언해왔다.[1] 그렇지만 로마 가톨릭교회는 아담이라는 특정한 문제에 대해서는 전통적인 관점을 유지해왔다. 즉 성경이 말하는 아담은 인간 역사의 기원에 서 있는 사람이자, 그가 하나님께 저지른 행위가 "세상을 지으신 창조자의 목적에 어울리지 않게" 세상을 설정한 "본래적 재앙"의 이면에 있다.[2] 비오 12세가 「인류」(*Humani generis*)에서 표현한 대로 원

1 교황의 핵심적인 진술들을 보려면 다음 문헌들을 보라. Pope Pius XII, *Humani generis*, 36; Pope John Paul II, *Message to the Pontifical Academy of Sciences* (1996년 10월 22일), 4; Pope Fancis, *Address of His Holiness Pope Francis at the plenary session of the Pontifical Academy of Sciences* (2014년 10월 27일).

2 John Henry Newman, *Apologia Pro Vita Sua*, ed. David J. DeLaura, Norton Critical Editions (New York: W. W. Norton, 1968), 248.

죄(*peccatum originale*)는 "한 사람 아담에 의해(*ab uno Adamo*) 실제로 저질러진 죄에서 나왔다."[3] 또한 요한 바오로 2세가 1992년에 공포한 교리서에서 「인류」를 인용하며 표현한 대로 "창세기 3장은 비유적 언어를 사용하지만 태고 시대의 한 사건, 인간 역사의 시초에 발생한 한 행위를 단언한다. 계시는 우리에게 인간 역사 전체는 우리의 첫 조상이 자의로 저지른 최초의 잘못으로 특징지어진다는 믿음에 대한 확신을 준다."[4] 교회의 이중적 신념, 곧 한 사람 아담에 의한(*ab uno Adamo*) 인류 역사의 기원에 대한 신념과, 그리고 과학자들과 신학자들이 일반적으로 이 기본적인 주장과 지향점이 다른 것으로 받아들이는 과학적 탐구의 자유에 대한 신념이라는 고통스러운 긴장 관계는 통합의 핵심이 "역설 중의 역설"[5]인 예수 그리스도일 경우에만 가능하다.

이번 장은 인간 역사의 육신적이고 영적인 기원으로 이해되는 아담에 대한 전통적 설명을 시적으로 해명한다. 내가 나의 호소를 "시적인" 호소라고 일컫는 것은 다음 세 가지 이유에서다. 첫째, 나의 논증은 미학적이기 때문이다. 이 논증은 "형식"과 "내러티브"에 관한 논쟁과 관련이 있고, 따라서 우선 엄격하게 교의적이거나 형이상학적인 논증이 아니다(비록 그런 논증을 함축하며 그런 논증에 기여하지만 말이다). 둘째, 이번 장은 (마지막 두 부분에서) 프랑스 시인인 샤를 페기(Charles Péguy)가 육신적 아담에 대해 시로 표현한 변호에 대한 긴 주석으로 귀결되기 때문이다. 마지막 세 번째, 이번 장은 이 논쟁이나 논쟁의 해법에 대한 체계적이거나 포괄적인 설명을 하려는 것이 아니라 오히려 단

3 Pope Pius XII, *Humani generis*, 36.

4 *Catechism of the Catholic Church*, no. 390.

5 Henri de Lubac, *Paradoxes*, in *Oeuvres complètes*, vol. 31 (Paris: Éditions du Cerf, 2010), 8.

지 신비를 옹호하는 반응을 유발하려는 의도를 갖고 있기 때문이다. 따라서 이 변론은 아담에 대한 전통적 교리를 과학적 증거에 맞서 또는 그와 경쟁하며 옹호하려는 것도 아니고, "일치점"을 제안함으로써 옹호하려는 것도 아니며, 다만 성육신의 신비에서, 즉 "비방을 받는 표적"에서(*in signum cui contradicetur*, 참고. 눅 2:34) 나타나는 긴장 관계에 비추어 옹호하는 데 그 목적이 있다. 나는 다음 여섯 가지 주요 부분에서 이 연구를 수행할 것이다. (1) 신학의 예외와 양 극단으로의 환원, (2) 역사적 예수와 아담의 형상(*figura*), (3) 그리스도 중심주의와 아담, (4) 만남의 하부구조, (5) "보아스의 꿈"과 예수의 육신적 역사, (6) 예수에서 아담까지의 세대들.

신학의 예외와 양 극단으로의 환원

과학이 아담을 보는 전통적 관점에 제기하는 과학적 증거의 도전은 예수 그리스도라는 인물이 어떻게 전체에 내재해 있고 그리고 그 전체를 조명하는지와 관련한 기독론적인 도전이다. 신학이 이 주제에 반응할 수 있는 구체적인 방식은 사도 바울이 "믿음의 분수"(analogy of faith, "믿음의 유비"라고도 번역 가능함—옮긴이 주; 참고. 롬 12:6), 즉 "믿음의 진리 그 자체와 요한계시록의 전체 계획에 있는 믿음과 관련된 진리의 일관성"[6]이라고 말한 것을 통해 마련된다. 여기서 그리스도의 통일성과 성경의 통일성은 서로에게 필요한 구성 요소다. 게다가 "만물이 그

6 *Catechism of the Catholic Church*, no. 114.

로 말미암아 지은 바 되었[으니]"(요 1:3)기 때문에 성경은 그 모든 요소에서 본질적으로 실재와 상호 관계가 있는 것으로 이해해야 하며, 그분은 "육신이 되어 우리 가운데" 거하셨으므로(요 1:14) 역사와 생물학도 기독교 신앙과 실제적으로 상호 관련이 있다고 이해해야 한다. 이 마지막 요점은 매우 중요하다. "성경적 신앙이 실제 역사적 사건과 관련이 있다는 것은 성경적 신앙의 본질에 속하는 것이다."[7] 그리고 이는 "육신이 되시고"(*Et incarnatus est*)라는 신앙고백적 선언이 하나님이 진실로 역사 속에, 그리고 생물학적 육체 속에 들어오셨음을 천명할 뿐만 아니라 성경, 즉 이 이야기에 대한 믿음이 진실로 역사이며 실제 주인공들이 행한 실제 사건에 대한 극적인 진술임을 의미한다.[8] 따라서 교황 베네딕토 16세인 요제프 라칭거(Joseph Ratzinger)가 경고하듯이 "우리가…역사를 밀쳐낸다면 보통 말하는 기독교 신앙은 사라지며 다른 어떤 종교로 재구성된다."[9] 근대 이전의 신학은 더 생각할 것도 없이 성경에서 말하는 아담이 진실로 실재했음을 당연하게 받아들였다. 곧 아담은 역사의 표적이 되는 구체적인 행동을 한 실제 인물이었고, 그는 훨씬 더 위대한 역사의 표적이 된 그리스도라는 부활절의 신비와 관련이 있으며 그 표적을 통해 조명된다.

교회의 예배 속에서 아담을 언급하고 기념하는 것도 바로 그 때문

---

7 Joseph Ratzinger-Benedict XVI, Jesus of Nazareth, vol. 1, *From the Baptism in the Jordan to the Transfiguration*, trans. Adrian J. Walker (London: Doubleday, 2007), xv. 『나사렛 예수 1』(바오로딸 역간).

8 그러나 물론 이는 성경의 장르가 곧 "역사서"의 장르라는 말은 아니다. 성경은 적절하게 해석할 필요가 있는 장르들의 복합체다. 구약의 역사와 장르의 문제에 대해서는 다음 책을 보라. V. Philips Long, *The Art of Biblical History* (Leicester: Apollos, 1994).

9 Ratzinger-Benedict XVI, *Jesus of Nazareth*, vol. 1, xv.

이며 교회는 추상적 개념을 기념하지 않는다.[10] 아담이라는 인물은 명백히 신비 속에, 즉 창세기의 처음 몇 장에 주어진 원역사(prehistory)의 신화적 재진술 속에 가려져 있지만 그럼에도 교부들이나 스콜라 철학자들이나 종교 개혁자들 가운데 아담을 단순히 하나의 비유나 우화로 생각한 사람은 아무도 없다.

이러한 사실에도 불구하고 그리스도인들은 현대의 과학적 증거에 직면한 아담의 문제와 관련해 점점 더 양 극단의 입장 중 어느 한쪽으로 쏠리는 경향을 보이고 있고, 양 극단의 입장 모두 "역설 중의 역설"이 조명해주는 이런 전체와 관련한 통합된 기독교적 이상에서 벗어난 결론을 내렸다. 첫 번째 입장은 진화론 및 현대 유전학의 연구 결과와 가설들을 받아들여 프로메테우스가 가졌던 것과 같은 확신으로 시작한다.[11] 최소한 1955년에 프란시스코 아얄라(Francisco Ayala)가 "하와

---

10 단순히 하나의 개념으로 환원할 수 없는 것으로 아담을 노래하는 그리스 및 로마 가톨릭 전통의 많은 예배 찬송가들이 있다. 로마 가톨릭 전통에서 가장 유명한 찬가는 부활 전야제 때 부르는 "부활 찬송"(*Exultet*)인데 이 찬가는 다음과 같이 간구한다. "오, 그리스도의 죽음으로 씻어진, 참으로 필요했던 아담의 죄! 그토록 위대한 구속자를 얻을 가치가 있는 오, 복된 잘못이여!"(*certe necessarium Adae peccatum, quod Christi morte deletum est! O felix culpa, quae talem ac tantum meruit habere Redemptorem*). 예전적 전통의 구체성은 아담을 기념하는 축제를 거행하는 동방 교회와 서방 교회 모두의 선례를 고려할 때 보다 깊은 차원에서 입증된다. 중세 시대 서방 교회 그리스도인들은 12월 24일에 아담과 하와에 관한 축제를 대중적으로 거행했고 지금까지도 정교회 그리스도인들은 크리스마스 직전 주일에 아담으로 거슬러 올라가는 그리스도의 조상들을 기념하면서 아담과 하와를 기념한다. "개념"은 축제일을 가질 수 없다.

11 이 입장을 지지하는 가장 분명한 로마 가톨릭교회의 예는 Pierre Teilhard de Chardin의 저작에서 분명히 나타난다. 예를 들어 그의 다음 책을 보라. *Christianity and Evolution*, trans, R. Hague (London: Collins, 1971). 보다 최근의 가톨릭교회의 예를 보려면 다음 책을 보라. Jack Mahoney, *Christianity in Evolution: An Exploration* (Washington, DC: Georgetown University Press, 2011). 개신교의 예를 보려면 다음 책을 보라. Peter Enns, *The Evolution of Adam: What the Bible Does and Doesn't Say about Human Origins*

의 신화: 분자 생물학과 인간의 기원"[12]을 발표한 이래로, 그리고 압도적으로는 2003년 인간 유전체 발표 이후로,[13] 가장 탁월한 과학적 증거는 교회의 전통적인 가르침을 노골적으로 반박하는 것처럼 보인다. 인류는 10,000명 이상의 조상에게서 유래된 것으로 보이며 확실히 단 한 쌍의 조상 부부에게서 유래된 것은 아니다.[14] 따라서 단 한 명의 최초의 "아담", 홀로 있는 첫 인간이 있었을 리는 없다. 게다가 기원이 되는 하나의 죄, 하나의 행위가 인간 역사의 "어그러진" 경험의 원인일 수도 없다.[15] 누가복음에서 그리스도와 아담 사이의 연결 고리가 무엇이든, 사도 바울의 교리가 무엇이든, 2,000년 동안 교회의 신앙고백이 무엇이든, 아담은 더 이상 인간 역사의 기원에 서 있는 인격적 행위자나 주인공으로 여겨질 수 없다. 창세기의 아담에 대한 내러티브식 기술은

(Grand Rapids: Brazos, 2012); Denis O. Lamoureux, *Evolutionary Creation: A Christian Approach to Evolution* (Eugene, OR: Wipf & Stock, 2008).

12 Francisco J, Ayala, "The Myth of Eve: Molecular Biology and Human Origins," *Science*, New Series 270, no. 5244 (Dec. 22,1995): 1930-36.

13 International Human Genome Sequencing Consortium, "Finishing the Euchromatic Sequence of the Human Genome," *Nature* 431 (2004): 931-45.

14 참고. Dennis R, Venema, "Genesis and the Genome: Genomics Evidence for Human-Ape Common Ancestry and Ancestral Hominid Population Sizes," *Perspectives on Science and Christian Faith* 62, no. 3 (2010): 166-78; Dennis Venema, Darrel Falk, "Does Genetics Point to a Single Primal Couple?," *BioLogos Forum* (April 5, 2010), 〈http://biologos.org/blog/does-genetics-point-to-a-single-primal-couple〉; Stephan Schiffels, Richard Durbin, "Inferring Human Population Size and Separation History from Multiple Genome Sequences," *Nature Genetics* 46 (2014): 919-25. 그러나 과학적 증거를 그렇게 해석할 필요는 없음을 보여주는 결정적인 설명을 보려면 이 책의 Darrel Falk가 쓴 장을 보라.

15 참고. Denis Alexander, *Creation or Evolution: Do We Have to Choose?*, New Edition (Grand Rapids: Monarch Books, 2014), 316-65.

"시적이고 강렬한 비유"[16]일지는 모르지만 아담 자신이 개인적·역사적인 밀도를 지닌 실제 인물일 리는 없다.

두 번째 극단적 입장은 첫 번째 입장을 정반대로 표현한 것이다.[17] 이 입장은 과학적 증거 자료를 프로메테우스가 가졌던 것과 같은 확신을 새롭게 받아들이는 대신 단편적인 성경 본문들을 가장 확실한 과학적 발견으로 전환할 수 있고, 전체를 보여주는 상(*figura*)과 전혀 별개로 이해할 수 있는 독립적인 자료, 곧 "문자적 진리"로 받아들인다. 이 두 번째 입장을 지지하는 이들은 성경이 현대 과학의 "진리"와 똑같은 이성의 차원에 있고, 성경을 "사실"로 입증된 필수 자료들이 담긴 책으로 받아들인다. 이러한 단일한 의미의 차원 위에 존재하는 성경의 자료는 현대 과학의 "사실"과 완벽하게 "대응" 내지 "일치"해야 한다. 그렇지 않으면 과학이 잘못된 것이 분명하다. 성경에는 이런 환원주의적인 의미에서 오류가 없기 때문이다. 이런 생각은 기독교 신앙을 다시 정당화하려는 것이다. 그것은 모든 경우에 성경만이 일견 현대 과학주의로 여겨지는 믿음이 파생한 과학의 연구 결과, 곧 모든 실재를 과학으로 환원해야 한다는 연구 결과가 보인 한계를 신뢰할 만하게 조정해준다고 주장한다. 이 관점에 따르면 모든 불일치하는 경우는 과학과 성경이 특정한 하나의 사실의 문제와 관련한 제로섬(zero-sum) 게임 속에 갇혀 있

---

16 Francis S. Collins, *The Language of God: A Scientist Presents Evidence for Belief* (New York: Free Press, 2007), 207.

17 예를 들어 다음 책들을 보라. Victor P. Warkulwiz, *The Doctrines of Genesis 1-11: A Compendium and Defense of Traditional Catholic Theology on Origins* (Mount Jackson, VA: Kolbe Center for the Study of Creation, 2007); William D. Barrick, "A Historical Adam: Young-Earth Creation View," in *Four Views on the Historical Adam*, ed. Matthew Barrett and Ardel B. Caneday (Grand Rapids: Zondervan, 2013), 197-227.

는(즉 하나가 참이면 다른 하나는 거짓이 되는—옮긴이 주) 경우다.

제2차 바티칸 공의회에서 선언한 것처럼 “새 아담이신 그리스도는…인간을 인간 자신에게 온전히 계시하신다”[18]고 선언하는 대신, 이 두 극단의 입장을 옹호하는 이들은 그리스도와의 만남이 전체를 조명해주어야 할 빛으로서 갖는 중심적 역할을 방해한다. 교의학적 “자료” 대 과학적 “자료”의 변증법에서 신학의 예외는 제거된다. 이 예외는 무엇인가? 인간 예수 자신이 온갖 복잡한 면을 지닌 존재 전체를 떠받치는 로고스라는 것이다. 그분 안에서만 이성은 모든 환원을 넘어 활짝 열린다. 그분은 실재하는 것들의 형상 중의 형상이요 그분 안에서 모든 요소가 보존되는 “역설 중의 역설”이기 때문이다.

역사적 예수와 아담의 형상

아담이라는 문제와 관련해 양 극단의 입장에 들어 있는 믿음과 이성으로의 환원은 성서학에서 가장 유명한 탐구인 역사적 예수 탐구에 내재한 환원과 묘하게 닮아 있다. 역사적 예수 탐구는 지금까지 예수가 살았던 문화적·역사적 상황과 관련한 뜻밖의 통찰을 낳았고 그 속에서 복음서의 드라마는 더 분명하게 조명되었지만, 이 탐구 자체는 결국 예수는 누구인가라는 궁극적인 질문에 대한 어떤 결정적인 해답이나 설득력 있는 해답에 이르지 못했다. 두 탐구 사이의 유사성은 현재 우리가 벌이는 논쟁의 몇 가지 특징을 조명해준다.

18 *Gaudium et spes*, 22.

라칭거는 『나사렛 예수』 제1권 서문에서 역사적 예수 탐구가 어떻게 막다른 골목에 이르렀는지를 회고한다.

> 역사비평 연구가 발전할수록 이 연구는 복음서 안에 있는 전승의 여러 층위를 점점 더 세밀하게 구분하게 되었지만 그 아래 있는 믿음의 진정한 대상—예수의 형상[Gestalt]—은 점점 더 희미해지고 지워졌다. 하지만 그와 동시에 (복음서 저자들이 사용한 전승과 자료의 이면으로 들어가야만 발견할 수 있는) 이 예수에 대한 여러 가지 재구성은 점점 더 서로 양립하지 못하고 있다.[19]

역사비평 연구는 그 성과가 점점 더 집중적이고 엄밀해질수록 믿음의 경험과 **교회와의 공감**(*sentire cum ecclesia*)을 점점 더 무시하고 전체를 통합할 수 있는 "형식"(*forma*)에 대해 점점 더 눈을 감게 된 것 같다. 역사비평 방법을 사용해 예수를 다양하게 재구성한 내용들 간의 부조화가 이 사실을 입증한다.

로마에 반대하는 혁명가 예수는 숭고한 도덕적 스승 예수와 닮은 데가 별로 없고 둘 다 묵시적 예언자 예수나 카리스마 넘치는 치유자 예수와 닮은 데가 별로 없다. 그래서 역사적 예수 탐구는 궁극적으로 자기 해체에 성공했다. 이 연구가 착수한 작업이 바로 잃어버린 것으로 추정되는 예수의 본 모습(*figura*)을 드러내는 일이었기 때문이다. 이 연구의 끝은 그렇게 해서 우리에게 기독교 전통에 내재한 고유한 특징이 있음을 받아들이거나 이 예수를 역사의 쓰레기통에 영원히 버려두거

19 Ratzinger-Benedict XVI, *Jesus of Nazareth*, vol. 1, xii,

나 양단간에 결정해야 할 숙제를 남겨놓았다. 이 속에는 창세기의 아담과의 유비 관계가 있다.

과학적 연구는 숨 가쁜 속도로 인간의 기원에 대해 새롭고 놀라운 해결의 실마리를 던져주는 데 탁월하지만, 믿음을 나타내는 데 사용된 유비와 교회 전통은 결코 아담을 단순히 시적인 알레고리로 기념하지 않았다. C. S. 루이스가 『순전한 기독교』에서 예수는 "미치광이거나 하나님의 아들이거나" 둘 중 하나라고 말한 것으로 잘 알려진 논증[20]을 바꾸어 표현하자면, 아담이 일종의 설득력 있는 은유라는 식의 헛소리를 내놓지 말자. 진정으로 성경을 전체적으로 고려한다면 믿음의 분수인 성경과 교회 전통은 이 문제를 우리에게 열린 문제로 남겨두지 않았다. 이는 역사적 예수와 역사적 아담 사이의 단순한 상응 관계를 의미하지 않는다. 마치 이 두 "탐구"가 동질적인 것처럼 말이다. 분명 첫 번째 경우에 우리는 기록된 역사의 사실을 다루고 있다. 마치 알렉산드로스 대왕이라는 이름을 가진 한 사람이 존재했던 것처럼 나사렛 예수라는 이름을 가진 한 사람이 존재했다. 기독교의 주장은 이 사실의 의미와 관련이 있다. 이 예수라는 인물의 역사적 생애는 신적인 로고스에 속해 있다. 그가 인격적으로 신적인 로고스에 의해 구성되어 그와 "하나"가 될 만큼 전적으로 신적인 로고스에 속해 있다. 따라서 이 1세기 팔레스타인 유대인의 역사 속에서 로고스는 역사를 따랐고 그래서 역사적 조사의 대상이 되었다. 후자인 역사적 아담의 경우에 그는 인간 역사의 첫 번째 존재다. 여기서 기독교의 주장은 아담과 더불

---

20 C. S. Lewis, *Mere Christianity* (London: Collins, 1952), 54-56. 『순전한 기독교』(홍성사 역간).

어 인간 역사 그 자체가 탄생했다는 것이고 이는 역설적으로 "아담"이 최초의 논리적 역사상의 인물이며 그렇기 때문에 역사적 방법으로 연구될 수 없다는 의미에서 역사에 "선행"함을 뜻한다. 그럼에도 예수와 아담, 두 경우 모두 믿음의 모험은 역사나 과학이 입증할 수 있는 것 이상을 수반한다. 그것은 전통, 전해 내려온 것(참고. 고전 11:23; 15:3-8)의 고유한 특성에 대한 근본적인 믿음을 수반한다. 예수의 경우에 그것은 그가 하나님의 아들이며 세상의 구원자라는 모험을 수반한다. 아담의 경우에 그것은 한스 우르스 폰 발타자르(Hans Urs von Balthasar)가 표현한 것과 같이 창세기의 "아담"은 "아무 사람이 아니라 인류 가족을 창시한 사람"이었고 그가 "하나님께 반하는 결정"을 내려 "이 가족 전체를 개인적인 죄가 아닌 은혜의 결핍에 빠뜨렸다"[21]는 모험을 수반한다. 아담은—아무리 신비 속에 가려져 있더라도—이 역사와 죄의 재앙의 최초의 주인공이거나, 우리가 아담을 이 경우에는 원역사라는 쓰레기통 속에 버려지도록 나둬야 하거나 둘 중 하나다.

그리스도 중심주의와 아담

그렇다면 우리는 어디로 가야 하는가? 우리는 과학적 증거에 직면하여 아담이라는 "인물"을 어떻게 의미 있게 입증할 수 있을까? 역설적으로 우리는 아담에게서 시작하는 것이 아니라 믿음의 "전형"인 예수 그리

21 Hans Urs von Balthasar, *Theo-Drama*, vol. 4, *The Action*, trans. G. Harrison (San Francisco: Ignatius, 1994), 183.

스도에서부터 시작해야 한다. 이는 아담에 대해 신학적으로 생각할 것, 즉 믿음의 분수, 곧 기독교의 주장과 관련해 구체화된 핵심에 놓여 있는 "믿음의 진리들의 일관성" 속에서 아담을 응시할 것을 주장하는 것이다. 그리고 이것이 바로 사도 바울이 로마서 5장에서 시작한 출발점이다. 아담은 "오실 자의 모형"이다(*est forma futuri*, 5:4). 아담은 "오실 자"의 "튀포스"(*typos*), 즉 "모형" 혹은 "형상"이다(롬 5:14).

바울의 진술은 하나의 유비를 암시한다. 아담은 예수 그리스도라는 철제 도장과 관련이 있는 밀랍 자국과 같다. 아담은 모형이고 그리스도는 원형이다. 그리고 이것은 다음과 같은 두 가지와 관련이 있음을 의미한다. 우선 고전적인 원죄(*peccatum originale*) 교리의 성경적 근거를 제공하는 로마서 5:12-21의 보다 넓은 문맥—일차적으로 형이상학적 의미에서—은 예수라는 인물과 그분의 구속적 행위의 문제와 관련이 있고, 그리고 그다음에는—이차적으로 형이상학적 의미에서—아담이라는 인물과 아담이 하나님께 반하여 내린 결정이라는 문제와 관련이 있다. 이것이 교황 베네딕토 16세의 결론이다. 베네딕토 16세는 로마서 5:12-21에 대한 교리 교육에서 이렇게 말한다. "이 장면의 중심은…아담과 아담의 죄가 인류에게 미친 결과라기보다는…예수 그리스도와 그분을 통해 인류에게 풍성하게 쏟아진 은혜다."[22] 십자가에 달리신 분에게서 쏟아지는 은혜 안에서만 최초의 인간의 타락이 우리에게 구체화된다. 따라서 그리스도라는 더 큰 **인물** 안에서만 아담이라는 **인물**이 드러난다. 인간 역사의 시초에 벌어진 행위의 의미는 십자가라는

22 Pope Benedict XVI, *Saint Paul: General Audiences (July 2, 2008-February 4, 2009)* (San Francisco: Ignatius, 2009), 90.

구속의 행위 속에서만 분명해진다. 십자가에 달리신 분의 은혜 안에서만 최초의 인간이 저지른 타락은 우리가 인식할 수 있는(인식해야 할) 구체적 사실로 현실화된다. 아담과 아담의 행위가 갖는 우선적 비중은 예수 그리스도라는 역사적인 특정 인물과 그가 부활한 날에 보여준 신비의 사건을 묵상함으로써 조명된다.

그러나 우리가 그리스도에게 가장 중요한 위치를 부여함에도, 우리는 기독론적인 이유로 인해 단순한 "개념"으로 환원될 수 없는 구체적인 아담이 필요하다는 사실을 강조해야만 한다. 아담은 그의 원형만큼이나 실제적이고 구체적인 인물이며, 따라서 단순한 개념이나 비유로 환원될 수 없다. N. T. 라이트가 주장하듯이 "바울은 분명 단 한 쌍의 최초의 부부가 있었을 것이고 그들 중 남자인 아담은 명령을 받았고 그 명령을 어겼다고 믿었다."[23]

로마서 5장에서 제시된 바울의 교리는 그리스도가 역사적 사실이고 아담에게는 실제 신비가 있다는 것 사이의 구체적인 상응 관계를 상정한다. 이러한 상응 관계는 그리스도가 구원 사역에 어떤 역할을 하고, "아담 안에서" 죽은 인간의 상태가 어떻게 "그리스도 안에서" 구원받은 상태로 바뀌는지를 이해하는 열쇠가 된다. 아담은 "구체적인 인물이고…그는 인류의 출발점에 서 있으며 죄의 역사는 그와 더불어 시작한다."[24] 그는 다름 아닌—인간 역사의 기원에 있는 인물이자 죄의

23 N. T. Wright, "Romans," in *The New Interpreter's Bible*, vol. 10 (Nashville: Abingdon, 2002), 526. 바울의 "역사적" 아담(과 각주의 참고 문헌)에 대해 더 알고 싶으면 C. John Collins의 신앙-과학 일치설이 아닌 변증서인 다음 책을 보라. *Did Adam and Eve Really Exist?* (Wheaton, IL: Crossway, 2011), 78-90.

24 Ratzinger, *"In the Beginning..."* (Grand Rapids: Eerdmans, 1995), 71.

기원의 주창자로서—"오실 자의 모형"이다(롬 5:14). 아담의 육신적·역사적 특성은 실제로 살았던 인물로 알려져 있다. 그가 모든 인간 존재 중 가장 육체적이고 역사적인 인물인 그리스도의 모형이기 때문이다. 베네딕토 교황이 로마서 5장에 나오는 그리스도 중심주의를 강조했는데, 코너 커닝햄(Conor Cunningham)은 그것을 자신의 『다윈의 경건한 생각』의 마지막 장에서 보다 급진적으로 표현했다. 그는 그 책에서 "역사적 아담"에 입각한 형이상학적으로 환원되는 일단의 질문들을 제기하지 않기 시작한다. 커닝햄이 효율적으로 사용하는 바울의 전략은 시간/역사를 엄격하게 직선적인 개념으로, 존재/실존을 전적으로 어떤 특정 시점으로 보는 현대적 개념을 위태롭게 한다. 역사는 직선으로 연속된 것이 아니며 존재도 개별적으로 존재하는 "실체들"의 집합체가 아니다. 왜 그런가? 삼위일체적인 관점에서 삼위일체의 위격들은 "실재하는 관계"이고 그 이후로는 관계(*relatio*)가…동등하게 근원적인 존재 형식으로 실체…옆에 있기" 때문이다.[25]

따라서 한편으로 삼위일체 신학에 비추어보면 서로 다른 존재들 사이의 관계는 이제 단순히 "우연적인" 것이 아니라 그 본질적 실재의 구성 요소로 이해되어야 한다. 예를 들어 모든 자녀에게는 어머니와 아버지가 있고 부모는 자신들에게서 나온 자녀의 형태로 관계에 실체를 부여한다. 인간의 부모 자식 사이의 관계에 있어서 이것이 사실이라면 창조물과 하나님과의 관계는 더욱더 그러하며 하나님은 단순히 창조된 존재의 무시간적인 기원이 아니라 창조된 존재의 충분한 현재적

---

25 Joseph Cardinal Ratzinger, *Introduction to Christianity*, trans. J. R. Foster (San Francisco: Ignatius, 2004), 183.

실재다. 피조물은 하나님과의 관계 속에 있는 존재로서만 존재한다. 게다가 존재의 한 근원적 측면으로서의 관계의 회복은 우리가 역사적 존재의 진실을 더 잘 이해하는 데 도움이 된다. 역사적 존재의 어떤 사건도 독립적으로 이해할 수 있는 것이 아니라 그와 반대로 언제나 역사 전체라는 더 큰 상호 관계의 망에 포함되어 있고 따라서 그 속에서 이해해야 한다. 앞서 말한 내용이 일반적으로 사실이라면 아담의 경우는 더 말할 것도 없다. 그는 하나님께 인류의 조상(모든 인간의 육신적 근원)이 되라는 사명을 받았고 따라서 인간 역사의 출발점에서 하나님과 관련하여 인간 전체를 대표하라는 사명을 받았다.

아담은 보편적 인간, 인간의 역사와 존재의 **기원**(*principium*)이다. 그러므로 그는 참된 기원이신 예수 그리스도의 전형이고, 그리스도는 인간의 원형이며 그분의 삶은 그 주위로 모든 역사가 돌아가는 고정점이다. 따라서 커닝햄은 우리에게 바울을 따를 것을 요구한다. "우리는 '모형'을 그것의 원본 안에서만 실체를 가지는 것으로 생각해야 한다."[26] 따라서 아담이라는 가장 두드러진 실재는 철저히 그리스도 안에 있다. 아담이 저지른 원죄라는 가장 오래된 진실이 이미 십자가의 영광을 가리키는 것처럼 말이다. 따라서 "우리는 오직 참된 한 아담…유일한 아담…으로 인해 아담을 이해한다.…[이는] 실증주의적인 관점이나 ["역사주의적" 관점과 같은] 엄밀하게 역사적인 관점에서, 즉 그리스도 이전에는 타락이란 존재하지 않는다는 의미로 타락[의 역사적 사건]이나 아담의 존재를 해석하는 것은 어리석은 일[임을 의미

26 Conor Cunningham, *Darwin's Pious Idea: Why the Ultra-Darwinists and Creationists Both Get It Wrong* (Grand Rapids: Eerdmans, 2010), 378. 『다윈의 경건한 생각』(새물결플러스 역간).

한다].”[27] 그러나 이러한 급진적인 그리스도 중심주의는 기독론적인 환원을 수반하지 않는가? 아담을 이런 식으로 나타내는 것은 그의 사건적·개인적 실재를 그리스도로 축약하는 것이 아닌가? 한스 마두에미(Hans Madueme)는 최근에 아담에 대한 전통적 교리를 변호하면서 커닝햄의 논증이 결국 정확히 이런 종류의 그리스도 일원론으로 귀결된다고 해석한다. “기독론과 구원론이 아담을 집어삼킨다.”[28]

마두에미가 그리스도 일원론에 가하는 경고는 옳다. 기독론적인 환원은 매력적일지는 모르지만 기독론적인 이유로 인해 배격해야 한다. 그리스도는 존재의 궁극적 가치를 사랑과 같은 시공간 속에 놓여 있는 것으로 조명한다. 따라서 기독론은 그 기원에서부터 실제로 존재한 행위자들이 보여준 구체적인 관계성을 필요로 한다. 그러므로 “관계”는 “실체”만큼이나 그리스도의 성육신에 근원적이다. 따라서 성육신하신 주님의 실체적 관계는 진정한 “타자”의 자유를 전제하며 필요로 한다.[29] 이것이 바로 다음과 같은 주장, 즉 예수가 “[계시 안에서] 인간을 바로 그 인간 안에서 완전히 드러내 보여주신다”는 주장, 곧 그분 자신이 아니라, 달리 말해 따로 떨어진 존재가 아니라 “하나님 아버지와 그 사랑의 신비”라는 더 큰 “계시 안에서 인간을 바로 인간에게 완전히 드러내 보여주신다”는 주장이 의미하는 바다. (성자가 허용하신 인

---

27 Cunningham, *Darwin's Pious Idea*, 378.

28 Hans Madueme, "'The Most Vulnerable Part of the Whole Christian Account': Original Sin and Modern Science," in *Adam, the Fall, and Original Sin: Theological, Biblical, and Scientific Perspectives*, ed. Hans Madueme and Michael Reeves (Grand Rapids: Baker Academic, 2014), 225-50, here at 231. 『아담, 타락, 원죄』(새물결플러스 역간).

29 다음 글을 보라. Adrian J. Walker, "The Original Best: The 'Coextensiveness' of Being and Love in Light of GS, 22," *Communio* 39 (2012): 49-65.

간 육체라는 실제적인 육체에서 발생하는) 아버지와 예수가 나누는 사랑의 신비는 하나님의 사랑의 계획에 들어 있는 인간이 가진 궁극적 가치를 드러낸다. 하나님은 인간을 교제의 동반자, 곧 하나님 자신의 존재에 가장 깊이 있는 진리인 사랑의 일에 동참하는 실제 협력자가 되도록 창조하셨다. 이것은 세상(과 모든 인간 및 보통 말하는 인간)을 그리스도 일원론으로 바꾸는 모든 기독론적 환원을 불허하는 세상에 대한 그리스도적인 논리다. 그리스도는 자신이 아버지와 자신의 사랑을 드러내실 때만 오직 자신을 인간에게 드러내신다. 따라서 모든 것은 사랑의 대화, 곧 사랑의 대화를 나누는 참된 행위자들이라는 실제 인격을 가진 존재들의 교제를 가리킨다. 마두에미가 아담을 그리스도로 환원해선 안 된다고 주장하는 것은 기독론과 관련해서는 타당하다. 하지만 커닝햄을 비판하는 그의 주장은 커닝햄이 "모형"과 "원형"의 관계에서 전제하는 역설의 역할을 과소평가하는 만큼 그릇되었다. 이 점을 더 깊이 살펴보자. 히브리서 저자는 구약의 제사와 예수 그리스도의 희생 사이의 관계를 논하면서 결정적으로 중요한 것을 이렇게 선언한다. "율법은 장차 올 좋은 일의 그림자일 뿐이요 참 형상이 아니므로"(히 10:1). 앙리 드 뤼박(Henri de Lubac)은 이 구절에 대해 논평하면서 이 표현이 "얼마나 대담한지"를 강조한다. 이 표현은 "상식"의 "완벽한 뒤엎기"를 수반한다. 우리는 보통 마치 원인이 그 결과에 선행하는 것처럼 원형이나 모델이 모형에 선행한다고 생각한다.[30] 하지만 지금은 "밑그림이 명작을 준비하는 것이다." 따라서 모방한 것이 실제 모델보다 선행하는

30 Henri de Lubac, *Catholicism: Christ and the Common Destiny of Man*, trans. Lancelot C. Sheppard and Sister Elizabeth Englund, OCD (San Francisco: Ignatius, 1988), 172.

것은 불가능하다. 드 뤼박은 계속해서 이렇게 말한다.

> 이것은 앞으로 있을 진리, 언젠가 지상에 나타날 진리다. 미래의 진리, 장차 올 진리—땅에서 솟아난 진리다(*futura Veritas, secutura Veritas—Veritas de terra orta*). 금시초문의 역설이다!…[이는] 기독교적 사실이라는 당황스러운 실재다. 그것은 실체이자 모델이며…이전에 있었던 것…에서 예시되고 반영된 진리다.…기독교적 사실 전체가…[그럼에도] 역사 속에서 준비되어야 했던…그리스도 안에 요약되어 있다. 마치 밑그림이 명작에 선행하는 것처럼 말이다.[31]

이 모든 것은 하나님 안에는 "이전"도 없고 "이후"도 없다는 형이상학적인 사실 속에 수반되어 있다. 하나님의 성육신은 과거 전체를 요약하는 동시에 미래 역사의 흐름을 재구성한다. 교회가 다음과 같이 선언할 수 있는 것은 오직 이것이 사실이기 때문이다. "오, 참으로 필요했던 아담의 죄…그토록 위대한 구속자를 얻을 가치가 있는 오, 복된 잘못이여!"(*O certe necessarium Adae peccatum…O felix culpa, quae talem ac tantum meruit habere Redemptorem!*) 예수 그리스도가 "우주**와 역사의** 중심"이라는 요한 바오로 2세의 말도 앞의 선언에 못지않은 많은 의미를 담고 있다.[32] 형이상학적으로 말하자면 그리스도 사건은 인간의 역사 전체가 그것으로부터, 그것으로, 그것을 위해 펼쳐지는 최초의 사건이다. 그러나 그리스도는 원형이며 아담이라는 **전형**이 그 안에서 드러나는 **형상**

---

31 De Lubac, *Catholicism*, 173-74.

32 John Paul II, *Redemptoris hominis*, 1(강조는 덧붙여진 것임).

이라는 주장은 결코 역사를 성육신으로, 또는 아담을 그리스도로 환원시키는 것이 아니다. 아담을—기독론으로든, 비유로든, 추상으로든—무언가로 환원하는 것은 전부 기독론적인 이유에서 의심스럽다. 기독교의 주장은 그 핵심에 있어서 성육신적이고 인격적이며 역사적으로 구체적이고 하나님이 시간 가운데로 침투하시는 것이다. 그것은 하나님이 그리스도 안에서 선재하는 육신적 역사로부터 성육신한 역사적 존재를 받으셨다고 가정하는 것이다. 예수 그리스도의 역사에는 육신적인 뿌리가 있다. 그 육신적인 뿌리는 최초의 인간이며 그는 다가올 **형상**의 **모형**이다.

만남의 하부구조

N.T. 라이트는 바울은 분명히 아담이 최초의 인간이었고 하나님께 받은 계명을 어겼다고 생각했을 뿐만 아니라 "단 한 쌍의 최초의 부부가 있었다"는 사실을 믿었다고 주장한다.[33] 이것은 바리새인들이 예수를 시험하고자 그에게 아내와 이혼하는 것이 합당한지를 질문했을 때 예수가 그들에게 대답한 견해와 비슷했던 것으로 보인다(마 19:3-9; 막 10:2-9). 예수는 바리새인들이 제기한 질문에 이렇게 대답하신다.

> 사람을 지으신 이가 본래 그들을 남자와 여자로 지으시고[참고. 창 1:27] 말씀하시기를 "그러므로 사람이 그 부모를 떠나서 아내에게 합하여 그

33 Wright, "Romans," 526.

둘이 한 몸이 될지니라" 하신 것을 읽지 못하였느냐?[참고. 창 2:24] 그런즉 이제 둘이 아니요 한 몸이니 그러므로 하나님이 짝지어 주신 것을 사람이 나누지 못할지니라 하시니(마 19:4-6).

예수는 자신이 이 두 이야기가 동일한 한 인간 부부를 가리키는 것으로 이해했음을 분명히 암시하는 방식으로 남자와 여자에 대한 두 가지 이야기(창 1:27; 2:24)를 하나로 엮어 대답하신다.[34] 더구나 최초의 남자와 여자에 관한 창조 이야기를 이렇게 하나로 통합한 것은 그가 모세의 명령에 근거해 이혼을 정당화하려는 바리새인들의 기대에 보다 급진적으로 대답하신 것의 기초가 된다. 그는 다음과 같이 대답하신다. "모세가 너희 마음의 완악함 때문에 아내 버림을 허락하였거니와 본래는 그렇지 아니하니라"(마 19:8). 교황 요한 바오로 2세가 인간의 사랑에 대한 교리 교육에서 아름답고 치밀하게 설명한 것처럼, 우리는 예수의 논증에 있는 존재론적 밀도를 "처음부터" 소극적으로 해석해선 안 된다.[35] 최초 부부가 서로를 상호 보완하도록 창조한 형이상학적 구성은 인간이 타자와 만나며 느끼는 기분 좋은 놀라움을 통해 자신에게 있는 인간성의 깊은 신비로 들어가 인간 존재를 인격적으로 자각하도록 규정된 것으로, 곧 인간을 사랑하도록 규정된 존재로 깨달을 수 있는 더 깊은 근본 의미로 인도한다.

"처음부터" 그랬기 때문에, 곧 아담과 하와가 그랬기 때문에, "나"

---

34 John Collins는 이 이야기에 아담과 하와에 대한 신약의 관점의 기초로서 큰 중요성을 부여한다. 다음 책에 나오는 그의 논평을 보라. *Did Adam and Eve Really Exist?*, 76-78.

35 Pope John Paul II, *Man and Woman He Created Them: A Theology of the Body*, trans. Michael Waldstein (Boston: Pauline Books & Media, 2006).

와 "너"가 사랑에 빠지는 모든 만남은 "나"와 성육신하신 그리스도의 궁극적 만남으로 규정된 인간의 신비를 드러내는 계시다. 그리스도는 "인간을 인간 자신에게 온전히 계시하시고 인간의 가장 고귀한 소명을 밝히 드러내신다."[36] 그는 시작과 끝의 통일이시다. 그는 알파와 오메가이시다. 이는 원형의 **형상**이신 예수가 자신을 낮추셔서 자신의 오심이 사랑의 만남이 될 수 있도록 진정으로 자신에 선행하며 자신으로 환원될 수 없는 한 진정한 개인 역사를 필요로 하실 만큼 그분 자신 안에 자기 존재의 **형상**으로서 인격적 만남이 이루어지는 근본 구조를 포함하고 계심을 의미한다. 그리고 이것이 곧 예수가 실재 전체를 환원이 아닌 타자를 진정으로 인식하는 형태로 자기 속에 껴안으시는 방식이다.

우리는 이런 신학적 출발점과 관련 있는 하나의 선례를 육체를 노래한 아담의 이야기에서 볼 수 있다. 요한 바오로 2세는 아담의 이야기를 "인간학적 실재의 정수"라고 말했다.[37] 이 인간학적 실재의 정수는 인간 역사에서 최초로 울려 퍼진 즐거운 외침, 즉 하와가 창조된 순간 아담의 입에서 나온 외침이다. "이는 내 뼈 중의 뼈요, 살 중의 살이라"(창 2:23). 요한 바오로 2세에 따르면 최초의 남자는 "방금 여인을 보고…**그녀 안에 분명하게 인간성이 나타나는 것**…을 확인하고 그 이름을 부를 수 있었던 것처럼 그것을 기쁘게 외쳤다."[38] 이 만남의 통찰은 결정적이다. 아담은 하와의 존재를 자각하면서 자신에게 있는 인간성의 의미가 무엇인지를 의식한다.[39] 하와는 아담을 아담 자신에게 드

36 *Gaudium et spes*, 22.

37 John Paul II, *Man and Woman He Created Them*, 9.4, 164.

38 John Paul II, *Man and Woman He Created Them*, 9.4, 164.

39 다음 책에서 Ajit Varki와 Danny Brower는 다른 모든 동물들과 비교되는 인간의 뇌

러낸다. 이는 마치 인간의 기초 구조가 바로 이 만남을 위해 창조된 것과 같다. 분명 성경의 내러티브에서 타락만큼이나 중요한 이 최초의 만남은 우리에게 마침내 우리의 뼈 중의 뼈요, 살 중의 살이 되셔서 우리를 우리 자신에게 드러내실 사랑받는 아들이신 하나님과의 만남을 확고부동하게 암시한다. 인간 역사와 생물학의 전체 계보가 지금 현상을 넘어선 것, 과학의 자료 안에 있고 그리고 그 너머에 있는 것을 추구할 것을 요청하는 것처럼 퍼져나가는 것은 이 최초로 울려 퍼진 즐거운 외침에서 비롯되었다. 사실 이것은 기본적인 인간적 경험, 인간이 실재 앞에서 느끼는 경이감의 경험, 과학 연구의 새로운 발전에 박차를 가하고 존재의 "신비" 앞에서 경배하고 싶은 마음을 불러일으키는 경험이다. 그 경험은 이탈리아의 시인 레오파르디의 몇몇 시구에 요약되어 있다. 그는 이렇게 읊는다.

> 하늘의 불타는 별들을 바라볼 때 나는 자문한다.
> 타오르는 횃불이 왜 저리 많은가?
> 끝없는 창공은 왜 있으며
> 하늘은 왜 무한히 넓은가?
> 이 거대한 고독은 무엇을 뜻하는가? 아니, 나는 무엇인가?[40]

의 독특성에 대한—전적으로 부정적이더라도—상호 연관된 설명을 제시한다. *Denial: Self-Deception, False Beliefs* (New York: Hachette, 2013).

40 원문: "E quando miro in cielo arder le stelle:/ Dico fra me pensando:/ A che tante facelle?/ Che fa l'aria infinita, e quel profondo/ Infinito Seren? che vuol dir questa/ Solitudine immensa? ed io che sono?" Giacomo Leopardi, "Night Song of a Nomadic Shepherd in Asia," in *Leopardi: Selected Poems*, trans, and ed. Eamon Grennan (Princeton: Princeton University Press, 1997), 57-66, 61. 번역을 약간 수정함. 참고. Luigi Giussani, *The Religious Sense*, trans. John Zucchi (Montreal: McGill-Queen's

이것은 인간의 모든 모험에 생기를 불어넣는 인간 정신이 추구하는 생명의 비약(vital élan)이다. 이러한 인간의 깊은 성찰은 인간이 자기 자신에게 자각을 불러일으키는, 곧 요한 바오로 2세의 표현처럼 "모든 인생의 질문에 대한 대답"이신[41] 그리스도와의 만남을 향해 나아가는 노력이다.

보아스의 꿈과 예수의 육신적 역사

눈앞에 있는 현상 너머의 이러한 실재를 추구하며, 나는 프랑스 가톨릭 시인 샤를 페기의 제안을 살펴보고자 한다.

하비에르 마르티네스(Javier Martínez)와 세바스티안 몬티엘(Sebastián Montiel)은 페기의 저작을 최근 스페인어로 번역했고 번역서 서론에서 이 프랑스 시인을 20세기 "성육신의 예언자"로 묘사한다.[42] 그들에 따르면 페기는 자신의 예언을 시로 표현했고, 그 내용을 담은 그의 시는 "존재와 사건의 [통일성]", 즉 인간의 실재에 대한 구체적인 경험을 나타내며 기독교 정통 신앙의 기초인 역사와 형이상학, 사실과 존재의 환원될 수 없는 상호 내재성을 증언한다. 그러나 페기의 신학은 그가 당

University Press, 1997), 45-46.

41 John Paul II, *Homily at Camden Yards*, Baltimore, October 8, 1995. 다음 책에서 인용. George Weigel, "Diognetus Revisited, or, What the Church Asks of the World," in *Against the Grain: Christianity and Democracy, War and Peace* (New York: Crossroad, 2008), 64-84, 76.

42 Javier Martínez and Sebastián Montiel, "Introducción," Charles Péguy, *El Frente està en todaspartes (Selección de textos)*, trans, and ed. Javier Martínez and Sebastián Montiel (Granada: Nuevo Inicio, 2014), 55.

대의 스콜라 신학자들에게서 배운 것이 아니라 반가톨릭적인 견해로 유명한 시인, 즉 그가 흠모한 시인인 빅토르 위고(Victor Hugo)에게서 배운 것에 기초한다(위고는 마지막 유언장에서 "모든 영혼들의 기도"를 간곡히 부탁하면서도 "모든 교회의 추도사"는 거부한 것으로 유명하다).

1910년 위고와 위고에게서 배운 것에 헌정한 글에서, 페기는 위고가 룻기의 한 장면을 시적으로 해석해 쓴 시 "잠든 보아스"(Booz endormi)를 강조한다.[43] 페기는 "잠든 보아스"에서 인간적 실재의 핵심적 사실인 성육신에 대한 결정적인 "이교적 증언"을 발견한다. 위고가 쓴 시의 핵심 구절은 다음과 같다.

그 꿈속에서 보아스는 한 떡갈나무를 보았다네.
그 나무는 보아스의 배에서부터 창공을 향해 뻗어 올라갔다네.
한 민족이 거기서 긴 사슬처럼 줄지어 올라갔다네.
한 왕이 나무 아래에서 노래하고 한 신이 나무 위에서 죽어갔다네.[44]

페기가 보기에, 이 구절은 우리에게 인간의 육신에서 발전해가는 성육신의 신비를 일깨워주는 인간적 경험의 모습을 분명히 보여준다. 기쁨

43 Charles Péguy, "Victor-Marie, comte Hugo," in *OEuvres en prose complètes*, vol. 3 (Paris: La Plèiade, 1992), 161-345. 나는 이 글에 대한 스페인어 선집의 번역도 사용했다. Martínez and Montiel, "La encarnación" in Péguy, *El Frente està en todas partes*, 155-61.

44 원문: "Et ce songe était tel, que Booz vit un chène/ Qui, sorti de son ventre, allait jusqu'au ciel bleu;/ Une race y montait comme une longue chaine;/ Un roi chantait en bas, en haut mourait un dieu." Victor Hugo, "So Boaz Slept," trans. R. S. Gwynn, in *Poets Translate Poets: A Hudson Review Anthology*, ed. Paula Deitz (Syracuse, NY: Syracuse University Press, 2013), 82-85. 이 네 줄의 시행은 다음 책에서 인용했다. Péguy in "Victor-Marie, comte Hugo," 236.

과 능력의 화신인 노래하는 왕은 인생의 형통함의 절정인 죽어가는 신을 떠받치면서 나무 밑동에 서 있다. 한편으로 죽어가는 신은 존재하는 모든 것의 궁극적 근거인 로고스지만, 그 신은 자신이 만든 것이 궁극적으로 번창한 결과인 죽어가는 육체를 수용하고, 이것, 곧 마치 인간성이 성육신을 낳는 것처럼 [위고가] 그 신의 육체적 존재의 근거인 몸을 **수용하는** 신에게 이처럼 주목하는 것이 특별히 이교적인 측면이다.

페기가 보기에 때때로 잊어버리기를 잘하는 기독교 위에 비추어진 이 참된 빛에 대한 "이교적인 증언"의 핵심은, 성육신이 한편으로 인간의 육신의 긴급한 부르짖음으로부터 갑자기 나타난다는 것이다. 그리스 정교회 신앙은 그 반대편에서 출발점을 택한다. 니케아 신조와 요한복음에서 성육신은 위를 향한 인간 마음의 갈망이 아니라 "위로부터 내려오신"(*descensus de caelis*) 하나님의 아들의 강림에 의해 압도적으로 확증된다. 그러나 위고의 시에서 페기는 인간의 본래적이고 기본적인 경험, 모든 면에서 신적인 신비를 육체로 낳을 육신적 긴급함으로 이루어진 것에 대한 해명을 읽어낸다.

따라서 기독교 신학과 신앙의 올바른 출발점이 위에서 내려온 신적인 로고스와의 만남이라면(참고. 요 6:38), 이교적 증언이 신앙으로 하여금 기억하도록 돕는 것은 한 성자 안에서 만나는 두 가지 움직임이 있다는 점이다. 그분은 영원히 "성부에게서 나온"(*ex Patris*) 분이지만 그럼에도 육신적으로는 "마리아에게서 나온"(*ex Maria*) 분이기도 하다. 따라서 예수에게는 족보가 있다. 즉 예수는 진정으로 "인간이 되셨으며"(*homo factus est*) 그 결과 인간에게서 나오셨음을 보증하는 몸과 역사가 있다.

페기는 신학에서 규범적으로 그렇게 하듯이 성육신을 위로부터 내려오신 예수의 **형상**으로 고찰할 수도 있지만 "이교적인" 연관성 있는 고찰도 있음을 보여주기 위해 이러한 성육신의 이중적인 움직임이 의미하는 긴장을 움켜쥔다. 그리스도를 영원한 것의 관점에서(*ab aeternitate*) "**영원한 것**에 일어난 역사"[45]로 생각하는 대신 성육신을 "육신적 연쇄의 육신적 충만함"[46]처럼 육신 그 자체 안에서 일어난 사건의 신비로운 일치로 생각할 수도 있다. 그리고 그것은 "하나님을 낳은 **흙에 일어난** 역사"로 이해되는 예수의 역사로 귀결된다.[47] 이런 각도에서 시간적인 것은 꽃을 피우는 사건으로 이해되며, 성육신은 시간적인 열매로, 다시 말하면 "땅의 열매…육신과 땅에 발생하는 하나의 (완성시키는, 최고의, 제한된) 역사로" 이해된다.[48] 페기는 이런 각도에서 보면 우리는 하나님을 정당하게 "그분의 피조물의 측면에서, 그의 피조물의 편에서[그의 피조물 내부에서부터] 오시는 분으로…하나님의 피조물, (자기의) 하나님을 환영하는 피조물 속으로 일련의 피조물들을 통해 오시는 하나님, 즉 육신적 열매로서 하나님께로 이어지는 다윗의 혈통"으로 간주하고 바라본다고 말한다.[49] 이 관점에 따르면 이스라엘의 살(flesh)은—육체적인 방식으로—하나님이 마침내 뼈 중의 뼈요 살 중의 살이 되시기를 진정으로 원한다는 의미에서 성육신을 낳는다. 바르게 이해하면 이러한 위를 향한 인간의 갈망은 당연히 어떤 식으로든 하나님이 육신을 입고 내려오시는 것을 결정하거나 전체적인 하나님의 놀라운 계획을 축소시킬 수 없으며 그 계획을 요구하는 일은 더더

---

45 Péguy, "Victor-Marie, comte Hugo," 235.

46 Péguy, "Victor-Marie, comte Hugo," 234.

47 Péguy, "Victor-Marie, comte Hugo," 235. Péguy의 글에 나오는 모든 강조체 및 대문자는 원저자의 것이다.

48 Péguy, "Victor-Marie, comte Hugo," 235.

49 Péguy, "Victor-Marie, comte Hugo," 236.

욱 할 수 없다. 신학은 피조물은 피조물이고 하나님은 하나님이라고 바르게 주장할 것이다. 그럼에도 성육신을 묵상하는 이 다른 방식이 우리에게 기억하도록 도와주는 것은 바로 이것이다. 즉 성육신에 대한 일체의 적절한 신학에 대해 요구되는 철저히 구체적이고 육체적인 특수성이다.

예수에서 아담까지의 세대들

페기에 따르면 성육신에 대한 "이교적인 증언"의 궁극적 근거는 마태복음의 족보와 누가복음의 족보 사이의 긴장을 일으키는 상호 보완성에서 나온다. 페기에 따르면 전자의 족보는 규범적으로 기독교적인 반면—그것은 선택 및 구원, 믿음의 기원과 관련이 있다—이방인의 복음서 저자인 누가의 족보는 땅 속에 뿌리박은 특성과, 최초의 육체와, 궁극적 근원, 인간의 원형까지 그 근원을 추적할 수 있는 하나의 사실인 예수의 육체성과 관련이 있다는 의미에서 "이교적"이다.

사실 페기에 따르면 마태복음의 족보는 족보가 아니라 "둘째 아담인"[50] 아브라함부터 예수까지의 세대들에 대한 설명이다. 둘째 아담인 아브라함을 부르신다는 것은 무엇을 의미하는가? 페기가 보기에 그것은 아브라함이—첫째 아담처럼—육체적이고, 창조되었으며, 시험을 받았고, 쫓겨났을 뿐만 아니라 또한 육체적으로 태어났고 육체적으로 선택받았으며 육체적으로 택한 백성의 조상, 즉 "육체적인 동시에 영적

50 Péguy, "Victor-Marie, comte Hugo," 237.

인 기원"[51]으로 선택되었음을 뜻한다.

선택에 대한 육체적·영적인 믿음의 기원에는 페기가 보기에 구체적인 "육체의 범죄"를 통해 전해지는 세대들에 대한 진술이 암시하는 두 번째 열쇠가 있다.[52] 이 범죄들은 최소한 족보에 언급된 네 여인 중 세 명인 다말, 라합, 밧세바("우리야의 아내")에 대한 언급을 통해 암시된다. 이 이름들은 가장 육체적이고 끔찍한 죄인 강간, 매춘, 간음, 살인, 근친상간을 떠올리게 한다. 첫 아담의 유산은 이런 식으로 믿음의 조상 아브라함의 선택과 함께 시작하는 족보를 통해 메아리친다. 페기는 이렇게 말한다. "예수의 육체적 혈통은 끔찍하다는 점을 인정해야 한다. 사람들 중에, 다른 사람들 중에" 예수처럼 "이렇게 많은 죄 지은 조상들을 가진 사람은 별로 없을 것이다."[53] 죄의 수치와 재앙에 짓눌린 육신적이고 범죄적인 예수의 혈통은, 페기에 따르면 하나님의 내려오심이 지닌 의미에 내재되어 있으며 "성육신의 신비에 그 모든 가치를 부여한다."[54] 그리고 마태는 아무것도 숨기지 않는다.

마태복음에 나오는 "예수의 족보"는 성육신의 뿌리를 믿음과 선택에 두는 반면 누가복음에 나오는 족보는 그와 다른 무언가를 제시한다. 누가의 족보는 그와 반대 방향으로 움직여 예수에서부터 거꾸로 육신적 기원까지 탐색한다.[55] 마태는 예수의 족보로 복음서를 시작하는 반면 누가는 예수의 족보, 즉 "첫 번째 아담, 육신적 아담까지 쭉 거슬

51 Péguy, "Victor-Marie, comte Hugo," 237.
52 Péguy, "Victor-Marie, comte Hugo," 238.
53 Péguy, "Victor-Marie, comte Hugo," 239.
54 Péguy, "Victor-Marie, comte Hugo," 239.
55 Péguy, "Victor-Marie, comte Hugo," 240.

러 [올라가는]…현세적 인류"[56]를 탐색하기 전에 예수의 사역이 시작될 때까지 기다린다. 마태는 시간을 따라 내려오는 반면 누가는 시간을 거슬러 올라간다. 이는 마치 두 경우 모두 하나는 아래로 내려가고 다른 하나는 위로 올라가는 똑같은 시간을 다루고 있는 것과 같다는 점을 페기는 우리에게 상기시킨다. 마태는 예수의 족보의 뿌리를 우리의 믿음의 조상 아브라함에게 두는 반면 누가는 그 족보의 뿌리를 예수 자신에게 둔다. "예수께서 가르치심을 시작하실 때에 삼십 세쯤 되시니라. 사람들이 아는 대로는 요셉의 아들이니"(눅 3:23). 누가는 여기서부터 아들에서 아버지에게로, 다시 그 아버지에게로, "그 위는 에노스요 그 위는 셋이요 그 위는 아담이요 그 위는 하나님"까지 차근차근 거슬러 올라간다(눅 3:38).

페기에 따르면 아들에게서 아버지에게로—"그는 ~이요, 그는 ~이요"(*qui fuit, qui fuit*)—육신적 세대에서 육신적 세대로 차례로 거슬러 올라가는 족보의 핵심은 첫 아담과 하나님 자신에게서 받은 하나님의 아들인 첫 아담의 육체성에 도달하는 것이다. 아담의 육체적 친자 관계의 신비는 정확히 그것이 아담의 몸이 하나님에게서 또 다른 "친자 관계"(*qui fuit*)를 통해 생겨난 것과 마찬가지라는 사실에 있어서 다름 아닌 성육신하신 아들의 친자 관계를 드러내는 신비다. 따라서 페기가 보기에 첫 아담의 육체적 친자 관계를 드러내는 신비는 "우리 아버지(*Pater noster*)이신 하나님 안에 무언가 육체적인 것이 있다"[57]는 점을 시사한다. 성부 하나님은 육신을 주는 아버지인 아담에게 참되고 육체적

56 Péguy, "Victor-Marie, comte Hugo," 240.

57 Péguy, "Victor-Marie, comte Hugo," 242.

인 아버지이시다. 하나님은 여느 아버지가 여느 아들의 아버지인 것과 마찬가지로 아담에게 아버지이시다. 다른 여느 인간 아버지와 하나님을 구별해주는 유일한 차이점은 하나님 뒤에는 다른 어떤 존재도 없다는 점이다. 인류 일조설(monogenesis) 교리는 참이다. 모든 인간은 단 한 분의 부모, 즉 아담의 아버지에게서 나왔다.

결론

나는 아담에 대한 전통적 교리와 현재의 과학적 합의 사이의 견딜 수 없는 긴장이 무엇이건 신학은 초조하게 "종합"을 시도할 것이 아니라 오히려 역설 중의 역설인 예수 그리스도를 감수하는 모험을 감행해야 한다는 제안으로 이번 장을 시작했다. 지나치게 현대 과학에 의해 결정된 신학적 상상력은, 그것이 고통스런 개념적 종합이든 아담을 비유로 환원하는 것이든 과학적 증거에 대한 창조론자의 배격이든 어떤 모습을 취하더라도, 인간 역사의 기원에 담긴 불가해한 신비를 저버린다. 인간 역사의 기원은 신적인 신비의 과잉 결정과 "원시적 재앙"에 의해 이중으로 가려진다. 하지만 하나님 자신은 아담에 대한 탐색을 허락하신다.

원죄 이후 창세기의 명백히 암울한 본문이 진술하듯이 "아담과 그의 아내가 여호와 하나님의 낯을 피하여 동산 나무 사이에" 숨었을 때 (창 3:8) 하나님은 자신의 피조물을 찾아 나서셨다. "그날 바람이 불 때 동산에 거니시는…여호와 하나님이 아담을 부르시며 그에게 이르시되 '네가 어디 있느냐?'"(창 3:8-9). 하나님의 어쩔 줄 모르는 부르짖음은 "나의 하나님, 나의 하나님 어찌하여 나를 버리셨나이까?"(막 15:34)라는 십자가에 달린 성자의 인간적인 부르짖음에서 궁극적으로 메아리치는, 내려오시는 사랑의 신적 유기를 촉발한다. 인간 역사의 드라마는 아담을 찾으시는 하나님의 부르짖음과 하나님을 부르시는 그리스도의 부르짖음 사이에서 펼쳐진다. 그러나 하나님의 내려오심은 여기서 멈추지 않고 하나님 자신을 그분의 타락한 피조물을 찾아 지옥 밑바닥으로 내려가시게 한다. 가장 먼 경계에 있는 그곳에서만 하나님께 버림받은 성자는 스스로 하나님께 버림받은 그 먼 나라에서 최초의 인간 아담을 발견하신다. 예수의 지옥 정복을 그린 고대 그리스의 성화에서 예수를 아담과 하와를 죽음의 빈 공간에서 꺼내시는 모습으로 묘사하는 것처럼 중세 시대의 서방 교회 기독교인들은 12월 24일에 아담과 하와의 구원 축일을 기념했다. 그리스도는 인간이 된다는 것이 무엇을 의미하는지에 대한 계시일 뿐만 아니라 죄 지은 인류를 그 살아 있는 기원인 첫 아담의 얼굴에서 분리시키는 간극의 메울 수 없는 횡단점이다. 그리스도만이 인간을—인간의 가장 깊은 육체적 뿌리에서—망각의 구덩이로부터 구원하신다.

3부

"기원"을 넘어

문화적 함의

브렌트 워터스(Brent Waters) 일리노이주 게렛 복음주의 신학교의 기독교 사회 윤리 석좌 교수이자 제리 L. 앤드 메리 조이 스테드 윤리 및 가치관 센터 책임자다. 브렌트는 옥스퍼드 대학교에서 철학 박사, 클레어몬트 신학교에서 목회학 박사와 신학 석사 학위를 받았다. 그의 가장 최근 저서로는 *Christian Moral Theology in the Emerging Technoculture: From Posthuman Back to Human*, *This Mortal Flesh: Incarnation and Bioethics*, *The Family in Christian Social and Political Thought*, *From Human to Posthuman: Christian Theology and Technology in a Postmodern World*, *Just Capitalism: A Christian Ethic of Globalization* 등이 있다.

7장

인간의 본래적인 모습의 회복을 넘어서

타락과 완전에 대한 추구

■ **브렌트 워터스**

창세기 3장에 기록된 것처럼 타락은 성경 곳곳에 스며들어 있는 이야기다. 하나님은 아담과 하와를 에덴동산에 두시고 그곳을 돌봐야 할 임무를 맡기신다. 이 의무를 이행하는 동안 그들은 동산에 있는 어떤 나무에서든, 특히 생명나무에서 그 열매를 먹어도 된다. 그러나 하나님은 그들에게 선악을 알게 하는 나무의 열매를 먹는 것을 금지하시며, 그들이 이 금지 명령에 불순종하면 그에 대한 형벌은 죽음이다.

뱀은 하와를 유혹하여 그녀에게 금지된 열매를 먹어도 죽지 않을 것임을 암시한다. 오히려 하와는 단지 지식과 지혜에 대한 일종의 신적인 독점권을 보호하려고만 하는 하나님과 같아질 것이다. 하와와 아담은 유혹에 굴복하여 금지된 열매를 먹는다. 그 결과는 끔찍하다. 그들은 에덴동산에서 쫓겨나며 그들을 떠받치는 생명나무에 접근하는 것이 허락되지 않는다. 그들은 이제 선과 악을 알기 때문에 영원히 살도록 허락받아서는 안 되며 결국 죽는다. 그들과 하나님과의 관계는 깨졌다. 그들은 더 이상 동산에서 하나님과 동행하지 않는다. 그들의 관계도 망가졌다. 평등은 하와가 아담의 다스림에 종속되는 것으로 대체된다. 심지어 자연도 그들에게 등을 돌린다. 동산 가꾸기는 더 이상 힘들지 않은 즐거운 일이 아니라 끝없는 고역이 뒤따르는 저주다. 더구나 이후 세대들은 아담과 하와의 불순종의 결과로 고통을 당한다.

이 이야기에 대한 해석이 문자적이든, 상징적이든, 비유적이든, 신화적이든, 또는 그 해석에 다른 어떤 단어를 갖다 붙이든 그 기본적인 줄거리는, 인간의 조건이 마땅히 그렇게 되어야 할 조건과 다르며 바로잡을 필요가 있다는 것이다. 아담과 하와는 선악을 알게 하는 나무 열매를 먹고서 그들 자신과 그들의 후손을 그들과 하나님, 창조세계, 같은 피조물과의 깨어진 관계에서 비롯되는 무질서한 욕망의 조화되지 않은 악한 삶에 내맡긴다. 이 주제는 성경 전체에 걸쳐 거듭해서 되풀이된다. 사람들이 에덴동산에 다시 들어갈 수 없다면 그들은 그들만의 적당한 대체물을 구성할 것이다. 예를 들어 창세기 11장에서는 사람들이 시날 땅에 모여 자기 이름을 내고 더 이상 하나님이 자신들을 추방하신 살기 힘든 세상에서 방랑자가 되지 않도록 하늘에 닿을 탑을 지닌 한 성읍을 건설했다고 말한다. 그들은 자신들의 조상 아담과 하와가 마땅히 되고자 애썼던 신들처럼 되려고 애쓸 것이다. 그러나 하나님은 신과 같은 지위를 얻기 위한 어떤 노력도 허락하지 않으시고 그들의 언어를 혼잡케 하셔서 효과적으로 그들을 다시 한번 지면에 흩어버리실 것이다. 성경의 많은 내용은 부분적으로 자신들의 생각대로 타락을 극복해보려는 시도를 하다가 거듭 실패하는 인간들의 이야기와 그 헛된 노력에서 비롯된 다툼과 고난으로 묘사할 수 있다.

"타락"이 특히 잃어버린 황금기라는 이교적인 개념과 결합되어

서구의 종교적·도덕적·지적 상상력에 심대한 영향을 끼쳤다는 말은 절제된 표현이다.[1] 예를 들어 기독교는 인간들이 구원받아야 할 죄에 대한 최소한의 이해 없이는 생각할 수 없다. 인간의 욕망이 무질서하지 않고 제대로 질서 잡혀 있었다면, 도덕이나 윤리는 불필요했을 것이다. 개인과 사회들은 그들 사이의 친교가 깨어지지 않았다면 질투, 탐욕, 허영의 악영향을 받지 않을 것이다. 원래 에덴동산의 조화를 회복할 수 있다면 약간의 예의를 유지하기 위한 정치적 강제의 필요성은 아무 역할도 하지 못할 것이다. 아담과 하와가 금지된 열매를 먹고 가짜이긴 하지만 신과 같은 선악을 아는 지식을 감히 얻으려 하지 않았다면 인간의 상황이 이토록 엉망진창이 되지는 않았을 것이다.

그러나 인간이 처한 상황은 엉망진창이고 종교적·세속적 겉모습을 띤 "타락"에 대한 어떤 개념은 극복해야 할 과제, 즉 인간 본성을 어떻게 회복하거나 향상하거나 심지어 완성할 수 있는가라는 과제를 제시한다. 이 과제에 대한 다양한 종교적·세속적 응답이 제시되었는데 그중 세 가지는 설명을 위한 목적으로 언급할 수 있겠다.

첫째, 인간 본성의 완성은 종말론적 소망이다. "파루시아" 이전에는 인간은 여전히 타락한 피조물일 것이다. 사람들에게는 선과 악에 대한 모호하거나 왜곡된 이해만 있을 뿐이므로 인간이 처한 상황을 개선하려는 어떤 시도도 무익하거나 해롭다고 판명될 것이다. 그 결과 사람들은 하나님이 창조세계의 구속을 완성하실 때까지 인내심 있게 기다

---

1 예를 들어 다음 책을 보라. Peter Harrison, *The Fall of Man and the Foundations of Science* (Cambridge and New York: Cambridge University Press, 2007); 다음 책도 함께 보라. Terry Otten, *Visions of the Fall in Modern Literature* (Pittsburgh: University of Pittsburgh Press, 1982).

려야 한다. 그러나 그런 소망은 부지불식간에 운명론을 촉진하며 물질적 결핍과 필요에 관한 도덕적 무관심, 또는 더 나쁜 경우에는 세계와 세계의 덜 계몽된 주민들에 대한 영지주의적인 경멸을 조장할 수도 있다.

둘째, 인간 본성의 완성은 의지력을 통해 성취할 수 있다. 인간들은 타락한 피조물이지만 그럼에도 선과 악에 대한 자신의 이해를 명료하게 밝힐 수 있는 능력이 있다. 젊은 부자 관원(마 19:21)에 대한 펠라기우스의 주석이 분명히 밝히듯이 사람이 완전해지기 위해 할 수 있는 몇 가지 일이 있다.[2] 사람들이 자신들이 과거에 행했던 행위의 나쁜 결과를 바로잡고자 할 경우에만 그들은 그런 나쁜 결과를 바로잡을 수 있는 잠재적 능력과 의무가 생긴다. 간단히 말해, 인간이 자신의 의지를 선에 일치시킨다면, 인간이 처한 상황은 개선될 수 있고 심지어는 완전해질 수도 있다. 하지만 선이 무엇인지 그리고 선을 행할 의지의 힘이 무엇인지를 분명하게 안다고 확신하는 것은 인간이 교만하고 매우 광신적인 편협함으로 나아가게 할 수도 있다. 우리가 선에 대해 분명하게 이해했다고 도취될 때, 우리는 그와 같이 분명한 이해에 도달하거나 완벽해지기에는 너무 약한 의지를 소유한 이들에게 인내하지 못하거나 심지어 무책임해질 수도 있다.

셋째, 인간 본성의 완성을 지도할 수도 있다. 펠라기우스주의자들이 생각한 것과 비슷하게 사람들에게는 선악을 아는 지식을 분명히 밝힐 수 있는 이성의 능력이 있다. 그러나 펠라기우스주의자들과 달리

---

2 다음 책의 "부에 대하여"(On Riches)를 보라. B. R. Rees, *Pelagius: Life and Letters* (Woodbridge, UK: Boydell, 1998).

인간의 의지력을 크게 확신할 수 없지만, 약한 의지가 발휘되는 적절한 상황을 창출하여 그 의지가 선을 행하는 쪽으로 지도할 수 있다. 도덕적·사회적·정치적·생물학적 지도를 통해 인간이 처한 상황은 점진적으로 개선될 수 있고 심지어 시간이 지나면 완전해질 수도 있을 것이다. 그러나 이와 같은 기술 지배에 대한 확신은 특히 종교적이거나 도덕적이거나 이데올로기적인 신념이 동반될 때는 근시안적인 편협성을 불러일으킬 수 있다. 진보의 길에 방해가 되는 이들은 인간이 처한 상황을 바로잡기 위해 주변화하거나 제거해야 한다.

앞서 암시한 것처럼 이런 주제들은 단지 완전을 추구해온 더 광범위한 역사의 세 가지 실례가 되는 주제일 뿐이다. 존 패스모어(John Passmore)는 이 지저분한 역사를 종교적인 면과 세속적인 면에서 묘사한다.[3] 인간적인 완전함은 어떻게 정의되며 또 어떻게 그것을 성취해야 하는지는 시대에 따라, 사회적 위치에 따라 다양하다. 예를 들어 개인적 덕, 집단적 평등과 조화, 진화적 발전은 추구해야 할 이상으로 옹호되어왔다. 이러한 이상을 성취하기 위한 방법은 각기 철학적 관조, 사회적 질서 부여, 생명 및 유전 공학으로 제시되었다. 그러나 이러한 노력의 결과는 완전함과는 거리가 멀었다. 철학자들의 관조적인 삶은 의복, 주거지, 음식 등과 같은 통속적인 필수품을 공급할 착취당하는 노동자들이나 노예들이 떠받치는 거대한 하부구조를 필요로 한다. 도덕적 완전함에 이르려면 많은 이들에게 소수 엘리트의 필요를 충족시키는 일을 떠맡겨야 한다. 평등주의적 완전함에 이르려면 힘 있는 자들을 끌어내리고 약자들을 끌어올리는 사회적 관계의 급진적 재편이 필요

3 John Passmore, *The Perfectibility of Man* (New York: Charles Scribner's Sons, 1970).

하다. 강제 노동 수용소와 숙청은 완전한 사회를 이루는 데 있어서 불행하지만 일시적으로 필요한 것들이다. 자연 선택은 너무 느리고 성가셔서 사람들은 생물학적 완전이라는 목표를 향한 진화를 지휘해야 한다. 우생학은 유전자 공급원을 추려내고 이를 통해 개선시키는 위생적인 조치다. 패스모어가 잘 보여주듯이 완전에 대한 추구는 아무리 그 의미를 명확히 하더라도 언제나 제안된 완전함에 이르지 못하거나 그럴 의사가 없는 사람들에 대한 불관용과 비인간적인 대우로 끝난다.

『인간의 완전성』(*The Perfectibility of Man*)은 처음 출간된 지 40년이 넘었으므로 가장 최근의 완전함이 무엇인지에 관한 탐구는 그 속에 포함되어 있지 않다. 이 최근의 완전함에 대한 탐구는 그 이전의 시도들보다 더 천박하다. 그 목표가 단지 인간을 완성하는 것만이 아니라 인간을 인간보다 나은 존재로 만들고 포스트휴먼(posthuman)을 창조하기 위해 진화의 방향을 바꾸는 것이기 때문이다. "포스트휴먼"이라는 용어는 새롭고 우월한 존재를 창조하려는 목표를 향해 미래의 진화의 방향을 설정할 수 있는 가능성에 대한 광범위한 담론을 가리킨다.[4] 이 야심찬 기획의 가장 눈에 띄는 지지자들은 닉 보스트롬(Nick Bostrom), 맥스 모어(Max More), 오브리 드 그레이(Aubrey de Grey), 제임스 휴즈(James Hughes), 한스 모라백(Hans Moravec), 레이 커츠와일

---

4 몇몇 핵심적인 논문 및 소론을 보려면 다음 글들을 보라. Max More, Natasha Vita-More, eds., *The Transhumanist Reader: Critical and Contemporary Essays on the Science, Technology, and Philosophy of the Human Future* (Malden, MA, and Oxford: Wiley-Blackwell, 2013). 포스트휴먼 프로젝트에 대한 비판적 평가를 보려면 다음 책들을 보라. Francis Fukuyama, *Our Posthuman Future: Consequences of the Biotechnology Revolution* (New York: Farrar, Straus & Giroux, 2002); Brent Waters, *From Human to Posthuman: Christian Theology and Technology in a Postmodern World* (Aldershot, UK: Ashgate, 2006).

(Ray Kurzweil) 등과 같은 저자들이 대표하는 자칭 트랜스휴머니스트(transhumanist)들이다. 이들뿐만 아니라 휴머니티 플러스(Humanity+), 미국의 싱귤래리티 대학교(Singularity University), 인류 미래 연구소(Future of Humanity institute) 등과 같은 단체들의 연구도 이런 기획을 지지한다.

다양한 갈래의 트랜스휴머니스트들의 공통점은 이성, 과학, 기술을 인간이 처한 상황의 고질적인 문제인 물리적·인지적 한계를 극복하는 데 사용할 수 있다는 믿음이다. 그 결과 그들은 "노화를 없애고 인간의 지적·육체적·심리적 능력을 크게 향상시킬 수 있는 널리 이용 가능한 기술을 개발하고 만들어내는 일"에 몰두해 있다.[5] 그러한 발전을 추구하기 위해서는 인간 본성과 관련해서 신성 불가침하거나 주어져 있는 것은 아무것도 없다는 점이 전제되어야 한다. 일단 이러한 유연성이 인정되면 "더 이상 질병, 노화, 필연적 죽음을 겪지 않을" 인간을 넘어선(posthuman) 존재를 창조한다는 매우 가치 있는 목표에 착수할 수 있다.[6]

포스트휴먼 프로젝트의 성배는 개인적 불멸이다. 세 가지의 상호 연관된 전략이 구상되고 있다.[7] 첫 번째 전략은 **생물학적 불멸**을 달성하는 것이다. 유전자 및 생명 공학 분야에서 예상되는 발전을 통해 평

---

5 Max More, "The Philosophy of Transhumanism," in More and Vita-More, eds., *The Transhumanist Reader*, 3.

6 More, "The Philosophy of Transhumanism," 4.

7 이러한 전략들에 대한 더 자세한 설명을 보려면 다음 글을 보라. Brent Waters, "Whose Salvation? Which Eschatology? Transhumanism and Christianity as Contending Salvific Religions," in *Transhumanism and Transcendence: Christian Hope in an Age of Technological Enhancement*, ed. Ronald Cole-Turner (Washington, DC: Georgetown University Press, 2011).

균 수명은 극적으로, 아마도 무한히 증가할 수 있을 것이다. 원칙적으로 인류가 자연 선택을 통해 물려받은 잘못 조합된 DNA를 더 길고 건강하며 생산적인 삶을 살 수 있도록 재설계하지 못할 이유는 없다.[8]

그러나 인간 생물학이 기대했던 것보다 덜 유연한 것으로 드러난다면, 생체공학적 불멸이라는 두 번째 전략을 추구할 수도 있다. 인공삽입물(prosthetic)과 뇌-기계 인터페이스가 발전하면서, 그것들이 치료에 응용될 가능성이 높아졌다. 예를 들어 움직임, 손놀림, 시력이 회복되었고 인공 조직과 혈관이 만들어졌다. 이 경우에도 원칙적으로 추가적인 기술적 발전으로 이런 요법들을 인간의 복리를 증진시키는 데 사용하지 못할 이유가 없다. 이 전략의 이점은 수명이 연장될 뿐만 아니라 신체 및 인지 능력도 향상될 수 있다는 점이다.

그러나 이 전략에도 위험성이 없지는 않다. 예를 들어 보철용 팔다리, 인공 장기, 뇌 이식 등은 제대로 작동하지 않을 수도 있고 하이브리드 신체 또는 사이보그 신체는 여전히 치명적인 사고나 악의적인 행동의 영향을 받을 수 있다. 대체로 인공 신체는 자연적인 신체보다는 한 단계 개선되었지만 여전히 유한하고 죽음을 피할 수 없는 한계를 극복하는 데 이상적인 해법은 아니다. 이러한 한계는 가장 불확실한 세 번째 전략인 **가상적 불멸**을 촉진한다. 인공 지능 및 로봇 공학 분야의 레이 커츠와일이나 한스 모라백 같은 공상가적인 선도자들에 따르면 한 사람의 기억, 경험, 개성을 구성하는 뇌 속에 저장된 정보는 디

8 다음 글을 보라. Aubrey de Grey, ed., "Strategies for Engineered Negligible Senescence: Why Genuine Control of Aging May Be Foreseeable," *Annals of the New York Academy of Science* 1019 (June 2004); "The War on Aging," in Immortality Institute, *The Scientific Conquest of Death* (Buenos Aires: LibrosEnRed, 2004), 29-45.

지털화할 수 있다. 가까운 미래에 정교한 촬상 장치들이 이러한 정보를 모아 컴퓨터로 전송하기 위해 뇌를 정밀 촬영할 것이다. 일단 이 정보가 정리되고 저장되면 이 정보는 로봇 장치나 가상 현실 중앙컴퓨터로 내려받을 수 있다. 그 결과 한 사람의 가상적 자아는 가상적으로 불멸한다. 더 나아가 한 사람의 정체성은 더 이상 시간과 물리적 위치의 제약을 받는 단 하나의 신체에 제한되지 않는다. 자아를 구성하는 정보는 다양한 물리적·가상적 장소에 동시적으로 분산될 수 있고 그 결과 얻어진 경험은 한 사람이나 다중 자아 속에 통합될 수 있다. 윌리엄 심스 베인브릿지(William Sims Bainbridge)는 다중 인격이 곧 선호되는 존재 방식이 될 것이라고 단언한다. "벅민스터 풀러는 '나는 하나의 동사가 된 것처럼 보인다'고 말하곤 했다. 아마도 오늘날 우리는 '나는 미래 시제로 된 하나의 복수형 동사다'라고 말해야 할 것이다."[9]

어떤 이들은 한 인간을 컴퓨터와 로봇 장치 또는 가상 현실 중앙컴퓨터 사이를 왕복할 수 있는 일련의 0과 1로 환원할 수는 없다고 이의를 제기할지 모른다. 그러나 커츠와일과 모라백은 정신은 물질적 대상이 아니고, 정신이 궁극적으로 한 사람의 정체성이므로 사람은 궁극적으로 정보가 아닌 다른 것이 될 수 없다고 대답한다. 한 인격은 시간이 흐르면서 만들어지고 저장된, 조직화된 자료의 패턴으로 이루어져 있다. 그런데 불행하게도 자연은 매우 신뢰할 수 있거나 내구성 있는 인공 기관을 만들어내지 못했으므로 더 나은 인공 기관을 만들기 위해 기술을 이용해야 한다. 정신을 몸에서 해방시킬 때 한 사람의 정체성

9 William Sims Bainbridge, "Transavatars," in More and Vita-More, eds., *The Transhumanist Reader*, 91.

을 구성하는 필수적인 정보는 손실되지 않는다. 모라백의 말을 빌리면 "나는 보존된다. 나머지는 그저 젤리일 뿐이다."[10] 요컨대 기술 발전은 사람들을 젤리 비슷한 가련한 인간의 상태에서 구원할 수 있다.

우리는 포스트휴먼 및 트랜스휴먼 담론을 과학과 공상 과학 소설을 혼동하거나 더 나쁜 경우 한가한 공상을 첨단 기술 전문 용어의 겉치레로 위장하는 사람들의 끝 간 데 없는 억측으로 일축하고 싶은 생각이 든다. 그들이 구상하는 기술적 발전은 대부분 고도로 사변적이고 많은 경우 실행 불가능하다고 밝혀질 수도 있다. 그렇다면 아마도 결코 발생하지 않을 이른바 인간 이후의 미래에 대해 걱정하고 논쟁하는 데 시간을 낭비할 이유가 있을까? 나는 이런 생각이 맞을 수도 있다고 생각하지만 그럼에도 포스트휴먼 내지 트랜스휴먼 담론을 즉각 묵살하고 싶은 유혹을 물리쳐야 한다. 포스트휴머니즘 또는 트랜스휴머니즘의 위험은 기술적 실현 가능성에만 국한되지 않는다. 사실 기술적 실현 가능성에 대한 논쟁은 종종 그보다 훨씬 더 중요한 쟁점, 즉 포스트휴먼 내지 트랜스휴먼 담론이 이미 현대 후기의 정체성과 가치, 목표를 형성하고 있다는 문제에 관심을 쏟지 못하게 역할을 한다. 후기 현대인들은 이미 상당한 정도로 자기 자신을 포스트휴먼적인 관점에서 생각한다. 캐서린 헤일스(Katherine Hayles)의 말을 차용하자면 다음과 같다. "사람들은 포스트휴먼이 된다. 그들이 자신을 포스트휴먼이라고 생각하기 때문이다."[11] 구상된 기술적 발전이 실현 가능하다고 판명되든 그

---

10 Hans Moravec, *Mind Children: The Future of Human and Robot Intelligence* (Cambridge, MA: Harvard University Press, 1988), *Robot: Mere Machines to Transcendent Mind* (Oxford and New York: Oxford University Press, 1999), 117.

11 N. Katherine Hayles, *How We Became Posthuman: Virtual Bodies in Cybernetics,*

렇지 않든, 포스트휴먼적인 자기 인식은 이미 후기 현대인들의 욕망과 기대 및 그들이 그 욕망과 기대를 성취하기 위해 취하는 행동에 영향을 주고 있다.

이런 면에서 포스트휴먼 또는 트랜스휴먼 담론은 예언적이고 시대를 앞서간다기보다는 현대 후기에 대한 과장된 묘사와 논평에 더 가깝다.[12] 이른바 포스트휴먼적인 미래는 후기 현대인들이 이미 지니고 있고 그들이 기술적 진보를 통해 성취할 수 있다고 생각하는 욕구와 희망과 꿈을 강력한 수준으로 증폭시킨다. 요컨대 그들은 자연과 인간 본성을 그 밑바탕에 깔린 정보로 환원할 수 있고 적절한 기술을 사용하여 보다 바람직한 방향으로 재구성할 수 있다고 믿는다. 적절한 정보를 조작할 수 있는 능력을 가진 사람들이 부과한 질서 외에 주어진 다른 질서는 없다. 심지어 인간의 몸도 인간에게 진화가 그들에게 물려준 "단순한 젤리"보다 나은 무언가를 주도록 재설계할 수 있는 생물학적 정보 통신망으로 인식된다.

포스트휴먼 및 트랜스휴먼 담론은 현재의 상황을 기술하고 동시에 해석하므로 그 성격을 하나의 신화를 창조하려는 최초의 시도로 묘사할 수도 있다. 신화는 기원과 운명, 그리고 선이 어떻게 그 사이에서 악과 싸워 마침내 마지막에 악을 극복하는지를 진술한다. 따라서 신화는 동화나 우화가 아니라 인간의 상태에 대한 내러티브적 의미 부여, 즉 소망과 신뢰를 어디에 두어야 하고 결과적으로 그에 따라 욕망을

Literature, and Informatics (Chicago and London: University of Chicago Press, 1999), 6.

12 이러한 과장에 대한 더 자세하고 비판적인 분석을 보려면 다음 책을 보라. Brent Waters, *Christian Moral Theology in the Emerging Technoculture: From Posthuman Back to Human* (Farn-ham, UK, and Burlington, VT: Ashgate, 2014).

조절해야 할지를 요약적으로 표현하는 문학적 장치다. 사람들은 신화 없이는 살 수 없다. 조너선 갓셜(Jonathan Gottschall)이 주장하듯이 인간은 구제불능일 만큼 이야기하기를 좋아하는 동물이기 때문이다.[13] 어떤 신화들이 다른 신화들보다 더 설득력이 있는 까닭은 인간이 처한 상황에 대한 보다 진실한 해석적 설명이라고 여겨지는 내용을 제공하기 때문이다. 예를 들어 C. S. 루이스가 기독교로 개종한 것은 대체로 기독교의 신화가 가진 매력에 의해 일어난 일이었다.

더구나 포스트휴먼 신화는 구원을 가져오는 신화다. 인간들은 그들의 유한성과 필멸성에서 구원받아야 되기 때문이다. 이 새로 생겨난 내러티브에서 자연은 타락을 극복해야 할 도전으로 대체한다. 인간들은 타락한 원시 상태의 퇴행적 결과를 경험하고 있는 것이 아니다. 오히려 자연이 범인이다. 자연은 그 어설픈 선택으로 인해 인류가 자신의 잠재된 가능성을 충분히 계발하는 것을 가로막고 있기 때문이다. 결과적으로 인간이 그 모든 가능성을—그리고 그 이상을—실현할 수 있도록 자연 그 자체를 길들이고 그 방향을 바꾸어야 한다. 선도적인 트랜스휴머니스트 철학자 맥스 모어는 "대자연에게 보내는 편지"에서 다음과 같이 주장한다.

> 대자연이여, 우리는 진정으로 당신이 우리를 위해 만드신 것에 감사드립니다. 당신은 틀림없이 당신이 할 수 있는 최선을 다했습니다. 그러나 당신이 받아 마땅한 모든 존경에도 불구하고 우리는 당신이 여러 가지 면

13 Jonathan Gottschall, *The Storytelling Animal: How Stories Make Us Human* (New York: Houghton Mifflin Harcourt, 2012).

에서 인간의 체질을 서툴게 다루었다고 말하지 않을 수 없습니다. 당신은 우리를 질병과 상해에 취약하게 만들었습니다. 당신은 우리가 지혜를 얻기 시작할 바로 그때 우리를 늙어 죽지 않을 수 없게 합니다.…당신이 한 일은 훌륭하지만 심각한 흠이 있습니다.…우리는 이제 인간의 체질을 수정할 때가 되었다고 결정했습니다.[14]

이러한 수정을 달성하려면 포스트휴먼이 되려는 목표를 향해 인간의 진화의 방향을 재설정해야 하며, 이는 기술적 개입을 통한 신체 및 인지 능력의 증대와 궁극적 완성을 수반한다.

강력한 종교적 의미를 고려하면 포스트휴머니스트와 트랜스휴머니스트를 신화 창조자라고 비난하는 것은 확실히 이상하다. 가장 저명한 전문가들은 포스트휴머니즘과 트랜스휴머니즘을 "초자연적인 힘"에 대한 어떤 종교적인 믿음이나 소망이 아니라 "이성, 기술"과 "과학적 방법"이 이끄는 운동으로 묘사하는 것을 큰 자랑으로 삼는다.[15] 더 많은 전문가들은 어떤 종교적인 믿음은 알려진 바에 따르면 트랜스휴머니즘과 조화를 이룰 수 있다는 점을 인정하며, 자신을 트랜스휴머니스트로 간주하는 소수의 기독교인, 모르몬교도, 불교도, 유대인도 존재한다. 그러나 이는 "매우 드문" 경우이고 그런 믿음은 포스트휴먼 운동에 거의 영향을 끼치지 않는 특이한 것이다.[16] 러셀 블랙포드(Russell

14 다음 책에서 인용했다. Christina Bieber Lake, *Prophets of the Posthuman: American Fiction, Biotechnology, and the Ethics of Personhood* (Notre Dame: University of Notre Dame Press, 2013), 95.

15 More, "The Philosophy of Transhumanism," 4.

16 More, "The Philosophy of Transhumanism," 8.

Blackford)는 더욱 대담하게 이렇게 단언한다. "가장 전형적으로, 트랜스휴머니스트는 자연주의적이고 순전히 세속적인 세계관을 받아들인다."[17] 포스트휴먼적인 미래에 대한 희망은 이로 인해 "믿음보다는 인간의 창의성"[18]에 바탕을 둔다. 더구나 포스트휴머니스트와 트랜스휴머니스트는 자신들이 완전함을 추구하고 있는 것이 아니라는 반론을 제기할 것이다. 그들은 공상적 이상주의자가 아니라 영속적이고 끝없는 변화와 개선의 과정에 헌신한 생명 무한 확장론자다.[19] 결과적으로 그들은 불완전한 (이를 우리가 감히 타락했다고 말할 수 있는가?) 자연이 불멸의 (우리가 이를 감히 종말론적이라고 말할 수 있는가?) 포스트휴먼적인 미래라는 목표를 향해 재설계되고 있다는(우리가 이를 감히 구원받았다고 말할 수 있는가?) 신화를 창조하고 있는가?

이는 신화 창조의 혐의를 부정하는 흥미로운 변론이다. 포스트휴머니즘과 트랜스휴머니즘은 공식적인 의례적·영적 관례를 중심으로 한 종교는 아니지만 그 수사적 표현에는 철저하게 신앙적 진술이 가미되어 있다. 마르틴 루터에 따르면 한 사람의 마음이 집착하는 대상은 효과적으로 그 사람의 신이 된다. 포스트휴머니스트와 트랜스휴머니스트는 인간의 창의성에 상당히 집착하며 인간의 창의성이 기술적 능력으로 무장할 때 특히 더 그렇다. 인간의 창의성에 믿음과 소망을 두는 것은 믿음의 비약이지 이성이나 과학적 방법의 결과만은 아니다. 어떤 완전함도 추구하고 있지 않다는 주장은 인식론적인 이유에서나 실

17 Russell Blackford, "The Great Transition: Ideas and Anxieties," in More and Vita-More, eds., *The Transhumanist Reader*, 421.

18 More, "The Philosophy of Transhumanism," 4.

19 More, "The Philosophy of Transhumanism," 14.

제적인 이유에서나 이상한 주장이다. 진보나 개선이 영속적이거나 무한한지 우리가 어떻게 알 수 있는가? 게다가, 특정한 행동을 그에 비추어 평가할 수 있는 완전함이라는 목표가 존재하지 않는다면 우리가 실제로 진보하거나 나아지고 있는지를 어떻게 알아낼 수 있는가? 그리고 심지어 진보가 지속된다고 해도 목표는 끝없는 발전을 전적으로 포용하고 완전한 상태를 효과적으로 달성하는 것이 아닌가? 자연 선택을 인간의 창의성으로 대체함으로써 인간의 상태를 개선할 수 있다고 주장하는 것은 결국 신화적 상상력을 불러일으키는 믿음의 진술이다.

포스트휴먼의 미래가 어떻게 성취될 것이며 그것이 무엇을 수반할 것인지에 대한 중요한 진술들은 거의 언제나 신화적 측면에서 제기된다. 이 사실을 설명하는 데는 두 가지 예면 충분할 것이다. 레이 커츠와일에 따르면 특이점이 가까이 와 있다.[20] 정보통신 기술, 인공 지능 및 나노 기술이 발전할 것이라는 예측과 함께 "기술 변화의 속도가 매우 빠르고 그 영향력이 매우 심대해서 인간의 삶은 돌이킬 수 없을 만큼 변형될 것이다."[21] 커츠와일의 예측은 진화가 질서를 증가시킨다는 그의 믿음에 바탕을 두고 있다. 기술 발전은 보다 효율적인 진화 과정이며 인간은 보다 덜 효율적인 생물학적 진화의 제약을 초월하는 데 기술 발전의 우월한 질서를 이용할 수 있다. 인간의 정신은 더 우월한 계산적 환경을 구성함으로써 점점 더 확대되고 확산될 것이다. 모든 중요한 것의 밑바탕에는 계산이 있으므로 인간의 지능은 인공적 계

20 다음 책을 보라. Ray Kurzweil, *The Singularity Is Near: When Humans Transcend Biology* (New York and London: Penguin Books, 2005).

21 Kurzweil, *The Singularity Is Near*, 7.

산 기반을 사용함으로써 극적으로 신속하게 증가할 것이다.[22] 또한 커츠와일은 이렇게 주장한다. "수십 년 내에 정보 기반 기술은 인간의 모든 지식과 능력을 포괄하여 궁극적으로 패턴 인식 능력, 문제 해결 기술, 인간의 두뇌 자체의 정서적·도덕적 지능을 포함할 것이다."[23] 포스트휴먼은 본질적으로 다양한 인공적 신체 및 기반이 주도하는 정신이 될 것이므로 자신의 운명에 대해 더 큰 통제력을 발휘하여 그들이 원하는 만큼 오래 살 수 있게 될 것이다. 특이점은 인간 생물학과 기술의 총체적인 통합을 수반한다. 보다 광범위하게는 "특이점 이후에는 인간과 기계 또는 물리적 현실과 가상 현실 사이에 아무런 구별이 없을 것이다."[24] 가장 중요한 것은 특이점의 출현이 신속하고 꾸준히 진행되며 필연적일 것이라는 점이다. 커츠와일은 계산 속도의 기하급수적인 증가에 대한 무어의 법칙을 연상시키면서 특이점이 2045년 무렵 어느 시점에 출현하여 자연적이거나 인간이 유발하는 일체의 예기치 못한 전 지구적 재앙을 차단할 것이라고 추정한다.

포스트휴머니스트와 트랜스휴머니스트 중에서도 커츠와일은 지나치게 야심차고 낙관적인 인물로 간주된다. 포스트휴먼적인 미래는 인류의 적절한 운명이지만, 커츠와일이 예상하는 것보다 늦게 미적거리며 찾아올 수도 있다. 예를 들어 테드 추(Ted Chu)는 포스트휴먼적인 미래는 인류의 운명이지만 거기에 이르는 길은 엄청난 우여곡절과 뒷걸음질로 점철될 것이라고 생각한다.[25] 경제학자인 추는 고든 무어

22 Kurzweil, *The Singularity Is Near*, 127–28.

23 Kurzweil, *The Singularity Is Near*, 8.

24 Kurzweil, *The Singularity Is Near*, 9.

25 Ted Chu, *Human Purpose and Transhuman Potential: A Cosmic Vision for Our Future*

(Gordon Moore)에게 의존하기보다는 진화 과정을 이해하기 위한 인식의 틀로서 경제학자 조지프 슘페터(Joseph Schumpeter)의 창조적 파괴 개념에 더 많은 영향을 받았다.[26] 자연적 진화는 잔인한 과정까지는 아니더라도 서투른 과정으로 성공보다 많지는 않더라도 그에 못지않게 많은 실패와 막다른 길을 수반하며 성공도 종종 단기간에 그친다. 그러나 포스트휴먼의 미래를 건설하기 위한 과제와 희망을 함께 제기하는 것은 바로 이런 파괴적인 역동성이다.

과제는 인간이 자신의 자연적 진화 내지 생물학적 진화의 제약을 초월하는 것이다. 인간은 "자연의 역사가 우리에게 부과한 유전자의 독재로부터 초월적 자유를 얻기 위해 싸우기를" 마다하지 않아야 한다.[27] 소망은 인간이 자신의 문화적 진화의 방향을 포스트휴먼적인 목표로 향하게 함으로써 이러한 초월성을 얻을 수 있다는 것이다.[28] 이러한 방향 전환은 개인들에게 우주적 진화라는 훨씬 더 큰 목적에 기여하기 위해 자신의 단기적인 사익을 포기할 것을 요구한다. "이 거대한 진화 과정의 전개에 의식적으로 참여하려는 노력은 우리가 발견하고 공감할 수 있는 가장 큰 목적이며 우리 시대를 위한 새로운 종류의 영웅적 행위가 된다."[29] 인류는 "현대성과 과학이 인류를 위험에 빠뜨리는 것처럼 보이지만 그와 동시에 인간이 처한 상황에 있어서 전례가 없고 믿을 수 없어 보이는 비약적인 발전을 약속하고 있는" "문턱"에

Evolution (San Rafael, CA: Origin, 2014).

26 다음 책을 보라. Joseph A. Schumpeter, *Capitalism, Socialism and Democracy* (New York and London: Harper Perennial, 2008), 특히 7장.

27 Chu, *Human Purpose and Transhuman Potential*, 10.

28 Chu, *Human Purpose and Transhuman Potential*, 21.

29 Chu, *Human Purpose and Transhuman Potential*, 9.

도달했다.[30]

추는 긍정적인 방식으로 이 문턱을 탐색하려면 영적 갱신이 필요하다고 주장한다. 그는 고대의 지혜를 되찾는 것이 인간이 문화적 진화의 방향을 포스트휴먼적인 미래로 전환하도록 지혜로운 선택을 하는 데 도움이 될 것이라고 주장한다. 추는 일단의 절충주의적인 저술가들의 글을 선택적으로 인용하지만 종교적 통찰도 거리낌 없이 언급하며 특히 동방 교회의 현자들과 비정통 기독교인들을 좋아한다. 이 고대인들은 우주는 인간과 관련된 것이 아님을 눈치 챘지만 그들의 삶의 방향을 적절히 전환할 수 있는 과학적 지식과 기술적 능력이 없었다. 후기 현대인들은 이러한 결핍을 겪지 않으며 "우리가 알고 있었던 인간의 시대는 끝나가고 있다"는 점과 "포스트휴먼 시대가 곧 시작될 것"[31]이라는 점을 인정할 용기를 낼 수 있다면 그에 따라 그들의 문화적 진화의 방향을 전환할 수 있다. 따라서 과제는 인간이 우주적 진화라는 더 큰 목적에 이바지하라는 이 "소명"을 받아들이는 것이다. 그러나 이 소명은 "믿음의 비약"이 아닌 온갖 우여곡절에도 불구하고 한 종으로서의 인간 진화의 궤적을 따르는 것에 바탕을 두고 있다.[32] 이 소명을 받아들이면서 인간은 자신의 참된 "목적은 자신을 제약하는 생물학을 초월"하고 이를 통해 "가장 높은 초월적 열망과 우주적 진화의 촉진을 추구하는 데 있어서 유전적 한계에서 해방된 새로운 종류의 지각 있는 존재의 등장을 가능케 하는 것"임을 발견한다.[33] 인간은 자신의 생물학

30 Chu, *Human Purpose and Transhuman Potential*, 8.

31 Chu, *Human Purpose and Transhuman Potential*, Kindle reader location 206.

32 Chu, *Human Purpose and Transhuman Potential*, loc. 200.

33 Chu, *Human Purpose and Transhuman Potential*, loc. 194.

적 한계를 초월하려고 노력하면서 이 과제를 인정하는 한편 이 초월에 수반되는 희망을 받아들인다. "포스트휴먼적인 미래는 그 자체로는 우리와 관련이 없지만 그 미래를 실현시키는 일은 **우리에게 달려 있고**" "그 자체가 목적인 존재로서의 인간은 희망이 없지만 미래에 대한 모든 희망은 인간에게 있기" 때문이다.[34] 인간, 특히 후기 현대인은 무거운 짐을 지고 있다. 그들은 더 우월한 인간 이후의 존재의 출현을 돕기 위해 자신의 궁극적인 멸종을 원해야 하기 때문이다. 그것은 전형적인 창조적 파괴 행위다.

추는 커츠와일보다 더 절제된 미래상을 제시하지만 둘 다 인류의 운명은 포스트휴먼적인 미래라는 확신에 찬 낙관주의를 공유하고 있고 두 경우 모두 그 미래는 대체로 어떤 알아볼 수 있는 형태의 인간도 존재하지 않는 미래다.[35] 이런 면에서 둘 다 비록 방식은 다르지만 흉포한 자연은 보다 융통성 있는 기교로 대체되어야 하고 그렇게 될 것이며 중립적인 자연적 진화는 합목적적인 문화적 진화로 대체되어야 하고 그렇게 될 것이라는 새로 떠오르는 포스트휴먼 신화를 말하고 있다. 그리고 그 두 가지 설명에서 모두 혁신적 기술이 구원의 수단이다.

우리는 이 신화를 어떻게 이해해야 하는가? 나는 짧고 주로 의문을 나타내며 때로는 수수께끼 같은 몇 가지 견해를 제시할 것이다.

---

34 Chu, *Human Purpose and Transhuman Potential*, 20(강조는 원저자의 것임).

35 선 마이크로시스템스(Sun Microsystems)의 공동 창립자 Bill Joy는 이제 그의 다음 글에 대한 반응으로 포스트휴머니스트들과 트랜스휴머니스트들에 의해 대체로 변절자 내지 이단아로 간주된다. "Why the Future Doesn't Need Us," *Wired* magazine (April 2000). Joy는 Kurzwiel, Chu, More 등이 옹호하는 (그리고 Joy가 발명을 도운) 여러 기술들은 새로운 포스트휴먼 시대를 여는 것이 아니라 인간의 멸종을 초래할 가능성이 더 높을 것이라고 주장한다.

첫 번째 견해는 지적인 계보와 관련이 있다. 포스트휴머니스트와 트랜스휴머니스트는 거의 예외 없이 자신들은 계몽주의의 자식들이라고 자랑스럽게 선언한다. 많은 이들이 자신을 포스트모던주의자들 및 이른바 생물학적 보수파(bioconservatives)와 싸우는 정도까지는 아니더라도 사이가 좋지 않은 초현대주의자(hyper-modernist)로 묘사한다. 따라서 이성, 자유, 개인적 자율, 진보를 강조한다. 그 결과 개인들이 그 과정에서 다른 사람들에게 해를 끼치지 않는 한 어떤 방식으로든 자기들 마음대로 자신을 향상시키는 것을 허락하는 것이 합리적이다. 더 나아가 포스트휴먼이 되기 위한 추구는 인간은 자신의 조건을 향상하는 데 있어서 이성을 창의적으로 사용할 수 있는 능력이 있고 이 능력을 통해 진보할 것이라는 계몽주의의 믿음을 계속 이어가는 것이다.

대부분의 계보와 마찬가지로 여기에도 다락방에 갇혀 있는 것이 제일 좋지만 그럼에도 후손에게 결정적인 영향을 끼치는 몇몇 당황스러운 조상들이 있다.[36] 포스트휴머니스트와 트랜스휴머니스트의 경우에는 신학적 이단자와 과학적 이단자라는 그와 같은 두 명의 조상이 있다. 신학적 이단자는 펠라기우스다. 펠라기우스주의자들이 보기에 인간은 스스로 되기를 원하는 존재가 된다. 완전해지기 위해서는 자신이 완전해지기를 원해야 한다. 완전함이 무엇을 수반하는지를 이해할 능력이 없거나 자신의 의지가 약하다면 나쁜 결과를 감수할 준비가 되어 있어야 한다. 펠라기우스주의자들은 내가 앞서 주장한 대로 완전함을 성취하기 위해 자신의 의지를 선과 일치시킨다. 포스트휴머니스트

36 곧 나올 *Encyclopedia of Ethics, Science, Technology and Engineering* 제2판에서 "트랜스휴머니즘"에 관한 항목의 집필자들이 트랜스휴머니즘의 세 가지 주요 갈래는 계몽주의, 펠라기우스주의, 아리우스주의라고 주장한다는 점은 흥미롭다.

인 펠라기우스주의자들은 이런 면에서 완전함을 성취하기 위해 자신들의 의지를 특이점 내지 우주적 진화와 일치시킨다. 인간은 자신의 의지를 커츠와일의 특이점 혹은 추의 우주적 진화라는 선에 일치시키거나 무능한 대자연의 악을 원하거나 둘 중 하나를 택해야 한다. 포스트휴머니스트와 트랜스휴머니스트 같은 후기 펠라기우스주의자들의 수중에는 계몽되고 강한 의지를 가진 이들이 완전함(또는 독자가 선호하는 다른 표현을 사용한다면, 항구적인 향상)이라는 선을 추구하는 것을 우둔하거나 의지가 약한 이들이 가로막게 해서는 안 된다는 경고장도 있다. 과학적 이단자는 라마르크다. 흥미롭게도 포스트휴머니스트와 트랜스휴머니스트는 진화는 사랑하지만 자연 선택은 경멸한다. 문화가 인간의 진화를 포스트휴먼의 미래로 몰고 가는 주된 원동력으로서 자연을 대체해야 하는 이유는 문화에 있어서는 획득된 특성이 생물학적 번식과 달리 한 세대에서 다음 세대로 전해질 수 있기 때문이다. 광범위한 생식 계열 및(또는) 생체공학적 변형이 실현 가능한 것으로 판명된다면 진화를 지배할 수 있는 문화의 능력은 더욱더 명백해진다.[37]

자식들에게 그들의 조상의 죄에 대한 책임을 추궁해선 안 되지만 혈통을 전적으로 무시할 수는 없다. 포스트휴먼 및 트랜스휴먼의 지적 계보에는 또다시 짧게 언급할 수밖에 없는 여러 골치 아픈 요소들이 있다. 계몽주의적 기획이 무조건적인 선인지는 결코 명백하지 않다.

---

37 Lamarck의 저작은 19세기의 많은 개신교 신학자들에게 영향을 끼쳤다. 예를 들어 Horace Bushnell은 죄가 부모에게서 자식에게로 전달될 수 있다면 경건이나 거룩함도 전달될 수 있다고 주장했다. 결과적으로 세상을 복음화하는 가장 좋은 방법은 기독교인들의 "거룩해진 혈통"이 열등한 경쟁자들의 혈통과 뒤섞이는 것이다. 다음 책을 보라. Horace Bushnell, *Christian Nurture* (New Haven: Yale University Press, 1947), 특히 8장.

이를 비판하는 이들과 옹호하는 이들의 방대한 문헌이 입증하듯이 그것은 기껏해야 온갖 것이 뒤섞인 잡동사니다. 그러나 포스트휴머니스트와 트랜스휴머니스트가 초현대주의자라면 그들이 상상하는 포스트휴먼의 미래란 전례가 없는 인도주의적 관심과 아마도 증가하는 기술적 능력을 통해 증폭될 가능성이 매우 큰 경향인 형언할 수 없는 잔혹 행위 사이에서 거칠게 나선 운동을 하는 확대된 (매우 큰) 계몽주의적 기획에 불과한 것이 아닌가?[38] 계몽주의가 낳은 현대 후기의 자식들은 제한된 범위에서는 죽음의 천사로, 즉 인도적인 업적을 이룰 수 있는 능력과 형언할 수 없는 잔혹 행위를 저지를 수 있는 능력을 함께 연마한 존재로 묘사할 수 있지 않을까? 현대 후기에 만연한, 동정심과 잔인함을 동시에 보여주는 행위들을 우리가 달리 어떻게 설명할 수 있겠는가? 그리고 이 두 가지 능력이 **모두** 더 큰 기술적 능력을 통해 증폭될 것이라고 믿을 설득력 있는 이유가 있는가? 캐서린 헤일즈가 "치명적인 것은 포스트휴먼 그 자체가 아니라 포스트휴먼을 자아에 대한 진보적인 인본주의적 관점에 접목시키는 것"[39]이라고 우려하는 이유는 바로 이 때문이다.

펠라기우스주의가 제공할 수 있는 윤리적 조언이라고는 결국 더 열심히 노력하라는 말밖에 없는, 한 분야에서만 유능한 사상이다. 계몽되고 의지가 강한 이들은 아마도 이 짐을 짊어질 수 있겠지만 다른 모든 이들은 그 짐의 무게에 짓눌릴 것이다. 이는 포스트휴먼의 미래를 성취하려면 반드시 필요한 도태 과정이다. 많은 포스트휴머니스트 및

38 다음 책을 보라. Colin Gunton, *The One, the Three, and the Many: God, Creation, and the Culture of Modernity* (Cambridge: Cambridge University Press, 1993).

39 Hayles, *How We Became Posthuman*, 286-87.

트랜스휴머니스트 저술가들의 진보적이고 인도주의적인 수사적 표현에도 불구하고 그들은 철저히 엘리트주의적인 기획에 몰두하며 엘리트들은 대개 하찮고 무능력한 이들이 떠맡긴 집중을 방해하는 두려움과 불안에 점점 지쳐간다. 자연이 더 나은 선택을 할지, 문화가 더 나은 선택을 할지는 아직 밝혀지지 않았다. 문화에 믿음과 희망을 두는 데는 몇 가지 타당한 이유가 있을 수 있겠지만 이는 포스트휴먼의 미래가 천사 같은 존재들로 가득 찬 황금시대가 되리라는 어떤 확신도 보장해주지 않는다. 추가 동료 포스트휴머니스트 및 트랜스휴머니스트들에게 상기시켜주듯이 문화적 진화도 그들이 종종 기꺼이 인정하는 것보다 더 다윈주의적이다.

두 번째 견해는 모든 완전함에 대한 추구는 필연적으로 실패한다는 패스모어의 주장과 관련이 있다. 포스트휴먼 프로젝트는 과연 이 패턴을 피해갈까? 그럴지도 모르지만 내 생각에 그럴 가능성은 별로 없다. 문제는 일단 인간이 스스로 선과 악의 차이를 상당히 확실하게 안다고 확신하면 그 결과 엄청난 불행이 초래된다는 것이다. 사람들이 선을 이루기 위한 행동 방침에 착수할 때 그 일에 방해가 되는 이들을 어떻게 처리할 것인지에 대한 독특한 논리가 출현하여 흔히 강제에 의지하는 행위를 정당화한다. 포스트휴머니스트와 트랜스휴머니스트는 포스트휴먼이 되는 것은 선한 일이고 단순히 인간으로 남는 것은 악한 일이라고 상당히 확신한다. 자신들의 미래상에 공감하지 않는 이들에 대한—자신을 향상시키도록 강요받는 사람은 아무도 없을 것이라는—그들의 관용적인 수사에도 불구하고 이 선한 변화를 가로막는 악을 그들이 얼마나 오래 용납할 수 있을까? 시간이 흐를수록 자신의 수명을 연장하거나 자신의 신체 및 인지 능력을 향상시키기를 거부하거나 이런 혜택들을 자손들에게 주지 않는 사람들은 지탄을 받거나 심지어 무책임하거나 그보다 더 나쁜 사람들로 처벌을 받을지도 모른다고 상상하기란 어렵지 않다. 한나 아렌트(Hanna Arendt)가 지적했듯이 프랑스 혁명은 가난하고 궁핍한 이들에 대한 연민에 의해 촉발되었지만 자유, 평등, 박애를 지향하는 새 시대에 방해가 되는 이들에 대한 마구잡이식 처형과 학살로 막을 내렸다.[40]

마지막 견해는 그리스도인들이 이러한 포스트휴먼 신화에 어떻게 반응해야 하는지와 관련이 있다. 포스트휴먼 신화는 여러 가지 면에서 기독교의 신화를 나쁘게 왜곡시켜 다시 표현한 것이다. 타락한 창조세계는 중립적이고 비효율적인 자연으로 대체된다. 예수 그리스도의 인격을 통한 삼위 하나님의 구원은 인간의 이성과 창의성 및 기술적 발전이라는 삼두 정치로 대체된다. 하나님과의 영원한 교제에 대한 종말론적 소망은 불멸의 포스트휴먼에 대한 희망으로 대체된다. 이러한 대체의 부적절성은 쉽게 입증할 수 있지만 이 알맹이가 빠져 있는 신화에서 가장 골칫거리는 바로 이 신화에서 빠져 있는 내용이다. 즉 거기에는 성육신이 없으며 그 이야기에는 은혜와 용서가 없다.

포스트휴머니스트와 트랜스휴머니스트가 보기에 인간이 경험할 수 있는 초월은 무엇이든 다 자신들이 기울인 노력의 결과다. 인간이 처한 상황 속에 들어올 수 있는 신적인 존재는 없기 때문이다. 결과적으로 인간의 과제는 육신이 되신 말씀과 만나는 것이 아니라 육신을 데이터로 바꾸는 것이다. 이렇게 뒤바꾸고 나면 몸이 단순한 젤리에 불과한 것으로 간주되는 이유도 이해할 만하다. 몸은 비물질적인 의지를

---

40 다음 책을 보라. Hannah Arendt, *On Revolution* (New York: Viking, 1965). 『혁명론』(한길사 역간).

제약하는 달갑지 않은 짐이기 때문이다. 체화는 요컨대 극복해야 할 악이다. 포스트휴머니스트와 트랜스휴머니스트는 자신들은 자기 몸을 혐오하지 않는다고 대답할지도 모른다. 모어가 주장하듯이 몸은 "형태학적 자유"를 제한하는 "결함 있는 공학적 산물"이며 "트랜스휴머니스트는 보통 몸을 부정하는 것이 아니라 몸의 형태를 선택하고 가상의 몸을 포함한 다양한 몸 안에서 살 수 있기를 원한다."[41] 이것이 그들이 주장하는 몸에 대한 긍정이라면 이에 대한 비난이 어떤 결과를 가져올지는 생각만 해도 몸서리가 쳐진다.

성육신은 부분적으로 인간의 피조물로서의 지위, 본질적이고 필연적으로 유한하고 죽을 수밖에 없는 지위를 긍정한다.[42] 말씀이신 하나님은 인간들 가운데 태어나 거하시고 인간의 지위를 취하시기를 기뻐하셨으므로 인간은 결국 유한성과 필멸성이라는 자산을 긍정할 수 있다. 성육신하신 하나님은 인간이 선호할 수도 있는 존재 방식이 아닌 있는 모습 그대로의 인간을 포용하신다. 그러나 이러한 포용이 고통을 덜어주거나 인간의 삶을 개선하는 일은 아무것도 해서는 안 된다는 점을 암시하는 것은 아니다. 그리스도인들이 보건 의료 서비스를 증진하거나 더 큰 위로를 주는 의학적·기술적 발전을 도모하는 일에 찬성하거나 참여하지 말아야 할 이유는 없다. 그러나 신체적 능력을 개선하는 것이 곧 이른바 불완전한 몸의 유한성과 죽음의 필연성을 대체하려는 시도와 같은 것을 의미하지는 않는다. 예를 들어 질병에 대항할 면역

41 More, "The Philosophy of Transhumanism," 15.

42 인간이 가진 자산으로서의 유한성과 필멸성에 대한 더 자세한 설명을 보려면 다음 책을 보라. Brent Waters, *This Mortal Flesh: Incarnation and Bioethics* (Grand Rapids: Brazos, 2009).

체계를 강화하는 것과 인간을 질병에 영향 받지 않는 불멸의 존재로 바꾸는 것은 전혀 다른 문제다. 오히려 성육신은 인간에게 그들의 타락한 상태를 상기시키며 이는 결국 불완전함으로 잘못 인식된 것을 제거하여 불행하게 끝날 완전함에 대한 추구를 초래하는 방향으로 정해지지 않은 삶의 방식을 촉진할 것이다. 인간은 성육신이 긍정하는 것을 긍정하면서 타락한 피조물로서 그들을 결속시키는 불완전함의 유대도 공고히 한다.[43]

바로 이러한 불완전한 친교의 유대 때문에, 그에 대한 반응으로 용서와 은혜가 필요한 것이다. 인간은 타락한 피조물로서—지독하게 인기 없는 단어를 사용하자면, 죄인으로서—작위적 행위와 부작위적 행위 모두를 통해 서로에게 해를 끼친다. 파괴된 교제를 회복하기 위해서는 용서를 주고받는 일이 필요하다. 교회 안에서 그리스도인들은 부분적으로 용서를 주고받는 법을 배우며 그 결과 습관적으로 용서하고 용서받는 사람들로 바뀌어간다. 예를 들어 성찬식은 이러한 변화를 일으키는 관습을 요약적으로 표현한다. 성찬 예배는 심판, 고백, 회개로 시작해서 변화된 삶을 살겠다는 약속과 그에 뒤이은 사죄 선언으로 끝난다. 주의 만찬은 신자들에게 그들이 타락한 피조물로서 하나님과 이웃에게 종종 죄를 짓는다는 사실을 상기시키지만 베풀어진 용서는 그들의 죄를 변명해주는 것이 아니라 은혜를 통해 그 죄를 드러내어 심판하는 것이다. C. S. 루이스의 "용서에 대하여"라는 글에 따르면 용서를 받아들이는 것은 곧 한 사람의 비난받을 만한 행동에 대한 책

43 다음 책을 보라. Oliver O'Donovan, Joan Lockwood O'Donovan, *Bonds of Imperfection: Christian Politics, Past and Present* (Grand Rapids: Eerdmans, 2004).

임을 인정하는 것이다. 반면에 변명은 상황을 완화시켜 그 상황에 대해 누군가를 탓할 수가 없게 만드는 것을 의미한다.[44] 좋은 변명은 용서할 일이 아무것도 없음을 의미하거나 한나 아렌트의 말을 빌리자면 마땅히 처벌할 수 있는 일만 용서받을 수 있음을 의미한다.[45] 따라서 잘못을 고백하고 그에 따라 자신의 삶을 바꾸겠다고 약속하기 전까지는 죄 사함을 베풀 수 없지만 타락한 피조물들은 그 약속을 자주 어기고 그 결과로 죄 고백과 회개의 과정을 되풀이한다.

포스트휴머니스트와 트랜스휴머니스트는 아마도 용서에 대해 할 말이 없을 것이다. 그들은 인간을 포스트휴먼으로 변형시킬 때 용서받아야 할 잘못을 전혀 저지르지 않기 때문이다. 완전함(또는 독자들이 선호하는 다른 표현을 쓰자면, 끝없는 개선)을 추구하는 일이 왜 벌을 받아야 하고 따라서 용서를 받아야 할 행위로 간주되겠는가? 그러나 바로 이것, 즉 완전함을 추구하는 이들은 그들이 선하다고 생각하는 것을 추구하지만 자연에 대한 권력이든, 자기 자신에 대한 권력이든, 타인에 대한 권력이든, 예외 없이 권력에 만족한다는 사실이 패스모어가 발견한 함정이다. 오늘날 불멸의 포스트휴먼적인 미래를 추구하는 상황에서 고대 그리스 신화는 정신이 번쩍 들게 하는 경고를 준다. 신들은 능력도 있고 죽지도 않았지만 완전함의 모범은 고사하고 덕이나 선의 모범으로 추앙받는 경우도 거의 없었다. 신화를 바꾸어 말하자면, 포스트휴머니스트들은 지식의 나무, 특히 베이컨이 말한 힘도 함께 가져다주는

44 다음 책을 보라. C. S. Lewis, *The Weight of Glory and Other Addresses* (HarperCollins e-books, 2009), 177-79.

45 다음 책을 보라. Hannah Arendt, *The Promise of Politics* (New York: Schocken Books, 2005).

그런 종류의 나무들로 가득한 숲이 있는 새로운 에덴을 건설하려 애쓰고 있지 않은가?

그리스도인들은 후기 현대 사회 속에서 용서받은 사람들로서 살아가며 그렇기 때문에 그들의 타락한 상태를 깨닫는다. 이러한 깨달음은 그리스도인들이 인간이 처한 상황을 개선하기 위한 모든 행동을 평가할 때 경고음을 울려야 할 이유를 설명해준다. 그리스도인들은 자기들처럼 선과 악은 알지만 그 둘의 차이를 온전히 식별할 수 있는 지혜는 없는 다른 타락한 인간들을 접하기 때문이다. 특히 인간을 포스트휴먼으로 만듦으로써 완전한 인간을 만들려는 가장 최근의 시도와 관련해서 디트리히 본회퍼(Dietrich Bonhoeffer)의 다음과 같은 말은 매우 교훈적이다. "선과 악을 아는 지식은 모든 윤리적 사고를 목표로 하는 것처럼 보인다. 기독교 윤리학의 첫 번째 사명은 이 지식을 무효화하는 것이다."[46]

46 Dietrich Bonhoeffer, *Ethics* (London: SCM, 1955), 3. 『윤리학』(대한기독교서회 역간).

노먼 워즈바(Norman Wirzba) 듀크 신학대학원의 신학 및 생태학 담당 교수 겸 니콜라스 환경 대학원 연구 교수다. 그는 *The Paradise of God: Renewing Religion in an Ecological Age*, *Living the Sabbath: Discovering the Rhythms of Rest and Delight*, *Food and Faith: A Theology of Eating*, *Making Peace with the Land*(프레드 반슨과 공저) 등의 저서를 출간했다. 그의 가장 최근 저서로는 *From Nature to Creation: A Christian Vision for Understanding*, *Loving Our World and Way of Love: Recovering the Heart of Christianity* 등이 있다. 그는 *The Essential Agrarian Reader: The Future of Culture, Community, the Land; The Art of the Commonplace: The Agrarian Essays of Wendell Berry*를 편집하기도 했다. 워즈바 교수는 켄터키 대학교 출판부에서 발간하는 *Culture of the Land: A Series in the New Agrarianism* 시리즈의 편집장으로 섬기고 있으며 대륙 철학 및 신학 학회 집행 위원회의 일원이다.

8장

타락한 동시에 번성하는 창조세계를 인식하는 법

세상을 바라보는 대안적인 방식들

■ 노먼 워즈바

"바라보는"(look) 것과 "보는"(see) 것은 사뭇 다르다. 똑같은 광경을 보더라도 각 사람이 보는 것은 서로 상당히 다를 수 있다. 이는 보는 사람이 모두 서로 다른 인지 능력 내지 주목하는 습관과 다양한 욕구, 두려움, 질문, 목표 등을 갖추고 보기 때문이다. 바라보는 행위는 필연적으로 그 자체가 한 사람의 물리적 위치, 시간, 철학적·종교적 신념, 어떤 특정 문화에서 살아가는 자신의 위치를 반영하는 시각 내지 관점을 전제로 한다.

바라보는 일은 시각에 관한 감각 능력에 불과한 것을 전제로 하겠지만, 보는 일은 한스 게오르크 가다머(Hans-Georg Gadamer)가 말한 이른바 "해석학적 의식"(hermeneutical consciousness)을 전제로 한다. 보는 것이 곧 해석하는 것이고 해석하는 것이 곧 우리로 하여금 우리가 보는 것의 의미를 감지할 수 있게 하는 언어, 개념, 상징체계를 실제적으로 사용하는 것이다. 보는 것은 다시 말해서 지각하고 있는 것을 특정한 방식으로 **이해하는** 것이다.[1] 이는 세상을 "타락한" 곳**으로** 보는 것은 명백하지도 않고 단도직입적으로 과학적이지도 않음을 의미한다. 타락한 상태를 보려면 사람들은 세상과 세상의 피조물들을 특정한 방식으로 판단할 수 있게 해주는 신학적인 영향을 받은 해석의 틀이나 해석학적 의식을 갖추고 있어야 한다. 미국 러시아 정교회 신학자이자 전례학자인 알렉산더 슈메만(Alexander Schmemann)은 이 점을 이런 식으로 표현한다.

> 세상은 하나님이 만유 안에 계신 만유라는 인식에서 멀리 떨어져 버렸기 때문에 타락한 세상이다. 이러한 하나님에 대한 무시가 누적되는 것이 곧 세상을 망치는 원죄다. 심지어 이 타락한 세상의 종교도 세상을 치유하거나 구원하지 못한다. 종교는 하나님이 "불경한" 세상과 대비하여 "신성한"("영적인", "초자연적인") 것으로 말씀하시는 영역으로 환원되는 것을 받아들였다. 종교는 세상을 하나님에게서 훔쳐가려 하는, 모든 것을 포용

---

1 나는 이 장에서 시각을 세상을 이해하는 일에 대한 비유로 사용하지만 촉각이나 후각이나 미각과 같은 다른 감각들도 무시해선 안 된다는 점을 분명히 밝힌다. 특히 다른 감각들도 종종 보다 구체적이고 실제적이며 친밀한 세상과의 관계로 이어지기 때문이다. 다음 책에서 나는 미각이 음식의 생산과 소비의 구체적인 관행과 더불어 우리가 우리의 현주소를 이해하게 될 때 새로운 탐구와 공감의 방향을 열어준다고 주장한다. *Food and Faith: A Theology of Eating* (New York: Cambridge University Press, 2011). 여기에 해석의 장소로서의 몸에 대한 중요한 새 논문집인 다음 책을 추가할 수 있을 것이다. *Carnal Hermeneutics*, ed. Richard Kearney, Brian Treanor (New York: Fordham University Press, 2015). 철학적 탐구 전통에서 시각이 지닌 주도권과 시각이 흔히 전제로 하는 자아와 세계 사이의 거리 두기는 다음 책들에 잘 설명되어 있다. Martin Jay, *Downcast Eyes: The Denigration of Vision in Twentieth-Century French Thought* (Berkeley: University of California Press, 1994); *Modernity and the Hegemony of Vision*, ed. David Michael Levin (Berkeley: University of California Press, 1993).

하는 세속주의를 받아들였다.[2]

해석학이라는 학문은 인간이 세상과 직접적으로 접촉하지 않는다고 가르친다. 인간이 세상 안에 있다는 것은 언제나 이미 세상을 이해하고 참여할 수 있는 장소로 "열어젖히는" 해석 행위에 참여하는 것이기 때문이다. 가다머는 자기 스승 마르틴 하이데거(Martin Heidegger)의 저작을 끌어들여 이렇게 주장했다. "이해는 단지 주체의 여러 가능한 행위 중 하나가 아니라 현존재(Dasein) 그 자체의 존재 방식이다."[3] 우리 중 누구도 중립적인 공간에서 존재하지 않는다. 우리 중 누구도 관찰되는 대상에 대해 아무런 관심 없이 그냥 사물을 "바라보지" 않는다(전혀 아무 관심 없이 바라보는 것은 마치 어떤 식별 가능한 상도 맺히지 않는 초점 없는 카메라와 같을 것이다). 우리는 태어나는 순간부터 공식적으로든 그렇지 않든 보고 초점을 맞추며 평가하는 법을 배우고 있고 따라서 우리 주변과 독특한 방식으로 관여하는 법도 배우고 있다.

이번 장에서 나는 창조세계의 **타락한 상태**뿐만 아니라 창조세계의 **번성**도 이해할 수 있는 하나의 설득력 있는 신학적 틀을 탐구한다. 특히 이번 장에서는 창조세계에 대한 기독론적인 이해가 어떻게 타락한 세상에 대한 이해를 가능하게 하는지를 고찰한다. 타락한 상태는 그

---

2 Alexander Schmemann, *For the Life of the World* (Crestwood, NY: St. Vladimir's Seminary Press, 1963), 16.

3 Hans-Georg Gadamer, *Truth and Method*, 2nd ed. (New York: Crossroad, 1991), xxx. 『진리와 방법』(문학동네 역간). 우리가 자연세계를 이해하는 데 있어서 해석학이 갖는 함의에 대한 광범위한 논의를 보려면 다음 책을 보라. *Interpreting Nature: The Emerging Field of Environmental Hermeneutics*, ed. Forrest Clingerman, Brian Treanor, Martin Drenthen, David Utsler (New York: Fordham University Press, 2014).

냥 아무나 볼 수 있는 세상의 어떤 일반적인 특징이 아니다. 그것은 세상 속에서 죄의 작용으로 생겨난 필연적 결과다. 타락한 상태의 공명하는 힘 내지 의미는 우리로 하여금 세상을 하나님의 사랑의 장소이면서도 사랑이 기형적으로 변함으로 인해 상처 입은 곳으로 보게 하는 분이신 그리스도와 함께 있는 것에서 나온다. 세상이 타락했다는 말은 곧 하나님의 사랑이 세상 속에서 자유롭게 충분히 역사하고 있지 않다는 말이다. 그것은 세상이 아직도 하나님의 사랑이 만유 안에서 만유가 될 성취와 완성을 기다리고 있다는 말이다. 내가 앞으로 말하려는 대로, 예수는 우리와 함께 계시며 우리가 특정한 방식으로 세상에 초점을 맞추도록 도와주신다. 그는 우리에게 어떻게 어디서 봐야 할지를 말씀해주시고, 언제 우리가 초점에서 벗어나 있는지를 알게 해주시며, 우리 주변에서 일어나는 일의 의미를 깨달을 능력을 갖추게 하신다. 이는 기독교 제자도가 단지 인간이 하나님과 함께하는 삶에 입문하는 것만이 아님을 의미한다. 그것은 인간이 이제 새로운 방식으로 이해하고 참여하게 된 세상에 입문하는 것이기도 하다.

세상에 대한 해석

사람들이 세상을 전체적으로 이해하는 방식은 시대에 따라 크게 변천했다. 단순히 고대 그리스의 철학적 배경만 놓고 보자면 데모크리토스는 세상을 볼 때 보이지 않고 나눌 수 없는 "아토모이"(*atomoi*, 원자들)가 영속적·무작위적으로 운동하는 것을 "보았다." 원자의 생성이나 분해를 지배하는 힘이나 지성은 없다. 물질은 그저 존재할 뿐이다! 이러한 원자론적·다원론적인 세계관은 아낙사고라스의 세계관과 뚜렷이 대비되었다. 아낙사고라스는 세상의 다양한 원소들은 서로 관여하고 전체에 관여한다고 믿었다. 더구나 "누스"(*Nous*), 즉 정신이 전체의 곳곳에 스며들어 지금과 같은 모양과 형태를 부여하고 있기 때문에 이 세상에 우연하거나 무작위적인 것은 아무것도 없다. 아낙사고라스가 보기에 세상은 질서정연하고 이해할 수 있는 하나의 전체, 즉 "코스모스"(*kosmos*)를 형성한다.

이처럼 세상을 바라보는 극적으로 다른 방식들이 존재하는 이유는 무엇인가? 아낙사고라스의 세계상은 (잠재적으로) 사람들이 일어나는 일은 무엇이든 어떤 이유 때문에, 또는 아마도 운명에 대한 증거로서 일어난다고 말할 수 있는 보다 이성적이고 규칙적이며 신뢰할 만한 세상을 만들어내는가? 아니면 세계상은 어떤 의미에서 우리가 세상 속에서 보기를 희망하는 것을 반영하는 자아상이기도 한가?

프랑스 철학자인 피에르 아도(Pierre Hadot)에 따르면, 고대 철학과 그로 인해 가능해진 "과학"은 다른 무엇보다도 그것을 실천하는 사람들을 잘 살 수 있게(잘 사는 것을 어떤 식으로 생각하든 간에) 해주는 생활방식과 훈련을 옹호하는 것이었음을 강조하는 게 중요하다. 한 철학 학파에서 권장하는 인식 방식인 "테오리아"(*Theōria*, 관상)는 어떤 "에토스"(*ethos*) 또는 세상에서의 존재 방식과 불가분하게 관련이 있다. 한 사람의 세계상이 사람들로 하여금 더 나은 삶을 살도록 돕는 역할을 하지 못하면 그 사람은 더 이상 진정한 철학자가 아니었다.[4] 세상에 대한 진지한 관조에 있어서 중요한 것은 자기 변화를 일으키는 것이었고 이

---

4 Pierre Hadot, *What Is Ancient Philosophy?* (Cambridge, MA: Harvard University Press, 2002), 172-233. 간결하게 표현하자면 "고대에는 철학자의 철학적 담론의 근본적인 성향을 좌우하고 결정하는 것은 바로 그가 선택한 삶의 방식이었다"(272-73).

는 "에토스"에 "아스케시스"(*askēsis*), 즉 지혜를 추구하는 사람의 삶을 세상에 대한 진리와 일치시키는 일종의 고행 내지 개인적 훈련이 동반됨을 의미했다. "테오리아", "에토스", "아스케시스"는 불가분적으로 서로 얽혀 있다. 앞으로 살펴보겠지만 이 셋의 상호 연결은 초기 기독교에서 분명히 작동하고 있었다. 세상을 기독교적인 방식으로 보고 이로 인해 세상을 타락했거나 번성하는 것으로 판단할 수 있는 것은 세상 속에서 특정한 방식으로 살아가는 것과 서로 얽혀 있었다.

이처럼 고대 그리스인들이 묘사한 철학적 사고방식이 보편적으로 인정받지 못한 게 분명하다. 비록 더 최근의 철학적 세계상이 더 나은 "아스케시스" 내지 삶의 방식이라고 여겨지는 것에 도움을 즉각적으로 또는 분명하게 주지 않을지도 모르지만, 그럼에도 그것은 사람들이 세상을 어떤 관심사나 목적에 기여하는 방식으로 보고 이해하도록 독려하는 게 분명하다. 비록 그 목적이 명시적으로 진술되거나 숙고의 대상이 되지는 않았더라도 말이다. 사람들에게 보라고 요청한 **것**, 그것을 바라보기 위해 사람들에게 제안한 **방법**과 **도구**, 사람들이 본 것을 체계화하기 위해 그들에게 제시한 **범주**와 **틀**, 사람들이 인식한 결과를 이해해야 할 **의미**, 즉 이 모든 것은 사람들이 다양하게 보기 전과 보는 동안에 더 조금 또는 더 많이 정해진다. 아도는 이렇게 말한다.

> 따라서 대학이 교육하는 철학은 중세 시대에 철학이 차지했던 위치와 똑같은 위치에 머물러 있다. 철학은 여전히 때로는 신학의 종이고 때로는 과학의 종이다. 어쨌든 철학은 언제나 전반적인 교육 기관의 명령, 또는 현대에는 과학적 연구의 명령에 따른다. 교수, 강좌 주제, 시험의 선택은 언제나 정치적이거나 재정적인 "객관적" 기준의 지배를 받으며 불행하

게도 너무나 자주 철학과 동떨어져 있다.[5]

다시 말해서 우리는 우리가 어떤 관점을 갖게 되든지 그 관점을 갖게 해주는 기관, 전문적인 공통 규약, 개성, 재정적 자금의 흐름, 포장된 자료에 있는 특성을 본다.[6]

우리는 무엇이든 우리가 원하는 것을 본다는 말이 내 말의 핵심은 아니다. 더 정확히 말하자면, 우리로 하여금 우리가 보고 있는 것을 이해할 수 있게 해주는 "테오리아"는 언제나 우리가 세상에 접근하는 방법을 열어주고 인도하며 단련시키는 어떤 "에토스"와 "아스케시스" 안에서 발전한다는 말이다. 내 말을 이해하려면 보는 과정을 찰스 다윈의 저작 속에서 발생한 과정처럼 바라보는 것이 유익할 것 같다.

다윈은 자서전에서 토머스 로버트 맬서스(Thomas Robert Malthus)의 인구론이 자신의 저작에서 결정적인 역할을 했다고 말한다. 그는 자신이 관찰한 것을 더 설득력 있게 집중할 수 있는 범주를 맬서스의 인구론에서 발견했기 때문이다.

체계적인 탐구를 시작한 지 15개월 뒤에 나는 우연히 재미 삼아 맬서스의 인구론을 읽게 되었고, 동식물의 습성을 오래 지속적으로 관찰한 결과

---

5 Hadot, *What Is Ancient Philosophy?*, 260.

6 진리 조건이 정해지고 정당화되는 다양한 방식에 대한 엄밀하고 광범위한 검토를 보려면 다음 책을 보라. Bruno Latour, *An Inquiry into Modes of Existence: An Anthropology of the Moderns* (Cambridge, MA: Harvard University Press, 2013). Latour는 사람들이 "실재"를 경험하고 이해하기 위해 사용해온 많은 가치와 양식들을 기술하면서 과학적·사회적·경제적 "경험"의 구성이 우리가 사는 세상을 의미 있게 만드는 국지적 존재론을 가능케 하기 위해 어떻게 중첩되고 흩어지는지를 보여준다.

> 어디서나 벌어지는 생존 경쟁을 잘 이해할 수 있었던 시기에, 유리한 변이는 보존되고 불리한 변이는 사라지기 쉬울 것이라는 생각이 퍼뜩 떠올랐다. 이것은 새로운 종이 형성된다는 생각을 가져왔다. 여기서 나는 마침내 연구의 동력이 될 하나의 이론을 얻었다.[7]

여기서 우리는 맬서스가 어떻게 다윈에게 세계를 특정한 방식으로 보이게 하는 시각 내지 해석상의 렌즈를 제공해주었는지를 살펴볼 수 있다. 다윈은 한동안 세계를 관찰해왔지만 자신이 관찰한 것을 만족스럽게 이해를 돕는 해석의 틀을 아직 발견하지 못했다. 맬서스는 다윈에게 그가 갈망해온 해석의 틀을 제공했다. 맬서스의 "테오리아"는 다윈으로 하여금 온갖 종류의 동식물들을 희소하고 줄어드는 자원에 직면하여 자신들의 개체수를 늘리기 위해 경쟁적으로 싸우고 전쟁을 벌이는 존재들로 볼 수 있게 해주었다. 다윈이 『인간의 유래』에서 썼듯이 모든 유기체는 자신들의 개체수를 늘리기 위한 노력을 쏟아붓는다. 이러한 개체군들은 맬서스가 묘사한 인구와 매우 비슷하게 그런 빠른 증가 속도를 따라잡을 수 없는 장소에서 기하급수적으로 늘어난다. "따라서 생존할 수 있는 개체보다 더 많은 개체가 생산되기 때문에 모든 경우에 같은 종에 속한 서로 다른 개체나 서로 다른 종 내지 물리적 생활 조건에 속한 개체들 사이에 생존을 위한 경쟁이 있을 수밖에 없다. 이는 맬서스의 이론이 동물계와 식물계 전체에 훨씬 더 강력하게 적용된 것이다."[8]

---

7 다음 책에서 인용했다. Conor Cunningham, *Darwin's Pious Idea: Why the Ultra-Darwinists and Creationists Both Get It Wrong* (Grand Rapids: Eerdmans, 2010), 9-10.

8 Darwin, *On the Origin of Species.* 다음 책에서 인용했다. Cunningham, *Darwin's Pious*

세상에 대한 다윈의 인식은 끊임없는 싸움과 경쟁의 "아스케시스"도 함께 반영하는 희소성의 "에토스"로 가득하다. 그러한 인식은 시인 테니슨(Tennyson)이 "인정사정 봐주지 않는" 자연으로 묘사한 것으로 잘 알려진 세계관을 낳는다. 어떤 유기체를 바라본다는 것은 그 유기체가 성장하고 번식하는 투쟁을 보는 것이다. 그러한 존재가 생존하려면 변화하는 환경에 적응해야만 하거나 아니면 죽어야만 한다. 자신들의 잠재적 번식을 향상시키는 일, 곧 번성하는 일에 자신이 차지한 환경을 가장 잘 활용하는 존재들이 "적합한" 존재들이기 때문이다.[9]

세상을 바라보는 하나의 방식으로서 맬서스/다윈의 "테오리아"에는 분명 고려할 만한 설명 능력이 있다. 생존을 위한 투쟁에 초점이 맞춰진 렌즈는 세상의 다양한 요소를 명확하게 보여준다. 게다가 내가 보기에 생물이 다른 생물에 포함되어 연속성을 이룬다는 다윈의 통찰력은 매우 중요하다. 하지만 다윈이 세상에 대해 설명하는 것이 "객관적"이거나 "포괄적" 설명이라고 또는 모든 것을 명확하게 보여준다고 생각한다면, 그것은 순진한 생각일 것이다. 다윈의 "테오리아"가 고려하지 않거나 눈여겨보지 않은 것이 무엇이고, 관찰자로 하여금 보지 못하게 하는 것은 무엇인가? 왜 우리는 자연 선택에서 작동하는 힘이 종들의 자기 이익이라고 생각해야 할까? 특히 우리가 "자기", "이익", "선

Idea, 10.

9 Darwin이 자신의 저작에서 협동과 공동체의 개념을 받아들일 여지를 남겨놓았고 보다 최근의 진화 이론은 이런 주제들을 매우 중요한 방식으로 발전시켜왔다는 점은 강조할 필요가 있다. 이런 주제들에 대한 훌륭한 개관과 이 주제들의 발전 과정에 대해 보려면 특히 다음 책을 보라. *Evolution, Games, and God: The Principle of Cooperation*, ed. Martin A. Nowak, Sarah Coakley (Cambridge, MA: Harvard University Press, 2013). 나는 여기서 투쟁과 생존이라는 주제에 초점을 맞출 것이다. 이 주제들이 일반인들의 상상력을 가장 많이 사로잡았기 때문이다.

택"과 같은 용어들의 복잡성을 분석할 경우에 말이다. 엄청난 풍성함이라는 특징을 갖고 있다고 묘사할 수도 있는 세상에서 왜 희소성을 가정해야 할까? 왜 살고자 하는 욕구가 "번성"하거나 "기뻐"하려는 욕구가 아닌 일차적으로 "생존"하려는 욕구라고 생각해야 할까? 이런 질문들은 우리가 다윈주의적 틀에서 도출된다고 보이는 것에 대해 질문할 수 있는 것 중 몇 가지에 불과하다. 다윈식의 이해는 소중하지만 유일한 이해 방식은 아니다. 토착민들은 자세하고 주의 깊은 관찰에 의존하여 생계를 꾸려가는 사람들로 알려져 있고, 그리고 그들은 세상을 경쟁과 희소성이 아닌 연대감과 관대함이 지배하는 곳으로 생각하고 행동했다고 묘사하는 (그렇게 이해하는) 보고들이 흔히 발견된다는 점은 주목할 만하다. 그리고 이런 다윈주의적 해석 방식은 세상과 세상의 생물들이 하나님 안에 있는 어떤 목적 내지 목표를 향해 나아가고 있다는 생각을 뒷받침하기가 불가능하기 때문에 타락에 대해 의미 있게 말하는 것을 매우 어렵게 만든다는 점도 주목할 만하다. 생태계의 발전 과정이나 종의 행동에는 생존 그 자체 외에는 어떤 목적도 존재하지 않으며 가능한 온갖 생존 수단에 대한 어떤 비판도 존재하지 않는다. 곧 살펴보겠지만 창조세계의 타락에 대한 기독교적 관점은 세상에 생기를 불어넣으시는 하나님의 사랑이 왜곡되거나 부정되었고 피조물들이 하나님 안에서 성취를 얻기가 불가능해졌다는 점을 전제로 한다.

그럼에도 다윈의 세계관을 주의 깊게 고찰하는 것은 중요한 일이다. 그의 몇몇 핵심 개념들—적응도, 희소성, 적자생존—은 오늘날 교육의 다양한 분야 속에 들어와 있기 때문이다. 다윈은 비단 우리가 자연세계라고 부를 수 있는 것을 기술하기 위해서만 언급되지 않는다. 다윈은 사회적 세계를 기술하고 설명하며 (때로는) 정당화할 수 있는 기본적인 도구를 제공했고 이는 곧 우리가 이제 다윈주의 속에서 어떤

"에토스", 즉 특정한 세상 속에서의 존재 방식에 기여하는 세상에 대한 어떤 철학적인 상, 즉 "테오리아"를 발견했다는 말이다. 예를 들어 여러 학자들은 다윈의 생태관이 애덤 스미스의 경제관과 눈에 띄게 비슷하다는 점을 지적해왔다. 둘 다 개인들이 자기 이익을 최대화하는 방식으로 움직이는 세계관을 전제로 한다. 둘 다 약자가 강자에게 자리를 내주기 위해 제거되는 과정을 가정한다. 둘 다 충분히 얻지 못할 것을 두려워하는 개인들의 모습을 가정한다.

다윈의 과학적 관찰을 일축하는 것은 잘못된 일이다. 그러나 그 관찰의 도덕적 통찰력이라고 부를 만한 것의 편협함에 주목하지 않는 것도 잘못된 일이다. 예를 들어 마릴린 로빈슨(Marilynne Robinson)은 이렇게 논평한다. "인간을 더 낫거나 더 못한 동물로 생각해야 하고 인간의 행복을 자연 선택의 산물로 생각해야 한다는 것은 상황에 대한 의도적 배제이며 이는 내가 보기에 다윈주의 사상의 안정적인 특징으로 남았던 것으로 보인다. 이 이론 안에는 세상과 같이 무엇이든 멀찍이 떨어져서 수용하기에는 너무 작고 엄격한 세계관이 함축되어 있다."[10] 여기에 빠져 있는 것은 영혼이 들어갈 공간을 내어주는 세상이다.[11] 여기에 빠져 있는 것은 자비—우리로 하여금 약자의 불행을 인식하고 돌볼 수 있게 해주는 바로 그 덕—가 큰 힘을 발휘하는 세상이다.

이러한 다윈에 대한 대략적인 고찰은 우리로 하여금 "테오리아",

10 Marilynne Robinson, "Darwinism," in *The Death of Adam: Essays on Modern Thought* (New York: Picador, 1998), 46-47.

11 Robinson은 다음 책에서 이 주제를 발전시킨다. *Absence of Mind: The Dispelling of Inwardness from the Modern Myth of the Self* (New Haven: Yale University Press, 2010). 이 책에서 Robinson은 인간의 정신은 단순한 물질적인 기계장치 이상이며 다른 무엇보다도 세상에 대해 도덕적으로 반성하는 능력을 가졌다고 변호한다. 우리는 "실재의

더 정확히 말하자면 이성의 모든 산물은 결코 순수하지 않다는 점을 깨닫게 해준다. "테오리아"는 결코 어떤 "에토스"와 동떨어져 있는 것이 아니며 이는 우리가 보는 것은 변함없이 특정한 관심, 염려, 야망, 또는 욕구에 기여하거나 응답한다는 점을 의미한다. 즉 모든 "테오리아"는 어떤 "아스케시스", 즉 세상에서의 존재 방식을 추천하고 거기서 나오며 그것에 기여한다. 사람들은 자신의 추론은 명백하고 논리적이며 설득력 있고 심지어 포괄적이라고 생각할지 모르지만 인간이 추론을 시도해온 역사는 세상을 명확히 설명하려는 인간의 노력이 종종 세상을 일그러뜨리고 위장하며 심지어 비인간화하는 결과를 가져왔다는 점을 보여준다. 우상숭배적인 이해는 늘 존재하는 유혹이다.[12] 서양의 철학적·과학적 발전의 대장정은 세계의 대륙들에 대한 제국주의적 정복, 타 대륙의 여러 토착민들에 대한 집단 학살, 조직적인 약탈, 오염, 세계의 서식지들의 질적 저하를 초래했다는 점을 기억하는 것이 중요하다. 인간의 역사에서 우리가 지금처럼 지구를 매우 정확하고 폭넓게 관찰할 수 있었던 적은 없었다. 그리고 우리가 보는 방식의 결과로 이토록 큰 질적 저하를 목격한 적도 없었다.

요컨대, 우리는 이해의 위기 한가운데 서 있다. 한때 철학자들을 향한 사람들의 믿음은 이제 기술자와 경제학자들을 향하고 있다. 그들이 세상을 "정확히" 보여주며 세상을 편리하고 편안하게 살 수 있는 수

기이함은 과학의 기대를 끊임없이 능가하며 과학의 가정은 아무리 입증되고 이성적이라 해도 거짓된 기대를 북돋는 경향이 매우 크다"고 주장할 수 있어야 한다(124).

12 나는 다음 책에서 우상숭배적으로 보는 것의 성격을 밝혔다. *From Nature to Creation: A Christian Vision for Understanding and Loving Our World* (Grand Rapids: Baker Academic, 2015).

단을 제공해줄 것으로 보이기 때문이다. 그러나 사람들이 과학자와 기술자들이 제공한 수단들이 세상의 생존 가능성을 위협하는 다양한 형태의 재앙을 느끼면서 이 믿음조차 흔들리고 있다. 확실히 과학자와 철학자들은 우리에게 기술, 의학, 교육의 형태로 수많은 선물을 주었지만, 오늘날의 연구 기관과 기계장치들이 우리의 생명을 멸종으로 이끌어가고 있음을 무시하는 것은 순진한 생각일 수 있다.[13] 우리의 파멸은 단 한 번의 커다란 대재앙으로 일어나지 않을지도 모른다. 그것은 모든 생명의 건강을 조직적으로 약화시키는 냉혹하고 대체로 눈에 띄지 않는 "느린 폭력"의 형태를 띨 수도 있다.[14] 또는 오늘날의 군사 작전을 지배하는, "증오 없는" 원격 조종 원거리 살인 폭력일 수도 있다.[15] 어떻게 이해하든 우리는 사람들로 하여금 세상을 더 소중히 여기고 세상 속에서 더 신실하게 살 수 있게 해줄지도 모를 새로운 "테오리아", 곧 세상을 보는 새로운 방식이 필요해 보인다.

---

13 나는 여기서 Martin Rees, James Lovelock, Lynn Margulis 등과 같은 과학자들의 저작뿐만 아니라 "우려하는 과학자 연합"(Union of Concerned Scientists)도 염두에 두고 있다. 과학 철학자 Jean-Pierre Dupuy는 다음 책에서 과학에 대한 잘못된 믿음을 다루면서 세상의 신성한 성격에 대한 재발견 및 인간의 추론의 한계와 자기 제한의 필요성에 대한 인정이 생존 가능한 미래에 필수적이라고 주장한다. *The Mark of the Sacred* (Stanford: Stanford University Press, 2013).

14 다음 책을 보라. Rob Nixon, *Slow Violence and the Environmentalism of the Poor* (Cambridge, MA: Harvard University Press, 2011).

15 *Hiroshima ist überall (Hiroshima Is Everywhere)*에서 Günther Anders는 이렇게 말한다. "이 상황의 환상적 성격은 사람의 숨을 너무 간단하게 앗아간다. 세상이 묵시록적으로 변하는 바로 그 순간에 그것도 우리 자신의 잘못 때문에 그것은…악의 없는 살인자와 증오 없는 희생자들이 거주하는 낙원의…이미지를 제시한다. 거기에는 어떤 악의의 흔적도 없고 잔해만 있을 뿐이다.…이러한 증오의 부재는 지금까지 존재한 가장 비인간적인 증오의 부재일 것이다. 증오의 부재와 양심의 가책의 부재는 이제부터 동일한 것이 될 것이다"(Dupuy, *The Mark of the Sacred*, 194에서 인용).

기독교적 이해 방식?

세상을 바라보는 독특하게 기독교적인 방식 비슷한 것이 과연 존재하는가? 그리스도를 따르는 이들이 세상을 볼 때 무엇을 보며 그래서 또한 세상에 무엇이 있다고 이해하는가? 약간 다르게 표현하자면, "아스케시스" 또는 기독교적인 삶—그리스도 자신이 세상 속에 존재한 방식을 닮은 삶—의 규율은 어떻게 세상을 새로운 방식으로 열고 세상에 초점을 맞추어 사람들로 하여금 중요성과 의미, 타락함과 번성함을 새로운 방식으로 알아낼 수 있게 하는 "테오리아" 내지 해석학적 의식을 낳는가?

출발점은 그리스도인들이 세상을 하나님의 "창조물"로 본다고 말하는 것이다. 세상은 하나님이 자신의 손으로 빚은 작품이자 자신의 사랑과 기쁨을 표현한 것이다(교구 주임 사제였던 맬서스는 이 점을 암시했는지도 모른다). 그러나 이는 시작점에 불과할 수밖에 없다. 우리는 우리가 창조된 세상 속에 산다는 것이 무엇을 의미하는지에 대한 엄밀한 논리 전개와 이런 종류의 이해를 가능하게 하는 방식에 대한 서술이 필요하기 때문이다. "테오리아"가 언제나 "에토스"를 동반한다는 것을 상기한다면, 여러 표현에 등장하는 세상을 "자연으로" 표현하는 것이 아닌 세상을 "피조물"로 보기 위해 반드시 선행되어야 하는 세상에 있는 방식은 무엇인가? 이 질문을 제기하는 것이 중요한 까닭은 많은 그리스도인이 피조물로 해석한 세상과 자연으로 해석한 세상 사이에 별 차이가 없다고 생각하기 때문이다. 어떤 이들에게 세상은 있는 모습 그대로이며, 그들과 다르게 그리스도인들에게 자연은 하나님으로부터 기원한다는 점이 가장 큰 차이다. 다시 말해, 하나님이 태초에 모든 것을 운행하신 분으로 계신 그 순간에 자연세계는 창조세계가 된다. 하나님은 세상이 현재와 같은 규칙적인 패턴으로 기능할 수 있도록 자연 법칙을 시행하셨다. 그러나 간혹 하나님은 기적을 일으키시기 위해 자연 법칙에 끼어들거나 지연하거나 심지어 무효화하는 특별한 방식으로 개입하시는 분으로 여겨진다.

이처럼 창조세계를 다소 이신론적으로 묘사하는 것은 창조세계를 심각하게 오해한 것이다. 왜 그런가? 그러한 묘사는 하나님이 피조물들을 양육하시고 치유하시며 조화롭게 하시고, 해방시켜 충만함에 이르게 하시면서 세상을 계속해서 사랑으로 다스리신다는 성경적 관점을 전혀 반영하지 않기 때문이다. 시편 기자의 표현대로 하나님은 지속적으로 친밀하게 세상과 대면하시고 세상에 생기를 불어넣으신다. 하나님의 소생시키는 영이 없다면 생명 전체가 먼지로 돌아가기 때문이다(시 104:27-30). 오로지 기원에만 초점을 맞추는 것은 성경에서 창조는 만물의 기원 못지않게 만물의 구원과 최종적 완성과도 관련이 있다는 사실을 무시하는 것이다. 다시 말해서 기원론은 종말론과 분리될 수 없다. 만물이 하나님에게서 나왔다는 점은 중요하지만 피조물은 하나님 안에서만 자신의 성취와 참된 목적을 발견하기 때문에 하나님을 향해 나아가야 한다는 주장도 중요하다. 그러나 보다 근본적으로는 세상에 대한 이신론적인 묘사에는 창조를 삼위 하나님의 행동으로 이해할 여지가 없다는 사실이 더 중요하다. 창조는 오래전에 발생한 단일한 사건이라기보다는 피조물의 생명을 하나님의 생명과 결합시키는 하나님의 지속적인 섭리적·생태적 관여를 의미한다.[16] 따라서 창조 교

16 Paul M. Blowers는 다음 책에서 이 점을 권위 있게 강조한다. *Drama of the Divine Economy: Creator and Creation in Early Christian Theology and Piety* (Oxford: Oxford University Press, 2012). 다음 글도 함께 보라. Denis Edwards, "Where on Earth Is

리는 세상의 성격, 만물이 현재 존재하는 방식, 만물이 하나님의 통치에 전적으로 참여한다면 어떻게 변할 수 있을지에 관한 교리다. 창조는 서로에게, 그리고 그들의 창조자에게 반응하도록 요청받은 피조물들의 도덕적·영적 지형을 제시한다.[17] 이에 못지않게 중요한 것은 이러한 이신론적인 묘사가 다음과 같은 사실, 곧 기독교 신학자들이 일찍부터 기독교적인 "테오리아 프시케"(*theōria physike*), 즉 사람들로 하여금 세상을 하나님이 친밀함을 갖고 일하시는 곳으로 지각할 수 있도록 이해시키는 방식을 옹호했다는 사실을 무시한다는 점이다(이신론적인 묘사는 사람들이 세상을 하나님의 창조물로 보는 성경적 관점을 공유하지 않은 고대 철학의 "테오리아 프시케"의 형태를 받아들여 변형시켰다).[18] 그러나 이런 기독교적인 "테오리아 프시케"에 참여하려면, 사람들이 세상을 왜곡하여 인간의 욕망을 충족시키는 곳으로 환원시켜 이해하는 갈망을 제거하는 제자도 내지 "아스케시스"를 실천하는 게 절대적으로 필요하다. 최대한 직접적으로 표현하자면, 세상을 기독교적인 방식으로 본다는 것은 곧 모든 것을 하나님이 보시는 대로 보는 것이다. 그리스도인들은 이런 이해 방식을 발전시켜 자연세계를 회복하고 하나님께 영광을 돌

God? Exploring an Ecological Theology of the Trinity in the Tradition of Athanasius," in *Christian Faith and the Earth: Current Paths and Emerging Horizons in Ecotheology*, ed. Ernst M. Conradie, Sigurd Bergmann, Celia Deane-Drummond, Denis Edwards (London: Bloomsbury T&T Clark, 2014).

17 나는 다음 책에서 이 입장을 자세히 설명했다. *The Paradise of God: Renewing Religion in an Ecological Age* (New York: Oxford University Press, 2003).

18 [인간] 사유의 임무는 사유하는 사람을 존재하는 것과 하나가 되게 하는 것이라는 것이 고대 그리스 철학자들 사이의 일반적인 원리였다. 올바르게 질서 잡힌 영혼은 세상의 질서와 조화롭게 일치될 때 최선의 상태에 있다. Joshua Lollar는 다음 책의 1부에서 고대 그리스의 "테오리아 프시케"를 자세히 기술한다. *To See into the Life of Things: The Contemplation of Nature in Maximus the Confessor* (Turnhout, Belgium: Brepols, 2013).

리는 방법으로 세상에 충실히 참여하는 것을 중요하게 생각했다.

특히 사람들은 피조물이지 창조자가 아니라는 가정을 고려한다면, 사람들이 세상을 이런 방식으로 보는 게 어떻게 가능할까? 이 질문에 대한 답변은 다음과 같다. 곧 사람들이 예수 그리스도의 제자가 되어 자신들이 예수의 "에토스", 즉 예수가 세상을 살아가신 방식에 참여할 수 있도록 하시는 성령의 능력에 복종하는 한, 그들은 하나님이 보시는 것처럼 세상을 보는 것을 배울 수 있다.

초기 그리스도인들은 하나님이 예수 그리스도의 성육신으로 창조자와 창조세계 사이의 간극을 메우셨다는 것을 기본 입장으로 받아들였다. 나사렛 예수라는 인물에게는 영원한 신적 생명과 질서가 있었다.[19] 요한복음 서언에서 예수를 신적인 창조의 말씀, 또는 "로고스"로 묘사하면서 다음과 같은 기억할 만한 표현을 남겼다. "만물이 그로 말미암아 지은 바 되었으니 지은 것이 하나도 그가 없이는 된 것이 없느니라. 그 안에 생명이 있었으니 이 생명은 사람들의 빛이라"(요 1:3-4). 그러나 요한복음은 이런 면에서는 별로 독특하지 않다. 골로새서에 담긴 초기 기독교의 찬미가에서도 예수에 대해 이와 비슷하게 말했다. "그는 보이지 아니하는 하나님의 형상이시요 모든 피조물보다 먼저 나신 이시니 만물이 그에게서 창조되되 하늘과 땅에서 보이는 것들과 보이지 않는 것들과 혹은 왕권들이나 주권들이나 통치자들이나 권세들이나 만물이 다 그로 말미암고 그를 위하여 창조되었고 또한 그가 만물보다 먼저 계시고 만물이 그 안에 함께 섰느니라"(골 1:15-17). 히브

19 Richard Bauckham은 이 주제를 자세하게 설명했다. *Jesus and the God of Israel: God Crucified and Other Studies on the New Testament's Christology of Divine Identity* (Grand Rapids: Eerdmans, 2008).

리서에서 예수는 하나님의 아들, "만유의 상속자"인 분이자 "또 그로 말미암아" 하나님이 "모든 세계를" 지으신 분으로 묘사된다(히 1:2). 고린도전서에서 바울은 예수 그리스도를 "만물이 그로 말미암고 우리도 그로 말미암아" 존재하는 한 주로 묘사한다(고전 8:6).

이와 같은 본문들은 초기 기독교 공동체들이 창조를 결정적으로 기독론적인 방식으로 이해했음을 충분히 분명하게 밝혀준다. 예수의 몸과 생명은 하나님이신 바로 그 생명의 성육신, 곧 생명의 성육신이 접촉하는 모든 것을 창조하고 사랑하며 양육하고 치유하며 조화롭게 하는 생명으로 이해되었다. 예수는 하나님의 창조는 곧 하나님의 구속이기도 하다는 점을 결정적으로 보여주신다. 신약학자 션 맥도너(Sean McDonough)는 그 점을 이런 식으로 요약한다.

> 예수의 권능 있는 사역, 하나님 나라의 선포, 극적인 십자가 처형과 부활의 사건들은 명백히 그분이 하나님의 구속의 목적의 최종적 행위자임을 드러냈다. 그러나 이러한 권능 있는 사역은 하나님의 창조 행위와 결코 분리될 수 없었다. 복음서에 보존된 예수에 대한 기억은 위협적인 혼돈의 바다에 잠잠할 것을 명령하시고 죽음에서 생명을 창조하시며 사람들을 하나님의 세상 속에 있는 그들의 올바른 위치로 회복시키시는 한 사람을 묘사한다.[20]

예수는 단순히 어떤 도덕적 스승이 아니시다. 그분이 구현하신 삶과

---

20 Sean M. McDonough, *Christ as Creator: Origins of a New Testament Doctrine* (Oxford: Oxford University Press, 2009), 2.

존재 방식 속에서, 그분이 행하신 다양한 것들에서 그분은 피조물들을 치료하고 회복하신다. 그 결과 그것들은 하나님이 그것들에게 처음부터 바라신 풍성한 삶을 살 수 있게 되었다. 예수는 우리로 하여금 존재하는 모든 것의 의미와 의의를 밝힐 수 있도록 하는 해석의 열쇠다. 예수가 일으킨 기적들은 자연 법칙을 방해한 일이라기보다는 사람들을 귀신 들림, 배고픔, 병, 소외, 죽음의 속박에서 풀어주는 해방의 행위였다. 그는 사랑이라는 방식으로 삶을 사는 게 가능하다는 사실을 현실에서 실제로 완전하게 구현했다. 그분을 보는 것은 곧 하늘과 땅을 창조하신 하나님의 사랑을 보는 것이다. 그분이 보여주신 삶에 참여한다는 것은 그분의 관점을 받아들여 모든 것을 완전히 새로운 방식으로 보는 것이다. 바울이 말한 것처럼 그리스도 안에 있다는 것은 더 이상 우리가 다른 사람들을 인간적인 관점에서 바라보지 않는다는 것을 의미한다. "그런즉 누구든지 그리스도 안에 있으면 새로운 피조물이라. 이전 것은 지나갔으니 보라! 새 것이 되었도다"(고후 5:17). 간단명료하게 표현하자면, 예수는 우리가 세상을 타락한 곳 또는 번성하는 곳으로 명확하게 볼 수 있게 해주는 해석학적 렌즈다.

고백자 막시무스의 "테오리아 프시케"

예수 그리스도 안에서 세상을 새롭게 이해하는 성경적인 통찰의 독창성과 광범위한 함의는 오랜 세월에 걸쳐 발전했다. 하지만 이런 통찰을 중요하게 생각하고 발전시킨 곳은 수도원 전통과 신비주의 전통이었다. 그들은 신의 생명을 공유하는 방식이자 모든 실재를 신의 방식으로 보는 것으로 금욕적인 훈련을 가르쳤다. 이번 장의 목적을 위해, 나는 7세기의 비잔티움 제국의 수도사였던 고백자 막시무스(Maximus the Confessor)에게 초점을 맞출 것이다. 우리는 그의 사상에서 엄격하고 유익한 방식으로 발전한 기독교적 "테오리아"를 발견하기 때문이다.

막시무스 사상의 핵심에는 예수 그리스도 안에서 하나님이 성육신하신 것에서 인간과 세상의 완전한 의미가 성취된다는 신념이 있다. 우리는 그리스도 안에서 신성과 인성의 연합을 보기 때문이다. 막시무스는 다음과 같이 말한다. 예수와 함께 "인간이 되는 완전히 새로운 방식(*kainoterou tropou*)이 나타났다. 하나님은 우리를 자신과 같이 되게 하셨고 우리가 하나님의 선하심에 있어서 가장 특징적인 것들에 참여하는 것을 허락하셨다."[21] 그리스도는 우주의 중심이자 참되고 완전한 삶으로 들어가는 관문이다. 우리는 그분 안에서 생명의 시작이자 지속이자 끝인 영원한 사랑의 결정적 표현을 발견하기 때문이다. 우리 그리스도인들이 세상을 타락한 곳으로 이해한다면, 이는 예수가 우리로 하여금 볼 수 있게 하시는 것 때문이다. 그리스도는 우리로 하여금 언제 창조세계가 하나님의 뜻에 순종하는 목표 내지 목적에 도달하는지와, 피조물들이 언제 하나님이 의도하신 목표에서 멀어지거나 미치지 못했는지를 알 수 있게 해주신다.

막시무스는 그리스도인들이 창조된 세상에서 중재하는 역할, 동료 피조물들이 하나님 안에서 그들의 생명의 충만함에 이르도록 돕는 역할을 하도록 부르심 받았다고 믿는다. 그리스도인들은 바울의 표현대로 세상에서 "화목하게 하는" 사절이 되어야 한다(고후 5:18). 그러나

---

21 St. Maximus the Confessor, "Ambiguum 7," in *On the Cosmic Mystery of Jesus Christ*, trans. Paul M. Blowers, Robert Louis Wilken (Crestwood, NY: St. Vladimir's Seminary Press, 2003), 70.

이 일을 하려면 그리스도인들이 세상을 바르게 보는 법을 배워야 한다. 그리스도인들은 올바른 "테오리아"가 필요하다. 막시무스가 보기에 그리스도인들이 올바른 "테오리아"를 지니는 것은 그들이 모든 창조된 것들이 가진 "로고이"(*logoi*) 안에서 신적인 로고스(*Logos*)를 보는 법을 배우는 것을 의미한다. 그리스도가 성경이 증언하는 것처럼 만물이 그분으로 말미암아, 그분 안에서, 그분을 위해 존재한다면, 만물이 그분으로 말미암아 유지되는 것이 정말로 사실이라면, 그분은 각 사물에 임재하여 각각의 "로고스" 내지 존재 방식의 기초를 이루는 "로고스"시다.

"로고스"는 고대 그리스의 철학적·영적인 문맥에서 광범위한 용법으로 인해 정확히 정의하기가 어렵기로 악명 높은 그리스어 단어다. 막시무스의 용법에 따르면 이 단어는 어떤 사물로 하여금 현재의 그 고유한 사물이 될 수 있게 하는 질서와 통일성을 갖추게 하는 역동적인 원리 비슷한 것을 가리키는 것이 꽤 분명하다. 각 사물은 살아 있든 그렇지 않든 특정한 능력이 실현된 것이다. 어떤 사물이 그 잠재력을 실현하지 못하는 정도만큼 그것의 "로고스"는 탈선하거나 비뚤어지거나 부정되고 있다고도 말할 수 있다. 피조물들은 그 "로고스"가 신적인 "로고스"와 일치하지 않기 때문에 실패하고 타락한다.

막시무스의 창조 신학의 핵심에서 우리는 어떻게 하나님이 각 피조물을 독특한 피조물이 될 수 있게 하는 고유한 "로고스"를 가지고 각 피조물을 창조하시는지에 대한 광범위한 논의를 발견한다. 그리스도는 마침내 하나님이 만유 안에서 만유가 되셔서 완전한 교제가 이루어질 때까지 점점 더 많은 교제로 인도하는 능력으로서 각각의 특정한 것으로 창조된 "로고스"에 지속적으로 친밀하게 임재하시는 영원한 "로고스"시다. 그러나 어떤 피조물도 그 자체로는 완전하지 않다. 모든 피조물은 상호 내재적 관계 속에 있는 삼위 하나님의 사랑의 구체적인 표현이기 때문에 서로 관계를 맺도록 창조되었다고 말할 수 있다. 피조물은 다른 피조물과 서로 보살피는 관계에 있음으로써 가장 온전하게 자기 자신이 될 수 있다. 그와 동시에 창조의 관계망은 각 피조물이 강건하고 전체의 건강에 기여할 수 있는 한에서 강화된다. 한 피조물의 "로고스"가 신적인 "로고스"와 더 이상 일치하지 않을 때, 즉 한 피조물이 더 이상 하나님께서 교제를 이루는 사랑의 방식 안에서 조화롭게 움직이지 않을 때가 바로 피조물의 타락한 상태에 대해 말하는 것이 가능해지는 순간이다.

막시무스는 인간뿐만 아니라 창조세계 전체가 신적인 사랑의 삶에 참여하도록 초대받는 가슴 벅찬 이상을 제시한다. 피조물은 오직 하나님 안에서만 올바르게 알 수 있고 그 참된 모습, 즉 사랑의 구체적 표현을 볼 수 있기 때문이다.[22] 예수 그리스도 안에서의 하나님의 성육신은 "인간은 신성화에 의해 하나님이 되고 하나님은 인간화에 의해 인간이 되신다. 하나님의 말씀과 하나님은 언제나 모든 일에 있어서 그분의 육화의 신비를 성취하기를 원하시기 때문이다."[23] 그리스도에 의해 빚어진다는 것은 우리가 사물을 보는 것이 표면이나 피상적인 수준에 머물 수 없음을 의미한다. 깊게 보는 것은 우리 안에서 역사하여 우리

---

22 Lollar는 다음과 같이 말하면서 이러한 이상을 아름답게 표현한다. "하나님은 창조세계에 대한 사랑에 의해 움직이시며, 이 움직임은 존재들을 향한 디오니소스적인 선의 분출과 그 선의 되돌아옴 속에서 실현된다. 이것이 곧 자신에게서 자신에게로의 하나님의 분출과 귀환이다. 따라서 '자기 운동'(*autokinesis*)이라는 표현이 생겨나는 것이다. 존재하는 모든 것은 바로 자신에게서 나오고 자신에게로 돌아가는 하나님의 '운동'이다"(*To See into the Life of Things*, 283-84).

23 "Ambiguum 7," 60.

를 우리의 고유한 가능성인 삶의 충만함으로 인도하시는 하나님의 사랑을 보는 것이기도 하다.

각 피조물은 **그 물질성에 있어서** 하나님의 사랑의 친밀한 표현이라는 심오한 깨달음이 막시무스에게 있다. 물질성을 폐기하거나 버려야 할 영역으로 폄하하려는 모든 시도는 예수 안에서 하나님이 성육하신 것에 대한 거부이자 예수가 완전한 인간인 동시에 완전한 하나님이시라는 인정을 부정하는 것이나 마찬가지다. 라스 툰베리(Lars Thunberg)는 이렇게 말한다. "'로고이' 속에 있는 '로고스'의 존재는 언제나 일종의 성육신—역사적 예수 안에서의 성육신에 상응하는 것—으로 간주되고 따라서 신적인 낮아지심의 행위다."[24]

막시무스의 시각이 지닌 급진적 성격에 잠시 주목하는 것이 중요하다. 많은 신비주의 신학자들(특히 플라톤주의 전통의 영향을 크게 받은 이들)과 시대를 막론한 여러 신학자들이 보기에 그리스도인의 삶의 가장 큰 성취에 이르려면 하나님과의 연합을 이루기 위해 육화와 물질성을 최종적으로 버려야 한다. 하지만 우리는 이런 신학자들이 성육신의 급진성 앞에서 주눅이 들었다고 말해도 무방할 것이다. 막시무스는 이런 접근 방법을 거부한다. 간단히 말해서 예수는 신적인 생명을 충분히 표현하기 위해 인간의 몸을 입는 것을 포기할 필요가 없으셨기 때문이다. 예수가 창조자가 되기 위해 피조성을 피할 필요가 없었던 까닭은 그가 자신 안에서 상호 내주와 혼동되지 않는 구별됨을 확인해주는 신비한 연합으로 둘 다를 완전히 실현하셨기 때문이다. 이 입장의 논리

24 Lars Thunberg, *Microcosm and Mediator: The Theological Anthropology of Maximus the Confessor*, 2nd ed. (Chicago: Open Court, 1995), 76.

적 결과는 창조세계를 결코 폄하하거나 멸시할 수 없다는 것이다. 신적인 "로고스"가 사랑을 물질로 표현했는데, 그것이 바로 창조세계인 하나님의 집이다(참고. 계 21-22장. 여기서는 하나님의 영원한 집이 사람들 가운데 있다고 말한다).

하나님은 각 피조물에 그 생명의 근원으로서 친밀하게 임재하시지만 피조물이 그 자신의 본 모습을 상실하게 하는 그런 방식으로 임재하시는 것은 아니다. 코넬리아 차키리두(Cornelia Tsakiridou)는 다음과 같이 말했다.

> 스스로 자기 소통적인 방식으로 삼위 안에서 존재하시는 하나님은 피조물과 하나씩, 그리고 그들 전체와 대화하시고, 피조물들은 하나님과 대화하기 위해, 하나님 자신의 생명 안에서 그들 자신이 되고 서로와 함께 있기 위해 존재한다. 하나님은 피조물의 존재에 그 자신의 마음과 목소리와 생명을 주시기 위해, 유한한 존재를 그 유한성을 넘어 하나님의 영원한 생명으로 인도하시기 위해 피조물의 존재 안으로 들어오신다.[25]

이러한 표현에 따르면 하나님과 피조물들 사이에는 다른 존재에게 너그럽고 다른 존재가 생명의 충만함에 이르도록 하는 그런 친밀한 대화의 관계가 있다. 이 설명에는 (온 우주에 걸쳐 표현되게 되어 있는) 하나님의 창조적 사랑을 근본적으로 환대의 표현으로 보는 관점이 있다. 하나님은 피조물들이 하나님의 생명 속에 들어오고 유일하게 실천할 준

---

25 Cornelia A. Tsakiridou, *Icons in Time, Persons in Eternity: Orthodox Theology and the Aesthetics of the Christian Image* (Burlington, VT : Ashgate, 2013), 176.

비가 된 삶을 살도록 힘을 얻을 공간과 모든 양육의 자원들을 창조하신다.

이해에 이르는 과정에서의 기독교적 "아스케시스"

지금까지 우리는 각 피조물이 "로고스"를 표현하는 막시무스의 세계관을 기술했고, 그 "로고스"를 각 피조물을 현재의 고유한 것으로 만들어주는 명료함과 질서의 원리라고 부를 수도 있다.[26] 그러나 어떤 "로고스"도 자립적이거나 자신에게서 비롯된 것이 아니다. "로고스"는 예수 그리스도이신 신적인 "로고스" 안에 그 기원, 지속, 종말이 있고, 이는 곧 피조물의 "로고이"는 오직 그 피조물들이 존재하는 것을 바라시고 사랑하시는 하나님의 뜻 때문에 존재한다는 것을 말한다. 피조물들은 온 우주의 의미인 신적인 "로고스"에 최대한 참여할 때 그 존재의 충만함을 얻는다. 다시 말해 각각의 특정한 피조물의 진리는 그 "로고스"가 우주를 유지되게 하시는 "로고스"와 조화롭게 일치될 때 실현된다.

그러나 어떤 피조물들은 자신들이 가진 자유로 인해 대체로 "로고스"와 일치할 수 있으며 이는 그 피조물들이 그리스도를 거부할 때 그들 자신의 "로고스"와도 일치하지 않을 수 있음을 의미한다. 이 점은 강조할 필요가 있다. 인간들이 죄를 지을 때는 (피조물의 생명이 충만한

26 고백자 막시무스는 이렇게 말한다. "모든 창조된 것들은 그 본질과 발전 방식에 있어서 그 자신의 '로고스'에 의해, 그 외적인 내용을 제공하는 존재들의 '로고이'에 의해 규정된다. 모든 피조물은 이런 '로고이'를 통해 자신을 규정하는 한계를 발견한다"("Ambiguum 7," 57).

삶을 살 수 있는 능력 면에서 좌절을 당할 만큼 인간의 탐욕이 생태계를 붕괴시킬 때처럼) 우리가 세상 속에서 다양한 "로고이"의 불일치라고 부를 만한 것에 기여하기 때문이다. 로마서 8장에서의 바울의 표현을 사용하자면, 우리는 인간의 죄가 세상 속에서 피조물들을 다양한 상태의 신음과 허무함에 굴복시키는 폭력적인 영향력이 된다고 말할 수 있다. 죄는 세상에서 인간과 인간이 아닌 피조물이 하나님 안에서 자기를 실현하는 것을 어렵게 만드는 (우주적인) 권세가 되며 바로 이 때문에 죄를 먼저 해결하고 바로잡아야 한다. 그래야 피조물은 하나님의 뜻에 순종하는 목적으로 자유롭게 이동할 수 있다. 죄와 타락은 함께 간다.

막시무스는 우리의 삶 전체의 움직임—우리 마음의 움직임, 감정의 정돈, 몸의 습관—이 그리스도와 일치할 때만이 사물과 우리 자신을 하나님이 정하신 방식으로 이해할 수 있다는 점을 분명히 한다. 즉 기독교적인 "테오리아"에는 기독교적인 "아스케시스"가 필요하다.[27] 기독교의 제자도는 우리가 서로와 모든 것을 하나님이 보시는 것처럼 볼 수 있도록 우리 자신을 바르게 정돈하고 우리의 시각을 바르게 정돈하기 위한 열쇠다. 예수 그리스도의 성육신으로 하나님은 "인간이 그 참된 '로고스'에 따라 존재할 수 있는 수단을 지혜롭게 회복하시면서도 피조물에서 기원한 '로고스'를 유지하셨다."[28]

27 막시무스는 에덴동산의 낙원에서는 올바른 "테오리아 프시케"와 같은 것이 존재했다고 생각한다. "타락"과 더불어 인간은 각 사물을 하나님 안에 있는 그 사물의 관계와 근거라는 측면에서 볼 수 있는 능력을 상실했다. 아담이 저지른 큰 실수는 세상 안에서 역사하는 신적인 사랑이라는 측면이 아닌 오직 감각으로만 세상을 알려고 했다는 것이다. 우리는 타락이 그리스도의 "로고스"로 인해 유지되도록 되어 있는 세상을 무질서하게 하고 비이성적으로(*alogos*) 만드는 것을 나타낸다고 말할 수 있다.

28 "Ambiguum 42," in *On the Cosmic Mystery of Jesus Christ*, 82.

하나님은 인간 본성을 다른 무언가로 만들어서 그것을 완전히 바꾸지 않으신다. 그와 달리 그분은 그리스도 안에서 "인간 본성이 적절하게 행동할 수 있는 방식과 영역"을 바꾸신다.[29] 하나님은 피조물들이 그것들 자체가 아닌 다른 것이 되기를 바라지 않으신다. 그분은 오직 피조물에게 온전히 자기 자신이 될 것을 요구하신다. 이것은 죄로 인해 가려지고 왜곡된 능력이다. 이것은 그리스도가 사람들을 그들의 인간성에 대한 진리로 인도하실 때, 그분은 동시에 그들을 세상에 대한 진리를 이해할 수 있는 위치로 인도하신다는 것을 의미한다. 제자도는 사람들로 하여금 각 사물을 본래적인 하나님의 피조물로 보고 피조물이 어떻게 얼마나 그들 안에서 역사하는 신적인 사랑의 충만함을 인식하지 못하도록 방해받고 있는지를 파악할 수 있게 하는 것이다.

인간의 자유는 아담의 죄와 더불어 선에서 악으로 바뀌었다. 악은 자유를 악용하는 것이다. 그 결과 사람들은 자신들의 에너지를 만물에 대한 하나님의 뜻과 일치하는 방향으로 이끌지 않았다. 그러나 예수는 이 변화를 악에서 선으로 뒤집으시는 새 아담이시다. 악에서 선으로의 변화—썩음에서 썩지 않음으로의 변화이기도 한—는 피조물이 하나님의 생명에 적절하고 균형 있게 참여하는 것이므로 신성화(deification)라는 이름으로 통한다. 우리가 하나님이 되는 것은 우리 자신이 노력해서 얻은 결과가 아니다. 그것은 언제나 오직 하나님께서 그들에게 주시는 은혜의 선물이자, 하나님께서 자기 안에 존재해야 하는 참된 목적으로 그들을 인도하시는 사랑의 초대다.

막시무스는 신성화, 즉 "테오시스"를 우리의 영—우리의 생명

---

29 "Ambiguum 42," 90.

을 소생시키는 힘—이 완전히 하나님의 영에 바쳐지는 과정으로 묘사한다. "하나님은 영혼이 몸과 하나를 이루는 것처럼 인간의 영혼과 관계를 맺으신다(그리고 영혼을 통해 몸과도 관계를 맺으신다). 하나님만이 그것에 대해 알고 계시는 것처럼 말이다. 그 결과 영혼은 불변성을 수용하고 몸은 불멸성을 수용한다. 따라서 하나님의 행위의 대상으로서 전인(wholly man)은 인간이 되신 하나님의 은혜로 말미암아 하나님이 되면서 신성화된다. 그는 본성에 의해 영혼과 몸이 인간으로 남아 있고, 은혜에 의해 몸과 영혼이 완전히 하나님이 된다."[30] 이렇게 점점 하나님을 닮아가는 과정이 없으면 사람들로 하여금 하나님이 세상을 보시는 방식으로 볼 수 있게 하는 덕들은 존재할 수 없다. 이러한 깨달음과 더불어 "테오리아"와 올바른 "에토스" 사이의 관계가 확립된다. 세상을 하나님의 창조물로 보려면 사람들은 (성령의 열매에 따라 살고 그 열매를 나타내라는 바울의 권면[갈 5:22-25]과 세례를 통해 예수와 함께 십자가에 못 박힘으로 "이제는 내가 사는 것이 아니요 오직 내 안에 그리스도께서 사시는 것이라"[갈 2:20]는 그의 간결한 표현을 상기시키는) 그리스도 안에서 사는 피조물이 되어야 한다. 그리스도 안에 사는 것은 사람들로 하여금 피조물 각각의 "로고스" 안에서 역사하는 신적인 "로고스"를 볼 수 있게 하는 행동이다. 그 결과 사물 속에서 신적인 "로고스"를 보는 것은 그리스도인들이 그리스도께서 가능케 하신 여러 화해의 사역을 통해 타락의 치유에 참여하는 것을 가능하게 한다.

그리스도 안에서 살기 위해서 우리는 그리스도께 의지하여 그가 행하시는 일과 그가 성취하시는 일을 보아야 한다. 우리는 그리스도가

30 "Ambiguum 7," 63.

자신이 경험하는 모든 것을 어떻게 이해하시는지를 그분의 행동에서 파악하기 때문이다. 복음서들은 무엇보다도 다른 이들을 위해 존재하는 이로 예수를 드러내 준다. 예수는 다른 사람을 만나실 때 어린아이와 하나님의 선물을 보신다. 예수가 가장 바라시는 것은 각 피조물이 하나님이 그에게 주신 삶을 살도록 해방되는 것이다. 예수의 용서, 치유, 축귀, 먹이심, 교제, 화해의 사역은 우리가 폭력과 미움, 병과 배고픔, 소외와 고립의 세력에 예속된 세상에서 살고 있음을 보여준다. 예수는 모든 피조물이 하나님의 사랑을 경험할 수 있도록 인간을 이런 세력으로부터 해방시키러 오신다.[31] 그는 인간 삶의 목적이 서로, 그리고 하나님과 더불어 교제하는 것임을 알려주신다. 이러한 교제의 삶 속에서 피조물과 하나님 사이의 관계는 완전히 치유되어 각 피조물은 요한이 말한 풍성한 삶을 얻는다. 가장 간결하게 표현하자면 우리는 예수가 생명의 진리를 사랑의 운동으로 드러내신다고 말할 수 있다.[32] 예수의 삶은 처음부터 끝까지, 십자가 처형부터 부활까지 신적인 사랑의 본질과 목적을 보여준다. 이는 기독교적인 "테오리아 프시케" 비슷한 것을 얻으려면 그리스도인들이 예수가 그분의 삶 속에서 드러내시는 기독교적인 "아스케시스"를 실천해야 함을 의미한다. 예수처럼 사랑한다는 것은 곧 예수가 하신 것처럼 세상을 이해하고 세상과 관계를 맺는 것이다.

막시무스는 그리스도의 삶의 흐름을 온 세상의 삶과 연결시키는

31 바울은 로마서 8장에서 그리스도의 해방시키시는 사역이 온 창조세계로 확대되어 모든 피조물이 하나님의 사랑을 알게 될 것이라고 주장한다.

32 나는 다음 책에서 이 주제를 발전시켰다. *Way of Love: Recovering the Heart of Christianity* (San Francisco: HarperOne, 2016).

매력적인 구절에서 이렇게 말한다.

> 말씀의 성육신의 신비는 눈에 보이고 이해할 수 있는 피조물[*ktismatōn*]의 지식뿐만 아니라 성경의 모든 숨겨진 의미와 비유의 힘[*dynamin*]을 지니고 있다. 십자가와 무덤의 비밀을 아는 자는 이 피조물들의 원리를 안다. 그리고 부활의 형언할 수 없는 능력을 접한 자는 하나님이 원래 만물[*ta panta*]을 만드신 목적[*skopon*]을 안다.[33]

여기서 막시무스는 올바른 "테오리아"는 신자에게 하나님의 두 책인 성경과 세상을 통해 전달되는 하나님의 경륜의 역사에 몰입할 것을 요구한다는 점을 보여준다. 우리는 하나님의 말씀을 통해 계시되는 신성한 드라마를 떠나서는 우리가 보는 것의 의미를 알 수 없으며 그리스도를 떠나서는 만물의 목적도 알 수 없다. 영원한 "로고스"는 우리로 하여금 피조물들의 "로고이"를 하나님의 축복과 하나님의 사랑을 나타내는 것으로 볼 수 있게 하는 해석상의 렌즈와 같은 역할을 한다.

다음으로 막시무스는 우리가 이런 방식으로 이해하려면 우리의 마음과 정신이 십자가 처형을 경험해야 한다고 덧붙인다. 바로 그 십자가에서 자아가 정결케 되는 일이 발생하여 우리가 우리 자신의 이기적인 정욕이라는 왜곡하고 속이는 구름이 아닌 하나님의 사랑의 빛 속에서 사물들을 볼 수 있기 때문이다.

> 모든 보이는 것들[*phainomena*]은 십자가, 즉 사람들이 감각적으로 끌리

33 다음 책에 인용된 막시무스의 말이다. Tsakiridou, *Icons in Time, Persons in Eternity*, 179.

는 것들에 대해 느끼는 애정을 억제하는 능력이 필요하다. 그리고 모든 이해할 수 있는 것들은 무덤, 즉 이해할 수 있는 것들에 대해 지적으로 끌리는 이들의 완전한 부동성을 요구한다. 자연적 활동과 운동이 이 모든 것들에 대한 성향과 더불어 제거될 때, 홀로 자존하시는 "로고스"는 마치 죽은 자들 가운데서 부활하신 것처럼 다시 나타나셔서 자신에게서 비롯되는 모든 것을 둘러싸시기 때문이다.[34]

신자가 자신의 옛 자아를 그리스도와 함께 십자가에 못 박고 새 생명으로 부활할 수 있었던 것으로 세례를 묘사한 바울(롬 6:3-14)을 떠올리게 하는 방식으로 막시무스는 우리의 시각과 우리의 이해가 정결해지고 우리의 우선순위가 재조정되어 우리가 살아가는 삶이 이제 하나님이 내내 의도하신 삶과 일치하는 과정을 기술한다. 우리는 이러한 십자가를 닮은 삶, 사랑이 우리에게 우리 자신의 기쁨보다 다른 사람들의 유익을 구하도록 인도하는 삶을 살면서 모든 것을 하나님 안에서 보게 된다. 우리는 각 사물이 하나님의 사랑의 고유한 표현이며 자신에게 생명을 주시는 분이자 돌보시는 분이신 하나님께 영광을 돌리려는 바로 그 이유 때문에 존재한다는 것을 알게 된다. 본질적인 임무는 제대로 사랑하는 법을 배우는 것이다. 땅 위에서 인간의 존재가, 개별적인 존재들이 그것들 자체로 존재하고, 그것들이 함께 살아갈 수 있도록 만물을 치유하고 화해하는 존재가 되는 것은 하나님의 사랑의 방식에 거하기 때문이다.

---

34 이 본문은 막시무스의 글에 대한 다음 책의 번역을 따른 것이다. Blowers, *Drama of the Divine Economy*, 362.

우리는 제대로 사랑하는 법을 배우는 것이 그리스도인에게 맡겨진 임무의 핵심이라고 말할 수 있다. 금욕주의적인 저술가들이 정욕에 따른 삶이라고 부르고 막시무스와 여러 영적인 저술가들이 주장했던 것처럼 올바르지 못한 자기 사랑은 너무나 쉽게 자신의 삶을 방해하기 때문이다. 바르지 못한 자기 사랑은 다른 존재들과의 욕정에 가득한 관계 내지 외설적 관계에, 즉 다른 존재들이 주로 우리를 위해 할 수 일이라는 관점에서 의미가 있거나 중요한 관계에 반영된다. 다른 사람과 욕정으로 가득한 관계는 그 다른 사람의 진실성과 그에 따른 그 진실함을 이룰 삶의 과정도 부정한다. 그의 삶은 이제 나 자신의 이익을 위해 복무하기 때문이다.[35] 이것이 바로 정욕—전통적으로 일곱 가지, 즉 식탐, 음란, 탐욕, 분노, 낙심, 무기력, 교만—에 따라 살아가는 삶이 피조물에 대한 폭압과 온 창조세계의 타락을 초래하는 이유다.[36]

막시무스는 정욕을 몸에 대한 비이성적인 집착으로 묘사한다. 그가 몸을 그 자체로 배격하거나 경멸하는 것은 아니라는 점을 강조하는 것이 중요하다. 그가 그렇게 할 수 없었던 이유는 각각의 몸은 하나님의 사랑의 물질적 표현이기 때문이다. "악한 것은 몸 그 자체도, 감각

---

35 Tsakiridou는 다음과 같은 유익한 요약을 제시한다. "피조물들을 영적으로, 즉 하나님을 사랑하는(*theophilos*) 방식으로 인식할 때 그것들은 그 참된 본성과 존재 속에서 하나님의 살아 있는 (육화되는) 작품으로 보인다. 이와 대조적으로 피조물들을 욕망이나 자기 사랑(*philautia*)의 관점에서 인식할 때 그것들 안에 있는 이 필수적이고 생기를 불어넣는 실재는 사라지고 마음은 그 자신의 이기적이고 뒤틀린 이성을…사물들에…강요한다. 정욕은 내재적인 신성과 창조세계의 신성함을 가리며 따라서 사물들 그 자체가 아닌 그 사물들의 활동에서 악이 생겨난다"(*Icons in Time, Persons in Eternity*, 183).

36 지난 세기에 막시무스의 주요 해석자 중 한 사람이었던 Dumitru Staniloae는 다음 책에서 정욕에 대한 유익한 설명을 제시한다. *Orthodox Spirituality: A Practical Guide for the Faithful and a Definitive Manual for the Scholar* (South Canaan, PA: St. Tikhon's Seminary Press, 2003).

도, 가능한 정신적 능력 그 자체도 아니며 오직 그것들을 잘못 사용하는 것이다.…자기 사랑이 몸에 대한 사랑으로 정의된다. 몸이 악과 연결되기 때문이 아니라 몸에 대한 집착이 인간의 신적인 목적에 대한 애착을 가로막기 때문이다."[37] 우리의 초점과 관심이 물질적인 몸에만 머물 때 우리는 그 몸을 완성으로 인도하는 그 안에 있는 "로고스"를 망각할 뿐만 아니라 그 "로고스"가 참여하고 있고 그 "로고스"를 하나님 안에서의 영원한 행복으로 인도하는 신적인 "로고스"도 망각한다. 그 몸이 우리의 목적에 얼마나 기여할 수 있느냐가 가장 중요해지기 때문이다. 정욕으로 세상을 받아들이는 것은 어디서나 역사하는 피조물에 대한 하나님의 사랑을 보지 않는 것이므로 언제나 다른 사람들을 피상적이고 파괴적으로 보는 것이라고 말할 수 있다.[38] 다른 존재들은 그 흐름이 하나님의 창조세계 전체가 꽃피는 데 기여하는 것이 아니라 인간의 야망이라는 편협한 목표에 적합하도록 돌려졌기 때문에 퇴화되고 파괴된다.

이러한 설명은 기독교적인 "테오리아 프시케"를 가능케 하는 "에토스"에 가득한 "아스케시스"인 금욕주의가 물질세계에 대한 부정이나 폄하와 아무 관계가 없음을 보여준다. 진정한 금욕주의는 세상의 치유와 화해를 가져오는 그리스도를 닮은 사랑의 정화와 강화로 귀결된다. 이 사랑이 없으면 세상은 상처 입고 타락한 상태에 머문다.

정욕은 비이성적이며(*alogos*) 이는 정욕이 모든 피조물에 변함없이 존재하여 그 피조물을 그 자신의 생명의 충만함과 다른 모든 것과

---

37 Thunberg, *Microcosm and Mediator*, 247–48.

38 막시무스는 "좋은 열정"이 그리스도께 대한 순종에 사로잡히는 한은 그것을 허용한다("Ad Thalassium 1," in *On the Cosmic Mystery of Jesus Christ*, 98).

함께하는 삶으로 인도하는 신적인 "로고스"에 역행함을 의미한다. 그리스도인들은 예수 그리스도의 제자이자 그리스도의 몸의 지체로서 치유와 송축이라는 성령의 사역의 대리자가 되어야 할 존귀한 소명을 지니고 있다. 인간의 마음이 예수 그리스도에 의해 감화될 때 그분의 신적인 "로고스"가 우리 자신의 "로고스"를 사로잡아 우리의 "로고스"가 성육신의 사역인 중보 사역에 동참하게 된다. "본질적으로 서로 분리되어 있던 만물은 한 인간 안에서 함께 수렴될 때 하나로 되돌아간다. 이런 일이 발생할 때 하나님은 만유 안에 계신 만유가 되셔서(고전 15:28) 만물에 충만하실 것이며 그와 동시에 하나님 자신 안에서 만물에 독립적인 존재를 부여하실 것이다. 그러면 존재하는 어떤 것도 목적 없이 방황하거나 하나님의 임재를 빼앗기지 않을 것이다."[39]

그리스도는 그리스도인들로 하여금 피조물들이 온 세상을 창조하고 지탱하며 찬미하는 신적인 사랑에 온전히 참여하지 않기 때문에 타락했음을 이해할 수 있게 하는 해석학적 열쇠다. 그리스도는 하나님이 처음부터 피조물들에게 원하신 목적 혹은 목표대로 살 수 있도록 그들의 타락한 상태에서 벗어나게 이끄는 다양한 화해의 사역으로 그리스도인들을 인도하시는 영감이기도 하다.

---

39 "Ambiguum 7," 66. 그리스도 안에서 두 본성의 통일과 차이가 유지되는 것처럼 창조세계 안에서도 마찬가지다. 창조세계의 각 지체는 구별되지만 이제 각자와 전체를 강화시키는 관계의 상호성 속에 들어간다. 그리스도는 우리의 세상을 괴롭히는 문제는 차이가 아니라 분열임을 드러내신다. 그리스도에게 감화되어 그리스도의 본을 따르는 인간이 할 일은 차이를 존중하되 나누어진 것을 조화시키는 것이다. Thunberg, *Microcosm and Mediator*, 65에 나오는 논의와 Andrew Louth, *Maximus the Confessor* (London: Routledge, 1996), 155-62의 "Ambiguum 41"에서 예수가 어떻게 분열을 중재하시고 치유하시는지에 대한 Maximus의 설명을 보라.

4부

대화를 다시 상상하며

믿음의 진로

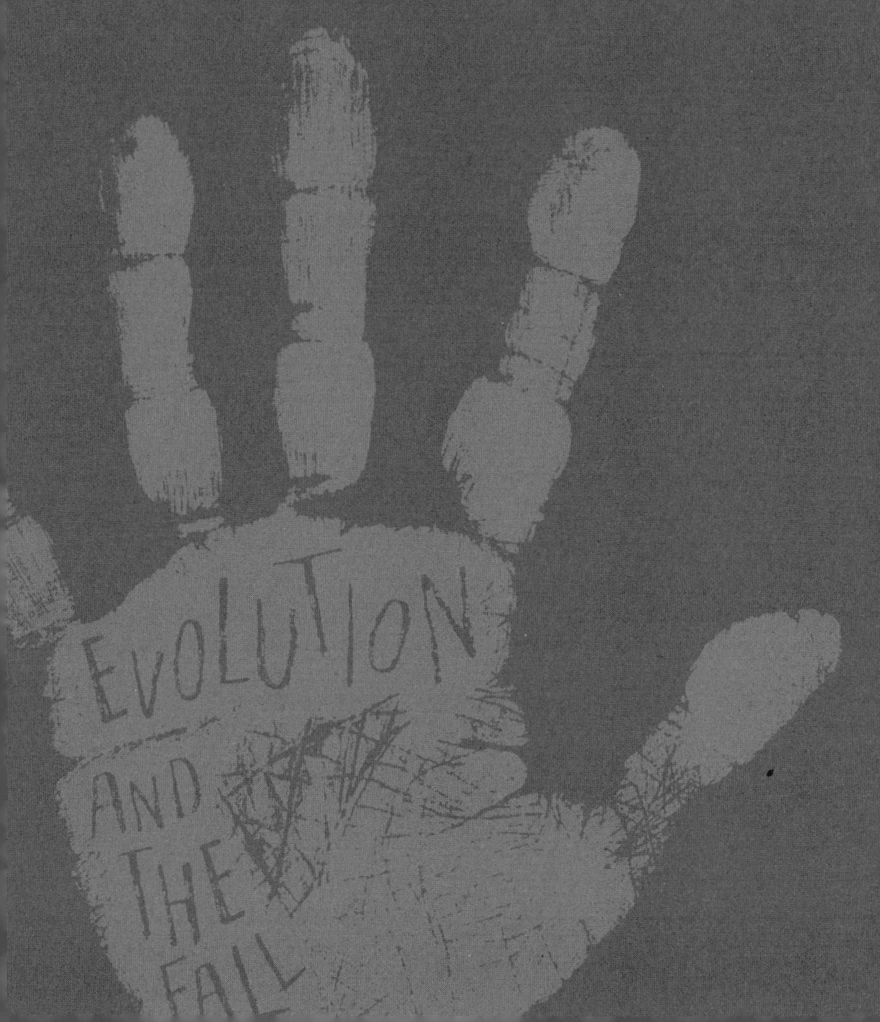

윌리엄 T. 카바노프(William T. Cavanaugh) 드폴 대학교 가톨릭 연구 교수 겸 세계 가톨릭 및 다문화 신학 연구소 소장이다. 그는 노트르담, 케임브리지, 듀크 대학에서 학위를 취득했고 여러 논문과 일곱 권의 책을 출간했으며 가장 최근 저서는 *Field Hospital: The Church's Engagement with a Wounded World* (Eerdmans, 2016)이다. 다른 저서로는 *Torture and Eucharist: Theology, Politics, and the Body of Christ* (Blackwell, 1999), *The Myth of Religious Violence: Secular Ideology and the Roots of Modern Conflict* (Oxford, 2009) 등이 있다. 그의 책들은 프랑스어, 스페인어, 폴란드어, 노르웨이어, 아랍어, 스웨덴어로 출간되었다.

9장

초기 근대 정치 이론에서의 타락의 타락

과학의 정치학

■ 윌리엄T. 카바노프

서양에는 과학과 신학 사이에 모종의 대립이 과학적 방법에 내재해 있다는 일반화된 문화적 가정이 있다. 사람들은 대체로 세속화의 첨병은 과학이라고 생각한다. 신학적인 믿음의 공상 내지 순전히 입증 불가능한 성격은 결국 과학적 사실과 충돌한다. 예를 들어 우리는 더 이상 타락 이야기를 진지하게 받아들일 수 없다. 그것은 단지 이야기일 뿐이기 때문이다. 사람들은 흔히 그렇게 말한다.

그러나 과학과 신학의 관계에 대해 더욱 생산적인 대화에 몰두하는 이들은 세속화는 과학의 불가피한 결과가 아니라는 점을 아는 게 유익하다. 앞서 했던 이야기의 손아귀에서 벗어나는 한 가지 방법은—과학의 세속화를 포함해서—세속화에 비과학적인 원인들이 있음을 보여주는 것이다. 예를 들어 막스 베버(Max Weber)는 과학이 아니라 자본주의가 세속화의 첨병이라고 생각했다.[1] 찰스 테일러, 브래드 그레고리 등은 세속화에 신학적인 뿌리가 있음을 보여주었다.[2]

이번 장에서 나는 초기 근대 정치 이론에서 "타락"의 운명이 어떻게 변화되었는지를 세속화의 정치적 계보를 추적함으로써 그와 같은 시도에 대한 의견을 제시할 것이다. 나는 "타락"이 퇴조한 데는 과학적 뿌리가 아닌 정치적 뿌리가 있으며, 초기 근대 정치 이론에서 타락의 "자연화"(naturalization of the Fall)는 근대 국가의 출현 및 신학과 정치학의 결별, 그리고 신학과 자연과학의 결별에 기여한다는 점을 입증하고 싶다. 처음에는 전근대 기독교 정치사상에 있어서 "타락"의 중요성을 간략히 개관할 것이다. 그다음에는 초기 근대 사상에서 형성된 "타락"의 운명을 살펴보면서 니콜로 마키아벨리와 프란시스코 데 비토리아에 대해 간략히 논하겠지만, 서양의 배경에서 가장 영향력 있는 전통, 즉 토머스 홉스, 로버트 필머, 존 로크에 집중할 것이다. 나는 정치 권력에 대한 역사 이전의 명분으로서 "타락"이 어떻게 그리고 왜 "자연 상태"로 대체되었는지를 보여줄 것이다. 그리고 과학, 정치학, 신학의 관계의 계보에 대한 몇 가지 논평으로 글을 마무리할 것이다. 이번

---

1 Max Weber, *The Protestant Ethic and the Spirit of Capitalism*, trans. Talcott Parsons (London: Routledge, 2001). 『프로테스탄티즘의 윤리와 자본주의 정신』(문예출판사 역간).

2 Charles Taylor, *A Secular Age* (Cambridge, MA: Harvard University Press, 2007). Taylor는 세속화란 거룩한 것을 외부 세계에서 새로운 종류의 인간 자아의 내면성으로 이동시킨 중세 말과 근대 초의 기독교 안에서 일어난 특정한 개혁 운동의 우연한 부산물이라고 주장한다. Brad S. Gregory, *The Unintended Reformation: How a Religious Revolution Secularized Society* (Cambridge, MA: Harvard University Press, 2012). Gregory는 종교 개혁으로 기독교의 통일성이 깨진 것이 궁극적으로 서양에서 공적인 기독교에 대한 외면을 초래했다고 주장한다.

장에서 나는 서양 사회가 사물이 존재하는 방식(또는 현실[the way things are])과 사물이 존재해야 할 방식(또는 당위[the way things are meant to be])의 차이를 표현하기 위해 "타락"이란 말을 더 이상 사용하지 않을 때 이 세 분야에서 잃는 것이 무엇인지를 고찰할 것이다.

중세 정치 이론에서의 "타락"

성경의 "타락" 이야기는 전통적인 기독교 정치 이론에서 기본 토대를 차지했다. "타락"은 강제적인 정부가 필요한 이유나 인간의 정부에서 일어날 가능한 일에 영향을 끼치는 중요한 요인으로 간주되었다. 그러나 우리는 이러한 "타락"에 대한 강조를 더 세속적인 사회에서 극복된 인간 본성에 대해 기독교가 보이는 비관주의의 하나의 예로 오해하면 안 된다. 전통적인 기독교 정치 이론에서, 인간 본성이라는 일차 대상은 타락 이전의 현상이다. 인간 본성은 하나님이 창조 때 인간에게 주입하신 능력들로 이루어져 있다. 교부 시대 및 중세 주석가들 사이의 일치된 견해는 인간은 자기 동료들을 사랑하고 싶은 마음을 본성적으로 갖고 있는 사회적 피조물이라는 것이었다. 인간은 본성적으로 사회성을 갖고 있다는 기독교적 관점은 13세기에 아리스토텔레스가 서양에 다시 소개된 데서 비롯되었다는 반세기 전에 흔히 표명되었던 견해에도 불구하고, 오늘날 학계의 일치된 견해에서는 기독교 사상가들이 락탄티우스 이래로 인간은 본성적으로 사회성이 있음을 인정했다고 본다.[3] 예를 들어 아우구스티누스는 이렇게 썼다. "모든 사람은 인류의 일부이며 인간 본성은 사회적이므로 각 사람에게도 훌륭하고 자연적인 선, 우정의 능력이 있다."[4]

그러나 아우구스티누스도 말한 것처럼 "인류는 다른 어떤 종보다도 본성적으로 사회적인 동시에 본성의 왜곡으로 인해 싸우기를 좋아한다."[5] 본성과 그 본성의 왜곡 사이의 차이는 아우구스티누스와 기독교 전통 전체에 매우 중요하다. 아우구스티누스는 아담이라는 한 개인에게서 많은 무리가 나오게 하시며 이를 통해 "인류에게 다수 안에서 조화로운 연합을 보존하는 법을 가르치시려는" 하나님의 뜻에 대해 이야기한다. 그와 동시에 아우구스티누스는 아담 안에서 하나님이 두 도성, 즉 악한 천사들과 함께 벌을 받을 자들 및 선한 천사들과 함께 상급을 받을 자들의 기초를 놓으셨다고 말한다.[6] 하나님은 아담의 이야기를 통해 우리에게 우리가 마땅히 그렇게 되어야 할 모습과 인간의 선

---

3 Cary J. Nederman, "Nature, Sin and the Origins of Society: The Ciceronian Tradition in Medieval Political Thought," *Journal of the History of Ideas* 49, no. 1 (January-March 1988): 3. 인간의 사회성에 대한 교부 시대 및 중세의 일치된 견해를 보다 일찍 인식한 글을 보려면 다음 책을 보라. A. J. Carlyle, *A History of Mediaeval Political Theory in the West* (Edinburgh, London: William Blackwood, 1950), 1:125 이하. 다음 책도 함께 보라. Gaines Post, *Studies in Medieval Legal Thought: Public Law and the State, 1100-1322* (Princeton: Princeton University Press, 1964), 494-561.

4 이는 다음의 원문에 대한 나의 번역이다. "Quoniam unusquisque homo humani generis pars est, et sociale quiddam est humana natura, magnumque habet et naturale bonum, vim quoque amicitiae," Augustine, *De Bono Coniugali* 1. 다음 책에서 인용함. Carlyle, *A History of Mediaeval Political Theory in the West,* 1:125n3.

5 Augustine, *City of God* 12.28, trans. Henry Bettenson (Harmondsworth, UK: Penguin, 1972), 508. 『하나님의 도성』(크리스천다이제스트 역간).

6 Augustine, *City of God* 12.28, 508. 아우구스티누스는 이 기초가 하나님의 예지 안에 놓여 있다고 말한다. 그가 보기에 인간의 역사에서 이 두 도성의 기원은 가인과 아벨의 이야기 속에 있다. *City of God* 15권을 보라.

택으로 인해 우리의 변해버린 모습을 함께 가르치신다. 그러므로 "타락" 이야기는 단순히 인간의 영혼 속에 도사리고 있는 악과 인간의 사회생활을 가능케 하는 강제적인 정부의 필요성에 대한 하나의 주장만이 아니다. "타락"은 인간의 **실제** 존재 방식, 하나님이 인간을 창조하신 방식에 바탕을 둔 인간의 마땅한 존재 및 행동 방식, 인간 삶의 목적(*telos*)에 대한 교훈이기도 하다. "타락"은 단순히 염세주의적인 교리가 아니라 오히려 사람들이 서로에게 행하는 악은 자연적인 것이 아니라는 소망, 즉 창조 때부터 사물들의 존재 방식 속에 각인된 것이 아니며 따라서 단순히 불가피한 것이 아니라는 소망을 준다.

기독교 사상가들은 인간의 강제적인 정부를 하나님이 세우셨다고 보았지만, 교부 시대부터 중세 전성기 시대(high medieval)까지의 일치된 견해는 강제적인 정부는 자연스러운 것이 아니라 인간의 죄에 대한 하나님의 응답이라고 보았다.[7] 이레나이우스는 인간이 다른 인간에게 종속되는 현상의 기원을 타락에서 찾는다.[8] 아우구스티누스는 『하나님의 도성』 14권 15장에서 이러한 입장을 따라 "자연의 질서"를 이

---

7 "교부들의 일반적인 견해는 분명하다. 즉 강제적인 정부는 '자연적' 제도가 아니라 타락의 결과이고 인간의 악한 야망과 관련이 있지만 또한 죄가 초래한 혼란에 대한 신적인 해결책이고 따라서 신적인 제도라는 것이다." Carlyle, *A History of Mediaeval Political Theory in the West*, 2:144. 어떤 주석가들은 기독교 정치 사상에서 타락 이전의 순결함과 타락 이후 죄의 차이에 대한 강조의 기원을 법의 이상적인 기초 역할을 하는 잃어버린 황금 시대에 대한 스토아학파의 개념에서 찾는다. 다음 글을 보라. R. A. Markus, "The Latin Fathers," in *The Cambridge History of Medieval Political Thought c. 350-c. 1450*, ed. J. H. Burns (Cambridge: Cambridge University Press, 1988), 98; George Klosko, *History of Political Theory: An Introduction*, vol. 1 (Fort Worth, TX: Harcourt Brace, 1994), 152-56, 211.

8 Irenaeus, *Against Heresies* 5.24, in *From Irenaeus to Grotius: A Sourcebook in Christian Political Thought*, ed. Oliver O'Donovan and Joan Lockwood O'Donovan (Grand Rapids: Eerdmans, 1999), 16-18.

런 식으로 묘사한다. 하나님은 "자신의 형상으로 만들어진 이성적 존재가 비이성적인 피조물 외에는 어떤 피조물에게도 지배권을 행사하는 것을 바라지 않으셨다. 즉 인간이 인간에게 지배권을 행사하는 게 아니라 인간이 짐승에게 지배권을 행사하기를 바라셨다."[9] 아우구스티누스는 한 인간이 다른 인간에게 종속되는 일은 죄로 인해 발생했다고 말한다. "그렇지만 본성적으로, 곧 하나님이 인간을 창조하신 상태에서는 어떤 사람도 사람이나 죄의 노예가 아니다."[10] 이 경우에 "본성"은 타락 이후가 아닌 타락 이전의 인간의 상태를 가리키는 것이 분명하다. 인간은 본래 자유로운 상태로 창조되었다. 죄와 죄의 효과를 완화하는 데 그 목적을 둔 강제적인 정부의 필요성은 단순히 인간의 삶과 관련해 주어진 측면이 아니다. 이것이 바로 창세기와 바빌로니아의 창조 신화인 『에누마 엘리쉬』[11]를 구별해주는 점이다. 이스라엘 민족과 바빌로니아 민족은 모두 폭력과 인간의 악을 특징으로 하는 똑같은 세상을 바라보았다. 그러나 『에누마 엘리쉬』에는 "타락"이 존재하지 않는다. 모든 것이 처음부터 엉망이다. 악은 단지 사물들의 존재 방식의 일부일 뿐이다. 반면 창세기 저자들에게 "타락"은 인간이 처음부터 자연적으로 악과 관련이 전혀 없다는 점을 분명히 한다. 더 나아가 "타락"은 역사를 종말론적으로 볼 수 있는 가능성을 확고히 한다. 사물들의 겉모습이 원래의 의도된 모습이 아니라면 사물들이 근본적으로 변화될 수도 있다는 희망이 존재한다. 아우구스티누스는 이러한 종말론적 관점을

9 Augustine, *City of God* 14.15, 874.

10 Augustine, *City of God* 14.15, 875.

11 Alexander Heidel, ed., *The Babylonian Genesis: The Story of Creation* (Chicago: University of Chicago Press, 1963).

죄와 악뿐만 아니라 오직 죄로 인해 필요해진 강제적인 정부에도 적용한다. 아우구스티누스는 "모든 불의가 사라지고 모든 인간의 통치권과 권력이 소멸되며 하나님이 만유 안에서 만유가 되시는" 날을 고대하면서 『하나님의 도성』 14권 15장을 마무리한다.[12] 그는 그날이 곧 올 것으로 기대하지는 않았을지 모르지만, 그의 종말론적 관점은 **오늘날** 정치권력에 대한 그 어떤 인간적인 주장도 위태롭게 하고 상대화하는 효과가 있다.

아우구스티누스의 입장은 중세 시대에 아리스토텔레스가 복권되기 이전에 되풀이되었다. (몇 명만 언급하자면) 암브로시우스, 그레고리오 1세, 세비야의 이시도레, 그레고리오 7세는 모두 하나님이 강제적인 정부를 제정하셨지만 자연적인 것은 아니라고 생각했다.[13] 다시 말해 인간의 강제적인 정부는 전적으로 하나님의 뜻에 의존한 것이지, 인간 본성이 그것을 필요로 한다는 주장에 기인한 것은 아니었다. 그것은 인간이 "타락"으로 인해 본성적인 사회성이 손상되었기 때문에 필요해진 죄에 대한 해결책이었다. 그러나 토마스 아퀴나스는 인류의 타락 이

---

12 Augustine, *City of God* 14.15, 875. 이 구절의 뜻이 모호하다는 점은 인정한다. 아우구스티누스는 하나님의 섭리에 따른 노예제도를 정당화하고 바울을 따라 하나님이 이 시대를 끝내실 때까지 종들에게 그들의 상전에게 복종하라고 권면하기 때문이다.

13 Ambrose, "Letter to Simplicianus" (Letter 37), in St. Ambrose, *Letters*, Fathers of the Church 26, trans. Sr. Mary Melchior Beyenka (New York: Fathers of the Church, 1954), 286-303; St. Gregory the Great, *Pastoral Care* 2.6, trans. Henry Davis (Westminster, MD: Newman, 1955), 59-60; Pope Gregory I, *Morals on the Book of Job* 21.23-24, trans. James Bliss (Oxford: J. H. Parker, 1845), 534-36; Isidore of Seville, *Sentences* 3.47, in O'Donovan and O'Donovan, *From Irenaeus to Grotius*, 206; Pope Gregory VII, "Letter to Hermann of Metz," 8.21, in *The Correspondence of Pope Gregory VII: Selected Letters from the Registrum*, trans. Ephraim Emerton (New York: W. W. Norton, 1969), 166-75.

면에 있는 정부의 기원에 대해 탐구했다. 그는 『하나님의 도성』 19권 15장에 나오는 아우구스티누스의 견해를 인용하면서 인간들이 서로를 지배하는 방식을 두 가지, 즉 노예제와 "인간의 올바른 행복 내지 공동선을 향한" 목적으로 나아가는 것으로 이해할 수 있다고 말한다.[14] 아퀴나스에 따르면 전자는 자유의 포기와 고통이라는 형벌을 의미하기 때문에 타락 이전에 죄가 없는 상태에서는 존재할 수 없었지만, 후자는 죄가 없는 상태에 적절하다. 정치 공동체는 인간 삶이 의도된—즉 창조된—목적, 곧 타인 및 하나님과 더불어 살아가는 삶에 조화를 이룬다는 의미에서 **자연적**이다.

아퀴나스는 정부의 기원을 무죄 상태에서 찾지만 그럼에도 "타락"은 아퀴나스의 정치학 이론에서 계속해서 중요한 영향을 끼친다. 타락한 상태에서 정부는 "사람들을 선하게 만들기"[15] 위해 필요하고, 이는 강제적인 정부를 요구한다.[16] 아퀴나스는 정부가 무죄 상태에도 있었을 것이라고 주장하는 점에서 아우구스티누스로부터 벗어나지만 그 둘 사이에는 중요한 연속성이 있다. 재닛 콜먼이 썼듯이 아퀴나스에게 타락 이전의 정부는 [사람들을] 인도하는(directive) 정부이지 강제적인 정부가 아니다.[17] 아퀴나스는 아우구스티누스보다는 타락 이후 인간

---

14 Thomas Aquinas, *Summa Theologica*, I.96.4.

15 Aquinas, *ST*, I-II.92.1.

16 Aquinas, *ST*, I-II.90.3 ad 2.

17 Janet Coleman, *A History of Political Thought: From the Middle Ages to the Renaissance* (Oxford: Blackwell, 2000), 109. 아퀴나스 이후의 몇몇 중세 저술가들은 계속해서 정부를 "타락"의 결과로 보았다는 점에 주목해야 한다. 예를 들어 파두아의 마르실리우스는 이렇게 썼다. "만일 아담이 이 [무죄한] 상태에 머물렀다면 공무(civil office)의 제정이나 분화는 그나 그의 후손에게 필요하지 않은 일이었을 것이다." Marsilius of Padua, *Defensor Pacis* 1.6.1, trans. Alan Gewirth (Toronto: University of Toronto Press, 1980), 21.

본성의 능력에 대해 더 낙관적인 견해를 주장하지만 아우구스티누스와 아퀴나스 둘 다에게 정부는 오직 타락으로 인해서만 강제적인 것이 된다.

기독교 사상에서 "타락"은 두 종류의 본성의 갈라짐을 나타낸다. 아퀴나스의 표현대로 "인간의 본성은 두 가지 방식으로 볼 수 있다. 첫째, 죄 짓기 이전 우리의 첫 조상의 경우와 같이 진실성을 지닌 본성으로 보는 것이다. 둘째, 우리의 첫 조상이 죄를 지은 뒤 우리 안에 있는 부패한 본성으로 보는 것이다."[18] 우리의 원래 상태, 곧 타락 이전의 본성을 고려하는 것은 분명 역사 교육 그 이상의 일이다. 그것은 우리에게 인간의 삶에 대한 하나님의 의도가 무엇인지를 보여주며, 따라서 인간 본성의 현재의 무능함이 단순히 불가피하거나 고칠 수 없는 것이 아님을 알려준다. 타락 이전 상태에 대한 고찰은 현실과 당위를 구별한다.

『리바이어던』의 등장과 "타락"의 타락

인류의 "타락"이라는 개념의 퇴조는 진화설의 대두나 자연과학이 위력을 떨치기를 기다릴 필요도 없었다. 타락 개념은 새로운 자연주의적인 정치학을 창조하려는 근대 초기의 시도 속에서 퇴조했다. 니콜로 마키아벨리는 신학이 아닌 다른 토대에 정치학을 세우려고 시도했던 첫 번째 근대 유럽인으로 종종 평가된다. 그는 기독교가 정치학에 미치는 영

18 Aquinas, *ST*, I-II.109.2.

향을 경멸했을 뿐만 아니라 더 폭넓게 정치학을 인간의 경험 위에, 즉 당위보다 현실 위에 세우고자 했다. "타락"은 마키아벨리의 정치 이론에는 전혀 존재하지 않았다.[19]

근대 초기의 정치학의 자연화는 마키아벨리 같은 회의론자뿐만 아니라 도미니크회 수도사인 프란시스코 데 비토리아(Francisco de Vitoria)에 의해서도 진행되었다. 비토리아는 하나님의 섭리적 은총이 아닌 하나님의 법, 곧 하나님이 창조 행위를 통해 확립하신 자연법에 표현되어 있는 하나님의 법에 정치적 권위가 있다고 규정했다. 그는 정치 사회는 인간이 본성적으로 갖고 있는 사회성에 의해 세워진다는 아리스토텔레스-아퀴나스의 개념을 따랐다. 비토리아가 『민정론』(*On Civil Power*)에서 말한 대로 "인간의 도시와 공화국들의 원시적 기원"은 "자연이 인간의 안전과 생존을 위해 인간 안에 심어놓은 장치"다.[20] 여기서 비토리아의 주된 표적은 군주의 권력은 인간적 기원—공화국 또는 인민—에서 비롯되었다고 주장하는 이들이지만, 그는 인간의 정부는 단지 죄로 인해 후대에 도입된 것이라는 함의와 함께, 무죄 상태는 다른 "사람들"의 통치로부터 자유로운 상태였다는 아우구스티누스적인 개념도 거부한다.[21] 비토리아는 이렇게 주장한다. "이 문제에 대한 성경적 권위가 존재하지 않아도 이성만으로도 이 문제를 풀 수 있

19 『군주론』에서 타락에 대한 언급을 찾는 것은 헛수고다. Niccolò Machiavelli, *The Prince*, trans. William J. Connell (Boston, New York: Bedford/St. Martin's, 2005). 『군주론』(까치 역간).

20 Francisco de Vitoria, *On Civil Power* 1.2, in *Vitoria: Political Writings*, ed. Anthony Padgen, Jeremy Lawrance (Cambridge: Cambridge University Press, 1991), 9.

21 Vitoria, *On Civil Power* 1.5, 13. Vitoria는 아우구스티누스를 언급하지 않은 채 아우구스티누스의 입장을 "미친 생각"으로 일축한다.

을 것이다."[22] 비토리아는 그리스도가 재림하신 뒤에는 왕의 권력이 변한다는 개념을 숙고한 뒤 거부한다. 그는 "타락"이 변화를 일으킬 가능성을 고려조차 하지 않는다. "타락"은 전적으로 이 논의에서 빠져 있고 사실 그의 『민정론』 전체에서도 빠져 있다. 비토리아가 『미국의 인디언에 대하여』라는 논저에서 "타락"을 간략하게 언급했을 때, 그는 공적 지배권이 아담과 하와에게 주어졌다가 그들의 죄로 인해 상실되었다는 위클리프와 피츠랄프의 사상을 논박하기 위해 타락을 언급했다. 비토리아가 보기에 공적 지배권은 은혜에 의존하는 것이 아니라 자연 속에 있고, "타락"은 왕들의 정통성에 어떤 영향도 끼치지 않는다.[23]

나는 "타락"이 본질적으로 부재한 근대 초기의 회의적인 전통과 아퀴나스주의적인 전통을 연구하는 대신 영국의 전통—홉스, 필머, 로크—에 집중할 것이다. 영국의 전통은 미국과 유럽의 자유주의에 가장 심오한 영향을 끼쳤을 뿐만 아니라 아담이 이 세 사상가의 저작에서 계속해서 중요한 존재였고 따라서 이들이 나의 명제와 관련해 "가장 다루기 어려운 사례"가 되기 때문이다.

토머스 홉스는 때때로 최초의 "근대적인" 정치 이론가, 정치학 연구를 성경의 기반에서 자연주의적인 기반으로 옮기려 한 인물로 연구되고 있다. 예를 들어 마크 릴라(Mark Lilla)가 보기에 홉스가 "종교"를 인류학적 기원으로 고찰한 것은 그가 과단성 있게 신학을 외면한 것이다. 달리 말해 홉스는 종교를 하나님이 주신 것이기보다는 인간들이 만든 현상으로 이해하고자 한 것이다. 릴라는 홉스에게 종교와 정치의

22 Vitoria, *On Civil Power* 1.5, 14.

23 Francisco de Vitoria, *On the American Indians* 1.2, in *Vitoria: Political Writings*, 241-43.

근대적 분리를 시작한 공이 있다고 생각한다.[24] 마찬가지로 로스 해리슨(Ross Harrison)은 비록 홉스가 그의 저작에서 성경을 광범위하게 사용하지만 성경의 역할은 가벼워졌다고 주장한다. 홉스가 생각하기에 "우리가 하나님을 생각에서 제거하더라도 전제, 논거, 결론은 전부 그대로 성립될 것이다."[25] 그는 정치 이론을 본격적인 과학으로 만들고자 했다. 그는 베이컨 밑에서 잠시 연구했고 해리슨이 말하는 대로 "근대 과학 혁명에 참여한 인물로 간주하는 것이 가장 바람직하다."[26] 하지만 점점 더 많은 수의 학자들은 홉스의 『리바이어던』 후반부와 그곳의 자세한 성경 해석을 무시하거나 이를 홉스가 당대의 종교적 감정을 달래기 위해 사용한 방법으로 간주하는 것은 더 이상 타당하지 않다고 주장한다. 하워드 워렌더, A. E. 테일러, A. P. 마티니치 등은 홉스를 특이하지는 않더라도 진지한 기독교 신자로 간주한다. 마티니치는 홉스의 주된 목표가 기독교와 과학이 양립할 수 있음을 보여주고 시민 정부를 위협하는 데 기독교를 정당하게 사용할 수 없음을 보여주는 것이었다고 주장했다.[27] 매슈 로즈(Matthew Rose)는 『리바이어던』의 정치학은 성경의 정치학이며 이는 홉스가 보기에는 전부 하나님의 지상 정부 수립에 관한 내용이라고 주장했다.[28]

---

24 Mark Lilla, *The Stillborn God: Religion, Politics, and the Modern West* (New York: Knopf, 2007), 84-88.

25 Ross Harrison, *Hobbes, Locke, and Confusions Masterpiece: An Examination of Seventeenth-Century Political Philosophy* (Cambridge: Cambridge University Press, 2003), 54.

26 Harrison, *Hobbes, Locke, and Confusion's Masterpiece*, 58.

27 A. P. Martinich, *The Two Gods of Leviathan: Thomas Hobbes on Religion and Politics* (Cambridge: Cambridge University Press, 1992), 5.

28 Matthew Rose, "Hobbes as Political Theologian," *Political Theology* 14, no. 1 (February

나는 두 번째 유형의 해석이 설득력 있다고 생각하지만, 이 문제를 여기서 해결하려는 의도는 없다. 현재 내 목표와 관련해 중요한 것은 단지 홉스가 어떻게 정치적 권위의 존재를 정당화하는 내러티브의 일부로서 성경에 나오는 "타락" 이야기를 주로 "자연 상태"라는 개념으로 대체했는지를 보여주는 것이다. 정치학을 확립하려는 홉스의 시도는 인간 본성의 타락 이전과 타락 이후라는 이중적 구도를 자연에 대한 일원화된 설명으로 대체했다. "자연 상태"라는 용법은 인간 본성을 근거로 인간 정부를 정당화하려는 중세의 시도와 분명한 친화성이 있지만 홉스와 중세 시대 간에는 중요한 차이점이 있다. "타락"에 대한 설명이 계속해서 나타나는 대목에서조차 말이다.

홉스의 정치학은 자연에 대한 설명에 의존하고, 그가 자연 상태를 해석하는 데 있어서 이런 설명에 의존한다는 것은 특히 잘 알려진 사실이다. 그는 자연 상태는 전쟁 상태이기 때문에 생활의 안정을 보장받기 위해서는 국가라는 인공물이 필요하다고 해석하기 때문이다. 자연 상태가 실제 역사적으로 존재했는지의 여부는 홉스의 관심사가 아니었던 것으로 보인다.[29] 자연 상태란 강제적인 정부가 없다면 사람들의 삶이 어떻게 될까에 관한 사고 실험에 가깝다. 따라서 자연 상태는 인간 문명이라는 인위적 구성물이 사라지면 인간의 자연적인 모습

2013): 23.

29 "아마도 이와 같은 전쟁의 때나 전쟁 상황은 결코 존재하지 않았다고 생각할 수 있을 것이다. 그리고 나는 세계 도처에서 일반적으로 그랬던 적은 없다고 생각한다." Thomas Hobbes, *Leviathan: Or the Matter, Forme, and Power of a Commonwealth, Ecclesiasticall and Civil* (New York: Macmillan, 1962), 101. Hobbes가 말하는 "자연 상태"는 역사적 주장이라기보다는 John Rawls가 말하는 "원초적 입장"(original position)과 비슷한 가설적인 상태에 더 가깝다.

이 어떠할지에 대한 상상에 의존한다. 그렇게 상상한 모습은 아름답지 않다. 자연 상태는 전쟁 상태일 뿐만 아니라 자신의 생명과 재산을 다른 사람들의 약탈에서 보호해야 할 필요성을 고려하면 선제적으로 전쟁을 일으키는 것이 합리적인 상태다. 따라서 이성은 자연 상태에서 적용되며 자연법은 인위적인 것이 아니라 자연적이므로 자연 상태에서 적용되어야 한다. 자연법은 하나님의 법이다. 자연법은 오직 하나님이 그 법칙을 명하시기 때문에 진정한 법이다.[30] 그러나 타인에 대한 두려움이 하나님께 대한 두려움보다 더 직접적이기 때문에 자연법은 강제적인 국가가 **외부의 법정에서**(*in foro externo*) 제재를 가할 수 있을 때까지는 오직 **내부의 법정에서**(*in foro interno*)만 적용된다.[31] 홉스가 『리바이어던』에서 말하듯이 "검을 동반하지 않는 계약은 그저 말에 불과하며 인간의 생명을 보장해줄 수 있는 힘을 전혀 지니고 있지 않다."[32] 따라서 자연 상태에서 자연법은 각 사람 안에 자기 보존의 수단으로서 평화를 추구하려는 욕구를 불어넣지만 그 법은 제재가 없으므로 법을 시행할 강제적인 정치적 권위가 생겨나기를 기다린다. 우리는 하나님이 자연법을 통해 사람들에게 계약을 지킬 것을 명령하신다는 사실

30 Hobbes는 『리바이어던』의 첫 문장에서 자연이란 "하나님이 그것을 통해 세상을 만드시고 다스리시는 기술"이라고 선언한다(19). 성경은 또 다른 형태의 자연 법칙이며 이 법칙은 이성을 사용하여 바르게 해석하면 자연법에 담겨 있는 내용을 가르쳐준다. 따라서 Hobbes는 성경에 대해 이렇게 말한다. "성경이 자연 법칙과 다르지 않은 한 성경은 하나님의 법이며 자연 이성을 사용하는 모든 사람이 알아볼 수 있는 권위를 지니고 있다는 데 의심의 여지가 없다. 그러나 이 권위는 다름 아닌 이성과 일치하는 다른 모든 도덕적 원리가 지닌 바로 그 권위다"(284). 『리바이어던』(나남 역간).

31 Hobbes, *Leviathan*, 122-23. 다음 책도 함께 보라. Martinich, *The Two Gods of Leviathan*, 136-37.

32 Hobbes, *Leviathan*, 129.

을 알지만, 다른 사람들도 계약을 지키지 않는다면 우리가 계약을 지키는 것은 위험한 일이라는 것도 알고 있다. 따라서 우리 모두를 위협할 국가를 세워, 곧 외부의 법정에서 계약을 지키게 하는 것이 우리의 관심사다.[33] 하지만 그저 우리가 정부를 형성하기 위해 자연 상태를 떠났기 때문에 정부를 필요로 하는 이기적인 동기에서 영향을 받지 않는 것은 아니다. 인간 본성은 자연 상태에서 시민 정부를 창조하는 과정에서 변하지 않는다.[34]

중세 정치 사상에서 무죄 상태를 생각했던 것과 비슷하게, 자연 상태는 홉스에게 시민 정부를 정당화하는 역사 이전의 조건과 같은 역할을 한다. 비록 홉스가 말하는 자연 상태는 무죄 상태와 정반대지만 말이다. 하지만 홉스가 인간의 현재 상태 그대로에 대해 더 비관적으로 생각하지 않는다는 게 중요한 점이다. 그리고 홉스에게 "타락"은 아무런 역할을 하지 않는다는 게 차이점이다. 자연 상태는 (명백히) 타락 이전의 무죄 상태를 기술하는 것도 아니고 그 이전 원시 상태에서 타락한 이후의 추락한 상태를 기술하는 것도 아니다. 『에누마 엘리쉬』처럼 규범적인 역할을 하는 본래적인 선을 회고하는 일은 없다. 홉스가 『리바이어던』에서 묘사하는 인간은 자신의 참된 본성에서, 자신이 마땅히 갖추어야 할 모습에서 크게 벗어나 있지 않다. 홉스가 전쟁 상태로 묘사하는 자연 상태는 창세기가 인간이 죄를 저지른 결과로 묘사하는 것과 같은 상태다. 사람들은 자신들이 본래 갖추어야 할 상태로 있지 않음을 깨닫고, 그 결과 구속의 필요성을 깨닫는다. 기독교적인 **내부의**

33 이 점에 대해서는 다음 책을 보라. Martinich, *The Two Gods of Leviathan*, 71-74.

34 Glen Newey, *Hobbes and Leviathan* (London: Routledge, 2008), 81-82.

법정(*foro interno*)은 인간의 마음에 새겨진 법을 말하는 양심이며 양심은 우리의 현재 모습과 우리가 마땅히 되어야 할 모습의 차이를 나타낸다(롬 7:23). 기독교적 양심은 사람들에게 그들은 불의하며 구속을 필요로 한다고 말해준다. 홉스의 이른바 **외부의 법정에서** 말하는 자연법은 사람들에게 그들은 안전하지 않으며 그들의 이익을 보장해줄 강제적인 정부를 필요로 한다고 말해준다. 홉스가 말하는 인간 주체는 자연상태에 대해서는 만족하지 않지만 자신에 대해서는 만족한다.[35]

홉스는 사람들이 자신들의 죄에서 구속받는 것에 대해 우려를 표명한다. 그가 『리바이어던』에서 아담의 죄에 대해 간략하게 논할 때 그 죄가 후손에게 미친 결과는 죽음의 필연성과 영생의 상실로 제한되며 그리스도는 이 결과를 뒤집으신다.[36] 그러나 예수가 행하신 아담의 죄로부터의 구속은 홉스의 정치학에 간접적인 영향만 끼칠 뿐이다. 홉스의 "가공의 인간"인 리바이어던은 인류를 대표하는 인간으로서의 아담과 그리스도라는 신학적 개념에 큰 빚을 지고 있다. 모든 사람은 아담을 통해 죄를 지은 것처럼 그리스도 안에서 구원을 받는다. 주권자는 계약에 의해 성립된 대표자인 "필사의 신" 리바이어던의 "가공의 영혼"이다.[37] 그러나 홉스는 이렇게 말한다. "하나님과 계약을 맺는 것은 하나님이 말씀하시는 것과 같은 그런 중재에 의하지 않고서는 불가능

35 이 점에 대해서는 다음 책을 보라. Paul D. Cooke, *Hobbes and Christianity: Reassessing the Bible in Leviathan* (Lanham, MD: Rowman & Littlefield, 1996), 105-9.

36 "이제 예수 그리스도는 자신을 믿는 모든 이들의 죄에 대해 속죄하셨고 따라서 모든 신자에게 아담의 죄로 인해 상실된 영원한 생명을 회복해주셨다"(Hobbes, *Leviathan*, 326).

37 Hobbes, *Leviathan*, 19-20. 개혁파 언약 신학이 Hobbes에게 미친 영향에 대해서는 다음 책을 보라. Martinich, *The Two Gods of Leviathan*, 143-50.

하다."[38] 크리스토퍼 힐이 논평하듯이 "여기서 홉스의 목표는 예수 그리스도를 리바이어던으로 대체하는 것이다. '하나님 아래서 주권을 가진 하나님의 부관' 외에는 아무도 하나님의 인격을 대표하지 않는다."[39] 아담과 그리스도가 정치의 역사에 끼친 영향은 무시할 만해 보인다. 홉스는 역사를 네 시기로 구분한다. 아담부터 시작되는 첫 시기에 하나님은 특정한 나라가 아닌 온 인류를 다스리신다. 그분은 아브라함과, 그다음에는 모세와 더불어 택함 받은 백성과 주권을 형성하는 계약을 맺으신다. 세 번째 시기인 사울부터는 인간의 왕정이 신정 체제를 대체한다. 그리스도인 주권자는 자연과 성경에 심겨진 하나님의 법에 따라 다스릴 권한을 위임받지만 지상에 하나님 나라는 존재하지 않는다. 예수의 재림을 통해서만 역사의 네 번째 시기가 시작되고 하나님 나라가 되돌아올 것이다. 예수가 지상에서 사셨을 때 예수의 나라는 이 세상에 속한 나라가 아니었다. 그는 왕이 아니라 영혼들에게 영원한 생명을 얻을 수 있는 방법을 가르치러 오셨다.[40] 우리는 재림을 기다리지만 그리스도인은 영원한 생명을 준비하며 자신의 지상의 주권자에게 복종해야 한다. 아담의 타락도, 그리스도에 의한 타락의 원상회복도 세계사에서 새로운 시대를 열지 않았다. 첫 아담도, 둘째 아담도 세상의 정부에는 어떤 중요한 영향도 끼치지 못했다. 홉스의 일차 목표 중 하나는 기독교가 시민 정부에 대한 선동을 지지하는 데 이용될 수 없게 하는

---

38 Hobbes, *Leviathan*, 109.

39 Christopher Hill, "Covenant Theology and the Concept of a 'Public Person,'" in *The Collected Essays of Christopher Hill*, vol. 3 (Amherst: University of Massachusetts Press, 1986), 317. 내부의 인용구는 『리바이어던』 18장에서 인용한 것이다.

40 Hobbes, *Leviathan*, 325-27, 342-58.

것이다. 그가 그렇게 하는 방식 중 하나는 현재 하나님의 통치와 인간의 통치 사이에, 현실과 당위 사이에 아무런 긴장이 없게 하는 것이다.

"타락"은 홉스의 저작에 아예 없는 것은 아니지만 홉스에게 타락은 중세 사상가들의 경우와 매우 다른 목적에 적합하다. 『시민론』(*De Cive*)에서 홉스는 창세기 2:15(선악을 알게 하는 나무 열매를 먹는 행위에 대한 "하나님의 모든 명령 중 가장 오래된 명령"), 3:5("하나님과 같이 되어 선악을 알 줄"), 3:11("누가 너의 벗었음을 네게 알렸느냐") 등 세 구절에 요약된 창세기의 "타락" 이야기를 짧게 설명한다. 홉스에게 3:11의 의미는 다음과 같다. "이는 마치 하나님이 이렇게 말씀하신 것 같다. '내게는 너를 벌거벗은 상태로 창조한 것이 좋아 보였는데 너는 어떻게 선악을 아는 지식을 가로챈 일은 제외하고 그 벌거벗음만 부끄럽다고 생각하게 되었느냐?'"[41] 홉스는 이 사건의 핵심이 아담의 죄가 오직 왕에게만 속한 능력인 선악을 판단하는 능력을 가로챈 데 있다고 생각한다. "정부가 존재하기 전에는 정의와 불의는 존재하지 않았고 그 본질은 오직 어떤 명령과만 관계가 있었고, 모든 행동은 그 자체의 본질에 있어서는 차이가 없다. 그 행동이 정의가 될지 불의가 될지의 여부는 행정 장관의 권리에서 나온다."[42] 홉스는 이 인용문에서 **내부의 법정**에 대한 논의를 포함하지 않는다. 홉스에게 내부의 법정은 어떤 경우에든 옳고 그름을 판단하는 능력과 같은 것이 아니다. "시민들"이 스스로 옳고 그름을 판단하려 할 때, 그들은 왕의 역할을 떠맡는 잘못을 저지르고 있다. 사실 내가 왕이 내게 하라고 명령하는 일을 한다면 설령 그 명령이 불

41 Thomas Hobbes, *De Cive* 12.1, in *De Cive: The English Version* (Oxford: Clarendon, 1983), 147.

42 Hobbes, *De Cive* 12.1, 146.

의한 명령이라는 생각이 들더라도 나는 죄를 짓는 것이 아니다. 자기 나름의 판단을 내리는 사람은 왕에게 순종하든 그렇지 않든 죄를 짓는 것이다.[43] 선과 악에 대한 개인의 지식은 "모든 정부를 붕괴시키지 않고는 허락될 수 없다."[44]

홉스에게 강제적인 정부는 "타락"으로 인해 불가피하게 수립된 게 아니다. 강제적인 정부는 "타락"과 관계없이 존재한다. 왕은 창세기 2:15에서 하나님이 서신 바로 그 자리에 서서 시민들의 판단에 맞서 명령을 내린다. 나중에 홉스는 『시민론』의 한 구절에서 타락 이전 상태를 암시한다. "세상이 시작될 때 하나님은 사실 자연적으로만이 아니라 **계약을 통해**서도 **아담**과 **하와**를 다스리셨다. 그래서 하나님은 자연 이성이 명령하는 것 외에 계약의 방식에 의한 순종, 즉 사람들 자신이 동의한 것 이외의 다른 순종을 요구하지 않을 것처럼 보인다." 하지만 홉스는 즉시 다음과 같이 덧붙인다.

> 이제 이 **계약**은 현재 무효화되었고 이후에도 갱신되지 않을 것이므로 (우리가 여기서 다루고 있는) 하나님 **나라**의 원형을 그곳에서 취해선 안 된다. 그런데 우리는 다음과 같은 점에 주목해야 한다. 곧 선악을 알게 하는 나무의 열매를 먹지 말라는 교훈을 통해…하나님은 자신의 명령과 관련해서 명령한 내용이 선한지 악한지에 대해 논쟁 없이 매우 단순한 순종을 요구하셨다.[45]

43 Hobbes, *De Cive* 12.2, 147.

44 Hobbes, *De Cive* 12.6, 150.

45 Hobbes, *De Cive* 16.2, 201.

여기서 홉스는 자기 시대의 개혁파 언약 신학을 되풀이하고 있는 것처럼 보이는데 개혁파 언약 신학은 하나님이 아담과 맺으신 본래의 "행위 언약"을 가정했다. 사람들이 이 언약을 지켜 하나님의 명령에 순종했다면 영원한 행복을 누렸을 것이다. 아담의 죄로 인해 본래의 언약은 무효화되었고 그 이후의 "은혜 언약"은 아브라함과 그의 자손들과 더불어 맺어졌다.[46] 우리의 목표와 관련해서 중요한 점은 "하나님 나라의 원형"을 타락 이전 상태로 해석해선 안 되며 타락 이전 상태는 더 이상 타당성이 없다는 것이다. 타락 이전 상태는 인간의 삶이 마땅히 그렇게 되어야 할 모델이 아니다. "타락" 이야기는 오히려 불순종과 본질적으로 왕의 고유 권한인 판단을 개인이 가로채 판단한 행위를 보여주는 단순한 도덕적인 이야기다.

필머와 로크

로버트 필머는 자신보다 더 재능 있는 존 로크가 출판물을 통해 공격해오는 행운을 누림으로써 후손들의 기억에서 지워지는 일을 모면했다. 그는 현대인들에게 잘 알려진 인물은 아니지만, 17세기에는 지금보다 훨씬 더 영향력을 끼치는 인물이었다. 최소한 그가 사상적인 보호막을 제공한 왕정주의자들 사이에서는 유명인이었다. 로크는 자신의 『통치론』 제1권에서, 창세기에 나오는 아담이라는 인물을 해석한 것에 기초해서 저술된 필머의 『부권론』(*Patriarcha*)을 길게 분석한다. 오늘날

46 Martinich, *The Two Gods of Leviathan*, 147-50.

로크의 독자들은 제1권을 건너뛰고 곧바로 제2권을 살펴보려는 경향이 있다. 비록 로크가 인간 이성을 사용해 자연법에서 발견한 행위 규범이 성경과 일치한다고 생각했지만, 그는 2권에서 성경보다 주로 "자연법"에 기초해 자신의 실증적인 정치 이론의 가장 영향력 있는 진술을 펼친다. 하지만 필머 역시 자연 신학을 광범위하게 전개했던 17세기 시대의 산물 중 하나였다는 점이 때때로 간과된다. 그는 이전의 전통에서 종종 그랬던 것처럼 왕에 대한 성경 본문을 분류한 것에 근거해 왕권에 대한 이론을 세우는 대신 아담을 창조 때 인간에게 주어진 자연적 조건을 해석하는 열쇠로 삼아 왕권에 대한 자신의 이론을 자연 속에 포함시키려 했다.[47] 필머의 『부권론』의 부제는 "또는 왕들의 자연적 권력"이다. 필머는 인간의 왕권은 자연의 창조자인 하나님이 주신 것이라고 주장한다. 왕권은 "아담의 자연적이고 사적인 지배권"의 확장이다.[48] 필머는 왕국을 가족과 동일시하고, 왕권을 아버지가 가족 안에서 가진 권한과 동일시한다. 필머에 따르면 하나님은 창조 때 아담에게 여자와 나머지 창조세계를 다스릴 지배권을 주셨다. 필머가 단순하게 왕권과 동일시하는 아버지가 가진 권한은 그 이후 아담의 후손에게 전달되었고 계속해서 필머 자신이 살던 시대에 다스린 왕들에게까지 전달되었다. "아담이 온 세계에 행사할 수 있는 권한을 하나님의 명령으로 받았고, 그리고 족장들이 아담으로부터 내려오는 권리를 누렸던, 이 통치권은 창조 이래로 그 어떤 군주가 가졌던 절대적인 지배권 못

47 W. S. Carpenter, "Introduction," in John Locke, *Two Treatises of Government* (New York: Dutton, 1978), xi.

48 이는 Locke가 다음 책에서 Robert Filmer의 말을 달리 표현한 것이다. Locke, *Two Treatises* 1.7.73, 52. 『통치론』(까치 역간).

지않게 크고 충분했다."[49]

필머의 도식은 오로지 아담이 온 인류의 대표라는 기독교적 가정으로 인해 유효하고, 따라서 아담의 죄는 모든 사람의 죄가 된다. "타락"은 단지 두 사람의 타락이 아니라 아담의 자손들의 타락이며 아담의 자손들은 이제 그 결과를 수용하고 살아야만 한다. 아담의 후손에게 왕권이 전달되는 것은 아담의 대표하는 역할에 달려 있다.[50] 그러나 필머는 "타락"이 자신의 정치 이론에 별로 실제적인 영향을 끼치지 않는 것처럼 보이기 때문에 전통에서 이탈한다. 그는 사람들이 아담의 죄로 인해 자연적 자유를 잃었다고 주장하는 것이 아니라 아담이 창조된 시점부터 모든 사람이 아담에게 종속되어 있다고 주장하면서 사람들에게는 로크가 말한 이른바 "자연적 자유"(natural freedom)가 있다는 사상을 반박한다. 필머에게 "타락"은 그러한 종속에 대한 반역이지만—그는 "자유에 대한 욕구가 아담의 타락의 첫 번째 원인이었다"[51]고 주장한다—아담과 그의 후계자들에 대한 복종의 자연적 필요성은 타락 이전이나 타락 이후나 동일하다. 필머는 아퀴나스처럼 정부의 기원을 "타락" 이전으로 단순히 돌려놓는 것이 아니다. 오히려 기독교 정치사상의 이전 전통과 다르게 "타락"은 아무런 영향이 없다. 로크는 필머가 자기모순을 범하고 있다면서 비판할 때 이 점을 지적한다. 필머는 한편으로는 아담이 창조되자마자 창세기 1:28의 온 땅을 다스릴 절대 권력

49 Robert Filmer, *Patriarcha, or the Natural Power of Kings* (London: Rie. Chiswell, 1680), 13.

50 Ian Harris, *The Mind of John Locke: A Study of Political Theory in Its Intellectual Setting* (Cambridge: Cambridge University Press, 1994), 233.

51 Filmer, *Patriarcha*, 3. 이는 Filmer 저작에 나오는 "타락"에 대한 유일한 언급이다.

을 부여받은 왕이었다고 말하고, 다른 한편으로는 창세기 3:16—이에 따르면 여자는 남자에게 종속되어 있다—이 "정부에 대한 최초의 인정"이라고 말한다.[52] 필머에게 이러한 불일치가 모순처럼 보이지 않는 이유는 바로 창세기 1:28과 3:16 사이에 끼어 있는 "타락"에는 언급할 만한 영향이 없기 때문이다.

그러나 로크는 창세기 1:28에서 아담은 다른 인간을 다스릴 수 있는 지배권을 받은 게 아니라고 지적한다.[53] 이런 그의 지적은 로크를 아우구스티누스와 일치시키는 것처럼 보이게 한다. 또한 로크는 창세기 3:16에서 여자에게 내려진 저주는 남자와 여자 둘 다에 대한 저주이지, 아담에게 특별한 왕의 지위를 허락한 게 아님을 지적한다. 로크가 신랄하게 말하듯이 "하나님이 아담을 온 인류를 다스리는 우주적 군주로 삼으시고서는 곧바로 아담을 평생토록 날품팔이로 만드실 것이라고 상상하기는 어려울 것이다. 이는 곧 아담을 낙원에서 쫓아내어 '땅을 경작'하게 하시고는 그와 동시에 아담을 왕좌에 앉아 절대 권력의 모든 특권과 안락함을 누리게 하시는 것이다."[54]

로크는 여기서 정치 이론을 위해 타락 교리의 중요성을 되살려내는 것처럼 보인다. 그러나 그는 단지 필머에 대한 비판을 슬슬 시작하고 있을 뿐이다. 로크에게 필머의 이론이 지닌 가장 중요한 약점은 아담이 온 인류를 대표한다는 개념이다. 필머의 이론은 아담의 대표자로서의 지위에 의존하고 있으므로 로크는 바로 이 개념을 공격하며 그 과정에서 아담 이후 인류에게 타락이 갖는 중요성을 크게 축소한다. 로

52 Locke, *Two Treatises* 1.3.16, 13.

53 Locke, *Two Treatises* 1.4.26, 19.

54 Locke, *Two Treatises* 1.5.44, 32.

크는 필머를 그가 창세기 3:17 이하에서 아담에게만 말해진 내용을 온 인류에게 적용되는 저주로 해석했다는 이유로 비판한다.[55] 이와 비슷하게 로크는 하와가 받은 저주는 그 뒤로 하와 이후의 모든 여자에게 구속력을 갖는 자연법이 된다는 개념에 의문을 제기한다. 로크는 다음과 같이 말한다.

> 내가 알기로는 하나님은 이 본문에서 하와를 지배하라고 아담에게, 또는 아내를 지배하라고 남편에게 어떤 권위도 부여하지 않으시고, 그분은 단지 여자의 운명이 어떻게 될 것인지, 어떻게 그분이 섭리를 사용해서 여자들이 남편들에게 복종하도록 명령할지를 미리 말씀해주실 뿐이다. 우리가 아는 바대로 일반적으로 인류의 법과 여러 나라의 관습이 그렇게 명령해온 것처럼 말이다. 나는 자연 속에 이 명령에 대한 근거가 있음을 인정한다.[56]

로크는 타락의 결과를 생략한다. 여인들이 자기 남편에게 복종하는 것은 인간적 관습에 바탕을 둔 관례적인 것이다. 물론 이런 관습은 일반적으로 하나님의 섭리를 따르지만 각각의 여인이 처한 "조건이나 남편과 맺은 계약"에 따라 변할 수 있다. 아내가 자기 남편에게 하는 복종은 또한 어떤 식으로든 "자연 속에" "근거"가 있다. 이 자연이 타락 이전 상태인지 이후 상태인지는 로크가 보기에 중요하지 않아 보인다. 중요한 것은 로크가 아담(과 하와)이 온 인류를 대표할 수 있다는 일반적

55 Locke, *Two Treatises* 1.5.46, 32-33.
56 Locke, *Two Treatises* 1.5.46, 33-34.

인 기독교적 개념을 사용한 것을 반박하는 일이다.

로크는 자신의 『기독교의 합리성』(*The Reasonableness of Christianity*)에서 "수많은 사람이 들어본 적도 없고 그 누구도 본인을 대신해서 행동하거나 본인의 대표자가 되도록 허락한 적이 없는 **아담**의 범죄로 인해 아담의 모든 후손으로 하여금 영원한 무한 형벌을 받게 할"[57] 사람들을 거부한다. 그 누구도 본인의 허락 없이 다른 사람이 자신을 대표할 수 없다는 생각은 분명 단지 하나의 신학적인 개념만이 아니라 로크에게는 큰 정치적 가치를 지닌다. 정치적 권위에 대한 로크의 이론은 각 사람이 태어날 때의 자연적 자유(natural freedom), 어떤 의미에서 자신의 대표자를 선택하거나 그 대표자에게 동의할 수 있는 각 개별 행위자의 자유를 포함하는 자유를 매우 강조한다. 로크는 더 나아가 원죄 개념을 탐탁잖게 생각한다. 그는 어떤 한 사람이 정치적인 일체의 문제와 관련해서 자기의 후손을 속박할 수 있다는 개념을 거부했기 때문이다.

> 누구든 스스로 어떤 서약 내지 약속을 했든 간에 그 약속을 이행할 의무가 있지만 어떤 계약에 의해서도 그의 자녀나 후손을 구속할 수는 없는 것이 사실이다. 그의 아들은 성인이 되면 아버지만큼 전적으로 자유해서 아버지의 어떤 행위도 다른 누군가의 자유를 넘겨줄 수 없는 것처럼 아들의 자유도 넘겨줄 수 없기 때문이다.[58]

57 John Locke, *The Reasonableness of Christianity, as Delivered in the Scriptures*, in *John Locke: Writings on Religion*, ed. Victor Nuovo (Oxford: Clarendon, 2002), 91.

58 Locke, *Two Treatises* 2.8.116, 176.

이와 비슷한 방식으로 로크는 노예의 자녀들이 노예 상태로 태어난다는 것을 부정한다.[59] 이처럼 하나님이 아담에게 허락하신 것이 아담의 후손에게 전해지는 구조를 약화시키면서 로크는 필머의 이론이 의존하고 있는 기반 중 하나를 약화시킨다.

로크는 타락의 실재를 부정하지 않는다. 타락에 대한 언급은 그의 저작 곳곳에 산재해 있으며 로크는 이 주제에 대해 두 편의 매우 짧은 글을 썼는데 그중 한 편의 제목은 1692년에 출간한 『원죄』(*Peccatum originale*)이고 다른 하나는 1년 뒤에 쓴 것으로 추정되는 『타락 이전과 이후의 인간』(*Homo ante et post lapsum*)이다. 로크는 전자의 글에서 타락 그 자체를 거부하는 것이 아니라 아담의 죄가 그의 후손에게 전가되는 것을 거부한다. 그는 "본인의 어떤 행위로도 그 죄에 동의하지 않았거나 그 죄가 저질러졌을 때 존재하지 않은" 사람이 실제로 "아담의 죄에 동참"할 수 있다고 말하는 것은 불합리하다고 주장한다.[60] 로크는 더 나아가 하나님이—우리를 아담 안에서 죄를 지은 것으로 간주하지는 않으시지만—그럼에도 죄를 저지른 데 대한 형벌로서 우리를 아담에서 기인한 악에 종속시키신다는 생각을 거부한다. 그는 첫 번째 생각은 하나님의 진실성에 의문을 제기하는 것으로, 두 번째 생각은 하나님의 정의에 의문을 제기하는 것으로 여겨 거부한다.[61] 로크는 『타락 이전과 이후의 인간』에서 본래의 인간은 언젠가 죽도록 창조되었지만 "시험적인 법", 즉 생명나무의 열매를 먹지 말라는 명령이 제시하는 시험을 통과했다면 불멸을 허락받았을 것이라고 주장한다. 인간은 이 시

59 Locke, *Two Treatises* 2.16.189, 214.

60 John Locke, *Peccatum originale*, in *John Locke: Writings on Religion*, 229.

61 Locke, *Peccatum originale*, 229-30.

험에 통과하지 못했고 그래서 모든 사람은 현재 죽음을 경험한다. 아담과 하와는 형벌로 죽지만 그들의 후손들은 육체적인 존재가 된 결과로 죽을 뿐이다. "이는 아담과 하와에게는 그 첫 번째 죄에 대한 형벌, 즉 죽음 또는 형벌의 결과였지만, 그들의 모든 후손에게는 그 죄에 대한 형벌이 아니었다. 후손들에게는 불멸에 대한 어떤 소망이나 기대도 주어진 적이 없기 때문이다. 사람이 처음 창조될 때 죽을 존재로 태어난 것을 형벌이라고 부를 수는 없다."[62] 죽음의 필연성은 아담과 하와의 죄로 인해 변경된 것이 아닌 자연적 조건이다. 사라진 것은 단지 불멸에 이를 기회였다. 로크는 몇 년 뒤에 『기독교의 합리성』에서 같은 주장을 더 길게 펼치는데 그 책에 따르면 "아담의 죄로 인해 모든 사람에게 임한" 것은 죄책이 아니라 단지 죽음이다.[63] 로크는 홉스처럼 이렇게 타락이 죽음의 필연성에 미치는 효과를 제한하려고 애쓴다. 죽음의 필연성은 타락 이전에는 인간의 자연적 조건의 일부지만 단지 타락으로 인해 사라지지 않았을 뿐이다.

『통치론』 제2권에서 로크가 정치적 권위의 기원에 대해 적극적으로 설명하는 구조를 살펴보면, 우리는 로크가 말하는 "자연 상태"가 정치 이론에 대한 "타락"의 중요성의 퇴조에 달려 있음을 알 수 있다. 홉스의 경우와 마찬가지로 로크는 정치적 권위를 정당화하기 위해 가설적인 자연 상태를 구성한다. 그러나 홉스와 반대로 로크의 자연 상태는 전쟁 상태가 아니며 필머의 경우와 같이 복종의 상태도 아니다. 로크는 다음과 같이 말한다.

---

62 John Locke, *Homo ante et post lapsum*, in *John Locke: Writings on Religion*, 231.

63 Locke, *Reasonableness*, 92.

> 정치권력을 올바르게 이해하고 그것의 원형에서부터 그것을 이끌어내려면 우리는 모든 사람이 자연적으로 처해 있는 상태, 즉 자신의 행동을 정하고 자신에게 속한 재산과 사람을 자연법의 한계 내에서 다른 어떤 사람의 허락을 구하거나 그의 뜻에 의존하지 않고 자신이 적합하다고 생각하는 대로 처리할 수 있는 완전한 자유를 누리는 상태를 고찰해야 한다.[64]

자연 상태는 하나님이 명백히 그와 다르게 정하지 않으셨다면 사람들이 "예속이나 종속 없이…무차별적으로 자연의 모든 동일한 이점을 누리도록 태어나는"[65] 평등한 상태이기도 하다. 이런 조건이 타락 이전의 조건인지 이후의 조건인지는 판단하기 어렵다. 『통치론』 제2권에서는 "타락"에 대한 모든 논의가 완전히 사라진다. 교부 시대 및 중세 시대 정치 이론에서 매우 중요했던 타락 이전/이후라는 축은 결정적인 경계선으로서의 자연 상태 이전/이후로 대체된다.

로크가 자연 상태와 전쟁 상태는 "평화, 선의, 상호 도움, 보존의 상태와 적대, 악의, 폭력, 상호 파괴의 상태가 서로 동떨어져 있는 것만큼 서로 동떨어져 있다"[66]고 썼을 때 혹자는 자연 상태를 타락 이전의 상태라고 가정할 것이다. 그러나 로크는 자연 상태에서는 그 조건에서 적용되는 자연법을 실행하는 일이 각 개인에게 맡겨져 있다고 말한다. 각 사람은 자신에게 저질러진 범죄를 처벌하지만 "오직 죄 지은 사람에게 단지 냉철한 이성과 양심이 명령하는 한까지 그의 범죄에 상응하

---

64 Locke, *Two Treatises* 2.2.4, 118.

65 Locke, *Two Treatises* 2.2.4, 118.

66 Locke, *Two Treatises* 2.3.19, 126.

는 만큼 되갚기 위해" 처벌한다.[67] 따라서 자연 상태는 타락 이후 상태로 보일 것이다. 그 상태에서는 범죄가 존재하기 때문이다. 그러나 만일 그렇다면 "냉철한 이성"은 타락에 의해 크게 손상되지 않았다. 로크가 자연법과 동일시하는[68] 이성은 하나님이 사람들 사이의 상호 안전을 위해 주신 것이다.[69]

로크는 자연 이성과 성경은 모두 하나님이 모든 사람에게 토지를 공동의 재산으로 주셨다고 단언한다는 점을 분명히 한다.[70] 그렇다면 로크는 사유 재산과 재산 소유의 불평등에 관한 사실을 어떻게 설명하는가? "타락"을 통해 설명하지는 않는다. 로크는 세상의 분열을 초래하는 것은 죄가 아니라 이성이라고 말한다. "하나님은 사람들에게 세상을 공동의 재산으로 주셨고, 그들에게 생활과 형편에 가장 유리하도록 세상을 이용할 이성도 주셨다."[71] 로크는 사유 재산을 노동에서 도출해 내는 것으로 유명하다. 내가 사과 한 개를 딸 때, 그것은 공유지에 울타리를 치고 거기에 사과나무를 심어 사과를 수확하는 나의 노동을 "결합하는" 것이다. 개개인은 자신이 노동하여 자연 상태에서 벗어나 결실을 거둔 것이 그의 소유가 된 것처럼 "'개인' 자격으로 '재산'"을 소유한다.[72] 이는 심지어 내가 아닌 내 하인이 일을 했다는 명백한 사실에

---

67 Locke, *Two Treatises* 2.2.8, 120.

68 "자연 상태에는 그 상태에 적용될, 모든 사람에게 의무를 지우는 자연법이 있으며 이성, 즉 그 법은 그것을 참고할 모든 인류에게 모두가 평등하고 독립적이므로 아무도 다른 사람의 생명, 건강, 자유, 또는 재산에 해를 끼쳐선 안 된다고 가르친다." Locke, *Two Treatises* 2.2.6, 119.

69 Locke, *Two Treatises* 2.2.8, 120-21.

70 Locke, *Two Treatises* 2.5.25, 129.

71 Locke, *Two Treatises* 2.5.26, 129.

72 Locke, *Two Treatises* 2.5.27, 130.

도 불구하고 "누군가의 지시나 동의 없이 내 재산이 되는" "내 하인이 깎은 잔디"에도 적용된다.[73] 또한 로크는 노동이 본질적으로 사적 노동인 이유, 즉 공동 노동을 생각할 수 없는 이유를 설명하지 않는다.

여기서 중요한 핵심은 "타락"이 전혀 적용되지 않는다는 점이다. 로크는 노동을 통한 사유 재산권을—타락 이전인 창세기 1:28에 나오는—땅을 정복하라는 하나님의 명령에서 도출하지만 그럼에도 그 명령을 수고하여 땅을 경작하라는 하나님의 명령과 결합시킨다. 그런데 이 명령은—로크가 필머와의 논쟁에서 이미 지적한 대로—창세기 3:17 이하에서 하나님의 형벌로 인간에게 주어진 타락 이후의 저주다.

> 하나님은 세상을 온 인류에게 공동으로 주셨을 때 또한 인간에게 노동을 명령하셨고 인간이 처한 조건의 궁핍함은 인간에게 노동을 요구했다. 하나님과 인간의 이성은 인간에게 땅을 정복하라고, 즉 생활의 유익을 위해 땅을 개량하고 거기에 자신만의 무언가, 곧 그의 노동을 더하라고 명령했다. 하나님의 이 명령에 순종하여 땅을 정복하고 경작하며 땅의 일부에 씨를 뿌린 사람은 그로 인해 땅에 자신의 재산인 무언가를 더한 것이다. 타인은 그 재산에 대해 아무런 자격도 없었고, 해를 입지 않고 그 재산을 그에게서 빼앗을 수도 없었다.[74]

이처럼 로크는 창세기의 두 본문—타락 이전의 한 본문과 타락 이후의 다른 한 본문—을 결합시켜 인류의 "자연적" 상태가 무엇인지에 관한

73 Locke, *Two Treatises* 2.5.28, 130.

74 Locke, *Two Treatises* 2.5.32, 132. Locke에게 자연은 Hobbes의 경우처럼 적대적인 것이 아니라 중립적인 것이다.

매끄러운 논증을 펼친다.[75] 끊임없는 수고, 불평등, 공유지의 사유화는 타락의 증상이 아니라 단지 하나님과 자연이 창조세계를 최대한 활용하기 위해 마련한 방법일 뿐이다.[76]

로크는 계속해서 하나님은 인간이 창조세계의 혜택을 받기를 원하셨기 때문에 결코 토지를 공유지로 남게 하려고 작정하지 않으셨다고 말한다. "하나님은 토지를 부지런하고 이성적인 이들이 사용하도록 주셨지(그리고 노동은 그가 토지를 소유할 수 있는 권리였다), 다투기 좋아하고 논쟁을 잘 벌이는 이들의 공상이나 탐욕을 만족시키려고 주신 것이 아니다."[77] 사람마다 근면함이 다르기 때문에 사유 재산의 양도 다르다.[78] 북미 원주민들이 자연의 윤택함에도 불구하고 소유와 재산이 적은 까닭은 그들이 "노동을 통해 자연을 활용하는" 방법으로 한 일이 거의 없기 때문이다.[79] 자연 상태에서 사람들은 자연을 이용할 수 있는 만큼만 자연을 소유할 수 있다. 한 사람이 이용할 수 있는 사과보다 더 많은 사과를 거두는 것은 쓸데없는 짓이다. 남는 사과는 곧 썩어버리므로 다른 사람들이 소유하는 것이 정당하기 때문이다.[80] 그러나 화폐의 발명은 한 사람이 사용할 수 있는 한계를 넘어서는 엄청난

75 이 점에 대한 예리한 논평을 보려면 다음 글을 보라. Roland Boer, "John Locke, the Fall, and the Origin Myth of Capitalism," *Political Theology* blog, 5 December 2013, 〈http://www.politicaltheology.com/blog/john-locke-the-fall-and-the-origin-myth-of-capitalism/.〉

76 분명히 말하자면, 창세기는 일반적인 의미에서의 모든 노동을 타락의 결과로 간주하지는 않는다. 창세기 2:15에서는 타락 이전의 땅을 인간에게 경작하고 돌보도록 준다.

77 Locke, *Two Treatises* 2.5.34, 132-33.

78 Locke, *Two Treatises* 2.5.48, 140.

79 Locke, *Two Treatises* 2.5.41, 136.

80 Locke, *Two Treatises* 2.5.31, 131.

부의 축적을 가능하게 한다. 화폐는 썩어 없어질 것을 없어지지 않는 것으로 바꾸어놓기 때문이다.[81] 로크는 여기서 타락이나 원죄에 모종의 역할도 부여하는 것을 피하지만 본원적 축적(또는 원시 축적, primitive accumulation)에 대한 그의 설명은 카를 마르크스가 말한 이른바 "경제적 원죄의 역사"에 상응한다. 아담의 이야기가 인간의 죄로 인한 인간의 불행을 설명해주는 것과 마찬가지로 정치 경제학자들이 불평등에 대해 설명할 때 선호하는 이야기는 다음과 같다고 마르크스는 말한다.

> 오래전에 두 부류의 사람들이 있었다. 한 부류는 부지런하고 총명하며 무엇보다도 검약하는 엘리트 계층이었고 다른 한 부류는 재산을 소비하고 그것도 모자라 방종하게 사는 게으른 건달이었다.…자신의 모든 노동에도 불구하고 지금까지 자기 자신 외에는 팔 것이 아무것도 없는 대다수 사람들의 가난과 오래전에 일하기를 그만두었음에도 불구하고 끊임없이 늘어나는 소수의 부는 이러한 원죄로부터 시작된다.[82]

로크는 이와 똑같은 믿기 어려운 이야기를 늘어놓지만, 그는 원죄라는 신학적 개념과 관련해서 그 어떤 중요성도 느끼지 못한다. 부의 불평등은 "타락"에서 비롯된 형벌이 아니라 인간의 상호 동의의 산물이다. "그러나 금과 은은 인간의 삶에 있어서 음식, 의복, 탈것에 준하는 효용성이 없고 오직 사람들의 동의에 의해서만 그 가치가 있어서…사람들의 동의가 불균등하고 불평등한 땅의 소유를 받아들였다는 사실은

---

81 Locke, *Two Treatises* 2.5.36, 134, 2.5.45–50, 139–41.

82 Karl Marx, *Capital*, vol. 1, trans. Ben Fowkes (New York: Vintage, 1976), 873. 『자본론 1』(비봉출판사 역간).

명백하다.[83] 로크는 자녀가 부모의 계약, 약속, 죄에서 자유로워지기를 바라지만 자녀가 아무런 수고를 하지 않더라도 부모의 재산을 물려받는 것에는 반대하지 않는 것처럼 보인다.

전통적인 원죄 및 타락 교리가 로크의 정치 이론에 별다른 영향을 끼치지 못했다는 말이 곧 로크에게 인간 본성의 부패에 대한 인식이 전혀 없었다는 말은 아니다.[84] 로크의 저작에는 인간의 삶의 타락과 부패에 대한 언급이 곳곳에 산재해 있다. 예를 들어 로크는 『타락 이전과 이후의 인간』을 아담과 하와가 죄를 지은 뒤에 어떻게 타락이 세상에 찾아왔는지에 대한 설명으로 끝마친다.

> 아담과 하와는 죄를 저지르자마자 신을 두려워했고 이는 그들에게 신에 대한 두려운 생각과 염려를 가져다주었으며 그들의 사랑을 약화시켰다. 그로 인해 그들의 사랑은 줄어들었고 이는 그들의 마음을 피조물에게로 돌려놓았다. 그들 안에 있는 이 모든 악의 뿌리는 그들의 자녀들에게 각인되었고 그렇게 해서 그 자녀들을 오염시켰다. 현재 땅에 임한 저주로 인해 필요해진 사적 소유와 노동이 점차적으로 조건의 차이를 낳았을 때 이는 탐욕과 교만과 야망이 들어설 여지를 남겼고 이러한 것들은 유행과 본보기를 통해 인류에게 너무나 만연한 부패를 퍼뜨린다.[85]

로크는 그의 동시대인들과 세상의 부패에 대한 예리한 인식을 공유하지만 여기서 부패의 기원에 대해 존재론적 설명이 아닌 역사적·사회적

83 Locke, *Two Treatises* 2.5.50, 140.

84 Locke, *Homo ante*, 231.

85 Locke, *Homo ante*, 231.

설명을 제시한다. 부패는 생물학적 번식이나 인간을 바꾸어놓을 다른 어떤 기제를 통해서가 아닌 "유행과 본보기"를 통해 퍼진다.

아우구스티누스주의의 틀에 따르면 욕정은 "타락"의 유전된 효과였다. 로크는 『통치론』 제2권에서 "헛된 야망과 악한 탐욕(*amor sceleratus habendi*)이 인간의 마음을 타락시키기 이전"의 "황금시대"를 언급한다.[86] 그런데 이 황금시대는 정부가 존재하기 때문에 타락 이후 시대로 보인다. 이것이 암시하는 바는 타락이란 인간에게 내재한 것이 아니라 사회적 원인에 의한 결과라는 것이다. 이언 해리스(Ian Harris)는 이렇게 결론짓는다. "인간의 능력이 타락으로 인해 손상되었더라도 그 사실은 로크의 목적과 관련해서 별로 언급할 가치가 없었다는 점을 부인하기가 어려워 보인다."[87] 해리스는 로크의 교육적인 저작들은 인간의 성향을 타락이 아닌 자연의 결과로 간주한다고 말한다. 피터 해리슨도 그와 비슷하게 로크에게 있어 인간 능력의 한계는 타락의 결과라기보다는 천사와 짐승 사이의 중간적 지위로 창조된 몸을 가진 피조물에 내재한 자연적 한계의 결과라고 결론짓는다. 이러한 조건에서 우리는 아담과 별반 다르지 않다.[88]

로크에게 있어서는 홉스나 필머의 경우와 같이 타락에 기반한 정치 이론은 자연에 기반한 정치 이론으로 대체되었다. 로크가 보기에 창조세계에 대한 하나님의 의도는 성경과 자연을 통해 나타난다. 로크

86 Locke, *Two Treatises* 2.8.111, 173.

87 Harris, *The Mind of John Locke*, 299.

88 Peter Harrison, *The Fall of Man and the Foundations of Science* (Cambridge: Cambridge University Press, 2007), 223-34, 232.

는 "자연은 만물을 가르친다"[89]고 말한다. "하나님", "자연", "이성"은 로크가 인간 지식의 원천으로서 거의 서로 번갈아가며 사용하는 단어들이다.[90] 사람들이 성경을 제대로 해석하면, 성경은 자연법을 확증해 준다. 예를 들어 십계명의 두 번째 돌판은 이성이 발견할 수 있는 행위 규범에 상응한다.[91] 성경은 로크가 보기에 전혀 불필요한 것이 아니다. 성경은 인간 이성의 약점을 보완하기 위해 여전히 필요했다. 그러나 우리는 로크의 글에서 성경이 이전에 감당했던 큰 역할의 많은 부분을 상실했음을 알 수 있고 정치 이론은 타락 이전과 타락 이후의 삶에 대한 설명이 아니라 우리가 자연의 결함을 치유하는 수단이 되는 자연 상태와 사회 계약에 대한 설명에 의존한다.

결론

홉스와 로크는 보다 자연주의적인 기반 위에 새로운 정치"학"을 정립하려 한 그들의 시도 때문에 근대 정치 이론의 창시자들로 간주되어야 마땅하다. 홉스와 로크는 둘 다 인간 이성을 사용해 발견할 수 있는 더 근본적인 자연법에 성경과 겨룰 수 있는 권위를 더해주고자 성경을 사용했다. 그들은 중세의 마지막 정치 이론가가 아닌 최초의 근대적 정치 이론가로 간주된다. 두 사람은 지식의 안전한 토대로서의 자연을 내

89 Locke, *Two Treatises* 1.6.56, 40.

90 "하나님과 자연"은 인간에게 특정한 능력을 부여하는 것으로 자주 함께 등장한다. 예를 들어 다음 책을 보라. Locke, *Two Treatises* 1.9.90, 63.

91 Harris, *The Mind of John Locke*, 31-32.

세워 성경의 공적 권위를 보완했고 결국 대체하는 길을 조성했기 때문이다.

초기 근대 정치 이론에서 "타락"의 퇴조는 새롭고 일원화된 자연 개념과 동시에 발생한다. 앞서 살펴본 것처럼 "타락"은 두 종류의 자연, 즉 우리가 존재하는 방식과 우리가 존재해야 할 방식을 구별한다. 그러므로 "타락"은 종말론적인 자연 개념에 매우 중요하다. 자연은 단순히 존재하기만 하고 스스로 움직일 수 없으며 그 일정한 특성은 연구되어야 하고 일정한 법칙에 맞게 체계화되어 있기만 한 것이 아니다. "타락"은 자연에 목적(*telos*)이 있다는 사실을 나타낸다. 자연에는 있는 그대로의 자연과 앞으로 있게 될 자연이 있으며, 후자의 자연은 하나님이 우리를 두신 원래의 타락 이전의 상태에 대한 묵상을 통해 드러나고 그러한 상태는 결국 우리를 향한 하나님의 의도를 드러낸다. 근대 과학은 목적론을 배격하며 물질의 자연은 사물들이 존재하는 방식만 포함하지, 사물들이 마땅히 존재해야 하는 방식은 포함하지 않는다고 생각한다. 새로운 정치"학"도 이 두 자연을 하나로 정리한다. 사물들의 존재 방식은 자연 상태를 통해 드러나며 정치학은 자연 상태를 개선할 수는 있지만 본질적으로 변화시키지는 못한다. "타락"은 "자연화"되고 타락한 상태의 여러 특징들은 이제 단순히 피조성과 일치한다.

그러나 이번 장에서 나는 이러한 자연화 과정의 불가피성에 대해 의구심을 제기했기를 바란다. 성경의 "타락" 이야기가 퇴조한 것은 단순히 유치한 이야기를 확고한 자료로 대체한 것이 아니다. "타락"의 퇴조는 적어도 부분적으로는 과학적 현상이 아닌 정치적 현상이었다. "타락"의 퇴조는 정치학이 세속화되는 과정의 일부지만, 세속화는 필연적으로 일어나야만 하는 것도 아니고, 단순히 좀 더 기본적이고 자연적인 것들에서 초자연적인 세계관을 제거한 것도 아니다. 홉스와 로크가 자신들의 정치 이론의 기반으로 삼은 "자연 상태"는 경험적인 검증에 바탕을 둔 것이 아니라 특정 정부와 정치 경제가 정당화를 필요로 하는지에 대한 사전의 정치적 결정에 바탕을 둔 것이다. 로크와 그 밖의 사람들이 하나의 원죄 이야기를 또 다른 원죄 이야기로 대체했다고 비판한 마르크스의 견해는 옳았다. 자연 상태는 "타락"을 더 이상 경험적 근거가 없고 창세기의 이야기 못지않게 "신화적"이라는 꼬리표를 붙이기 쉬운, 인간의 기원에 대한 이야기로 대체했다. 홉스와 로크가 "자연"과 "자연적"이라는 것을 안다고 주장했을 때, 그들은 중세 지식인들이 신학 이외의 어떤 사안을 정당화하려고 할 때 성경에 호소한 것 못지않게 비정치적인 원천에서 나온 권위를 정치에 부여하려 시도하는 정치적 움직임이다.

초기 근대 정치 이론의 이야기는 세속화의 이야기지만 세속화라는 용어가 오늘날의 의미와 같지는 않다. 하나님이 배제된 것은 아니지만—초기 근대 유럽 국가들은 자신들에게 직접적인 신적 권위가 있음을 소리 높여 주장했다—그러한 권위는 점점 더 교회에 의해 전달되지 않고 많은 경우 실제적으로 국가의 직무로 환원되었다. "세속화"라는 용어는 원래 교회의 재산이나 권력이 시민들의 통제를 받는 것으로 옮겨지는 것을 의미했다.[92] 이런 의미에서 홉스와 로크는 둘 다 정치학의 세속화에 기여했지만 그러한 세속화는 아직 (그런 일이 있었다손 치더라도) 탈신화화는 아니었다.

특히 성경적 "타락"의 퇴조는 초기 근대 국가의 권위를 정당화하

92 Jan N. Bremmer, "Secularization: Notes toward a Genealogy," in *Religion: Beyond a Concept*, ed. Hent de Vries (New York: Fordham University Press, 2008), 432-33.

는 데 있어서 상당한 이점이 있었다. 근대 국가는 교회의 간섭에서 스스로를 해방하고 땅, 사법권, 교회의 직분과 성직자들에 대한 임명권, 과세권, 교회에서 거둔 수입을 자기 것으로 만드느라 바빴다. 정치학이 성경적 기반에서 "자연적" 기반으로 옮겨간 것은 성경 해석에 대한 교회의 전문 지식에 덜 의존하는 것을 의미했다. 그보다 더 중요한 점은 "타락"의 퇴조가 중세 주석가들이 창세기의 이야기에서 읽어낸 종말론적 단서들을 제거한다는 점이다. 아우구스티누스와 그 이후의 전통에서 "타락"은 강제적인 정치적 권위가 자연적이거나 항구적인 것이 아니라 참된 통치자이신 그리스도가 다시 오실 때까지 죄에 대한 일시적인 해결책임을 의미했다. 정치적 권위는 하나님이 세우셨지만 언제나 사물들의 원래 의도된 존재 방식에 따른 심판 아래 존재했고 또한 그 심판은 당연히 하나님의 심판이었다. 이와 대조적으로 "자연 상태"에서 출현하는 국가는 단순히 사물들의 존재 방식에 대한 응답이고 따라서 자연적·항구적 제도다.

결국 "과학"이라고 불리는 것의 대부분은 "정치학"이 따라간 길을 따라갈 것이다. 즉 신학과 교회로부터 분리되고 일체의 종말론적이거나 목적론적인 언급이 사라진 축소된 자연을 연구하는 임무를 부여받은 "타락"은 기묘한 신화로 간주되어 폐기될 것이고 진화는 순전히 내재적인 과정의 인도를 받는 것처럼 보일 것이다. 그러나 나는 서양에서 과학과 신학이 결별하는 것은 최소한 부분적으로는 비과학적인 요소들에 의해 촉진되었다고 주장해왔다. 나는 "타락"의 정치학에 대한 이러한 고찰을 서양 정치학사에 대한 하나의 의견으로 제시했다. 이 역사가 정확하다면 아마도 과학과 신학의 반목은 불가피하지 않을 것이며, 진화와 "타락"에 대해 과학적 증거와 기독교의 계시에 둘 다 충실하게 해명하는 일은 아마도 가능할 것이다.

피터 해리슨(Peter Harrison) 오스트레일리아 학술원 명예 연구원이자 퀸슬랜드 대학교 고등 인문학 연구소장이다. 이 연구소장 임무를 수행하기 전에는 옥스퍼드 대학교에서 과학과 종교 강좌 교수 겸 이언 램지 센터 소장을 역임했다. 그는 근대 초기에 대해 그리고 과학과 종교의 역사적 관계에 초점을 맞춘 지성사 분야에서 광범위하게 글을 발표했다. *The Bible, Protestantism, and the Rise of Natural Science* (Cambridge, 1998), *The Fall of Man and the Foundations of Science* (Cambridge, 2007)를 출간했고, 가장 최근에는 2011년 기포드 강연의 개정판인 *The Territories of Science and Religion* (Chicago, 2015) 등을 포함한 여러 책을 출간했다.

10장

과학과 종교의 갈등은 항상 나쁜 것인가?

기독교와 진화에 관한 아우구스티누스적인 고찰

■ 피터 해리슨

교양이 있는 사람들 사이에서 종교적인 동기를 지닌 과학에 대한 저항은 악명을 얻고 있다. 그러한 저항의 가장 눈에 띄는 현대적 현상인 젊은 지구 창조론(young earth creationism)은 바람직하지 않은 종교적 근본주의, 우파 정치, 심한 편견, 후진성과 관련이 있다. 종교 비판자들의 반응은 예측 가능하지만—리처드 도킨스는 반진화론에 대해 무시하는 투로 "무지하거나 멍청하거나 정신이 나갔다"고 묘사한다—더 중요한 것은 주류 기독교 교파들도 표현은 비록 온건하지만 과학적 창조론에 대해 그와 비슷하게 비관적인 관점을 취하고 있다는 사실이다.[1] 과학적 창조론이 종교가 과학을 거부하는 현재 국면을

1 Richard Dawkins, "Put Your Money on Evolution," *New York Times Review of Books*, April 9, 1999, 35. 주류에 속한 종교적 반응을 보려면 예컨대 미 국립 과학 교육 센터(NCSE) 웹사이트에 올라와 있는 20개가 넘는 종교 단체들의 성명을 보라. 〈http://

나타낸다면, 가장 잘 알려진 과거의 갈등 사례는 갈릴레이가 1633년 악명 높은 종교 재판소에서 유죄 판결을 받은 사건이다. 가톨릭교회는 이 사건을 현재 불행한 오심으로 간주한다. 종교(이 문제에 있어서는 역사적 정확성)를 우호적으로 보는 이들은 이 사건을 단순히 과학 및 종교와 관련된 사건이 아니며 로마 가톨릭교회가 과학에 접근하는 전형적인 태도가 결코 아니었음을 입증하기 위해 주의 깊은 역사적 분석을 요구하는 사건으로 이해한다.

과학과 종교의 갈등을 보여주는 이 두 가지 눈에 띄는 사례는 과학과 종교에 대한 사실상 모든 논의에서 핵심적인 역할을 한다. 종교를 무시하는 이들은 그런 사례들을 종교적인 믿음의 비이성주의를 상징하는 사례로 간주하며 일반적인 종교 비판의 일부로 끌어들인다. 주류 종교 전통에 속한 사람들도 이 두 사례를 똑같이 교훈적인 사례로 여기며 과학과 종교의 갈등은 거의 언제나 바람직하지 않다는 일반화를 지지하기 위해 이 사례들을 이용한다. 그러한 갈등은 종교의 진실성을 약화시키고 종교를 반대하는 이들에게 도움을 줄 수 있는 잠재적 가능성이 있는 것으로 인식된다.

이번 장에서 나는 이 후자의 입장을 고찰하고, 우리가 주류 종교 집단에서 접하는 과학과 종교의 평화로운 관계를 옹호하는 것은 부분적으로 "좋은 갈등" 내지 "정당화될 수 있는 갈등"이라고 칭할 만한 갈등의 사례가 부재한 데서 발생한다고 주장할 것이다. 창조 과학과 갈릴

---

ncse.com/media/voices/religion〉(2014년 5월 25일 접속). 이와 약간 미묘한 차이가 있는 가톨릭의 반응을 보려면 다음 문건을 보라. Pius XII, Humanigeneris (1950), 〈http://www.vatican.va/holy_father/pius_xii/encyclicals/documents/hf_p-xn_enc_i2o8i950_humani-generis_en.html〉(2014년 5월 25일 접속).

레이 사건은 적절한 과학이 미래를 예견하거나 과거를 되돌아볼 때 부정할 수 없이 타당해 보이는 예들을 제시한다. 특히 갈릴레이 사건은 과학에 대한 종교적 반대의 어리석음을 보여주는 예를 들기 위해 진화에 대한 저항의 어리석음을 예시하는 문맥에서 흔히 거듭해서 사용된다. 그러나 그보다 덜 명확하고 창조적 긴장이나 노골적인 갈등의 대안적인 모델을 제시할 수도 있었던 다른 예들이 존재한다면 어떻게 되는가? 이번 장에서는 그러한 역할을 할 수 있는 가능한 몇 가지 후보들을 고찰하고 진화론이 인간의 기원과 죄의 기원에 대한 전통적인 교리에 가하는 압력이라는 주제에 관해서 무엇이 도출될 수 있는지에 대한 몇 가지 잠정적인 결론을 제시할 것이다. 우리는 다음과 같은 아우구스티누스의 지혜를 기억하는 것이 좋을 것이다. "우리가 전능한 장인이신 하나님이 만드신 것으로 인식하는 자연적 질서의 불가사의한 신비에 대해서는 단언하기보다는 질문을 던지는 방식으로 논해야 한다."[2]

평화로운 상호작용의 두 모델

먼저 몇 가지 예비적이고 명확한 진술을 할 필요가 있다. 앞서 사용한 "주류 종교 집단"이라는 용어는 다소 편향적으로 보일 수도 있으므로 내가 여기서 묘사하고자 하는 후원 단체들을 간략히 명시할 필요가 있겠다. 이 호칭에는 로마 가톨릭교회, 성공회, 루터교회와 대부분의 개혁교회가 포함된다. 템플턴 재단, 바이오로고스, 국제 과학 종교 학회

2 Augustine, *De Genesi ad litteram imperfectus liber* 1.1.

같은 주요 단체들도 내가 탐구하고자 하는 평화적인 입장이라는 특징을 보이며 이 단체들은 과학과 종교의 우호적인 관계를 증진시키는 연구와 활동을 후원한다. 한 가지 예를 들자면 바이오로고스는 "하나님의 창조에 대한 진화적 이해"와 더불어 "과학과 종교의 조화"를 옹호한다.[3] 마지막으로, 대체로 건설적인 대화에 초점을 맞춘 과학과 종교의 관계에 대한 논의에 전념하는 여러 학술지가 있다.[4] 이런 그룹들은 과학과 종교 사이의 토론에 있어서 쉽게 알아볼 수 있는 독자성을 지니고 있고 흔히 경멸적인 말로 "타협주의자"나 "신조화론자"라고 불려 왔다.[5]

과학과 종교의 평화로운 관계를 도모하는 가장 중요한 그룹들로 여겨지는 이러한 그룹들은 이 문제를 두 가지 방식으로 접근한다. 이 두 접근 방식은 때때로 암묵적이며 서로 꽤 다른 두 가지 입장을 나타내지만 때때로 융합되기도 한다. 그중 한 가지인 "엄밀한" 조화론적 입장("hard" irenic position)은 과학과 종교 사이의 갈등은 **원리적으로** 가능하지 않다는 입장이다. 이것은 과학과 종교가 서로 독립적인 영역을

---

3 〈http://biologos.org/about〉(2014년 5월 23일 접속).

4 내가 염두에 둔 학술지들은 다음과 같다. *Zygon, Theology and Science, Science and Christian Belief, Perspectives on Science and Christian Faith, and Philosophy, Theology and the Sciences.*

5 전자에 대해서는 예컨대 다음 글을 보라. Jerry Coyne, "Accommodationism and the Nature of Our World," 〈http://whyevolutionistrue.wordpress.com/2009/04/30/accommodationism-andthe-nature-of-our-world/〉. 후자에 대해서는 다음 책을 보라. David A. Hollinger, *After Cloven Tongues of Fire: Protestant Liberalism in Modern American History* (Princeton: Princeton University Press, 2013), 82-102. 다음 글도 함께 보라. Peter Harrison, "The Neo-Harmonists: Rodney Stark, Denis Alexander, and Francis Collins," in *The Idea That Wouldn't Die: The Warfare between Science and Religion* (Baltimore: Johns Hopkins University Press, 2017).

다룬다고 간주되기 때문이다. 과학과 종교의 관심사는 중첩되지 않으므로 갈등이 발생할 수 없다는 것이다. 그런데 엄밀한 조화론적 입장을 옹호하는 이들은 교황 레오 13세가 밝힌 "진리는 진리와 모순될 수 없다"는 원리에 자주 호소한다. 사실과 합치하는 과학과 참된 종교는 원리적으로 결코 충돌하지 않아야 한다.[6] 이는 과학과 종교가 둘 다 어떤 의미에서 진리를 추구하고 있음을 가정하는 것이다. 이 원리와 긴밀히 관련된 것이 둘 다 하나님이 지으신 "두 책"—자연의 책과 성경책—이라는 오래된 주제다. 여기에 담긴 개념 또한 성경과 자연에 대한 연구는 둘 다 같은 신적인 저자를 공유하고 있으므로 서로 충돌을 일으킬 수 없다는 것이다. 두 책의 비유는 멀게는 히포의 아우구스티누스(354-430)에게서도 발견할 수 있고 중세 시대에는 매우 흔한 비유였으며 프랜시스 베이컨이나 갈릴레이 같은 17세기 과학 혁명의 주요 인물들에 의해 정교하게 다듬어졌다. 엄밀한 조화론적 입장이 특정한 사례들에 적용될 때, 그것은 과학과 종교 사이에 진정한 갈등은 있을 수 없으므로 과학과 종교가 각자의 영역을 넘어선 주장을 했거나 다른 방식으로 자신의 사명에 충실하지 못했다는 점을 입증한다면 추측에 의해 발생한 긴장이 해소될 수 있음을 제안한다. 하지만 실제적으로 현재 과학이 누리는 높은 지위를 고려하면, 이는 일반적으로 타당한 과학을 수정하는 것이 아닌 종교적 주장을 수정하는 것을 의미한다.

이에 대한 대안적 견해인 "느슨한" 조화론적 입장("soft" irenic

---

6 진리는 진리와 모순될 수 없다는 원리에 대해서는 다음 글을 보라. Leo XIII, *Encyclical Providentissimus Deus*. 〈http://w2.vatican.va/content/leo-xiii/en/encyclicals/documents/hf_lxiii_enc_18111893_providentissimus-deus.html〉(2015년 7월 4일 접속).

position)은 과학과 종교의 일치는 역사에서 우연히 일어난 문제에 더 가깝다고 주장한다. 평화는 좋은 것이다. 하지만 평화는 특정한 시기에 관련이 있는 과학이 그저 우연히 종교와 충돌을 일으키지 않기 때문에 찾아온다. 예를 들어 진화론이 창조에 대한 기독교적 관점과 충돌하지 않는 경우가 있을 수 있다. 그러나 느슨한 조화론적 입장의 옹호자들이 보기에 이런 견해는 과학과 종교의 필연적 관계에 대한 어떤 포괄적인 원리에서도 나오지 않으며 그런 원리에서는 과학과 종교의 관계에 대한 어떤 일반화도 도출되지 않을 것이다. 단지 관련된 과학적·종교적 원리를 검토해보니 이 특정한 경우에는 어떤 갈등의 증거가 나오지 않았을 뿐이다. 따라서 느슨한 조화론적 관점을 옹호하는 이들은 그리스도인들이 현대 과학의 어떤 내용에도 특별한 관심을 보일 필요가 없다고 주장할 수 있지만, 이는 미래에 있을 잠재적 갈등이나 과거에 진정한 갈등이 있었을 가능성을 배제하지는 않는다. 간단히 말해서, 이 두 가지 조화론적 입장은 모두 과학과 종교 사이의 진정한 갈등은 결코 불가피한 것이 아니라는 관점을 공유하지만 그런 갈등이 가능한지에 대해서는 의견이 다르다.

본질주의자(essentialist)는 과학과 종교를 이해할 때, 언제나 과학과 종교의 이상적인 관계는 적절한 활동이 역사 속에서 구체적으로 나타나는 모습과 무관하다는 식의 사고를 하는데, 느슨한 조화론적 입장은 이런 본질주의자의 이해와 훨씬 덜 관련이 있다. 반면에 엄밀한 조화론적 입장은 본질주의자의 사고방식을 따라 생겨나는 것으로 이해된다. (필연적 갈등을 주장하는 이들도 이와 비슷하게 본질주의자의 관점을 견지하며, 과학은 언제나 이성과 경험에 바탕을 두고 있고 종교는 믿음과 권위에 바탕을 두고 있다고 주장한다.) 그렇지 않으면, 느슨한 조화론적 입장을 옹호하는 이들은 과학은 일관되게 진리를 추구하는 것이 아니라고 주장하는 게 가능하다. 이는 통시적으로 살펴보면 어느 특정한 시대에 있었던 과학적 주장은 다른 시대의 과학적 주장과 충돌해왔다는 사실을 지적함으로써 뒷받침할 수 있는 견해다. 어느 경우에든 갈등의 가능성을 결정적으로 배제하는 식으로 과학과 종교 각각의 정당한 범위를 결정하는 전반적인 틀은 존재하지 않는다.[7]

이번 장에서 나는 가치를 인정받지 못한 중요한 장점이 느슨한 조화론적 입장에 있음을 제안하고자 한다. 이 제안에는 과학과 종교의 잠재적 갈등을 사례별로 고찰할 필요가 있다는 한 가지 함의가 있다. 이 입장은 또한 우리로 하여금 일반적인 이론의 어떤 측면은 받아들일 수 있지만 어떤 측면은 받아들일 수 없는 가능성을 염두에 두고 다양한 과학적 주장의 내용을 면밀히 검토하게 한다. 구체적으로 말하면, 이 입장은 진화론의 경우와 관련해 진화의 사실에 대한 과학적 합의가 있고 따라서 기독교 사상은 이러한 사실에 순응해야만 한다는 것을 주장하지 않을 것이다. 오히려 이는 진화론의 모든 요소 및 그것의 다양한 형태와 그 함의를 면밀히 조사하고, 그 이론 중 전부가, 또는 일부가, 또는 그 어느 것도 핵심적인 기독교 신앙과 양립할 수 있는지 없는지를 고찰하자는 문제일 것이다. 물론 이 문제에는 무엇이 "핵심적인 기독교 신앙"으로 간주되는지와 관련된 주제가 있지만 당분간 우리는 단지 추상적으로 말할 것이다.

이 주제를 더 깊이 탐구하기 위해 나는 자연세계에 대한 과학 이

---

7 느슨한 조화론은 "과학"과 "종교"라는 지속적인 실체가 과연 존재하는지를 질문할 수도 있다. 과학과 종교에 대해 변하는 역사적 관점을 설명한 글을 보려면 다음 책을 보라. Peter Harrison, *The Territories of Science and Religion* (Chicago: University of Chicago Press, 2015).

론과 기독교의 가르침 사이의 긴장을 다루는 아우구스티누스적인 방식에 의존하고 싶다. 아우구스티누스는 과학과 종교의 논쟁에서 본받아야 할 모범으로 자주 등장한다. 물론 그는 엄청난 위상을 지닌 사상가이며 틀림없이 신약의 저자들 외에는 가장 중요한 기독교 저술가일 것이다. 아우구스티누스는 인간과 죄의 기원에 대한 매우 영향력 있는 관점을 발전시켰다. 또한 그는 고대 그리스의 과학과 기독교 사상의 관계를 다루기 위한 여러 정교한 원리들—훗날 갈릴레이가 자신의 우주론적 관점을 변호하면서 사용한 원리들—을 표현했다.[8] 아우구스티누스는 생물의 영역에서 발달의 원리에 호소함으로 인해 선구적인 진화론자로 칭송받기도 한다. 따라서 그의 사상은 과학과 종교가 갈등을 빚는 가장 현저한 두 가지 사례인 진화와 갈릴레이 사건과 관련이 있다. 두 경우 모두 아우구스티누스는 전형적으로 엄밀한 조화론의 좋은 예로 간주된다.[9] 나는 아우구스티누스가 실로 과학과 종교의 명백한 갈등을 다루는 모범적인 모델을 제시하고 있으나 사람들이 흔히 주장하듯이 엄밀한 조화론의 옹호자는 아니라고 주장할 것이다. 더 나아가

8 Ernan McMullin, "Galileo on Science and Scripture," in *The Cambridge Companion to Galileo*, ed. Peter Machamer (Cambridge: Cambridge University Press, 1999), 271-347. Pietro Redondi는 다음 글에서 갈릴레이와 아우구스티누스를 또 다른 방식으로 관련시키면서 갈릴레이의 아우구스티누스적인 신학적 신념이 갈릴레이의 역학에서 핵심을 이룬다고 주장한다. "From Galileo to Augustine," in *The Cambridge Companion to Galileo*, 175-210.

9 예를 들면 McMullin은 이렇게 말한다. "그는 당연히 어떤 실제적인 갈등도 일어날 수 없다는 것을 첫 번째 원리로 전제한다." "Galileo on Science and Scripture," 291. Kenneth Howell도 "성경적 진리와 성경 밖에서 나온 참된 지식" 사이에는 어떤 모순도 있을 수 없다는 아우구스티누스의 주장에 대해 그와 비슷하게 말한다. 다음 글을 보라. Howell, "Natural Knowledge and Textual Meaning in Augustine's Interpretation of Genesis," in *Nature and Scripture in the Abrahamic Religions: Up to 1700*, ed. Jitse van der Meer and Scott Mandelbrote, 2 vols. (Leiden: Brill, 2008), 2:117-46 (141).

그는 신학적 인간론과 관련해서 진화에 대한 현대의 논의와 관계가 있는 유익한 갈등의 예를 제시한다.

아우구스티누스, 자연과학, 창조

아우구스티누스가 이교적 사상에 대해 일반적으로 긍정적인 태도를 보인 것은 또 다른 교부인 테르툴리아누스가 보인 태도와 비교된다. 테르툴리아누스는 아테네와 예루살렘을 대조하여 "세상의 지혜"에 대한 경멸을 표현한 것으로 유명하며 "나는 그것이 불합리하기 때문에 믿는다"(*credo quia absurdum*)는 그의 희화화된(잘못 인용된) 발언은 갈등 모델을 상징하는 말로 받아들여진다.[10] 테르툴리아누스는 철학은 종잡을 수 없고, 견강부회하며, 거칠고, 논쟁을 낳으며, 심지어 그 자신에게조차 당혹스러운 것이라고 말했다. 더 나아가 철학은 이단의 원천이었다.[11] (고대, 중세, 근대 초기 세계에서 "자연 철학" 또는 보통 간단히 "철학"은 근대 과학과 가장 많이 닮은 분야였다. "과학"은 영어권에서 사실 19세기에 이르러서야 비로소 현재의 의미를 갖게 되었다.) 따라서 테르툴리아누스가 갈등은 과학과 종교의 본질적이고 지속적인 관계를 나타낸다고 주장

---

10 "나는 그것이 불합리하기 때문에 믿는다"는 말은 테르툴리아누스의 글에 나타나지 않는다. 이와 관련 있는 말은 다음과 같다. "그것은 반드시 믿어야 한다. 왜냐하면 그것은 불합리하기 때문이다.…그것은 확실하다. 왜냐하면 그것은 불가능하기 때문이다"(*prorsus credibile est, quia ineptum est...certum est, quia impossibile*); *De carne christi* 5. 4 (Patrologia Latina 2:761). 다음 글을 보라. Robert D. Sider, "Credo quia Absurdum?," *The Classical World* 73 (1980): 417-19.

11 Tertullian, *Adversus haereticos* 7.

하는 책에서 거의 변함없이 조연으로 등장하는 것은 당연한 일이다.[12]

아우구스티누스는 그와 대조적으로 기독교와 이교적인 자연 철학 사이의 잠재적 갈등을 다루기 위한 여러 통찰력 있는 원리들을 명확히 진술한 것으로 여겨진다. 이와 관련된 대부분의 논의는 그의 『창세기의 문자적 해석에 관하여』(*De Genesi ad litteram*)에 등장한다. 아우구스티누스는 이 책에서 창조에 대한 이해와 관련된 여러 가지 문제를 고찰한다. 이 문제들은 부분적으로는 성경의 창조 기사에 대한 마니교도들의 반론에 의해 촉발되었다. 아우구스티누스는 여기서 오늘날의 독자들에게는 다소 친숙하지 않은 방식으로 "문자적인"이라는 형용어구를 배치하여 당대의 사람들이 창세기를 아주 심하게 알레고리나 도덕적으로 해석한 것과 다른 접근 방식으로 이 단어를 사용한다는 점을 이해하는 게 중요하다.[13] 아우구스티누스는 자신이 말하는 문자적인 의미와 관련해 저자가 의도한 의미를 입증하고자 했다. 저자가 의도한 의미가 모호한 경우에는 다양한 해석이 (그 해석이 "건전한 믿음"과 일치한다면) 가능했다.[14]

아우구스티누스에게 핵심적인 문제 중 하나는 다양한 성경 자료

---

12 테르툴리아누스가 논쟁에 이용되는 사례들과 "나는 그것이 불가능하기 때문에 믿는다"는 말이 만들어진 경위에 대해서는 다음 글을 보라. Peter Harrison, "Credo quia absurdum: The Enlightenment Invention of Tertullian's Credo," *Church History*, 86/2 (2017): 339-64.

13 Augustine, *Retractationes* 2.24.1.

14 Augustine, *De Gen. ad lit.* 1.21.41. *On Genesis*, trans. Edmund Hill, in *The Works of Saint Augustine* (New York: New City, 2002), part 1, vol. 13, 188. 과학과 성경을 보는 아우구스티누스의 관점에 대한 유익한 개관(이어질 내용은 이 글들에 큰 빚을 지고 있다)을 보려면 다음 글들을 보라. Howell, "Natural Knowledge and Textual Meaning in Augustine,"; McMullin, "Galileo on Science and Scripture."

들 사이의 외관상의 불일치였다. 창세기 1장은 6일 창조를 암시하는 반면 창세기 2:4은 세상이 하루에 창조되었음을 암시한다. 외경인 집회서(시락서)도 6일 창조와 조화되지 않았다. 집회서도 하나님이 모든 것을 단번에 창조하셨다고 가르치는 것처럼 보였다("만물을 한꺼번에 창조하셨다"[*creavit omnia simul*], 불가타 창 18:1).[15] 더구나 이 두 가르침 모두 자연세계에서 새로운 사물들이 생겨났다가 사라지는 지속적인 창조 과정과 조화를 이루기가 어려웠다. 아우구스티누스는 이 문제와 관련해 두 가지 전략을 택한다. 첫째, 그는 성경 본문이 창세기의 날들에 대한 엄격하게 문자적인 해석을 정당화하지 않는다는 점을 지적한다. 우선 태양은 (마니교의 비판자들도 지적한 것처럼) 넷째 "날"까지 창조되지 않았다. 시간은 천체의 운동이라는 관점에서 측정되므로 그 앞의 날들은 24시간으로 이루어진 기간일 리가 없다. 아우구스티누스는 창세기 1장의 "날들"은 인간의 이해력의 한계를 염두에 두고 주의 깊게 구성된 내러티브의 일부라고 추론하며 하나님은 모든 것을 즉시 창조하셨다고 결론짓는다.[16]

둘째, 아우구스티누스는 완전하고 순간적인 창조라는 개념과 끊임없이 변화하고 발전하는 세계에 대한 경험적 증거 사이의 긴장을 해소하기 위해 스토아 사상에서 유래한 철학적(또는 "과학적") 원리를 도입한다. 그는 "종자적 원리"(*spermatikos logos*)—모든 일은 종자에 내재해 있는 로고스에 의해서 일어난다—라는 스토아학파의 개념에 호소한다. 아우구스티누스의 말을 빌리면 하나님은 만물을 동시에 창조하셨을

15 *De Gen. ad lit.* 4.33.51. 이는 70인역에 대한 잘못된 라틴어 번역에 근거한 생각이다. Patrologia Latina 34:318.

16 *De Gen. ad lit.* 6.16.27; 4.21.38.

때 "적절한 곳에서 오랜 세월을 거쳐 숨겨진 어둠에서 낮의 분명한 빛으로 싹을 틔우도록 예정된, 미래의 실재라는 의미에서의 종자"를 심어놓으셨다.[17] 따라서 생물들은 단 한 번의 사건으로 훗날 "나타날" 잠재력을 가지고 창조되었다. 어떤 이들이 아우구스티누스가 진화적 사상가라고 주장해온 것은 바로 이런 근거를 바탕으로 하고 있다.[18]

아우구스티누스에게 있어서 또 다른 문제는 성경의 진술과 확고부동한 철학적 주장 내지 과학적 주장 사이의 외견상의 갈등이었다. 아우구스티누스가 좋아한 본문 중 하나인 시편 104:2에서는 하늘이 양피지나 가죽처럼 펼쳐져 있다고 말한다. 다른 성경 구절들은 하늘의 "궁창"에 대해 말한다.[19] 이런 구절들은 서로 모순되는 것처럼 보였을 뿐만 아니라 하늘은 구형이라는 과학적 의견과도 충돌했다.[20] 여기서 아우구스티누스는 하늘의 모양에 관한 문제는 "복된 삶에 대해 배우고 싶은 사람들"에게는 직접적인 중요성이 없는 문제라고 주장한다. 이런 이유로 성경 저자들은 그런 문제에 사로잡히지 않았다. 더 나아가 그런 논의들은 "불분명"하고 "우리의 눈과 경험에서 멀리 떨어진" 문제들과

---

17 *De Gen. ad lit.* 4.11.18, 311; cf. 6.10.17. 교부 시대의 선례를 보려면 다음 책을 보라. Gregory of Nyssa, In *Hexameron* (Patrologia Graeca 44:72). 참고. Plotinus, *Enneads* 2.3.16. 아우구스티누스가 이 개념을 사용한 것에 대해서는 다음 책을 보라. Étienne Gilson, *The Christian Philosophy of Saint Augustine* (London: Victor Gollancz, 1961), 197-209.

18 Ernan McMullin, *Evolution as a Christian Theme* (Waco, TX: Baylor University Press, 2004); John Zahm, *Evolution and Dogma* (Chicago: D. H. McBride, 1896), 283 이하.

19 아우구스티누스는 70인역 이사야 40:22을 언급한다. 이와 관련된 단어는 "반원형 천장"(camera)이다. "coelum dicitur velut camera esse suspensum." Patrologia Latina 34:272.

20 *De Gen. ad lit.* 2.9.21.

관련이 있다.[21] 그러나 아우구스티누스는 계속해서 "의심할 수 없는 증거"나 "참된 추론"[22]에 의해 뒷받침되는 과학적 진리의 경우에 이런 진리들은 언제나 성경의 문자적 의미보다 우선권을 가져야 한다고 주장한다. 구체적으로 이 경우에는 다른 개념보다 구형인 하늘이라는 개념을 선호해야 했다. 아우구스티누스는 타당한 과학과 성경이 둘 다 전적으로 분명치 않은 경우도 고려한다. 그는 천체가 (당대의 표준적인 철학적 관점이었던) 지성에 의해 움직여지는지 그렇지 않은지에 관한 문제에 대해 답변하면서 주의할 것을 충고하며 "독실하고 진지한 사람에게 적합한 자제"를 옹호한다. 불분명한 문제에 대해서는 어떤 지배적인 학설에도 지나치게 매이지 않는 것이 최선이다. 진리는 "나중에 드러날 수도" 있기 때문이다.[23]

같은 이유에서 그런 결정적인 증거가 없는 경우에는 성경의 명백한 의미가 과학적 추측보다 우선권을 가져야 한다. 사실 관련된 과학이 비교적 논란의 여지가 없는 일부 경우에도 아우구스티누스는 여전히 성경의 우선성을 주장했다. 아우구스티누스는 궁창 위에 있는 물(창 1:7)의 예를 든다. 당대에 지배적인 흙, 공기, 불, 물이라는 4원소설의 "적절한" 이해에 따르면 궁창 위의 물은 불가능한 개념이다. 다음으로 아우구스티누스는 이러한 가능성을 설명할 수 있는 다소 가설적인 몇 가지 제안을 한다. 바로 그다음에 그는 그러한 가능성이 표준적

21 *De Gen. ad lit.* 1.18.37, 185.

22 아우구스티누스는 "ut dubitari inde non debeat", "veris illis rationibus"라는 표현을 사용한다.

23 "ne forte quod postea veritas patefecerit." *De Gen. ad lit.* 2.18.38 (Patrologia Latina 34:280).

인 과학의 가르침과 충돌함에도 불구하고 하나님의 계시가 "인간의 창의력"보다 우선해야 한다고 주장한다. 이것은 곧 진리는 "인간의 연약함에서 나온 어림짐작"이 아닌 하나님이 계시하시는 것에 있다는 원리다.[24] 거칠게 표현하자면 이런 경우들은 과학과 성경 사이에서 성경이 우선권을 갖는 갈등에 해당한다.

마지막으로 아우구스티누스는 동료 그리스도인 중 일부가 잘못된 과학의 학설들을 신봉하고 이런 학설들이 성경에서 비롯되었다는 잘못된 주장을 펼치는 것을 목격했다. 그는 이것이 개탄할 만한 일이라고 말한다. 그것이 기독교의 진실성과 성경이 다른 문제들에 대해 말할 때 성경의 일반적인 신뢰성에 의구심을 제기하기 때문이다.

> 알다시피, 비그리스도인들이 자신들이 속속들이 아는 어떤 주제에 대해 그리스도인 공동체의 몇몇 지체들이 실수를 저지르고 우리의 거룩한 책들의 권위와 관련해서 가치 없는 견해를 옹호하고 있음을 간파할 때마다, 그들이 어떤 근거로 죽은 자들의 부활과 영원한 생명에 대한 소망과 하늘나라…를 제시하는 이 책들을 신뢰하겠습니까?[25]

앞서 언급한 나머지 기독교 "내부의" 문제들과 달리 이 문제는 비그리스도인들이 기독교를 어떻게 인식할지에 관한 변증적 관심사였다. 그렇긴 하지만 그런 경우들이 어떻게 덧없는 과학의 학설들을 성급하게 믿지 말라는 아우구스티누스의 경고를 어긴 결과일 수 있는지는 파

24 *De Gen. ad lit.* 2.5.9, 2.9.

25 *De Gen. ad lit.* 1.19.39, trans, in *Works*, part 1, vol. 13, 187 (Patrologia Latina 34:261).

악하기가 어렵지 않다.

이 모든 논의는 몇 가지 일반적인 규칙으로 정리할 수 있다. 뛰어난 철학자이자 역사가인 어난 맥멀린(Ernan McMullin)은 몇 가지 원리를 발견했는데 여기서 그 원리들을 열거해보겠다.[26]

1. 사려 깊음의 원리: 어려운 성경 구절을 해석하려 할 때, 가능한 한 많은 해석을 받아들이라. 특히 새로운 진리가 미래에 나타날지도 모른다는 사실을 고려하면서 말이다.
2a. 입증의 우선성: 자연에 대한 입증된 진리와 성경 해석 사이에 갈등이 나타날 때는 성경을 재해석해야 한다.
2b. 성경의 우선성: 성경과 이성 또는 감각에 바탕을 둔 자연세계에 관한 학설 사이에 명백한 충돌이 있을 때, 후자의 학설이 입증되지 않았을 경우에는 성경에 대한 문자적 해석이 우선해야 한다.
3. 조절의 원리: 성경 말씀은 독자들의 수용 능력에 맞게 조절된다.
4. 제약의 원리: 성경의 일차적 관심사는 구원이지 과학이 아니다.

타협주의자들, 흔히 이러한 아우구스티누스의 원리들 내지 이 원리들의 다른 형태를 "최선책"으로 받아들이며 과학과 종교의 평화로운 공존을 옹호하는 이들은 아우구스티누스를 높이 평가한다. 이 원리들

26 McMullin, "Galileo on Science and Scripture," 292-329. McMullin은 다섯 가지 원리를 열거했다. 나는 이 다섯 가지 원리에 1부터 4까지의 번호를 붙였다. (이어지는 내용에서 보듯이) 2b는 2a의 논리적 귀결이기 때문이다.

은 갈릴레이가 지동설을 변호하면서 이를 효율적으로 사용한 뒤부터 다시 활력을 얻었다.[27] 그러나 나는 이 원리들에 대해 약간 다른 해석—아우구스티누스가 자연과학의 지위에 대해서는 어느 정도 더 상반된 태도를 보였고 학자들이 흔히 가정하는 엄밀한 조화론에는 보다 덜 충실했음을 보여주는 해석—을 제안하고자 한다.

입증된 진리와 복된 삶

나는 앞서 제시한 네 가지 원리 중 세 가지 원리에 중점을 둘 것이고, 제약의 원리(principle of limitation, 4번)부터 논하고자 한다. 이 원리는 과학과 성경은 서로 다른 목표가 있음을 인정하는 원리다. 아우구스티누스가 이 문제에 대해 실제로 한 말에 주목해보면 그는 단지 기독교의 목표와 자연 철학의 목표를 구분했을 뿐만 아니라 기독교의 가치가 자연 철학의 가치보다 훨씬 더 크다고 주장했다는 사실이 드러난다. 예를 들어 아우구스티누스는 하늘의 형태에 대해 논하면서 이렇게 말한다.

> 알다시피, 많은 사람이 이런 문제들에 대해 많은 논쟁을 벌였습니다. 훨씬 탁월한 분별력을 가진 우리의 저자들은 이런 문제들을 복된 삶에 대해 배우기를 바라는 이들에게 어떤 유익한 약속도 제시하지 않고, 설

27 아우구스티누스와 갈릴레이의 미묘한 입장 차이에 대해서는 다음 글을 보라. Eileen Reeves, "Augustine and Galileo on Reading the Heavens," *Journal of the History of Ideas* 52 (1991): 563-79.

상가상으로 더 유익한 문제에 쏟아야 할 많은 귀한 시간을 빼앗는 문제로 여겨 무시했습니다.[28]

사실 아우구스티누스는 자신의 저작 곳곳에서 자연에 관한 문제들을 연구하는 것에 대해 매번 호의적이지 않은 표현으로 묘사한다. 앞서 논의한 창세기에 관한 글에서 그는 "이런 것들을 연구하는 것에 몰두하면서 자신의 한가한 호기심을 충족시키는 사람들"에 대해 언급한다. 그는 다른 작품에서 자연에 관한 연구의 대부분은 "인간의 연약함에서 나온 어림짐작"에 의존하고 있다고 주장한다.[29] 지금은 기독교 고전이 된, 그의 자전적 저서인 『고백록』에서 아우구스티누스는 한 걸음 더 나아가 자연세계에 대한 대부분의 연구를 호기심이라는 악덕에서 비롯된 것으로 간주한다. "사람들이 우리가 이해할 수 있는 범위 밖에 있는 자연의 작용을 연구할 때, 앎에 아무런 유익이 없고 연구하는 이들이 단지 지식 그 자체를 위해 지식을 갈망할 때." 그는 이 문맥에서 자연세계에 대한 연구를 "일종의 유혹", "실험하고 알아내려는 욕망", "병적인 갈망", "지식과 과학이라는 이름으로 그럴듯하게 꾸며진 헛된 호기심"[30]으로 언급했을 것이다. 덕을 추구하는 일에 비하면 자연

---

28 *De Gen. ad lit.* 2.9.10, 201.

29 *De Gen. ad lit.* 2.10.23, 203; 2.9.21, 201, 202. 그렇긴 하지만 아우구스티누스는 자연에 대한 지식이 성경 해석에 도움이 되는 한 그 지식에서 가치를 발견하며, 성경은 때때로 자연세계에서 이끌어낸 유비를 사용한다.

30 Augustine, *Confessions* 10.35, trans. H. Chadwick (Oxford: Oxford University Press, 1991), 211. 호기심에 대한 아우구스티누스의 논의를 보려면 다음 글들을 보라. Hans Blumenberg, "*Curiositas* and *veritas*: Zur Ideengeschichte von Augustin, Confessiones X 35," *Studia Patristica* 6, Texte und Untersuchungen 81 (1962): 294-302; "Augustin's Anteil an der Geschichte des Begriffs der theoretischen Neugierde," *Revue des Études*

에 대한 지식은 별 가치가 없었다.[31]

여기서 전반적인 요점은 아우구스티누스가 (대부분의 주석가들이 강조했듯이) 성경의 목적과 자연 철학의 목적 사이의 분명한 차이를 인식했을 뿐만 아니라 이 두 활동의 상대적 장점과 자연 철학에 대한 성경의 우월성에 대해 규범적인 판단을 내렸다는 점이다(이 점을 강조한 주석가는 거의 없다). 아우구스티누스의 저서들에는 실제로 자연 철학에 대한 두 가지 비판이 담겨 있다. 한편으로 아우구스티누스는 자연을 연구하는 이들이 가장 중요한 것, 즉 자기 영혼의 상태를 망각하는 경향에 대해 우려한다. 이 점은 어느 정도 근대 초기에 이르기까지의 철학적 전통에서 반복적으로 등장하는 주제를 반영한다. 기원전 5세기에 소크라테스는 철학적 논의의 방향을 물리적 세계에서 도덕적 관심사로 전환하려고 노력했다. 그보다 훨씬 뒤인 14세기에 아우구스티누스의 『고백록』을 읽다가 영감을 얻은 르네상스 시대의 주요 인물인 페트라르카(Petrarch)도 이와 비슷하게 우리가 자연의 사물에 관한 모든 것을 알아도 "인간의 본성, 우리가 태어난 목적, 우리가 어디서 와서 어디로 가는지를 무시하면" 그 지식이 무슨 쓸모가 있겠느냐는 질문을

Augustiniennes 7 (1961): 35-70. 호기심에 대해 보다 일반적으로 살펴보려면 다음 글을 보라. Lorraine Daston, "Curiosity in Early Modern Science," *Word and Image* 11 (i995): 391-404; Peter Harrison, "Curiosity, Forbidden Knowledge, and the Reformation of Natural Philosophy in Early Modern England," *Isis* 92 (2001): 265-90; Paul J. Griffiths, *The Vice of Curiosity: An Essay on Intellectual Appetite* (Winnipeg: Canadian Mennonite University Press, 2006).

31 Augustine, *City of God* 7.34-35, in *Nicene and Post-Nicene Fathers*, First Series, ed. Philip Schaff (Grand Rapids: Eerdmans, 1956), 10 vols. (이후로는 *NPNF* 1로 표기), 2:141b-2a; *Homilies on the First Epistle of John* 2.13 (*NPNF* 1, 7:474a).

던졌다.[32] 17세기에 등장한 새로운 과학의 새로운 방향 설정에 대한 비판들도 같은 점을 지적한다. 즉 실용적 발명은 삶을 보다 편리하게 만들어줄 수는 있겠지만 그보다 더 중요한 도덕적 진보를 촉진하지는 않는다는 것이다.[33] 아마도 일련의 잠재된 플라톤주의적 신념으로 인해 아우구스티누스는 언제나 물질적인 것들에 대한 관심이 창조세계의 고등한 질서보다 하등한 질서에 대한 편애를 초래할지 모른다고 우려했다.

아우구스티누스가 철학에 가하는 비판의 두 번째 측면은 첫 번째 측면에서 비롯된다. 방향이 올바른 철학은 기독교와 마찬가지로 복된 삶을 추구한다. "복된 삶(*beata vita*)을 누리려는 욕구는 철학자들과 그리스도인들에게 공통적으로 있다."[34] 그러나 기독교만이 그 목표에 도달하는 수단을 제공한다. 그렇다면 아우구스티누스가 보기에 자연에 대한 건전한 지식은, 가치의 관점에서 볼 때, 건전한 종교적 지식에 필적하지 못한다. 인간의 지식과 하나님의 지식 사이에는 언제나 동등하지 않은 동반자 관계가 존재할 것이다.

이 사실이 현재의 논의에 어떻게 적용되는지를 생각해본다면, 이

---

32 Petrarch, *De sui ipsius et multorum ignorantia.* 다음 책에서 인용했다. Cassirer et al., *The Renaissance Philosophy of Man* (Chicago: University of Chicago Press, 1948), 58-59. 참고. Augustine, *Confessions* 10.8. 『고백록』(분도출판사 역간); *De vera religione* 39.72. 『참된 종교』(분도출판사 역간).

33 Meric Casaubon, *A Letter of Meric Casaubon, D.D. &c. to Peter du Moulin D.D., concerning Natural Experimental Philosophie* (Cambridge, 1669), 5-6. Henry Stubbe, *The Plus Ultra reduced to a Non-Plus* (London, 1670), 13. 이 주제에 대해서는 다음 책을 보라. Harrison, *The Territories of Science and Religion*, 128-31.

34 Augustine, *Sermon* 150.4, in *Works*, part 3, vol. 5, 31. 다음 책들도 함께 보라. *The Trinity* 8.7.10. 『삼위일체론』(분도출판사 역간); *City of God* 8.3; 18.41; 19.1; *Of True Religion* 2.2. 참고. Athenagoras, *A Plea for the Christians* 7.

원리를 구체화하는 한 가지 방법은 각각의 영역에서 우리의 신념이 잘못된 것으로 드러날 경우 무엇이 쟁점인지를 묻는 것이 될 것이다. 우리의 과학이 잘못되는 경우가 하나의 문제라면 우리의 근본적인 도덕적 신념이 잘못된 것으로 드러나는 경우는 그와 또 다른 문제다. 일반적으로 인정되듯이 후자의 문제가 전자의 문제보다 더 복잡해질 수도 있다. 기후 변화의 경우와 마찬가지로 기술적 영역과 규범적 영역—과학적 영역과 도덕적 영역—사이에는 겹치는 부분이 상당히 많기 때문이다.

내가 더 면밀하게 살펴보고 싶은 두 번째 원리는 입증의 우선성(priority of demonstration, 2a)과 그 논리적 귀결인 성경의 우선성(priority of scripture, 2b)이다. 여기서 아우구스티누스는 자연에 관해 입증된 진리는 언제나 성경의 명백한 문자적 진리보다 우선권을 가져야 하며, 이와 반대로 관련된 과학에 관한 증거가 없는 갈등이 일어나는 경우에는 성경의 문자적 진리가 우선권을 가져야 한다고 제안한다. 갈릴레이가 지구의 운동에 대한 결정적 증거를 소유했다는 (실은 그렇지 않았다) 확신에 찬 가정을 바탕으로 십분 활용하고자 했던 원리는 바로 이 원리였다. 이러한 원리들은 약간 더 설명을 필요로 한다. 아우구스티누스가 지금 의존하는 "증거"와 "논증"이라는 개념은 아리스토텔레스가 자신의 『분석론 후서』에서 과학의 본성에 관한 지식(*epistēmē*)에 대해 설명한 것에서 유래한다. 우리는 과학적 지식에 대한 아리스토텔레스의 이상에 대해 많은 말을 할 수 있겠지만, 아리스토텔레스는 만일 어떤 것이 원인들에 관한 지식이라면, 그 지식은 과학적 지식이라고 생각했다는 점만 말해두자. 이 지식의 확실성은 그것이 논리적 추론의 최종 산물이라는 사실에서 나온다.[35] 이는 수학적 증명 비슷한 것과 맞먹는 현저히 높은 기준이다. 이 점을 고려하면 아우구스티누스가 입증된 진리의 우선성이라는 원리를 밝힌 것은 놀랄 일이 아니다. 그런 진리에 반대하는 것은 논리에 도전하는 것이나 다름없는 일이기 때문이다.

그러나 우리는 과학적 지식이 이런 엄밀한 기준을 과연 충족시키는지 질문해볼 수 있다. 이 질문은 과학 혁명 시대에 쟁점이 되었고 과학 혁명은 귀납법과 실험에 기초한 과학적 지식의 새로운 기준을 도입했다. 이 새로운 과학의 몇몇 핵심적인 인물들은 증거와 논증이라는 보다 오래된 연역적 개념을 고수하려 했지만 어떤 이들은 어떤 형태의 인간적 지식도 실제로 아리스토텔레스가 원래 제시한 엄격한 기준을 충족시킬 수는 없다는 점을 인정했다.[36] 그래서 그 시대의 새로운 실험과학과 가장 많은 관계가 있었던 철학자 존 로크(1632-1704)는 이렇게 선언했다. "경험은 우리에게 편리함을 가져다줄 수는 있겠지만 [아리스토텔레스적인 의미에서의] 과학을 가져다줄 수는 없다." 그는 합리적이고 정기적인 실험은 우리가 사물의 본성을 꿰뚫어보는 데 도움을 줄 수 있다고 말했다. 그러나 "이는 단지 판단과 의견일 뿐 지식과 확실성은 아니다."[37] 로크는 흥미롭게도 뒤이어 아우구스티누스의 우

35 이 주제에 대해 광범위하게 다룬 글을 보려면 일례로 다음 책을 보라. Richard McKirahan Jr., *Principles and Proofs: Aristotle's Theory of Demonstrative Science* (Princeton: Princeton University Press, 1992).

36 갈릴레이와 데카르트는 여전히 과학에 있어서 결정적 확실성이라는 이상을 고수했던 것이 거의 확실하다. 이는 갈릴레이와 벨라르미누스 사이에 쟁점이 된 핵심적인 문제 중 하나이기도 했다. 벨라르미누스는 입증의 우선성이라는 원리는 받아들였지만 갈릴레이가 그와 같은 입증을 해냈다는 점은 부정했다.

37 Locke, *Essay concerning Human Understanding* 4.12.10, ed. Peter H. Nidditch (Oxford: Clarendon, 1979), 645. 지식과 의견의 대조는 다음의 책까지 거슬러 올라간다. Plato,

선순위에 찬성한다. "우리가 본래 해야 할 일은 그러한 탐구와 그런 종류의 지식에 있으며 그런 지식은 우리의 자연적 능력에 가장 적합하고 그 속에 우리의 가장 큰 관심사, 즉 우리의 영원한 지위의 상태를 지니고 있다고 결론짓는 것은 합리적이기 때문이다."[38] 로크에게 (우리가 생각하는 의미에서의) 실험 과학은 우리에게 편리함을 가져다줄 수는 있겠지만 확신을 주지는 않는다. 더구나 인간은 자연적으로 훨씬 더 잘 준비된 또 다른 임무—하나님과 우리 자신 그리고 우리의 도덕적 의무에 대한 지식—를 지향한다. 실험 과학에 대한 로크의 관점이 정확하다면, 입증의 우선성이라는 아우구스티누스적인 원리를 엄격하게 적용할 경우 어떤 과학도 문자적인 성경의 주장을 대체하기에 충분한 비중을 지니고 있지 않다는 사실이 드러날 것이다. 어떤 과학도 결정적 확실성이라는 엄격한 기준을 결코 충족시키지 못하기 때문이다.

이 시점에서 과학적 주장의 지위를 고찰하는 동안 아우구스티누스의 세 번째 원리, 즉 사려 깊음의 원리(principle of prudence, 1번)를 소개하는 것은 의미 있는 일이다. 이 원리는 성경의 가르침을 현대의 과학에 맞게 조정하는 일에 대해 열린 마음을 가질 것을 주장한다. "새로운 진리가 나중에 나타날 수도" 있기 때문이다. 아우구스티누스는 과학적 주장에 대한 또 다른 타당한 의견을 제시한다. 과학적 주장은 시간이 지남에 따라 변한다. 좀 더 진지하게 표현하자면 과학은 (이론 물리학자 막스 플랑크가 비꼬는 투로 말한 것처럼 한 차례씩 장례를 치르더라도) 진보한다고 말할 수 있을 것이다. 이 점을 인정한다면 현재 대세인 과

Republic 478.

38 Locke, *Essay concerning Human Understanding* 4.12.11 (Nidditch edition, p. 646).

학적 추론은 훗날 바뀔 수도 있으므로 거기에 너무 집착하지 않는 것이 중요하다. 사실 과학계가 현 상태에 지나치게 집착하는 것은 새로운 과학 이론을 받아들이는 데 상당한 걸림돌이 된다. 과학적 정설의 바뀌는 성질에 관한 원리는 17세기에 코페르니쿠스 논쟁이 벌어지는 상황에서 적용되었다. 카르멜 수도회 관구장이자 갈릴레이의 지지자인 파올로 포스카리니(Paolo Foscarini)는 그 원리를 이런 식으로 표현했다.

> 인간의 학문에는 무언가 새로운 것이 항상 추가되고 있고 이전에는 참된 것으로 여겨졌던 많은 것들이 시간이 흐르면서 거짓으로 드러나고 있으므로 [성경의 권위가 부여되었던] 철학적 견해의 허위성이 감지되었을 때 성경의 권위가 파괴되는 일이 벌어질 수 있다.[39]

포스카리니는 여기서 과거의 프톨레마이오스와 아리스토텔레스의 우주관에 성경적 해석을 덧붙이는 것이 지혜로운 일인지 묻는다. 그러나 바뀌는 과학적 주장들에 대한 그의 입장은 현대 과학 철학자들이 "비관적 메타 귀납"이라고 부르는 것과 매우 가깝다. 이는 어떤 과학 이론도 장기적으로는 효력을 발휘하지 못한다는 것이 우리가 과학의 역사에서 배우는 교훈이라는 생각이다. 우리는 역사적 실례들로부터 현재 과학의 진리 주장들에 대해 비관적인 생각을 품게 하는 귀납적 일반화에 이른다. 결과적으로 현재의 과학 이론들은 시간이 지나면 대체될 것이라고 예상하는 것이 합리적이다.

---

39 Paolo Foscarini, "Letter on the Motion of the Earth," 다음 책에서 인용했다. Richard Blackwell, *Galileo, Bellarmine and the Bible* (Notre Dame: University of Notre Dame Press, 1991).

역사의 교훈을 잊지 말자

이 원리들이 기독교와 진화론의 경우에 어떻게 적용될 수 있을지에 대한 논의로 넘어가기 전에 뒤늦게 깨닫고 보니 "정당한 갈등"으로 간주할 만한 과학적 정설에 대한 종교적 저항의 몇 가지 역사적인 사례들을 잠시 살펴보는 것이 좋겠다. 이런 예들은 과학적(또는 철학적) 정설의 바뀌는 기반과 오늘날의 과학적 합의에 이의를 제기하는 것이 나중에 후대의 기준에 의해 "옳은" 것으로 판명될지도 모른다는 점을 강조한다. 과학과 종교의 역사적 관계가 갖는 복잡성은 부분적으로 먼 과거에는 "과학"으로 간주되었던 것이 우리가 현재 가진 과학의 개념과 직접적으로 연관되지는 않는다는 사실에 있다. 따라서 17세기의 과학 혁명 이전에 우리가 "과학적 정설"이라고 불렀던 것은 보통 아리스토텔레스의 자연 철학을 고수하는 것이었다는 점에 주목하는 것이 중요하다.

"과학"과 기독교 사이의 뚜렷하고 오랜 긴장 관계는 철학자 아리스토텔레스가 가르친 대로 우주는 언제나 존재했는가 하는 문제와 관련이 있다. 기독교의 시초부터 교부들은 이 주장을 거부했지만 이 주장은 아리스토텔레스의 권위로 강조된 일반적인 철학적 입장이었다. 실제로 이 개념에 대한 반대는 그 기원이 최소한 유대인 철학자인 알렉산드리아의 필론(기원전 50-기원후 50)에게로 거슬러 올라가며 중세 시대 내내 지속되었다. 이러한 거부는 창조 교리와 인간의 기원에 대한 성경의 이야기를 전적으로 신뢰하는 믿음을 기반으로 했다.[40] 지난

40 아퀴나스는 하나님이 영원한 우주를 창조하셨을 수도 있다는 점을 인정했지만 하나님

세기 중반 이래로 과학적 합의는 우주가 "대폭발"과 함께 시작되었고 따라서 시간 속에, 또는 더 정확히 표현하자면 "시간과 함께" 시초가 있었다는 견해로 바뀌었다. (시간 자체의 창조에 대한 이 후자의 사고방식은 시간이 그 속에서 창조가 발생한 시간적인 틀을 구성하는 것이라기보다는 하나님의 창조의 일부라는 아우구스티누스의 주장과 유사하다.) 따라서 시간상의 우주라는 개념이 세상은 영원하다는 아리스토텔레스의 관점보다 현대의 "대폭발" 우주론과 더 부합되는 것으로 밝혀진다. 여기서 핵심은 현대적 입장에 대한 일종의 "예상"을 주장하는 것이 아니며 교부들이 대폭발 우주론에 대한 어떤 희미한 예감을 가졌다고 주장하는 것은 더더욱 아니다. 오히려 핵심은 과학적 정설들에 대해 신학적 교리들의 완벽한 체계를 엄격하게 고집하면 때때로 의도치 않은 결과가 초래될 것이라는 점이다.

이와 관련된 한 가지 예는 세상의 영원성에 대한 가르침을 포함해서 아리스토텔레스에 대한 신플라톤주의 주석가들의 여러 가르침에 반대한 기독교 철학자 요안네스 필로포노스(John Philoponus, 490-570)와 관련이 있다. 보다 중요한 점은 아마도 그가 하늘의 신성이라는 일반적 개념과 천체는 욕망이나 천사적인 행위자에 의해 움직여질지도 모른다는 믿음에도 이의를 제기했다는 점일 것이다. 이 점은 그가 지구의 운동에 대한 아리스토텔레스의 이론을 거부한 것과 관련이 있었고 그 이론에 따르면 운동하는 물체에는 운동력이 끊임없이 작용해야 했다. 이처럼 필로포노스는 당대의 지배적인 과학적 권위를 받아들이

은 그렇게 하시지 않았다고 결론지었다. *De aeternitate mundi* 24. 요점은 어떤 창조된 우주도 그것이 영원하든 시간 속에서/시간과 더불어 창조되었든 하나님께 그 존재를 의존하고 있다는 것이다.

기를 거부함으로써 하나님이 천체에 운동력을 주셔서 천체들이 무거운 물체나 가벼운 물체의 운동과 비슷한 방식으로 운동하는 것이 아닐까 하는 질문을 던질 수 있었다. 간단히 말해서 그는 운동력을 기반으로 한 통일 역학 이론을 제안했다. 중세 시대에 아랍어 저작 속에 보존된 이 개념들은 과학 혁명 시대에 발전되어 결국 아리스토텔레스의 개념을 대체한 운동에 대한 새로운 개념들에 영향을 끼쳤다.[41] 필로포노스의 동기는 일부는 신학적인 것이었고 일부는 경험적 증거에 바탕을 둔 것이었다.

창조적 갈등의 또 다른 예는 철학적·과학적인 몇 가지 가르침, 대체로 아리스토텔레스의 가르침에 대한 중세 시대의 유죄 판결과 더불어 찾아왔다. 1277년 3월 7일 파리 주교 오를레앙의 스테파누스(Stephanus of Orleans)는 신학과 자연 철학에 관한 219개 조항에 유죄 판결을 내렸다.[42] 이 219가지 명제들 사이에는 상당한 다양성이 있었지만 최소한 이 유죄 판결의 일부에 깔려 있었던 가정은, 하나님은 자신의 전능하심으로 인해 아리스토텔레스의 가르침이 규정하는 한계에 구속되실 수 없다는 원리였다. 그 결과 "과학적으로" 불가능하다고 주

---

41 필로포노스에 대해서는 다음 책들을 보라. Richard Sorabji, ed., *Philoponus and the Rejection of Aristotelian Science* (London: Duckworth, 1987); David C. Lindberg, *The Beginnings of Western Science* (Chicago: University of Chicago Press, 2007), 307-13.

42 유죄 판결 본문을 보려면 다음 책을 보라. David Piché, ed., *La condemnation parisienne de 1277. Texte latin, traduction, introduction et commentaire* (Paris: Vrin, 1999). 다음 글들도 함께 보라. Jan A. Aertsen, Kent Emery Jr., Andreas Speer, eds., *Nach der Verurteilungvon 1277. Philosophie und Theologie an der Universitdt von Paris im letzten Viertel des 13. Jahrkunderts. Studien und Texte* (Berlin: De Gruyter, 2001); John F. Wippel, "The Condemnations of 1270 and 1277 at Paris," *The Journal of Medieval and Renaissance Studies* 7 (1977): 169-201.

장되던 몇 가지 상황은 사실 하나님께는 가능한 일이라는 결론이 도출되었다. 어떤 과학사가들은 이 유죄 판결이 중세 사상가들을 아리스토텔레스의 규정에서 해방시켜 그들로 하여금 반사실적·가설적으로 사고할 수 있게 하는 효과를 가져왔다고 주장해왔다. 피에르 뒤앙(Pierre Duhem)은 이 사건이 근대 과학으로 이어지는 길의 시작을 알렸다고 주장하기까지 했다. 오늘날 상당한 단서를 달지 않고 이런 주장을 하는 역사가는 별로 없겠지만 이 사건은 최소한 과학적 정설(비록 이 경우에는 과학적 정설이 아리스토텔레스의 주장에 따르는 것으로 정의되지만)에 대한 반대가 때때로 의도하지 않은 긍정적 결과를 가져올 수도 있음을 의미한다.[43]

마지막 한 가지 예는 과학 혁명 그 자체와 관련이 있다. 과학 혁명은 다양한 과학적 정설들에 대한 일관되고 전면적인 거부를 통해 일어났다. 이 복잡한 일련의 사건들에는 여러 유발 요인이 있었지만, 여기서도 과학적 지식에 관한 일반적인 일치된 의견의 몇 가지 특징에 대해 종교적인 동기로 생겨난 반대가 중요했다. 나는 다른 글에서 어떻게 성경의 타락 교리가 자연세계에 대한 새로운 실험적 접근을 정초하고 촉진하는 데 있어서 중요한 역할을 수행했는지에 대해 자세히 썼지만 여기서 그 이야기를 짧게 다시 들려주는 것도 유익할 것이다.[44] 기본

---

43 John E. Murdoch, "Pierre Duhem and the History of Late Medieval Science and Philosophy in the Latin West," in *Gli studi di filosofia medievale fra otto e novecento*, ed. Alfonso Maier, Ruedi Imbach (Rome: Edizioni di Storia e Letteratura, 1991), 253-302. Edward Grant, "The Condemnation of 1277, God's Absolute Power, and Physical Thought in the Late Middle Ages," *Viator* 10 (1979): 211-44. 하나님의 전능하심의 과학적 타당성에 대해서는 다음 책도 함께 보라. Amos Funkenstein, *Theology and the Scientific Imagination* (Princeton: Princeton University Press, 1986), 10-12.

44 Peter Harrison, *The Fall of Man and the Foundations of Science* (Cambridge: Cambridge

적인 이야기는 이렇다. 아리스토텔레스의 과학은 일반적이거나 관례적인 상태에서 자연을 관찰하는 상식적인 관찰에 바탕을 두고 있었다. 그리고 인간의 지성과 감각은 자연적으로 지식을 지향하도록 되어 있고 인간 연구자는 자연세계의 운행을 투명하게 파악한다고 가정했다. 그러나 개신교 종교 개혁 이후 많은 사상가들이 신학적 인간학(넓은 의미로 인간에 대한 신학적 개념)이 어떻게 과학적 지식 추구에 변화를 가져올 수 있는지에 관한 문제에 초점을 맞추었다. 구체적으로 그들은 인간의 타락한 상태가 어떻게 과학적 지식의 습득에 영향을 끼칠 수 있는지를 물었다. 새로운 실험적 접근 방식의 여러 선구자들은 원래의 창조세계에서 인간의 지성과 감각은 실제로 자연의 운행을 (아리스토텔레스가 생각한 대로) 완벽하게 자세히 직관할 수 있었지만 타락 이후에는 이것이 더 이상 가능하지 않았다고 주장했다. 더구나 세상 그 자체도 타락한 상태에 빠져 인간의 연구로 투명하게 파악되지 않게 되었다. 정상적으로 흘러가는 자연에 대한 상식적인 관찰은 더 이상 충분치 않았다. 그 대신 자연의 비밀을 알아내기 위해 주의 깊게 설계하고 공들여 수행한 실험이 필요했다. 이러한 실험들은 반복적인 시행과 많은 관찰자들을 수반해야 했다. 그 결과는 상식적이기보다는 직관에 반하는 경우가 매우 많았다. 더구나 지식은 집단적이고 누적적이어야 했다. 타락으로 인해 약화된 감각을 확대하기 위해 현미경이나 망원경 같은 도구들도 필요했다. 이 새로운 실험적 접근 방식은 더 이상 아리스토텔레스에게 있어서 참된 과학의 척도였던 확실한 지식을 산출하는 것으로

University Press, 2007); "Original Sin and the Problem of Knowledge in Early Modern Europe," *Journal of the History of Ideas* 63 (2002): 239-59.

여겨지지 않았다. 오히려 로크가 지적한 것처럼 실험적 지식은 물질적 편의는 제공해주었지만 확실성은 제공해주지 않았다.

요약하자면 과거 당대의 지배적인 과학적 의견과 종교 사이에 있었던 긴장은 때때로 새로운 과학적 개념과 방법을 낳았다. 물론 **어떤** 갈등의 사례가 생산적일 가능성이 많은지를 미리 분명히 밝히기란 불가능하다. 이런 사례들에서 비롯된 긍정적 결과를 그와 관련된 역사적 행위자들이 의도했는지도 분명치 않다. 그러나 의문을 제기하지 않고 완고하게 조화를 옹호하는 것은 과학과 종교 모두에 있어서 최선이 아닐 수도 있다고 주장할 만한 충분한 증거가 있다. 물론 언제 조화에 대한 저항이 요구되는지를 분별하는 것은 어려운 문제다.

기독교 신앙과 진화

당면한 주제와 관련해서 이 모든 것에서 어떤 결론이 도출되는가? 다음과 같은 두 가지 시험적인 규칙이 있다. 첫째, 아마도 우리가 아우구스티누스에게서 배울 수 있는 핵심적인 원리는 자연세계에 대한 이론적 질문들을 해결하는 것이 우리 자신의 삶의 도덕적·종교적 목적을 이해하려고 애쓰는 것보다 더 중요한지를 진지하게 고찰할 필요가 있다는 점일 것이다. 아우구스티누스는 『독백』에서 자신은 오직 하나님과 영혼만을 알고 싶고 그 이상은 아무것도 알고 싶지 않다고 말한 것으로 유명하다.[45] 아우구스티누스가 보기에 자연세계에 대한 지식은

45 Augustine, *Soliloquies* 1.2.7. 『독백』(분도출판사 역간).

좋은 것이지만 그 지식에 사로잡히는 것은 잘못된 사랑—인간의 타락한 상태를 특징짓는 하등한 사물에 대한 선호—의 분명한 예다. 아우구스티누스가 우리 시대의 우선순위에 대한 판단을 내렸다면 과학 지식에 대한 오늘날의 숭배는 그가 끊임없이 경고한 잘못된 우선순위의 한 양상이라고 주장했을 것이다. 그는 현재 우리에게 익숙하지 않은 어조로 호기심이라는 악덕에 대해 말했다. 그러나 여기서의 경고는 매우 중요시되는 지적 활동의 특정한 형태를 맹목적으로 숭배하는 행위에 가하는 것이다. 이는 아마도 종교적인 동기로 진화론을 반대하는 이들로부터 배울 수 있는 점, 곧 그들이 창조에 대해 생각하고 그리고 창조와 과학이 관계를 맺는 방식에 대해 잘못 생각하는 관점에서 배울 수 있는 점일 것이다.

이러한 기본적 우선순위는 동료 그리스도인들이 잘못된 과학적 주장을 하고 거기에 대해 종교적 권위를 요구하는 모습에 대한 아우구스티누스의 자주 되풀이되는 비판도 폭넓게 보여준다. 이는 현대의 과학적 창조론자들(scientific creationists)에게 이미 가해진 비판처럼 보인다. 이 비판은 실제로도 그렇고 그런 상황에서 가장 자주 언급된다. 그러나 이 비판을 아우구스티누스의 우선순위라는 보다 넓은 도식 속에 들어 있는 것으로 보면, 그런 활동들은 아무리 통탄할 만하고 기독교의 신뢰성에 해를 끼치더라도 최소한 궁극적으로 가장 중요한 것들을 우선시한다. 이는 "반과학"(anti-science)의 계획을 옹호하려는 것이 아니라 뒤죽박죽이 된 인간이 가져야 하는 "사랑"의 순서와 올바른 우선순위를 지켜야 할 필요성에 대한 아우구스티누스의 진단의 의미를

지적하려는 것이다.[46]

이러한 주제들에 대한 아우구스티누스의 논의에서 이끌어낼 수 있는 두 번째 교훈은 과학적 지식의 지위 및 사려 깊음의 원리와 관련된다. 아우구스티누스는 과학적 지식이 그것에 따라 논리적인 증명 능력을 가져야 할 "앎"(*scientia*)에 대한 당대의 지배적인 관점에 동의했다. 그러나 18세기 이래로 과학적 지식이 그런 수준의 확실성에 도달할 수 있다고 생각한 사람은 사실 아무도 없었다. 또는 과학이 실제로 어떻게 이루어지는지에 대한 통찰을 지닌 사람은 아무도 그렇게 생각하지 않았다고 말해야 할지도 모르겠다. 앞서 언급한 것처럼 존 로크는 선견지명을 가지고 우리가 귀납적 지식에서 얻는 것은 진리가 아니라 유용성이라고 말했다. 그러나 어쨌든 아우구스티누스는 자연세계에 대한 당대의 대부분의 추론은 "앎"의 엄격한 요구 조건에서 한참 모자란다는 점 또한 인식했다. 이런 이유에서 그는 불확실한 과학과 성경을 지나치게 가깝게 일치시키려는 시도에 대해 경고했다. 훗날의 추론이나 발견이 과학과 성경을 둘 다 의심하게 할 수도 있기 때문이다. 더 자세히 설명할 필요가 없는 총체적인 요점은, 과학은 변한다는 것이다. 게다가 과학은 변함없이 진리만을 추적하는 것이 아님을 암시하는 방식으로 변한다.

이 사실이 진화론에도 적용되며 미래의 어느 시점에는 진화론이 의심을 받을 수도 있다고 예상하는 것이 합리적일까? 여기서 "과학"과 "과학적 지식"에 대한 일반화, 특히 기본적인 모델로서 물리학에 의존하는 일반화로 인해 잘못된 길에 빠지지 않는 것이 중요하다. 아리스토

46 Augustine, *On Christian Doctrine* 1.27.28; *Confessions* 4.10.15.

텔레스와 아우구스티누스가 과학으로 간주되는 것에 대해 우리와 다소 다른 관점을 가졌던 것처럼 오늘날에도 무척 다양한 매우 이질적인 학문 분야들이 과학이라는 우산 아래 함께 모여 있고 그런 분야들의 주장이 다양한 방식으로 정당화되고 있다. 진화론의 광범위한 일반적 주장—변이를 동반한 유전—은 (변이를 동반한 유전은 틀림없이 현재에도 관찰할 수 있지만) 사실 과거의 사건들에 대한 역사적 주장이다. 그러한 주장은 예를 들어 (알쏭달쏭하지만 실험적으로는 매우 잘 입증되는) 양자 이론이나 (실험적으로 입증되는 것은 아니지만 수학적으로 일관된) M 이론의 영역에서 이루어지는 주장들과는 매우 다른 지위를 갖고 있다.[47] 역사적 주장들은 논리적 확실성에는 한참 못 미치지만 그렇다 하더라도 그 가운데 다수는 너무나 개연성이 높아서 그런 주장들—1914년에서 1918년 사이에 유럽에서 세계대전이 벌어졌다거나 기원전 1세기에 살았던 율리우스 카이사르라는 로마 황제가 있었다는 주장—을 의심하는 것은 합리적이지 않다. 기독교도 역사적 주장에 근거하고 있다. 미래의 어느 시점에는 제1차 세계대전이나 율리우스 카이사르는 존재하지 않았다는 사실이 입증될 수도 있을까? 이는 가능성이 극히 희박한 일로 보이겠지만 관련된 사건들에 대한 증거의 힘에 의존해 있다. 따라서 비관적인 메타 귀납의 원리는 역사학의 경우에는 이론적 학문보다 효력이 덜하다. 더 구체적으로 말하면 오래된 지구와 종의 변화에 대한 역사적 주장은 물리학의 영역에서 이루어지는 보다 이론적인 주장보다 미래에 잘못된 것으로 입증될 가능성이 훨씬 적다.

47 아우구스티누스 자신이 실제로 입증된 진리와 관련해서 역사적 증거의 문제를 다음 책에서 검토했다. *De fide rerum invisibilium* 2.4 (Patrologia Latina 40:173–74).

그러나 진화의 구체적인 과정을 고찰할 때는 어느 정도 역사적 주장의 영역에서 벗어나게 된다. 여기서 우리는 다른 과학들의 역사를 특징짓는, 서로 경쟁하며 변화하는 이론적 개념들을 볼 수 있다. 이러한 개념들은 자연 선택, 유전자 확산, 유전적 부동(drift), 발달 기제, 적응성, 틈새 환경 조성, 라마르크가 제창한 용불용설처럼 들리는 유전자 외적 유전 등의 상대적 중요성에 대한 논의와 관련된다.[48] 비교적 짧은 진화론적 사고의 역사만 들여다봐도 앞으로 이 분야에서 발전이 있을 것이라고 생각할 만한 충분한 이유가 있다. 여기서 얻는 교훈은, 특정한 과학적 학설에 대한 성급한 집착을 다루는 아우구스티누스의 신중한 원리를 다양한 학설들이 지닌 개연성의 정도에 비례해서 적용해야 한다는 것이다. 이는 물론 흔히 쟁점이 되고 있는 사안이다. 그러나 지난 150년간을 살펴보면 변이를 동반한 유전이라는 기본적 원리는 (지금까지는) 시간의 검증을 견뎌낸 반면 유전의 바탕이 되는 기제에 대한 주장들은 변해왔다는 것을 알 수 있다. 특히 진화 과정은 그 작용이나 결과에 있어서 흔히 가정해온 것처럼 무작위적이지 않을 수도 있다. 이는 젊은 지구 창조론자들을 상당 부분 인정하려는 것이 아니라 진화 과정의 외관상의 무작위성과 무목적성에 대한 우려와 관련이 있다.

첨언하자면 진화론의 기제를 이 이론에서 추정되는 도덕적·철학적 함의와 구별하는 것도 중요하며 그러한 함의는 기초 과학보다 훨씬 더 논쟁의 여지가 많다. 1859년에 다윈의 『종의 기원』이 출간되기 이전에도 진화적 사고에는 그 과학적 의미를 훨씬 뛰어넘는 철학적·도덕

48 Kevin Laland et al., "Does Evolutionary Theory Need a Rethink?" *Nature* 514 (2014): 161-64.

적 의미가 담겨 있었다. 19세기에 "진화의 서사시" 장르는 진화의 이야기에 신화적 지위를 부여하려 했고 이로 인해 진화론은 유구한 유대-기독교의 창조 신화와 갈등 관계에 놓이게 되었다.[49] 보다 최근에는 "거시 역사"(Big History)와 진화 심리학이 진화를 질문할 가치가 있는 것으로 간주되는 인생의 어떤 문제에 대해서도 해답을 제시할 수 있는, 모든 것을 포괄하는 철학으로 격상시키려 했다.[50] 이러한 주장들은 과학 밖에서 이론에 덧붙여진 것들이지만 종종 그 바탕이 되는 과학과 융합되어 과학의 권위를 띤다. 진화를 비판하는 많은 근본주의자들은 자신들이 진화론에 내재해 있다고 (잘못) 생각하는 모든 관련된 도덕적인 내용에도 진화론 그 자체에 대해서와 마찬가지로 큰 반응을 보인다. 따라서 갈등의 문제와 관련해서는 논쟁의 소지가 매우 많은 어떤 이론의 함의와 그 함의의 바탕에 깔린 보다 안전한 과학을 구별해내는 것이 중요하다.

전반적인 요점으로 돌아가서 입증의 우선성이라는 아우구스티누스의 원리(2a)를 다시 숙고한다면, 성경에서 아우구스티누스가 상상한 방식으로 결정적인 과학을 산출할 필요가 있는 사례는 없다는 사실이 드러날 것이다. 어떤 과학도 결정적이지 않기 때문이다. 그렇긴 하지만 어떤 역사적 주장들은 상당한 정도의 개연성에 도달하여 그런 주장을 부정하는 것은 불합리한 일이 된다. 문제는 진화론을 위해 제기된 주장

49 예를 들어 다음 글을 보라. Ian Hesketh, "The Recurrence of the Evolutionary Epic," *Journal of the Philosophy of History* 9 (2015): 196-219.

50 Denis Alexander, Ronald Numbers, eds., *Biology and Ideology: From Descartes to Dawkins* (Chicago: University of Chicago Press, 2010); Ian Hesketh, "The Story of Big History," *History of the Present* 4 (2014): 171-202.

들 중 어떤 것이 그런 정도의 확실성에 도달했는가 하는 것이다.

결론

결론적으로 이 모든 내용에 있어서 나는 대체로 과학이라는 하나의 변수를 고려해왔다. 물론 종교적 교리도 변화와 발전을 겪는다. 그리고 진화론이 죄와 인간의 기원에 관한 전통적인 교리에 대해 갖는 함의에 대한 어떤 논의든 그런 교리들의 역사와 지위 또한 면밀히 검토해야 한다. 이러한 교리들은 어느 정도는 과학 이론들에 적용될 수 있는 그런 종류의 역사적 상대화의 영향을 받기 쉬울 것이다. 그러나 이는 다음 기회에 해야 할 논의다.

엄밀한 조화론에는 상당한 문제가 있다고 생각하는 데는 타당한 이유가 있음이 분명하다. 앞의 분석에 따르면 이는 대체로 과학이 "자연세계에 대한 진리"와 직접적으로 동일시될 수 없기 때문이다. 자연과학의 오류 가능성(또는 더 점잖게 말하자면, 가변성)으로부터 어떤 과학적 주장들이 가끔 기독교의 핵심적인 믿음과 우연히 충돌할 가능성이 존재한다는 결론이 도출된다. 또한 새로운 과학적 주장들을 고려하여 다시 진술할 필요가 있는 것은 바로 기독교 교리라는 가정을 언제나 해야 하는 것은 아니라는 결론도 도출된다. 이러한 가정은 어떤 상황이라도 기독교 교리와 조화를 이루게 될 부수적인 위험성을 지니고 있고, 이는 기독교의 진리든 다른 무엇이든 세상의 존재 방식에 어떤 상상할 수 있는 변화도 가져오지 않음을 의미할 것이다(이 점에 있어서는 논리실증주의자들이 옳았다). 내가 우려하는 또 다른 문제는, 엄밀한 조화론이 과학적 주장들과 그 함의를 주의 깊게 검토한 것이기보다는 과학적 주장들이 현재 누리고 있는 높은 인식론적 지위의 한 기능에 더 가까울 수도 있다는 점이다. 사실 과학은 때때로 사태를 잘못 파악하며―긴 역사적 안목에서 보면 대부분의 사태를 잘못 파악하며―수정된 사려 깊음의 원리는 과학과 기독교 사이에 상당한 거리를 유지해야 함을 의미할 것이다. 구체적으로 진화의 경우에 변이를 동반한 유전이라는 기본적인 개념에 충분한 근거가 있다는 점은 의심할 여지가 없다. 그러나 그것이 결정적인 진리는 아니다. 또 결론적으로 진화론의 모든 측면에 충분한 근거가 있는 것도 아니다. 근거가 충분한 이론을 그 이론의 보다 폭넓은 함의와 구별하는 것은 중요하며 이론의 함의는 보다 추측에 근거하고 관념적으로 치우친 것일 수도 있다.

그러나 영혼의 치유와 하나님의 사랑으로 인도하는 활동들에 대한 아우구스티누스의 가치 부여는 이런 신중한 고려 사항들을 초월한다. 이는 우리를 물리적 세계와 관련된 사실에 관한 논쟁을 넘어 탁월하고 찬양할 만한 것을 묵상하는 일을 옹호하도록 인도하는 가장 중요한 고려 사항을 나타낸다. 과학과 종교의 평화로운 관계를 확립하려는 선한 동기에서 비롯된 시도들에는 아우구스티누스가 우리에게 끊임없이 상기시키는 보다 근본적인 우선순위를 무시할 위험이 있다. 이는 과학과 종교는 언제나 아무런 문제없이 양립 가능해야 한다는 주장에 처음부터 내포된 위험 중 하나다.

인간의 타락과 진화

현대 과학과 기독교 신앙의 대화

1쇄 발행 2019년 1월 28일

편집자 윌리엄 T. 카바노프, 제임스 K. A. 스미스
옮긴이 이용중
펴낸이 김요한
펴낸곳 새물결플러스

편 집 왕희광 정인철 박규준 노재현 한바울 신준호 정혜인 이형일 서종원
디자인 이성아 이재희 박슬기 이새봄
마케팅 박성민 이윤범
총 무 김명화 이성순
영 상 최정호 조용석 곽상원
아카데미 차상희

홈페이지 www.holywaveplus.com
이메일 hwpbooks@hwpbooks.com
출판등록 2008년 8월 21일 제2008-24호
주 소 (우) 07214 서울특별시 영등포구 양평로 11, 4층(당산동5가)
전 화 02) 2652-3161
팩 스 02) 2652-3191

ISBN 979-11-6129-095-9 03230

책값은 뒤표지에 있습니다.

이 도서의 국립중앙도서관 출판예정도서목록(CIP)은 서지정보유통지원시스템 홈페이지(seoji.nl.go.kr)와 국가자료공동목록시스템(nl.go.kr/kolisnet)에서 이용하실 수 있습니다. CIP2019001442